GROSSESSE

— THE BOOK —

BY MON CAHIER

W0265823

SOLAR
EDITIONS

Introduction p. 03

CHAPITRE 1

1er trimestre,
le début de l'aventure p. 26

CHAPITRE 2

2e trimestre,
profiter en toute sérénité p. 98

CHAPITRE 3

3e trimestre,
la dernière ligne droite p. 168

CHAPITRE 4

4e trimestre,
le post-partum p. 206

Index p. 285

Introduction

Félicitations, vous êtes enceinte! C'est le début de 9 mois entre parenthèses dans votre vie… et dans votre corps : n'oubliez pas de vous choyer et de profiter. Si les questions sont nombreuses lorsqu'on se lance dans cette aventure, pas de panique, notre *Grossesse Book* est là pour vous guider. Vous vous demandez ainsi peut-être si vous pouvez continuer une activité physique, si votre bébé va transformer votre corps et si vous souffrirez des maux de la grossesse? Pour quel suivi médical opter? Comment annoncer votre grossesse à votre aîné? Comment gérer votre grossesse avec sérénité? Et bien plus encore? Pas de panique! Le *Grossesse Book* vous accompagne tout au long de votre grossesse et même après, pour que vous puissiez être la plus zen des mamans!

Mon (futur) bébé

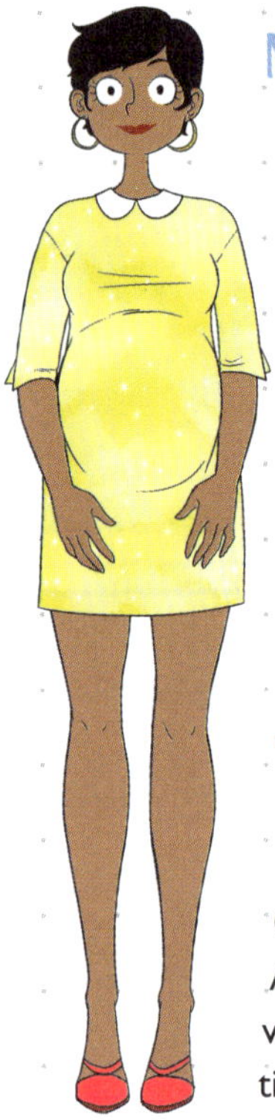

Mon bébé mois par mois

Certes, vous l'aimez déjà inconditionnellement, mais cela ne vous empêche pas de vous demander à quoi votre petit occupant passe ses journées. Zoom sur le développement intra-utérin comme si vous y étiez (encore plus) !

1 mois : bien plus qu'un œuf !

Vous êtes enceinte de 1 mois, entre 0 et 6 semaines d'aménorrhées (SA)

Qu'est-ce qui se passe là-dedans ? Au cours de ses premières semaines, votre futur bébé abat déjà un travail de titan. La preuve : le zygote, cellule unique née de la rencontre entre l'ovocyte et le spermatozoïde, commence sa division dans les heures suivant la fécondation. Ainsi, à 3 SA, l'embryon est composé d'une dizaine de cellules seulement. Une semaine plus tard, elles sont près de 150 ! De plus en plus nombreuses, ces cellules vont ensuite se différencier afin de constituer les organes. En parallèle, votre (ultra)mini champion migre de la trompe de Fallope vers l'utérus, où il s'installe, 7 jours après le câlin gagnant. Vers 5 SA, il a déjà une tête et une queue et, à 6 SA, ses organes commencent à se dessiner.

Ses mensurations (parfaites) : entre 0,1 et 5 mm !

Le temps fort du mois : à la fin du premier mois, le cœur de votre bébé bat déjà !

2 mois : des organes en veux-tu, en voilà !

Vous êtes enceinte de 2 mois, entre 7 et 10 SA

Qu'est-ce qui se passe là-dedans ? Au cours de ce 2e mois, tous les organes de votre bébé font leur apparition. Dès 7 SA, son cerveau, ses yeux et ses oreilles sont déjà en formation. Vers 8 SA, ses bras et ses jambes s'allongent, ses os apparaissent, sa musculature se précise, etc. Il a même des petits sillons au niveau des orteils ! À ce stade de votre grossesse, son cœur abrite aussi déjà quatre cavités, son appareil digestif est au taquet (ou presque), son système nerveux et sa moelle épinière sont structurés ! En un mot : il ne chôme pas !

Ses mensurations (parfaites) : entre 5 mm et 3 cm.

L'anecdote sympa : à 10 SA, le fœtus a déjà une langue !

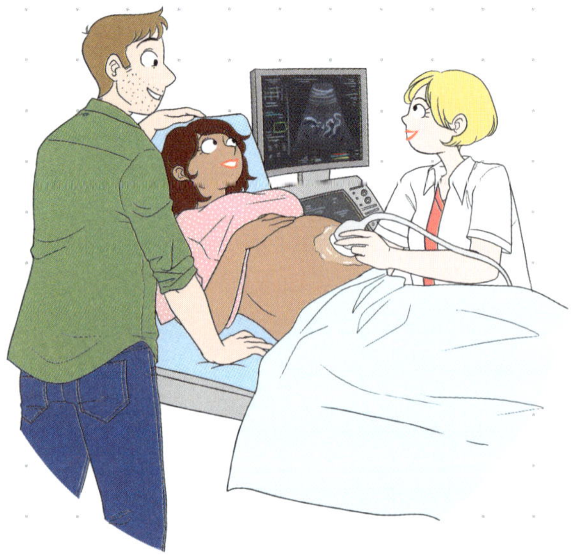

3 mois : il vous ressemble déjà !

Vous êtes enceinte de 3 mois, entre 11 et 15 SA

Qu'est-ce qui se passe là-dedans? En ce 3e mois, votre petit-bout est déjà archi-chou… et doué! Son visage se précise : ses yeux sont plus rapprochés, sa bouche plus petite et ses paupières présentes mais soudées. Deux fentes apparaissent aussi sur les côtés de sa tête : ce sont ses futures oreilles. Vers 12 SA, son foie fabrique les cellules du sang, les bourgeons de ses dents sont là et son pancréas se forme. À partir de 14 SA, ses organes génitaux sont en place, tout comme ses reins (vers 15 SA). Et, prouesse non négligeable, il replie les doigts dans sa main, et il ouvre et ferme sa bouche.

Ses mensurations : 4,5 cm et 10 g à 11 SA; 12 cm et 65 g à 15 SA.

Le temps fort du mois : à 12 SA, votre bébé bouge déjà… mais, évidemment, vous ne le sentez pas encore (voir p. 10).

4 mois : pipi, caca, ça commence !

Vous êtes enceinte de 4 mois, entre 16 et 19 SA

Qu'est-ce qui se passe là-dedans? Votre bébé est au top! Au début de ce 4e mois, son cerveau et sa moelle épinière sont déjà structurés, et ses poumons et ses reins se forment (17 SA). D'ailleurs, il fait déjà pipi dans le liquide amniotique! Puis, à 19 SA, on devine dans son intestin en formation une substance noirâtre. C'est le méconium… le premier caca auquel vous aurez droit!

Ses mensurations : 3 cm et 110 g à 16 SA; 19 cm et 200 g à 19 SA.

L'anecdote sympa : à 18 SA, sa peau se couvre de *vernix caseosa*, une substance blanche riche en graisse destinée à le protéger dans son bain utérin.

5 mois : groovy baby !

Vous êtes enceinte de 5 mois, entre 20 et 24 SA

Qu'est-ce qui se passe là-dedans? Votre petit sportif se trémousse de plus en plus grâce à son système nerveux plus mûr et à ses muscles déjà bien costauds. Il donne des coups, se balade d'un côté à l'autre de votre utérus. Il est aussi capable de bâiller et de jouer avec ses pieds et le cordon ombilical. C'est la fête!

Ses mensurations : 20 cm et 250 g à 20 SA; 26 cm et 500 g à 24 SA.

Le temps fort du mois : à 22 SA il entend votre voix!

6 mois : il y voit presque plus clair !

Vous êtes enceinte de 6 mois, entre 25 et 28 SA

Qu'est-ce qui se passe là-dedans? Ce mois-ci, les dents de lait de votre bébé apparaissent dans sa mâchoire (25 SA), ses alvéoles pulmonaires se forment et se remplissent de liquide amniotique (26 SA), il ouvre les yeux, est sensible au toucher, et son cerveau continue de se développer. D'ailleurs, il a acquis son nombre total définitif de neurones à 6 mois! Un vrai petit génie!

Ses mensurations : 28 cm et 600 g à 25 SA ; 31 cm et 900 g à 28 SA.

L'anecdote sympa : à 6 mois de grossesse, votre bébé effectue entre 40 et 120 mouvements par heure !

7 mois : l'éveil des sens

Vous êtes enceinte de 7 mois, entre 29 et 32 SA

Qu'est-ce qui se passe là-dedans ? Déjà très réceptif aux caresses, votre tout-petit découvre aussi le goût en avalant du liquide amniotique ! Il devient également beaucoup plus réactif aux bruits supérieurs à 60 décibels (musique, voix...). C'est le moment de lui parler ! Autre bonne nouvelle : désormais, ses organes vitaux (reins, estomac, intestins) fonctionnent !

Ses mensurations : 32 cm et 1 kg à 29 SA ; 38 cm et 1,5 kg à 32 SA.

L'anecdote sympa : il partage déjà vos grandes émotions grâce à l'adrénaline que vous sécrétez !

8 mois : soufflez, ses poumons sont développés !

Vous êtes enceinte de 8 mois, entre 33 et 36 SA

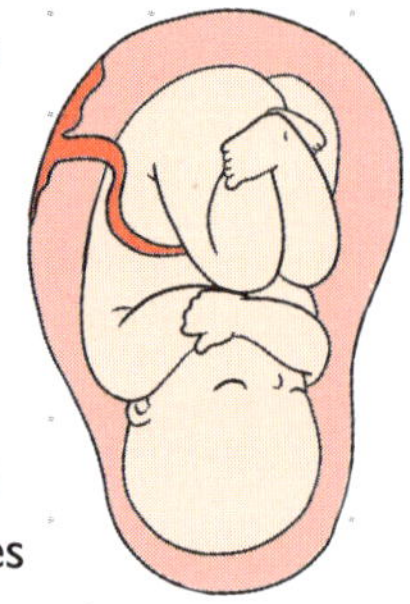

Qu'est-ce qui se passe là-dedans ? La principale mission de votre bambin en ce 8e mois est de grandir et de grossir en restant tranquille dans son cocon... un peu comme vous en hiver ! Il franchit aussi un cap important. Dès 34 SA, il produit du surfactant, une substance qui maintiendra ses alvéoles pulmonaires ouvertes après sa première inspiration, et qui lui permettra donc de respirer à l'air libre !

Ses mensurations : 40 cm et 1,7 kg à 33 SA ; 43 cm et 2,3 kg à 36 SA.

Le temps fort du mois : il devrait pouvoir se retourner jusqu'à environ 35 SA.

9 mois : dernière ligne droite !

Vous êtes enceinte de 9 mois, entre 37 et 40 ou 41 SA

Qu'est-ce qui se passe là-dedans ? En prenant 20 à 25 g par jour, votre bébé prend des forces pour l'accouchement. Une sacrée épreuve pour lui aussi ! Et s'il peut naître sans soucis dès 38 SA, il continue de développer son cerveau et ses poumons jusqu'à la naissance... d'où l'intérêt de rester bien au chaud !

Ses mensurations : 45 cm et 2,4 kg à 20 SA ; 50 cm et 3,2 kg à 40 SA.

Le temps fort du mois : à 38 SA, il peut naître sans inconvénient !

Que ressent mon bébé dans mon ventre ?

Certes, il se rappelle à vous aussi régulièrement qu'une pub pop-up sans Adblock, mais vous avez bien du mal à interpréter ses pokes intempestifs. Réagit-il à vos mots doux, à votre goûter chocolaté ou à une caresse bien placée? Quelques pistes pour décrypter votre petite énigme!

Je stresse, il stresse...

Réponse : on ne sait pas, mais...
Bien qu'on ne sache pas si le bébé ressent le stress in utero, il a été démontré que, quand votre rythme cardiaque augmente (ce qui est le cas en période de fort stress), le cœur de votre bébé bat plus vite aussi. En un mot : restez zen!

Il peut m'entendre dès le 3e mois de grossesse

Réponse : non! il est fort, mais tout de même...
Le développement de l'audition de votre bébé se déroule en plusieurs étapes :
- vers 10 SA (et donc 3 mois de grossesse), son oreille externe est formée;
- vers 18 SA, son oreille moyenne, qui transforme les vibrations du son et protège l'oreille interne des bruits nuisibles, est constituée;
- vers 18-20 SA, son oreille interne fonctionne.

C'est uniquement quand ces trois parties de l'oreille sont en place, ainsi que le nerf auditif et le cerveau, que l'audition de votre bébé est complètement opérationnelle, généralement vers 7 mois de grossesse (28 SA). À noter toutefois que, dès 22-23 SA, il perçoit les sons graves et très intenses.

Il est si réceptif aux sons qu'il saura reconnaître la voix de son papa à la naissance

Réponse : non, désolé papa!
Certes, votre petit chérubin entendra régulièrement les mots doux de son papa pendant son séjour in utero, mais la seule voix qu'il reconnaîtra vraiment à la naissance sera la vôtre. Et pour cause : avant même que son système auditif ne soit formé, votre voix lui parvient via vos tissus et vos os! En revanche, le papa devra attendre les 4 mois de votre bébé pour qu'il daigne enfin l'identifier par son timbre ténébreux!

Il ne verra qu'à la naissance

Réponse : oui et non !
Il est certain que, dans votre ventre, votre petite taupe ne voit pas grand-chose. D'abord, parce qu'il grandit dans un environnement très sombre. Ensuite, parce que ses paupières sont closes jusqu'à 4 mois et demi et que, cette date passée, il les ouvrira finalement peu. Il faudra donc attendre 7 mois de grossesse pour que votre bébé réagisse aux forts écarts de luminosité. Une fois né, il ne distinguera pas beaucoup plus loin que 20-30 cm… juste la distance nécessaire pour voir l'essentiel : vous, et en tout premier lieu vos lèvres !

Il pourrait être critique au Guide Michelin

Réponse : non, quand même pas !
Les papilles gustatives de votre futur petit chef se développent vers le 4e mois de grossesse. En avalant le liquide amniotique, dont le goût varie en fonction de votre alimentation, il découvre ses premières saveurs. Il aurait même déjà un petit faible pour le sucré. En revanche, difficile de dire si, en variant les plaisirs dans votre assiette, vous ferez de votre bébé un fin gourmet. Dans le doute, proposez-lui de tout (choux de Bruxelles et navets compris) !

Il adore qu'on le tripote

Réponse : ouiiiii !
Le toucher est le premier sens que votre bébé développe. D'ailleurs, il commence même à en profiter sans vous en se frottant contre la paroi de l'utérus ou en attrapant le cordon ombilical. Mais il est également très réceptif, surtout au cours du 3e trimestre, à vos caresses bien appuyées.

Il a déjà du nez

Réponse : oui, pour vous en tout cas !
On sait peu de choses sur l'olfaction des nouveau-nés, si ce n'est qu'ils reconnaissent aussi leur maman à l'odeur. Cela prouve bien que leur odorat est au moins en partie développé à la naissance. D'ailleurs, votre odeur est un véritable doudou : elle l'apaise, d'où l'intérêt de devenir adepte du peau-à-peau au cours de ses premières semaines !

Il peut être gêné quand on fait des câlins

Réponse : oh non !
Bien au chaud dans sa poche des eaux, votre bébé est protégé des chocs et des bruits extérieurs. Il ne sera donc pas dérangé par votre tapage nocturne ! Si vous n'avez pas de contre-indications aux rapports sexuels pendant votre grossesse, faites-vous plaisir !

Le calendrier des mouvements de mon bébé !

La phase d'échauffement

À 7 SA, ses mouvements sont encore de simples vibrations au niveau de « ses pôles » : pas de quoi vous faire trembler !

À 8 SA, il alterne de longues périodes d'inactivité et des mouvements d'ondulation. En un mot : il n'est pas encore un pro du cardio !

À 9 SA, ses mouvements sont plutôt de l'ordre de la convulsion (mais tout va bien, rassurez-vous !).

Les choses sérieuses commencent…

À 10-12 SA, votre petit nageur commence à se déplacer, les jambes souvent à demi fléchies, dans sa piscine privée (votre utérus). Et comme il a plus d'un tour dans son sac (gestationnel), votre futur Camille Lacour fait des mouvements très importants de tout le corps, a des épisodes de hoquet et donne des coups de pied qui lui permettent de se balader !

À 14 SA, il fléchit et tend les genoux et les coudes, ouvre et ferme les mains, et peut même sucer son pouce. Des mouvements essentiels pour votre champion de la coordination : il forme ainsi ses articulations !

Des sensations canon !

Entre 18 et 22 SA, le moment tant attendu est enfin arrivé : vous devriez le sentir bouger ! Si vous n'en êtes pas à votre première saison (de grossesse), vous devriez même partager sa mise en jambes plus tôt, votre utérus étant plus sensible ! C'est aussi à ce stade que votre mini-vous respire et déglutit simultanément, explore son corps avec ses mains et bouge les yeux rapidement ! Puis il enchaîne avec des mouvements des doigts, des paupières et de la bouche. Bref, il n'arrête pas (ou presque, voir encadré ci-dessous).

Dis, tu dors ?

Certes, votre bébé alterne phases de sommeil et phases d'activité très tôt, mais c'est vers 22 SA qu'il adopte un rythme similaire à celui qu'il aura à la naissance, avec des cycles de sommeil de 50-60 minutes environ. Puis, vers 29 SA, il commence à avoir un sommeil tour à tour calme et agité. Ces phases différenciées de sommeil, d'abord un brin chaotiques, alternent régulièrement à partir de 37 SA. Par ailleurs, son rythme de sommeil est complètement indépendant du vôtre. Résultat : non seulement il dormira quand il le voudra (que vous soyez couchée ou pas), mais il y a fort à parier que vous ressentiez plus ses mouvements au moment de vous mettre au lit, période de la journée à laquelle vous êtes vous-même plus calme et disposée à lui accorder votre attention !

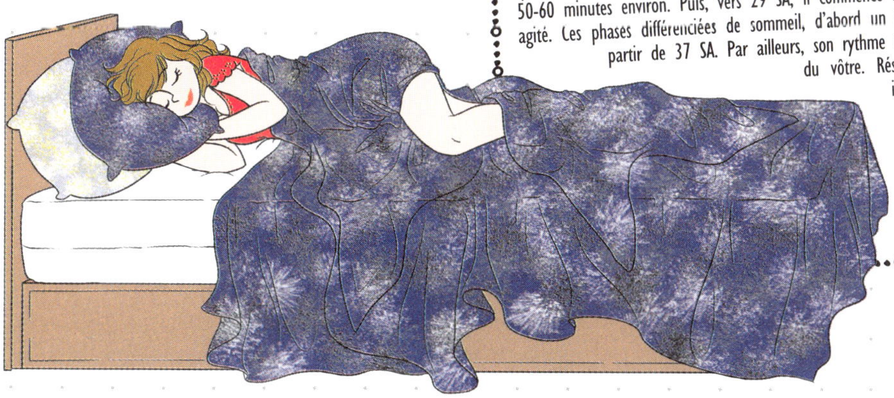

Il écoute enfin son coach !

Dès 24 SA, votre bébé répond à certains stimuli. Il commence par tourner la tête quand vous caressez votre ventre ou exercez des petits mouvements de pression (ou tout autre stimulus mécanique).

Puis, **entre 26 et 27 SA**, il tressaille ou tourne la tête en entendant certains sons, comme des voix très proches, etc.

Après l'effort, pas de réconfort (pour vous) !

À partir du 3e trimestre, votre petit sumo prend plus de place dans votre ventre… et en a donc moins pour bouger. Il continue pourtant à s'étirer, à bouger ses bras et ses jambes de manière isolée, voire à se retourner… et ce jusqu'à 37 SA.

Si, à ce stade, votre bébé n'a pas la tête en bas, le praticien diagnostiquera alors un siège (voir p. 200). C'est aussi durant cette période que les mouvements du bébé peuvent être les plus inconfortables, voire douloureux, pour vous. Vous êtes nostalgique en fin de grossesse ? S'il y a une chose que vous ne regretterez pas, c'est bien ses coups de pied dans le foie !

Au secours, je ne sens plus mon bébé bouger !

Si votre petit acrobate ne vous semble pas aussi dégourdi que d'habitude, restez zen. Peut-être avez-vous simplement été moins attentive à ses mouvements pendant quelque temps. Pour vérifier qu'il est toujours dans les starting-blocks, deux méthodes :

- Tentez de le stimuler avec vos techniques habituelles : un bon bain, un massage, un carré de chocolat… S'il apprécie, il vous le fera savoir.
- Vous avez déjà entamé votre 3e trimestre ? Allongez-vous sur le côté gauche pendant 2 heures et comptez le nombre de mouvements que vous ressentez. S'il vous piétine plus de six fois, il est au top !

Dans tous les cas, si vous vous inquiétez, direction la maternité. Un professionnel de santé pourra vous rassurer !

Je crée du lien avec mon bébé

Certes, il est encore bien petit, mais votre coéquipier est déjà tout disposé à partager votre quotidien. En attestent quatre mamans qui reviennent sur leur expérience de team-building utérine!

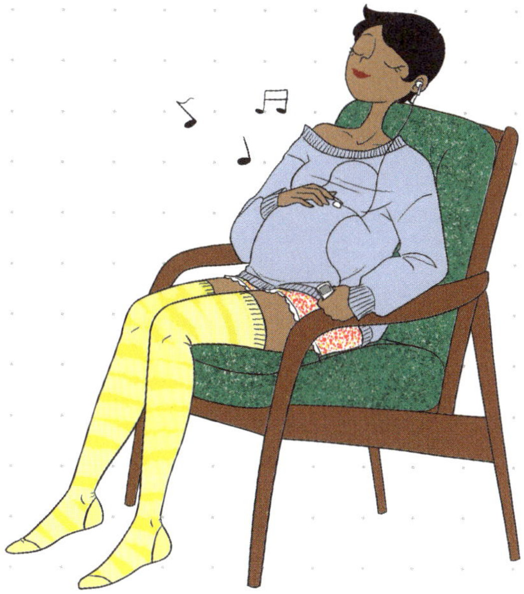

Je le caresse dans le sens du poil!

«J'ai commencé l'haptonomie juste avant mon 4e mois de grossesse, séduite par l'idée qu'on pouvait entrer en contact avec notre bébé par le toucher... Mon homme, lui, était plus dubitatif. Mais quand l'haptothérapeute lui a montré comment placer ses mains sur mon ventre pour que notre bébé vienne "faire un câlin" et qu'il l'a senti bouger pour la première fois, il s'est vite converti! Au fil des séances, nous avons vraiment senti notre relation évoluer. C'était magique!» **Nelly, 35 ans**

Je joue à son rythme!

«Vers 6 mois, j'ai remarqué que mon fils bougeait toujours aux mêmes heures et qu'il était très réactif à certaines de mes habitudes. J'ai donc mis en place un rituel du soir pour nous deux : je dînais, prenais un long bain, massais mon ventre et mangeais un carré de chocolat avant de me coucher. Et, à chaque étape, Léo me faisait sentir son approbation!» **Lola, 27 ans**

Je lui susurre des mots doux (ou non)!

«Dès le début de ma grossesse, j'ai pris l'habitude de tout partager avec mon bébé : mes bonheurs, mes soucis, mes moments de doute... Au départ, cela m'a surtout rassuré sur le bon déroulement de ma grossesse. Si je lui parlais, c'est qu'il était là! Puis, quand il a commencé à bouger, j'ai eu l'impression qu'il était vraiment "en demande" de mes mots. Je n'ai jamais cessé... D'ailleurs, je l'ai même encouragé pendant l'accouchement!» **Sandy, 30 ans**

Je chante ses louanges!

«J'ai toujours été musicienne. Pendant ma grossesse, j'ai donc pris l'habitude de placer un casque sur mon ventre pour partager les grands classiques avec mon bébé quand je les écoutais. Je me suis aussi inscrite à un cours de chant prénatal durant lequel ma fille gesticulait inlassablement. J'ai vraiment senti qu'on partageait quelque chose de fort dans ce cocon musical!» **Mylène, 28 ans**

Comment s'organise ma grossesse ?

Maintenant que vous savez tout de la vie intra-utérine de votre bébé, voici un calendrier pour vivre votre grossesse sereinement et avoir en tête toutes les étapes de cette aventure ! Vous aussi, papa, faites partie de l'aventure ! Voyez comment vous pouvez l'accompagner !

Date	Rendez-vous	Examens	Est-ce obligatoire ?	Pour plus de physiologie, c'est le moment de…	Ce que le papa peut faire…
1er mois Dès les résultats du test de grossesse	**1er bilan** chez le généraliste, le gynécologue, la sage-femme pour confirmer votre grossesse.	Dosage plasmatique, échographie pelvienne.	Non	• contacter les sages-femmes libérales près de chez vous pour le suivi global. • identifier les offres de soin qui vous intéressent (maison de naissance, maternité labellisée, etc.). • prendre rendez-vous, si besoin, avec une sage-femme tabacologue.	• appeler les maternités proches de chez vous pour connaître les conditions d'inscription… et votre mutuelle pour vous renseigner sur la prise en charge. • commencer à revoir votre hygiène de vie (et notamment arrêter la cigarette, p. 37).
2e mois Vers 7 SA	**1er rendez-vous chez le gynécologue,** pour évaluer vos besoins en termes de suivi.	Examen clinique, bilan biologique (détermination groupe sanguin, dépistages toxo, rubéole, syphilis, recherche d'agglutinines irrégulières et de protéines dans les urines).	Non	• chercher un sport ou une pratique énergétique prénatale qui vous convienne. • prendre rendez-vous chez l'acupuncteur, l'homéopathe.	prendre rendez-vous chez votre généraliste pour faire un bilan de santé et identifier les antécédents médicaux qui peuvent avoir de l'importance dans le cadre du suivi de votre moitié (voir p. 45).

DATE	RENDEZ-VOUS	EXAMENS	EST-CE OBLIGATOIRE ?	POUR PLUS DE PHYSIOLOGIE, C'EST LE MOMENT DE...	CE QUE LE PAPA PEUT FAIRE...
3e mois Entre 11 et 14 SA	**Échographie de datation,** pour dater votre grossesse, repérer le placenta, mesurer la clarté nucale de votre bébé, etc.	Échographie pelvienne.	Non		• suggérer (subtilement à votre compagne) d'arrêter de se crémer le ventre quelques jours avant l'examen. • apporter une petite bouteille d'eau le jour J.
	Dépistage prénatal, pour évaluer les risques de trisomie 21.	Dosage d'une substance présente dans le sang maternel : les marqueurs sériques. À noter : ce dernier est rattrapable entre 14 et 18 SA par un autre dosage si la date a été dépassée.	Non, mais recommandé 		• en parler avant l'examen : vous pouvez le refuser ! • la rassurer (même si vous êtes flippé).
3e mois 14 SA	**Rendez-vous du 3e mois,** pour déclarer votre grossesse.	Examen clinique, bilans médical et biologique, glycémie à jeun si nécessaire (dépistage du diabète gestationnel).	Oui	• trouver un haptothérapeute si vous êtes intéressée. • vous renseigner sur les alternatives à la préparation traditionnelle à la naissance : hypnose, sophrologie, etc.	aborder ensemble la question de la préparation à l'accouchement pour lui faire savoir tout de suite à quel point vous voulez vous impliquer !
4e mois Vers 16 SA	**Rendez-vous du 4e mois,** pour suivre la bonne évolution de votre grossesse.	Examen clinique, bilan biologique.	Oui	• caler une date d'entretien prénatal précoce EPP (voir p. 63). • réfléchir à votre projet de naissance.	• noter la date de l'EPP pour l'accompagner. • commencer à réfléchir à comment vous vous projetez en tant que papa. C'est aussi cela le projet de naissance !
4e mois Entre 16 et 18 SA	**Dépistage prénatal** pour compléter les premiers tests relatifs à la trisomie 21 (ou s'ils n'ont pas été réalisés au préalable).	Amniocentèse.	Non		là encore, vous pouvez la refuser. Parlez-en avec votre moitié !

Date	Rendez-vous	Examens	Est-ce obligatoire ?	Pour plus de physiologie, c'est le moment de...	Ce que le papa peut faire...
4e mois	**Entretien prénatal précoce,** pour vous aider à préparer la naissance.	Entretien avec la sage-femme.	Non	• préparer vos questions sur la prise en charge physiologique de la grossesse.	préparer toutes vos questions sur la grossesse et l'accouchement. La sage-femme est là pour vous répondre aussi !
5e mois Entre 20 et 25 SA	**Rendez-vous du 5e mois,** pour vous assurer que vous êtes au top.	Examen clinique, bilan biologique.	Oui	• chercher un ostéopathe spécialiste de la grossesse. • vous renseigner sur les ateliers de portage et de massage.	vous inscrire à un atelier pour papas si vous êtes intéressé par le portage ou le massage de bébé : renseignez-vous !
5e mois Entre 21 et 24 SA	**Échographie morphologique,** pour surveiller l'évolution de votre bébé et vous annoncer le sexe !	Échographie abdominale.	Oui		faire la reconnaissance de paternité si vous n'êtes pas mariés.
5e mois	**Rendez-vous chez les spécialistes,** pour faire un bilan.	Soins chez : • le dentiste ; • l'ophtalmo ; • le dermato.	Non	• aborder les pistes de traitement phyto/homéo pour vos maux usuels (gingivite, acné, etc.).	
6e mois Entre 25 et 28 SA	**Rendez-vous du 6e mois,** pour vérifier que tout va bien.	Examen clinique, bilan biologique, dépistages des hépatites et d'une éventuelle anémie (NFS).	Oui	• prendre contact avec une consultante en lactation.	aborder la question de l'allaitement : qu'a-t-elle envie de tenter ? Quel soutien attend-elle de vous ?
6e mois	**Dépistage du diabète gestationnel.**	Test d'hyperglycémie provoquée par voie orale (HPVO).	Prescrit au cas par cas.		libérer votre matinée pour l'accompagner au labo et prévoir de venir la rechercher avec un en-cas, car ce test, particulièrement désagréable, se fait à jeun.

Date	Rendez-vous	Examens	Est-ce obligatoire ?	Pour plus de physiologie, c'est le moment de...	Ce que le papa peut faire...
7e mois Entre 29 et 31 SA	**Rendez-vous du 7e mois,** pour dépister certains troubles du 3e trimestre.	Un examen clinique, un bilan biologique.	Oui	• prévoir une consultation en chiropractie si besoin est (maux de dos, sciatique).	se renseigner auprès de votre maternité : des groupes de parole de papas sont peut-être organisés.
7e mois 32 SA	**Échographie de bien-être fœtal,** pour vérifier la croissance, la vitalité et la position de votre bébé.	Échographie abdominale.	Oui	• prendre rendez-vous avec un acupuncteur si votre bébé n'est pas retourné.	
8e mois Entre 32 et 36 SA	**Rendez-vous du 8e mois,** pour anticiper les conditions de votre accouchement et évaluer vos contractions.	Examen clinique, bilan biologique, recherche de streptocoque B.	Oui	• compléter votre projet de naissance à deux. • chercher les spécialistes pour votre bébé : pédiatre, homéopathe, ostéo…	vous pencher ENSEMBLE sur votre projet de naissance (non, ce n'est pas que le sien).
Entre le 8e et le 9e mois	**Rendez-vous chez l'anesthésiste,** pour faire le point sur vos antécédents, vos attentes.	Examen clinique, bilan sanguin.	Oui		
9e mois À partir de 37 SA	**Rendez-vous du 9e mois,** pour faire un bilan.	Examen clinique, toucher vaginal.	Oui	• commencer le massage du périnée (voir p. 171).	l'aider dans les démarches pour votre futur bébé : trouver un pédiatre, un ostéo (à ce stade, pas de doute, elle en a assez de caler des rendez-vous médicaux).

Do you speak femme enceinte ?

Depuis qu'elle est enceinte, votre moitié a adopté un nouveau jargon qui mérite parfois clarification. Lexique rapide pour parler à nouveau la même langue.

Amnio comme Amniocentèse

C'est le prélèvement d'un peu de liquide amniotique à travers la paroi du ventre de votre moitié pour compléter les dépistages d'anomalies chromosomiques, comme la trisomie 21. Si l'amnio est réalisée sur les conseils du praticien entre 16 et 18 SA, vous pouvez la refuser !

ß-HCG comme Hormone Chorionique Gonadotrope

C'est l'une des hormones de la grossesse, si ce n'est l'hormone de la grossesse par excellence. Son taux augmente de la conception à la 8e semaine, le temps que la grossesse s'installe. C'est aussi elle qui est en grande partie responsable des nausées.

DDC comme Date De Conception

C'est la date à laquelle vous avez parfaitement réussi votre (petit) coup !

DDR comme Date des Dernières Règles

Utile au praticien pour déterminer la DPA, la question de la DDR fera partie de ces (nombreux) moments au cours desquels vous aurez envie de vous enfermer dans votre bunker d'autopréservation (un petit streaming sur Twitch ?).

DPA comme Date Prévue d'Accouchement

Soit 41 semaines après la DDR ou 39 semaines après le fameux coup gagnant !

Écho comme échographie

Dans le cadre d'un suivi classique, les échographies sont au nombre de trois (une par trimestre) pour surveiller la bonne évolution de la grossesse… et mieux vaut prévoir d'être là ! (voir p. 59)

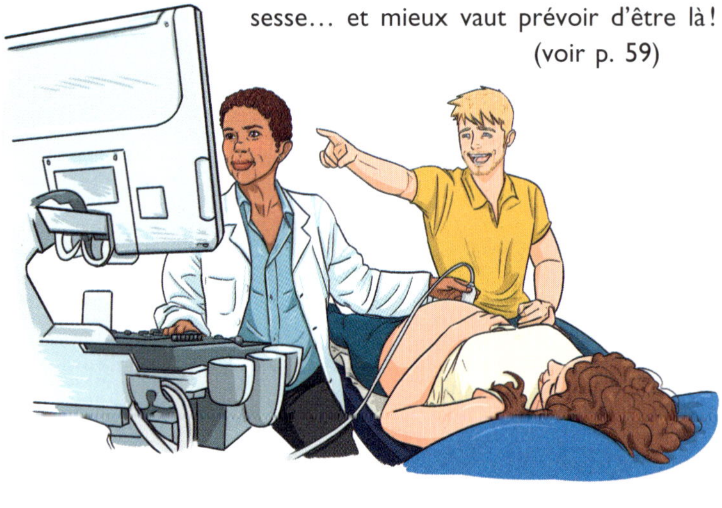

HTA comme HyperTension Artérielle

Pendant la grossesse, l'HTA, si (et seulement si) elle est accompagnée d'autres symptômes, peut laisser présager un risque de complication. Si le praticien commence à en parler, c'est l'heure de la rassurer !

HU comme Hauteur Utérine

Mesurée à l'aide d'un mètre ruban placé sur le ventre de votre compagne entre le pubis et la partie la plus haute de l'utérus, elle permet d'évaluer la croissance du bébé et la quantité de liquide amniotique.

NFS comme Numération Formule Sanguine

La NFS, l'un des nombreux prélèvements que devra faire votre moitié, a pour vocation d'identifier une éventuelle anémie (carence en fer) ou une infection virale ou bactérienne.

Péri' comme Périnée

C'est l'ensemble des 12 muscles qui relient l'anus, l'urètre, le clitoris et le vagin, et qui soutiennent la vessie, le rectum et l'utérus... Même s'il s'assouplit pendant la grossesse pour laisser passer le bébé, le périnée peut être malmené lors de la naissance. Votre seul objectif, garder en tête l'adage : « Tant que le périnée n'est pas opé', pas de sexualité ! »

PNP comme Préparation à la Naissance et à la Parentalité

Plus connue sous le terme de prépa à l'accouchement, la PNP repose sur différentes méthodes : la « classique », mais aussi la sophrologie, l'haptonomie, HypnoNatal®... Les séances commencent généralement vers 4 à 5 mois, et elles impliquent plus ou moins le papa.

RAI comme Recherche d'Agglutinines Irrégulières

Associée à la recherche de groupe sanguin, cette sérologie vise à dépister une éventuelle incompatibilité materno-fœtale (voir p. 45).

RDC comme Retour de Couches

Soit les premières règles après l'accouchement... et pas le rez-de-chaussée ou la République du Congo (mais vous vous en doutiez).

SA comme Semaines d'Aménorrhée

C'est le nombre de semaines depuis ses dernières règles. C'est dans cette langue que vont sûrement vous parler le gynéco, la sage-femme & co.

SG comme Semaines de Grossesse

Les SG correspondent au nombre de semaines depuis la fécondation, et donc au calcul que serait logiquement tenté d'adopter le commun des mortels.

T21 comme Trisomie 21

Les aneuploïdies sont dépistées de manière systématique pendant la grossesse entre 11 et 14 SA (fin du 1er trimestre) par une prise de sang (que vous pouvez refuser) et une échographie, puis par une amniocentèse si le médecin la conseille (et que vous l'acceptez). Pas de panique, elle est bien suivie !

Un deuxième enfant à la maison, qu'est-ce que ça change ?

L'arrivée d'un deuxième enfant à la maison est un moment plein de challenges, tant sur le plan de la préparation de l'aîné que sur la gestion des nouvelles émotions de toute votre petite tribu… Si un premier enfant entraîne son lot d'ajustements au quotidien, le deuxième enfant vient bousculer une organisation désormais bien huilée. Et, pour se préparer à cette petite (et adorable) révolution, rien de tel que de faire le point sur les grands changements qui vous attendent pour être zen, absolument zen.

On s'adapte en famille !

Jusqu'à présent vous formez un joli trio à la maison… Avec votre conjoint, vous vous êtes découverts sous un nouveau jour et vous avez emmagasiné un nombre incalculable de compétences. Au fil des semaines, vous êtes devenus imparables pour changer les couches à vitesse grand V (tout en retenant votre respiration), vous dégainez le bib' plus rapidement que Lucky Luke et vous avez développé une ouïe suffisamment fine pour entendre les pleurs de votre bébé alors que vous êtes plongés dans un profond sommeil. Eh oui, la parentalité a fait de vous des êtres nouveaux, avec de nouvelles habilités que vous ne soupçonniez même pas !

L'arrivée du petit deuxième va secouer vos certitudes durement acquises pour rebattre les cartes du jeu familial. À quatre, l'organisation n'est plus la même, certes, mais votre état d'esprit non plus. Vous allez être confronté à de nouvelles interrogations familiales : comment aimer ce nouveau petit être aussi fort que votre premier enfant et comment organiser la vie à quatre sans se laisser déborder ?

Mais ce n'est pas tout : quel est le (nouveau) rôle du papa dans cette deuxième grossesse ? S'il y a des enfants d'une première union, on s'organise comment pour faire accepter le changement à toute la petite tribu ? C'est parti pour débroussailler la grande aventure du 3 + 1 = 4 !

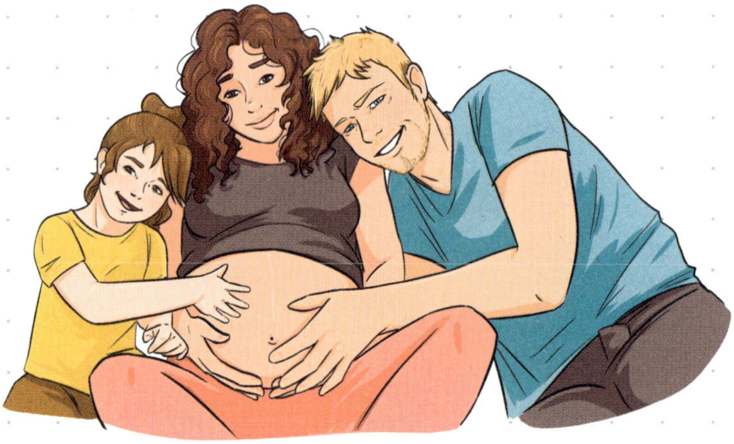

Un deuxième bébé qui chamboule tout (ou presque !)

Un deuxième enfant à la maison représente un véritable challenge, et l'on aurait bien tort de croire que l'arrivée de ce bébé est une simple prolongation des tâches familiales… En effet, si un premier enfant ouvre les portes d'un monde nouveau – tant pour le couple de jeunes parents que pour la famille au sens large –, le deuxième enfant, lui, multiplie par deux les nouveautés, et c'est tant mieux !

Côté maman, quels sont vos (nouveaux) défis ?

Avant même qu'il ait pointé le bout de son nez, ce deuxième bébé vous réjouit déjà : à vous les grandes tablées familiales animées et la jolie complicité entre frères et sœurs ! Vous vous apprêtez à jouer un rôle essentiel dans la petite tribu qui s'agrandit, et la perspective d'être au cœur de ce petit monde vous rend naturellement heureuse. Pourtant, les défis d'une telle mission ne manquent pas. Voici vos (nouveaux) commandements.

Je prends du temps pour moi

Ce qui change : tandis que l'arrivée de votre premier bébé a fait de vous une superwoman, qui prend sa douche en 3 minutes chrono, dort par tranches de 15 minutes et déplie le lit parapluie en deux temps, trois mouvements, l'arrivée d'un deuxième petit bout risque bien d'intensifier le tempo !

Avec une poignée de minutes par jour seulement, vous pouvez prendre l'habitude de faire le vide dans votre tête pour apprécier des phases de respiration et être ainsi plus disponible pour accueillir prochainement une troisième personne dans votre vie.

Votre mission ? Essayez d'avancer de 10 minutes votre réveil chaque matin pour savourer un moment de « visualisation positive ». Objectif ? Vous recentrer sur votre souffle et visualiser les projets qui vous attendent aujourd'hui avec un regard serein.

- Pour cela, asseyez-vous sur votre lit et inspirez doucement en gonflant le ventre, que vous imaginez rempli d'ondes positives et chaleureuses.
- Ensuite, expirez longuement par la bouche, comme si vous souffliez à travers une paille.
- Répétez cette respiration 3 fois de suite, puis visualisez l'ensemble des projets de votre journée de la manière la plus positive qui soit.
- Inspirez ensuite en contractant légèrement vos muscles de la mâchoire ainsi que vos poings afin que votre corps imprime en lui toutes ces bonnes ondes pour la journée qui commence… sur les chapeaux de roues !

Je chouchoute l'aîné

Ce qui change : après avoir annoncé à l'aîné l'arrivée d'un petit frère ou d'une petite sœur, vous allez devoir vous armer de patience (et de bienveillance !), car votre grand aura besoin d'être rassuré régulièrement sur l'amour que vous lui portez. Eh oui, c'est l'inconnu pour lui aussi et il peut avoir peur de « perdre » l'attention de sa maman au profit du petit nouveau.

Votre mission ? Prendre chaque soir (au moment du coucher de préférence) le temps de parler avec votre aîné des émotions qu'il a vécues pendant sa journée. En lui donnant l'opportunité de se livrer régulièrement sur ce qui le traverse, il se sentira en confiance pour vous exprimer ses petites craintes et ses peurs quant à l'arrivée du bébé. Ce sont des moments d'échange de qualité qui renforceront à coup sûr votre complicité sur le long terme.

Je renforce mon couple

Ce qui change : après l'arrivée du premier enfant, votre couple a logiquement traversé des hauts, mais aussi quelques bas. C'est tout à fait normal : la fatigue des premiers mois, le stress de la nouveauté et le manque de disponibilité ralentissent considérablement la sensualité et les échanges amoureux que vous nourrissiez au quotidien avant de devenir parents. Profitez ainsi de votre deuxième grossesse pour travailler en profondeur votre complicité afin d'être encore mieux armés quand le bébé pointera son nez !

Votre mission ? Pourquoi ne pas instaurer un petit rituel de couple à faire une fois par semaine en dehors de votre maison ? Appelez la baby-sitter ou les grands-parents pour vous remplacer au pied levé avec votre aîné ! Si vous n'avez pas de réseau relationnel disponible pour prendre soin des enfants autour de vous, organisez un petit dîner en tête à tête à la maison une fois que les petits sont couchés, regardez un bon film, offrez-vous un massage détente (bien mérité !)… Les idées de sortie en amoureux ne manquent pas pour garder la flamme intacte et renforcer votre complicité et votre amour !

Côté papa, quels sont vos (nouveaux) défis ?

Pour le premier, vous étiez de tous les combats : de la première échographie au premier biberon donné à 3 heures du matin, votre bébé pouvait compter sur vous ! En revanche, depuis l'annonce de cette nouvelle grossesse, votre enthousiasme se fait moins intense… même si votre joie d'être à nouveau papa reste intacte. Alors, quels sont les principaux défis qui vous attendent à l'arrivée de votre deuxième bébé ?

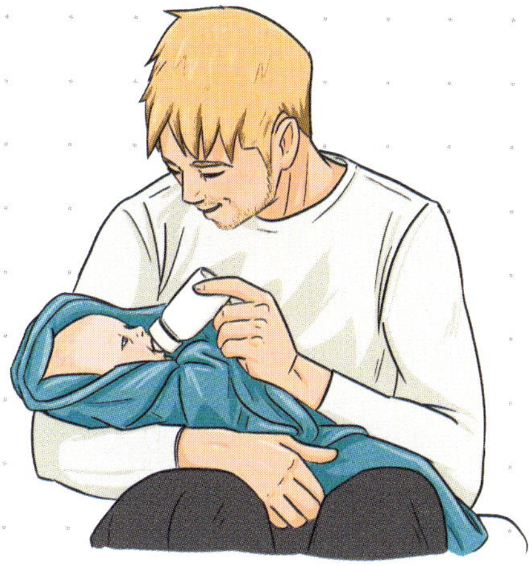

Je garde intact mon enthousiasme

Ce qui change : votre premier bébé avait clairement explosé vos records d'émerveillement ! Ses premiers gazouillis, ses premiers pas, son premier mot… Tout était nouveau, beau et incroyablement magique. Pour votre deuxième enfant, la magie du moment se renouvelle toujours, mais vos réflexes de jeune papa averti se font un peu plus routiniers… Comment se relancer dans l'aventure avec le même enthousiasme ?

Votre mission ? Garder en tête que ce deuxième enfant ne sera en rien comparable au premier. Les défis seront renouvelés, et les règles du jeu, réinventées. Pour conserver votre émerveillement intact, prenez l'habitude d'interroger votre conjointe sur sa grossesse : votre deuxième bout d'chou bouge-t-il beaucoup ou au contraire est-il une petite marmotte ? Quelles sont les différences avec le premier ? Apprenez au maximum à distinguer cet enfant de votre aîné pour faire pleinement connaissance avec lui… et vous émerveiller à nouveau !

Je choisis des formules 100 % bienveillantes

Ce qui change : à l'arrivée du deuxième enfant, vous êtes logiquement pris dans le flot ininterrompu du quotidien. Votre conjointe, elle, se remet doucement de cette seconde naissance… Physiquement (et mentalement aussi), cette période peut être délicate à passer pour elle. En un mot, votre chérie a, plus que jamais, besoin de votre soutien et de votre bienveillance !

Votre mission ? User et abuser des mots tendres et rassurants !

Les 3 phrases à privilégier au quotidien…

- **« Tu es une maman formidable, n'en doute pas ! »** En rappelant à votre conjointe à quel point elle est une bonne maman, elle renforce sa confiance en elle et se sent prête à affronter cette nouvelle vie à quatre plus sereinement.
- **« Prends le temps de respirer, tu en as besoin, je prends le relais ! »** Avec deux enfants à charge – dont un nourrisson –, votre conjointe a bien besoin de temps pour souffler. Prenez le relais dès que vous sentez la fatigue – et l'agacement – pointer le bout de son nez, et proposez-lui de sortir un peu de la maison en solo (voir ses amis, faire une séance d'activité physique, savourer un bon livre) pendant que vous assurez avec vos enfants !

• **« J'ai confiance en toi, nous allons y arriver ! »** Les nouveaux défis de la vie à quatre peuvent parfois sembler complexes… Gardez la positive attitude et transmettez à votre moitié vos bonnes ondes : rien n'est insurmontable, vous allez y arriver, c'est certain !

Les 3 phrases à éviter…

• **« On mange quoi ce soir ? »** Après la naissance de votre deuxième enfant, votre conjointe est prise par les soins du quotidien au nouveau-né… Participez activement à la préparation des menus en amont ! Organisez-vous pour faire les grosses courses le week-end et n'hésitez pas à cuisiner, puis à congeler, de bons petits plats pour la semaine…

• **« Mes parents me demandent s'ils peuvent voir les enfants encore une fois cette semaine ! »** N'hésitez pas à mettre un peu le holà si vous sentez que votre famille se fait un peu trop présente dans ces moments où vous et votre conjointe avez besoin de vous ressourcer… Vous êtes le plus à même de faire barrage à vos proches, avec douceur bien entendu.

• **« J'ai une réunion Skype avec mon boss cet après-midi, je ne serai pas disponible ! »** Lorsque vous êtes en congé paternité, faites en sorte d'être pleinement disponible pour votre bébé, mais aussi pour votre aîné, qui a besoin de vous !

Je m'implique dans l'intendance de la maison

Ce qui change : les nuits raccourcies, les rendez-vous chez le pédiatre, le rangement, le nettoyage… Depuis l'arrivée de votre premier enfant, vous n'avez plus vraiment une seconde à vous, et votre compagne non plus. Pour éviter que la balance des tâches ménagères ne soit déséquilibrée, prenez le temps de faire ensemble le point sur la juste répartition des petites (et grandes) corvées.

Votre mission ? L'arrivée d'un deuxième bébé complique évidemment les tâches quotidiennes, on ne va pas vous le cacher. Vous pouvez cependant mettre en place la juste répartition des tâches ménagères, avec une bonne organisation bien entendu… Une seule stratégie s'impose en la matière : s'impliquer au maximum au quotidien, notamment sur les rendez-vous à prendre, l'intendance de la maison (courses, ménage, linge, paperasse…), et les projets à venir. N'attendez pas que votre conjointe vous demande de l'aide, car elle aussi peut se laisser facilement déborder… Objectif : gérer et penser le quotidien à deux, sans déséquilibre, comme une véritable équipe.

Je lui propose mon aide !

Lorsque nous ne sommes pas sollicités, nous pensons souvent (à tort) que notre interlocuteur se débrouille parfaitement bien. Une simple question permet d'alléger des sentiments de frustrations pesants : « Comment puis-je t'aider ? » Ainsi, pour éviter tout malentendu, demandez régulièrement en quoi vous pourriez lui donner un coup de main, sans attendre qu'elle vous fasse signe.

Alors, concrètement, on fait comment ?

- Et si vous preniez le temps d'avoir une discussion à cœur ouvert en mettant sur la table les sujets qui fâchent ? Par exemple, qui a la sensation de faire quoi le plus souvent au quotidien ? Quelles sont les éventuelles frustrations ? Comment améliorer la communication pour avancer ensemble comme une équipe ?
- À partir de ce bilan, établissez une organisation de la vie de famille de manière équitable.
- Une fois l'organisation trouvée, chacun s'occupe pleinement des tâches à accomplir (surtout en évitant de dire à l'autre ce qu'il a mal fait ou devrait faire…), en s'y tenant… sans en faire plus ! L'objectif ? Se faire confiance l'un l'autre et s'alléger l'esprit au maximum !
- Autre petite astuce pratique : veillez régulièrement à anticiper les tâches à venir (comme acheter du liquide vaisselle sur le chemin du retour à la maison, remplir la machine à laver le linge le week-end…).

La charge mentale, c'est quoi au juste ?

Penser à racheter du dentifrice, à payer la cantine scolaire, à inscrire l'aîné à son cours de danse, à étendre le linge… Ces petites situations du quotidien sont en majorité à la charge des femmes. Selon une étude réalisée par l'INSEE en 2017, elles sont 64 % à prendre en charge les tâches domestiques et 71 %, les tâches parentales. Cette charge mentale qui consiste à prendre en main l'intendance du foyer pèse sur leurs épaules, en particulier au moment d'accueillir un enfant : le congé maternité est pris bien plus souvent que le congé paternité ! Naturellement, ces dernières continuent à gérer l'intendance une fois revenues au travail…

Côté famille recomposée, quels sont vos nouveaux défis ?

L'arrivée d'un deuxième enfant au sein d'une famille recomposée pose tout autant de défis, sinon plus… Cette nouvelle grossesse vient logiquement mettre un terme au fantasme (souvent inconscient) de l'aîné de voir ses parents biologiques se remettre ensemble. Eh oui, ce nouveau bébé vient souder la nouvelle famille recomposée et redistribuer les places de chacun… Que de changements ! Alors, que trouve-t-on au programme de cette réorganisation familiale ? Une dose d'écoute active, une pincée de patience, le tout saupoudré de (beaucoup) de bienveillance !

On s'écoute les uns les autres

Ce qui change : les aînés d'une première union sont légitimement inquiets de l'arrivée de ce nouvel enfant, qui risque bien de leur faire de l'ombre… du moins pendant quelque temps ! Votre grand peut se sentir délaissé devant le tableau de cette nouvelle « vraie » famille qui se crée devant ses yeux. Il a besoin d'être rassuré au maximum pendant cette période, il a besoin que vous lui apportiez toute votre compréhension quand il exprime ses craintes.

Votre mission? Laisser le temps à votre aîné d'intégrer la nouvelle et de se faire à l'idée qu'il va céder sa place de petit dernier de la famille au nouvel arrivant…
Ne forcez pas les discussions autour du bébé à naître s'il n'a pas (encore) envie d'en parler. Il va avoir besoin de temps, et ses sentiments vont évoluer au fil de votre grossesse.
Laissez-le également nommer comme il le souhaite sa petite sœur ou son petit frère : s'il préfère dire «demi», c'est comme il le sent! Le mot d'ordre? Se mettre à son rythme… et à son écoute.

On resserre nos liens familiaux

Ce qui change : un enfant né d'une première union a besoin de sentir que sa place dans le cœur de chacun est toujours la même, quels que soient les circonstances et les changements de la vie. Maintenant que le grand sait qu'il peut vous parler en toute confiance, votre rôle est de resserrer vos liens familiaux au quotidien pour diminuer ses petites angoisses et lui faire comprendre qu'il fait partie intégrante de votre tribu.

Votre (nouveau) commandement? Continuer au maximum les routines familiales que vous aviez mises en place (par exemple, le brunch du dimanche matin, l'histoire du soir avant de se coucher, le cinéma le week-end…).

En prenant le temps de renforcer ces moments de complicité au quotidien, vous faites sentir à votre enfant qu'il a – et qu'il aura – toujours sa place dans votre cœur.
Par ailleurs, quand vous avez le temps, proposez-lui des activités qui sortent de l'ordinaire, comme un parc de loisirs, une sortie en mer, une randonnée, un *escape game* spécial enfant (pour les plus grands!), ou encore des petits cours de théâtre ou d'expression corporelle… À la clé, une complicité renforcée et un sentiment d'autonomie développé.

On donne sa place à l'aîné

Ce qui change : après avoir dû accepter la présence d'un nouveau conjoint pour son parent, l'enfant né d'une première union peut ressentir à nouveau la peur de perdre sa place dans le cœur de son père ou de sa mère au profit du nouveau bébé. Ce sentiment de rivalité bien naturel peut s'exacerber s'il se sent rejeté de cette nouvelle aventure familiale qui vous attend…

Votre (nouveau) commandement? L'aider à voir les côtés positifs! Tout au long de la grossesse, rappelez-lui qu'il s'apprête à avoir un rôle essentiel et valorisant : celui de grande sœur ou de grand frère!
N'hésitez pas à lui donner des petites responsabilités qui l'engagent envers ce petit être et le rassurent sur sa nouvelle place de grand. Impliquez-le, sans le forcer, dans quelques décisions qui concernent le cadre de vie du bébé, comme la décoration de sa chambre, la peluche qu'il aimerait lui offrir ou encore le choix de ses premières layettes ou la couleur de ses bavoirs…

L'importance des souvenirs

Régulièrement, montrez-lui l'album de photos de sa naissance et les petits objets souvenirs que vous avez collectés au fil des années, comme sa première dent de lait, son bracelet de maternité… Revenir sur ces moments forts en émotions le rassurera pleinement quant à votre amour.

Mon alimentation p. 29

Ma santé p. 34

CÔTÉ PAPA Mon programme santé pour une grossesse en pleine forme p. 44

Je soigne mes petits maux p. 48

Mes rituels bien-être p. 55

CÔTÉ PAPA J'apprends à masser ma moitié p. 58

Mon suivi de grossesse p. 59

CÔTÉ PAPA 9 questions sur la sexualité que vous n'osez (peut-être) pas poser ! p. 67

Mon yoga prénatal p. 70

1er trimestre, le début de l'aventure

Tout commence en général par un retard de règles et un test de grossesse. C'est le moment de la découverte ! Parfois une surprise qui arrive un peu tôt, parfois la concrétisation d'un projet de longue date... mais toujours une grande nouvelle. Même calculée, programmée, anticipée, une grossesse qui commence est une émotion intense et le début d'un grand chamboulement : que vous soyez prête ou non, vous n'échapperez pas aux modifications physiques et hormonales. Mais n'ayez pas d'inquiétude ! Le yoga prénatal ainsi que nos astuces bien-être et nos conseils pour un suivi de grossesse au top sont là pour vous aider à traverser ces changements en toute sérénité.

Les 3 premiers mois en quelques chiffres

Dates : le 1er trimestre va de la fécondation à la 14e semaine d'aménorrhée (soit 12 semaines de grossesse).

Du côté de la maman : une femme prend en général de 1,6 à 2,3 kg en moyenne. Ce chiffre peut être supérieur si on est très fine au départ et si le corps a besoin de plus de réserves.

Du côté du bébé : la taille du fœtus à la fin du 1er trimestre est d'environ 10 cm. C'est aussi le moment de votre première rencontre avec lui lors de l'échographie des 12 semaines.

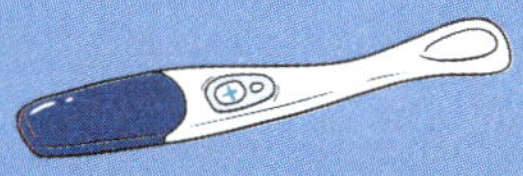

Le 1er trimestre, c'est...

- La découverte de la grossesse.
- Le grand chamboulement hormonal.
- Les premiers petits changements physiques (ventre et poitrine).
- La surprise qu'on garde pour soi et que personne ne voit.
- L'impression de se transformer en loir qui hiberne.
- Le moment de prendre soin de soi et de prendre de nouvelles habitudes pour se bichonner.

L'annoncer ou pas ?

Âge, hygiène de vie, particularités physiologiques personnelles… autant de facteurs pouvant augmenter le risque de fausse couche. Il est donc souvent recommandé d'être prudente le 1er trimestre. Et puis, même si on a envie de le crier sur tous les toits, on est aussi partagée avec l'envie de le garder encore un peu pour soi.

Invisible, et pourtant…

Même si au début on ne voit rien, ça ne veut pas dire qu'il ne se passe rien, au contraire… Vous n'avez pas de ventre, ou n'en avez qu'un peu, mais vous allez sentir des tiraillements dans le bas-ventre, votre poitrine peut devenir gonflée, voire douloureuse, et des douleurs ligamentaires peuvent apparaître. C'est normal : les hormones de la grossesse commencent leur action et l'utérus se met gentiment en place. Le yoga prénatal va vous permettre de soulager en douceur ces petits désagréments en travaillant autour des articulations et en étirant la zone du buste.

Le sommeil et les sautes d'humeur

Vous vous sentez très fatiguée ? La mauvaise humeur ne veut pas partir malgré tous vos efforts ? Pas de panique si vous vous traînez et commencez à déprimer, si vous ne vous reconnaissez pas, ce sont vos hormones qui vous jouent des tours ! Tout rentrera dans l'ordre une fois le 1er trimestre passé. En attendant, le yoga prénatal va vous permettre de vous revitaliser avec des postures énergisantes et de vous apaiser si le stress est trop fort grâce à la respiration.

Les petits tracas digestifs

Les hormones vont peut-être aussi vous faire découvrir la joie des nausées, du pyrosis (remontées acides) et de la constipation. Encore une fois, pas d'inquiétude : la relaxine ralentit votre transit et votre digestion, c'est tout à fait normal et assez courant ; c'est l'explosion du taux d'hCG, l'hormone chorionique gonadotrope humaine, qui provoque les nausées. Là encore, grâce à certaines postures, le yoga prénatal va vous aider à soulager et à anticiper ces maux.

Mon alimentation

Certes, la grossesse est le moment parfait pour bichonner ce petit être qui grandit en vous, mais pas question de vous négliger pour autant : il faut penser à vous ! Pour cela, commencez par vous détendre, notamment au moment des repas. Oui, la grossesse vient avec ses interdits et ses consignes, mais, une fois que vous aurez identifié les aliments à éviter et à privilégier, vous gérerez comme une pro ! N'oubliez pas aussi de rester active et de prendre soin de votre santé… et vous devriez vivre une grossesse pleine d'allégresse !

J'y ai droit ou pas ?

Pour ne pas vous arracher les cheveux à l'heure des repas, croquez cet abécédaire alimentaire à pleines dents !

A comme abats

J'en mange ? Oui, avec modération !

Contrairement aux idées reçues, les abats ne sont pas interdits pendant la grossesse. Au contraire, riches en fer et en vitamine B9 (les fameux folates, qui permettent de limiter certaines malformations), ils apportent des nutriments essentiels à votre équilibre de future maman. Toutefois, certains d'entre eux seraient susceptibles de contenir des traces (infimes) de cadmium, un métal lourd à éviter pendant la grossesse (voir p. 41).

À croquer (aussi) pour faire le plein d'acide folique : les épinards, le cresson, la chicorée, le melon, les noix, les amandes, etc.

À limiter : le foie, les rognons.

C comme coquillages

J'en mange ? Oui, mais pas n'importe comment !

Riches en iode, qui participe au bon développement du cerveau de votre bébé, les coquillages peuvent tout à fait être dégustés pendant votre grossesse. Votre seul impératif : être certaine de leur fraîcheur et les manger cuits, pour éviter les risques de salmonellose (voir p. 38).

À déguster pour un bain (de bouche) iodé : les moules, les bulots et les coques, mais aussi les produits laitiers, les œufs et le sel iodé.

D comme dinde

J'en mange ? Oh yes !

Peu grasses, riches en protéines et en fer, cale-faim, les viandes blanches ont tout pour elles. À déguster bien cuites pour éviter les risques de toxoplasmose, et dans des doses raisonnables (entre 80 et 100 g par portion) !

À mitonner sans hésitation : la dinde, le poulet, le veau, le lapin…

E comme emmental

J'en mange ? Oui, mais raisonnablement !

Le calcium participe à la formation du squelette de votre tout petit… Et justement, les fromages en regorgent ! Le hic : certains favorisent les risques de listériose. Privilégiez donc les fromages à pâte cuite ou fondue, à base de lait pasteurisé, à tartiner ou frais !

À picorer (sans la croûte) : le cheddar, l'édam, l'emmental, le gouda, le gruyère, le parmesan, le pecorino, la feta, le mascarpone, la mozzarella au lait pasteurisé, la ricotta, etc.

F comme fumé

J'en mange ? Non !

Les viandes et les poissons fumés augmentent les risquent d'infection par la listeria. Bye-bye pendant 9 mois !

À oublier aussi : le tarama, le surimi, tous les produits à base de lait cru…

G comme gibier

J'en mange ? Non, je m'en passe !

Non seulement il est difficile de garantir sa traçabilité, mais la viande de gibier est en général préparée en marinade, ce qui favorise la toxoplasmose.

À bouder : le sanglier, le chevreuil, le lapin de garenne, etc.

H comme hareng

J'en mange ? Oh oui !

En vous apportant de la vitamine D (qui favorise l'absorption du calcium), de l'iode et des acides gras essentiels, les poissons gras sont à savourer frais (et cuits), surgelés ou en conserve, 1 ou 2 fois par semaine. En revanche, fini les sushis, qui peuvent être contaminés par certaines bactéries.

À cuisiner aussi : le saumon, la sardine, le maquereau…

J comme jambon

J'en mange ? Oui et non !

Tout dépend du jambon ! Les jambons fumés ou crus sont déconseillés, risque de toxoplasmose oblige ! En revanche, dès lors qu'il est cuit, le jambon constitue une excellente source de protéines. Tentée ? Optez pour les produits sous vide, pas à la coupe !

À croquer : le jambon blanc, la mortadelle, le jambon de dinde, de poulet.

À déserter : le jambon serrano, de Bayonne, de Parme, la coppa, etc.

K comme kiwi

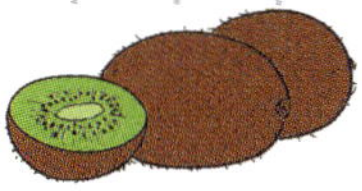

J'en mange? Oh oui!

Les fruits et les légumes forts en vitamine C permettent une meilleure absorption du fer d'origine végétale. À déguster sans modération, ou presque!

À redécouvrir pour faire le plein de vitamines : la goyave, le persil frais, le brocoli, les litchis, les agrumes et les choux de Bruxelles!

L comme lentilles

J'en mange? Oui, les yeux fermés!

Les légumes secs (ou légumineuses) constituent un bon apport de fer non héminique (d'origine végétale). Redonnez-leur une chance!

À préparer : les lentilles, les pois chiches, les haricots secs, les épinards, les haricots cocos, le germe de blé, etc.

O comme œufs

J'en mange? Oui, mais avec prudence!

Des vitamines (A, E, D, B9, B12), du fer, de l'iode, du zinc... Sur le papier, l'œuf a tout bon pour vous et votre petit poussin. Pourtant, cru, il peut être contaminé par des salmonelles.

À adopter : les œufs durs, les omelettes bien cuites.

À renier : les œufs à la coque, mollets, sur le plat et toutes les préparations à base d'œuf cru (mousses et mayonnaise maison).

P comme pâté

J'en mange? Niet!

Non seulement ils ne font pas rêver d'un point de vue nutritionnel, mais les pâtés et autres charcuteries à la coupe peuvent aussi être contaminés par la listeria.

À zapper : les rillettes, le foie gras et tous les produits en gelée.

R comme roquefort

J'en mange? Aucune chance!

Vous adorez les fromages odorants? Vous allez devoir vous vouer à d'autres saints! En effet, les fromages au lait cru, à croûte fleurie ou lavée et à pâte persillée favorisent la prolifération bactérienne.

Faire le deuil : du brie, du camembert, du coulommiers, du roquefort, du bleu d'Auvergne, du crottin de chèvre, du mont-d'or, etc.

S comme soja

J'en mange? Oui, mais avec parcimonie!

Les phyto-œstrogènes contenus dans le soja pourraient perturber votre système hormonal et celui de votre bébé. La règle : un produit à base de soja par jour, pas plus.

À limiter : les yaourts, les steaks et le lait de soja, le tofu, etc.

À éradiquer : les graines germées crues, qui peuvent être contaminées par des bactéries.

T comme thon

J'en mange? Bof!

Il est souvent conseillé d'éviter certains poissons (prédateurs et poissons d'eau profonde) au vu des risques de contamination aux métaux lourds. Vous avez craqué? Pas de panique, une consommation isolée est sans danger!

À limiter : l'anguille, la lotte, le bar, le flétan, la dorade, la raie, le thon, etc.

À éviter : l'espadon, le marlin, le siki, le requin et la lamproie.

Mes repas équilibrés !

Entre les aliments à privilégier et ceux à soustraire de vos repas, l'équation vous semblait déjà insoluble... Ajoutez à cela la prise de poids à limiter, les repas à diviser, les bons apports nutritionnels à multiplier, et vous allez regretter de ne pas avoir gagné la médaille Fields avant de tomber enceinte. Heureusement, voici 3 nombres clés pour vous accompagner.

De 9 à 12 kilos en plus

Pour éviter les complications durant la grossesse (diabète gestationnel, etc.) et faciliter la perte de poids après la naissance, il est conseillé de limiter la prise de poids entre 9 et 12 kilos. Vous pensez enfin pouvoir vous lâcher sur les goûters ? Détrompez-vous ! Ce poids doit se répartir entre votre petit occupant, ses annexes (placenta,

Repas	Dans l'assiette	Kcal
Petit déjeuner	• 100 g de pain complet (3 petites tranches ou 2 grandes tranches) • 1 yaourt peu sucré ou une portion de fromage • 1 c. à c. de confiture ou de miel • 1 boisson chaude non sucrée • 1 petit verre de jus d'orange frais pressé (15 cl)	240 110 80 0 50
	Total	**480**
Collation	• 1 laitage peu sucré • 1 boisson chaude non sucrée	110 0
	Total	**110**
Déjeuner	• 1 portion de crudités (salade de carottes, de concombre...) • 100 g de poisson blanc Les alternatives : 75 g de poisson gras, 2 œufs... • Légumes verts à volonté (épinards, poireaux...) • 1 portion de légumineuses (lentilles, haricots blancs) • 1 portion de fromage (emmental) • 1 compote sans sucres ajoutés • 1 tranche de pain complet (facultatif)	125 100 50 (pour 200 g) 110 (pour 100 g) 110 (pour 30 g) 70 (80)
	Total	**570**
Goûter	• 1 laitage peu sucré • 2 biscuits (peu sucrés aussi)	110 100
	Total	**210**
Dîner	• 1 potage de légumes frais • 100 g de viande grillée (poulet, veau, etc.) ou 2 tranches de jambon • 2 grosses pommes de terre, une portion de riz, de pâtes • 1 fruit cru • 1 laitage peu sucré	60 (pour 200 g) 120 130 60 110
	Total	**480**
À répartir dans la journée	• 35 g de matières grasses (huile d'olive, noix, beurre, etc.)	**250**
	TOTAL journée	**2 100 kcal**

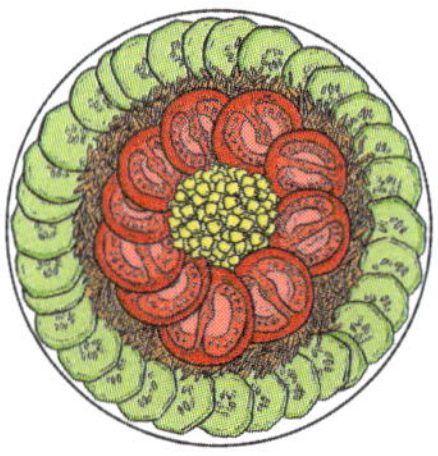

amnios, etc.) – soit, en fin de grossesse, environ 7 kilos – et vous. Résultat : il ne vous reste plus que 3 à 4 kilos à prendre pour constituer la petite réserve normale de la grossesse. Et, en 9 mois, cela peut aller très vite !

2 000 kcal pour commencer

Contrairement au dicton de mamie, on ne mange pas pour deux pendant la grossesse ! Et même si vous avez droit à un petit bonus, il reste léger ! S'ajoutent ainsi à vos 2 000 kcal journalières recommandées :

- 70 kcal par jour au 1er trimestre, soit 2 carrés de chocolat noir ou 2 biscottes ;
- 260 kcal au 2e trimestre, soit 1 banane et 5 ou 6 amandes ;
- 500 kcal (grand max) au 3e trimestre, soit un mug de chocolat chaud, 1 yaourt et 2 petites tartines beurrées.

250 g de glucides par jour

Évidemment, pas question de réfléchir uniquement en termes de calories ! Votre nouveau casse-tête est de bien répartir vos apports énergétiques à chaque repas, dans les proportions suivantes :

- 50 % de glucides (céréales, légumineuses, pommes de terre, produits laitiers hors fromage, fruits et jus de fruits, et aliments sucrés), soit plus de 250 g par jour ;
- 30 % de lipides, les fameux corps gras, dont des oméga-3 (poissons gras, huile de colza) ;
- 20 % de protéines, à la fois d'origine animale et d'origine végétale, soit 60 à 70 g de protéines pures (sachant que 4 yaourts ou 2 œufs ou 100 g de viande blanche apportent 20 g de protéines).

Un menu pour savourer

C'est bien beau tout cela, mais ça donne quoi dans votre assiette ? Inspirez-vous au quotidien du menu de base ci-contre (prévu pour le premier trimestre), à faire évoluer jusqu'à la naissance !

Et les petits écarts dans tout ça ?

Pas question de vous serrer la ceinture pendant 9 mois ! Pour craquer sans culpabiliser, sachez que vous avez aussi droit chaque semaine à :

- une entrée chaude préparée, type salade de chèvre chaud ;
- une charcuterie (parmi celles autorisées, évidemment !) ;
- une pâtisserie.

Ma santé

Malade, vous? Jamais! D'ailleurs, si vous aviez autant de followers que d'anticorps, vous auriez cassé Internet bien avant les autres starlettes. Mais voilà, maintenant que vous êtes enceinte, votre système immunitaire a changé et vous commencez à déchanter, d'autant que vos bons vieux traitements ne sont plus (vraiment) adaptés! Ajoutez à cela tous ces nouveaux risques (toxoplasmose, listériose, perturbateurs endocriniens...) qu'il faut éviter, et vous voilà à deux doigts de paniquer. Restez zen : comme toutes les mamans, vous allez y arriver!

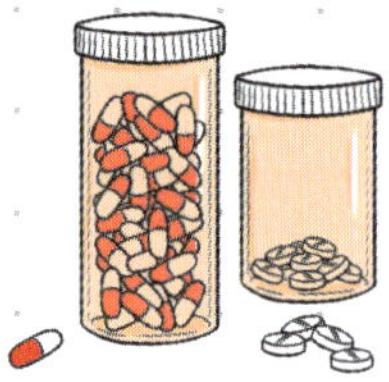

Aux petites maladies les bons remèdes naturels

Adieu Ferhume, Dolifed et toutes les autres recettes miracles que vous sortiez de votre sac un soir de nez bouché! Il va falloir apprendre à vous soigner autrement, et c'est tant mieux!

Je ne peux plus compter sur mon système immunitaire!

Normal... Avec la grossesse, le système immunitaire fait profil bas pour permettre à votre corps d'accueillir son petit invité. Résultat : le moindre virus qui passe est pour vous!

Dans votre boîte à pharmacie...

- Oui au paracétamol en cas de douleurs ou de fièvre (voir encadré p. 35).

Les alternatives au naturel

- **En homéo :** une cure de THYMULINE 9 CH, 3 granules le matin dès le début de l'hiver.
- **En phyto** : 2 comprimés d'échinacée tous les matins ou une tisane à base de fleurs de camomille matricaire, de feuilles de plantain et de mauve, en prévention des infections.
- **En acupuncture** : la stimulation de certains points peut renforcer vos défenses. Parlez-en avec votre praticien.

Aïe, une épidémie de grippe!

Si vous accouchez en hiver, votre médecin pourra vous recommander de faire le vaccin contre la grippe saisonnière afin de vous éviter des complications respiratoires et de protéger votre bébé. Une autre piste possible est l'homéopathie : alternez, un dimanche sur deux d'octobre à mars, une dose de SÉRUM DE YERSIN 9 CH et une dose d'INFLUENZINUM 9 CH.

J'ai tout le temps mal à la gorge et le nez qui coule !

Normal… Non seulement vous êtes particulièrement sensible aux virus (rhino-pharyngite, angine, etc.), mais, sous l'effet de l'imprégnation hormonale, une augmentation de la production de cérumen, cette « cire » jaunâtre sécrétée par le conduit auditif externe, peut favoriser les otites. À noter : certaines infections hivernales (angines, otites) peuvent nécessiter un traitement antibiotique. Passage obligé chez le généraliste !

Dans votre boîte à pharmacie…

- Non aux pulvérisations nasales usuelles, qui contiennent souvent des vasoconstricteurs (interdits). Quant aux sprays à l'eau de mer, ils peuvent être irritants s'ils ne sont pas isotoniques. Demandez conseil à votre praticien !
- Non aux antiseptiques locaux et aux pastilles pour la gorge, souvent contre-indiqués ! L'alternative : la propolis en gommes.
- Non aux traitements d'automédication contre le rhume et les symptômes grippaux : ils vous sont interdits !
- Oui au sérum physiologique pour des lavages réguliers du nez et à certains traitements locaux usuels des otites, type Otipax©, sur les conseils de votre médecin.

Tisanes : mode d'emploi

Pour vos infusions phyto, commencez par rincer abondamment les plantes à l'eau froide, puis incorporez toujours 3 c. à. s dans 1 litre d'eau bouillante, laissez infuser quelques minutes et le tour est joué !

Les alternatives au naturel

En homéo

- Allium cepa 5 à 9 ch, 3 granules 3 fois par jour en cas de rhume avec fort écoulement et éternuements.
- Capsicum 5 ch ou Pyrogenium et Belladonna 5 ch contre les otites, en fonction des symptômes.

En phyto

- Une tisane à base de feuilles de thym et de rondelles de citron, des inhalations de fleurs de camomille romaine et de menthe poivrée en cas de rhinite, à espacer d'une prise homéopathique.
- Une tisane à base de feuilles de plantain, de ronces et de fleurs de bouillon-blanc. En gargarisme (même préparation sans avaler, un mélange de feuilles de noyer, de ronce et de mauve en cas d'angine.

Je me soigne, oui, mais pas n'importe comment !

Attention, pas d'automédication pendant la grossesse ! Tout médicament, qu'il soit allopathique, homéo ou phyto, doit être validé par un professionnel de santé. Votre seul geste autorisé (avec grande précaution) : prendre 2 ou 3 comprimés de 500 mg de paracétamol par jour en cas de douleurs ou de fièvre. Et si vous souhaitez vérifier la compatibilité d'une molécule avec votre grossesse, rendez-vous sur le site du Centre de référence sur les agents tératogènes : www.lecrat.fr.

Je multiplie les infections

Normal… Les infections gynécologiques et urinaires, type mycose, cystite ou vaginose, sont plus fréquentes pendant la grossesse à cause de l'équilibre hormonal et bactériologique vaginal qui évolue. Pfff ! Et attention : ces petits soucis « intimes » sont à prendre très au sérieux car ils peuvent être à l'origine de certaines complications. Dès les premiers signes d'infection, il est donc essentiel de CONSULTER !

Dans votre armoire à pharmacie…

- Oui au savon surgras (ou à l'huile lavante réparatrice des labos Gabriel Couzian), à utiliser matin et soir plutôt que votre savon habituel !
- Oui à certains ovules et crèmes contre les mycoses que vous utilisiez avant la grossesse, mais seulement avec l'accord de votre médecin et à condition d'avoir fait un prélèvement bactériologique au labo.

Les alternatives au naturel

→ Pour apaiser les douleurs localisées (notamment après un rapport sexuel), appliquez de l'huile de millepertuis (macération des fleurs dans de l'huile d'olive) en externe et en interne. En cas de démangeaisons, mélangez 4 gouttes d'huile essentielle de lavande officinale avec 1 c. à s. d'huile de millepertuis et appliquez sur la zone plusieurs fois par jour.

→ Si vous êtes sujette aux cystites, réalisez une cure préventive de canneberges ou de myrtilles par voie orale. L'alternative : les boire en jus (pur ou dilué) ! Attention : en cas de soupçon de cystite, rendez-vous chez le médecin, qui pourra vous prescrire des antibiotiques !

Huiles essentielles (HE) : les conseils d'Anna Roy, sage-femme de la Maison des Maternelles

N'utilisez que les huiles essentielles compatibles avec la grossesse. En cas de doute, demandez à votre praticien !

Ne les employez pas par voie orale ou en application cutanée directe (sauf indication expresse et jamais de manière continue).

Ne les diffusez jamais plus de vingt minutes 2 ou 3 fois par jour et lorsque vous n'êtes pas dans la pièce.

Objectif zéro tabac !

La grossesse est le moment idéal pour faire partir en fumée les mauvaises habitudes ! Fumer au quotidien, c'est exposer son bébé aux substances nocives de la cigarette, c'est entretenir l'addiction et c'est multiplier les risques de complications (mauvaise vascularisation du placenta, fausse couche, accouchement prématuré, hypertension, etc.). Sans compter que les bébés exposés au tabac pendant la grossesse sont plus susceptibles de développer de l'asthme ou des troubles ORL, et de devenir eux-mêmes fumeurs plus tard ! Votre objectif : en finir avec la cigarette à la fin du 3e mois (ou plus tôt) !

Je tente les pratiques énergétiques. voire plus !

Vous bâillez à l'idée de consulter un tabacologue ou d'appeler Tabac Info Service (3989, pour mémoire) ? Sachez qu'il existe des méthodes alternatives efficaces pour vous accompagner dans votre sevrage. Renseignez-vous auprès de votre sage-femme sur l'acupuncture, l'hypnose, l'EMDR ou encore la sophrologie.

Je tente la phytothérapie

La valériane dégoûte du tabac et a des vertus apaisantes. Tentez d'en prendre 2 gélules 3 fois par jour jusqu'à ce que l'envie de fumer passe, sur les conseils de votre praticien, évidemment ! L'alternative : mélangez à parts égales dans un petit flacon de l'huile essentielle de camomille noble et de l'essence de citron. À respirer à chaque envie de fumer !

Je tente l'homéopathie, et plus particulièrement...

- Nux vomica 9 ou 15 ch, 5 granules 1 ou 2 fois par jour si le sevrage est accompagné d'irritabilité et de constipation.
- Lobelia inflata 5 ch, 1 dose quand vous vous apprêtez à sortir votre paquet.

Je tente les compléments nicotiniques

Les gommes et les patchs ne sont pas contre-indiqués pendant la grossesse et ont le mérite d'épargner à votre bébé les autres substances peu recommandables contenues dans les cigarettes. En revanche, pas de cigarette électronique ! On n'a pas assez de recul pour être assuré de son innocuité, alors elle reste, pour l'heure, contre-indiquée.

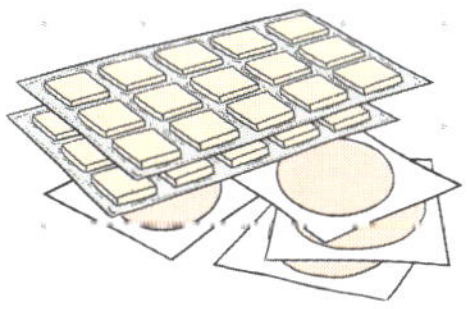

Toxoplasmose, listériose, salmonellose : je fais la part des choses !

Vous n'avez jamais entendu autant de mots barbares finissant en « ose » que depuis le début de votre grossesse... Du coup, c'est la psychose ! Pas de panique : un petit test pour faire le point sur ces risques infectieux, et vous reverrez vite la vie en rose !

1 Je suis séronégative à la toxoplasmose et j'ai un chat...

a. J'explique aux enfants qu'il est allé vivre « à la ferme ».
b. Je délègue la corvée litière.

L'explication : si le parasite *Toxoplasma gondii* est bien l'hôte du chat, l'infection qu'il provoque, la toxoplasmose, se transmet aux autres animaux, dont l'homme, uniquement par contact avec des déjections ou consommation d'aliments infectés. Généralement bénigne, la toxoplasmose peut toutefois être transmise au futur bébé en cas de contamination pendant la grossesse et favoriser certaines complications. Vous n'êtes pas immunisée ? Continuez les câlins, mais snobez le crottin !

Réponse b.

2 Pas besoin de faire tout un plat pour quelques bactéries...

a. C'est vrai, quelques jours au lit et c'est fini !
b. Quand même, il y a des risques pour mon petit chéri !

L'explication : d'origine bactérienne (*Listeria monocytogenes* ou salmonelles), la listériose et la salmonellose se contractent elles aussi surtout par voie alimentaire. En dehors de la grossesse, elles présentent peu de risques. Pourtant, chez la future maman, l'infection peut passer la barrière placentaire et être à l'origine, là encore, d'éventuelles complications dont la gravité est variable selon l'avancée de la grossesse. D'où l'intérêt de s'en préserver en évitant les aliments à base de lait et d'œuf crus, les laitages non pasteurisés, certains poissons ou charcuteries (voir p. 30), etc.

Réponse b.

3 Je congèle tout et le tour est joué !

a. Mais bien sûr !
b. Si c'était aussi simple...

L'explication : si *Toxoplasma gondii* ne survit pas à la congélation, la bactérie à l'origine de la listériose, elle, continue à proliférer quand les températures sont négatives. Quant à l'œuf, principal vecteur de la salmonellose, difficile de le congeler ! En revanche, aucun risque de contamination quand les aliments sont bien cuits !

Réponse b.

⑥ J'ai les symptômes d'une bonne gastro…

a. Je me détends et j'évite les pruneaux.
b. Je vais chez le médecin, voire à l'hosto.

L'explication : la fièvre, la diarrhée, les vomissements, les crampes abdominales, les maux de tête peuvent être le signe que vous avez contracté une salmonellose. Quant à la listériose, elle peut, elle aussi, se manifester par une diarrhée, des vomissements et des nausées, même si ses principaux symptômes s'apparentent plus à ceux d'une rhino-pharyngite avec une fièvre persistante. D'où l'intérêt de respecter cet adage ultra-basique de la grossesse : fièvre plus que de raison (38 °C), je file en consultation !

Réponse b.

④ Si je devenais végétarienne, ça réglerait la question de toutes les contaminations…

a. Oui, excellente idée !
b. Non, et ce n'est pas le moment !

L'explication : certes, les risques infectieux sont majoritairement liés à la consommation d'aliments d'origine animale. Toutefois, non seulement *Toxoplasma gondii* peut contaminer les fruits et les légumes (les végétariennes ne sont pas épargnées), mais la consommation de viandes et de laitages pendant la grossesse permet d'obtenir les apports nutritionnels indispensables pour éviter certaines carences très fréquentes (fer, calcium).

Réponse b.

⑦ Aïe, j'ai attrapé la toxo…

a. Je prends mon traitement et j'y vais mollo !
b. C'est la fin des haricots !

L'explication : votre sérologie est positive à la toxo ? Pas de panique ! Non seulement les risques de transmission à votre bébé sont limités, mais votre prise en charge sera bien rodée. Au programme : un traitement antibiotique à base de spyramicine jusqu'à la naissance, une amnio (recommandée) 6 semaines après la contamination et un suivi échographique rapproché. Quant à la listériose et à la salmonellose, elles peuvent elles aussi être traitées par antibios.

Réponse a.

⑤ Je me mets au jardinage ou aux visites à la ferme !

a. Non, je tente plutôt le tricot !
b. Bonne idée, ça me détendra les neurones !

L'explication : bien que les contaminations environnementales soient très rares, il est tout de même conseillé d'éviter les contacts avec de la terre qui aurait pu être souillée par des déjections animales (pour la toxo et la salmonellose) et avec les animaux eux-mêmes (pour la listériose). Si vous ne pouvez pas vous passer de votre potager, enfilez des gants !

Réponse a.

Les conseils de la Maison des Maternelles pour éviter la toxoplasmose

- Lavez-vous régulièrement les mains, en insistant sur la zone sous les ongles.
- Nettoyez les légumes soigneusement, puis rincez-les avec du vinaigre blanc.
- Astiquez régulièrement votre réfrigérateur et couvrez toujours les aliments que vous y stockez.
- Consommez toujours la viande très cuite, comme de la semelle !

8 substances toxiques à scruter

Vous partagez déjà tout : des gènes, une relation fusionnelle… et toutes les saletés auxquelles vous êtes exposée ! Apprenez donc à vous en préserver (tous les deux), en repérant ces produits qui fâchent !

① Le bisphénol A

C'est quoi au juste ? Substance chimique interdite en France dans les biberons depuis 2010, le bisphénol A reste employé dans de nombreux conteneurs alimentaires.

Le problème : perturbateur endocrinien, il déstabiliserait l'équilibre hormonal (favorisant notamment des troubles du développement de l'appareil reproducteur chez le petit garçon) et pourrait aussi favoriser les risques de fausse couche ou de faible poids à la naissance. Très toxiques, les perturbateurs endocriniens (PEE) peuvent, en plus, avoir une action prolongée sur plusieurs générations.

Je le trouve où ? Dans les bouteilles en plastique, les boîtes de conserve, les cannettes, les tickets de caisse, le composite dentaire.

Et maintenant… Vous l'ignoreriez peut-être, mais les plastiques alimentaires sont numérotés (avec les chiffres 1 à 7 imprimés sur le fond des boîtes dans une icône triangulaire) pour faciliter leur recyclage… Certains plastiques sont plus sains que d'autres. Pour tirer les bons numéros, misez sur les 2, 4 et 5. Quant aux boîtes de conserve et aux tickets de caisse, ils peuvent aussi contenir du bisphénol A. Oubliez-les (et privilégiez les bocaux en verre).

② Les phtalates

C'est quoi au juste ? Ces substances chimiques servent d'assouplissant dans de nombreux plastiques.

Le problème : certains d'entre eux étant des perturbateurs endocriniens, ils augmenteraient les risques d'asthme et d'allergies chez les enfants, ainsi que les troubles de la fertilité chez l'adulte.

Je les trouve où ? Les sols en PVC, certains jouets, cosmétiques, peintures, colles… et les emballages alimentaires (surtout ceux des produits surgelés).

Et maintenant… Privilégiez un sol sain et des jouets en bois pour la chambre de votre bébé (voir p. 156) et évitez les cosmétiques contenant des parfums. Autre bon réflexe à prendre : ne jamais réchauffer un plat surgelé au micro-ondes, a fortiori dans sa barquette d'origine.

③ Le PTFE

C'est quoi au juste ? Plus connu sous le nom de Téflon, le PTFE, ou polytétrafluoroéthylène, est un dérivé fluoré utilisé dans la fabrication de certains ustensiles de cuisine.

Le problème : toxiques au-delà de 230 °C, ces perturbateurs endocriniens peuvent contaminer l'alimentation.

Je le trouve où ? Dans les poêles et les casseroles ayant un revêtement antiadhésif.

Et maintenant… Investissez dans des récipients en inox ou en verre, voire en fonte.

④ Le cadmium, le mercure et le plomb

C'est quoi au juste? Des métaux lourds, très présents dans l'environnement.

Le problème : retards de croissance in utero, prématurité, troubles de l'apprentissage ou troubles neurologiques, système hormonal perturbé... La liste des risques est bien trop longue à détailler!

Je les trouve où? Si la principale source d'exposition au plomb est aujourd'hui professionnelle (dans certaines industries ou l'artisanat, notamment), des traces de plomb peuvent être retrouvées dans certains produits usuels, comme des thés importés d'Asie ou des bougies d'intérieur ayant une mèche métallique. Heureusement, depuis l'interdiction des peintures au plomb, les risques sont très limités! Ouf! L'exposition au mercure provient quant à elle surtout de certains poissons (espadon, requin, thon rouge, bar, brochet) et des amalgames dentaires. Le cadmium, lui, vient de la cigarette!

Et maintenant... Évitez de vous exposer au tabac (voir p. 37), choisissez vos poissons avec soin (voir p. 30), privilégiez les produits locaux et reportez la pose d'un amalgame, en accord avec votre dentiste.

⑤ Les parabènes

C'est quoi au juste? Des substances chimiques (très) communément utilisées comme conservateurs.

Le problème : là encore, ils viennent déséquilibrer le système endocrinien du futur bébé! Ils sont aussi plus particulièrement soupçonnés de favoriser les allergies, l'asthme ou encore l'hyperactivité chez les personnes fragiles.

Je les trouve où? Dans les cosmétiques, certains médicaments... et dans l'assiette!

Et maintenant... Surveillez les mentions E214 à E219 (les codes de ces agents conservateurs) ou les suffixes en «paraben» sur les étiquettes des cosmétiques et des produits alimentaires!

⑥ Le wifi

C'est quoi au juste? Ce n'est plus vraiment la peine de présenter ces ondes radio qui permettent de relier entre eux plusieurs appareils informatiques.

Le problème : on soupçonne l'exposition prolongée à ces ondes de favoriser l'apparition de troubles cognitifs et psychiques.

Je le trouve où? Un peu partout, malheureusement!

Et maintenant... Déconnectez! Éteignez vos téléphones, box et tablettes la nuit, privilégiez les kits mains libres en journée, enlevez la 4G pendant vos déplacements et privilégiez le bon vieux téléphone filaire.

⑦ Les nitrates

C'est quoi au juste? Des substances naturelles essentielles à la croissance des plantes... mais qui ne nous veulent pas toujours du bien!

Le problème : absorbés en quantités trop élevées, les nitrates favoriseraient certains cancers, des malformations et des troubles de l'hémoglobine chez le nourrisson.

Je les trouve où ? L'eau du robinet, certains légumes.

Et maintenant… Pour les légumes, misez sur le bio !

Rendez-vous également sur www.eaupotable.sante.gouv.fr pour vous renseigner sur la qualité de l'eau de votre région. Au-delà de 10 mg/l, consommez plutôt de l'eau minérale.

Pas de panique !

Cette liste vous attriste ? Restez zen ! Les effets décrits varient selon le temps et l'intensité de l'exposition à ces substances. Toutefois, face à leur multiplication, les risques « d'effet cocktail » (l'interaction entre plusieurs polluants ou perturbateurs endocriniens) ne doivent pas être négligés. Vive le principe de précaution !

8 Le glyphosate

C'est quoi au juste ? Plus connu sous son nom commercial de Roundup, cet herbicide est très décrié. Malgré cela, son utilisation a récemment été réautorisée en Europe.

Le problème : selon leur nature et la durée d'exposition, ces produits seraient cancérigènes et auraient un impact sur la croissance et le développement neurologique des futurs bébés.

Je le trouve où ? Dans les produits alimentaires, dans les biocides utilisés pour le jardinage.

Et maintenant… Mangez et jardinez bio !

Kiné, ostéo, chiro : et s'ils pouvaient me soulager ?

La grossesse, c'est à la fois beaucoup de bonheur et de petites douleurs !
Faites un premier bilan en fonction de vos maux lancinants.

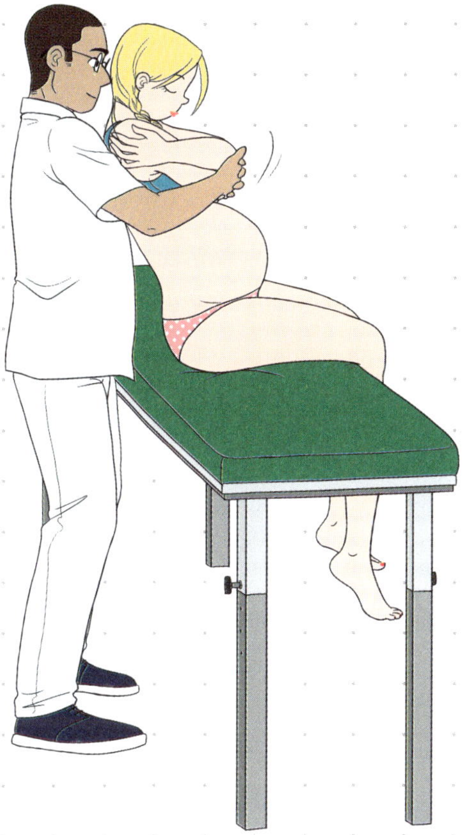

Je trouve le praticien qu'il me faut

Vous aviez un transit de fée et vous voilà constipée, vos jambes étaient légères comme des plumes et les voici devenues enclumes ? L'équipe de la mater' pourra vous orienter vers la bonne pratique en fonction de votre forme, de vos antécédents et de vos besoins du moment.

Comment trouver la perle rare pour vous manipuler ? Entre les praticiens qui ont plusieurs cordes à leur arc (kiné ostéopathe, médecin ostéopathe) et les différentes spécialités, difficile de s'y retrouver ! Veillez donc à privilégier un professionnel aguerri aux futures mamans, référencé par une organisation représentative de son métier et qui vous a été recommandé.

QUI VOUS MANIPULE ?	COMMENT ÇA MARCHE ?	C'EST POUR VOUS SI...
L'ostéopathe	Par des manipulations douces (osseuses et musculaires) qui visent à équilibrer le bassin, les articulations, les vertèbres, le crâne...	Vous avez des lombalgies, des douleurs ligamentaires, sciatiques, cervicales ou à la tête, des problèmes de circulation, un reflux gastrique, un syndrome du canal carpien, des insomnies...
Le kinésithérapeute	Par des massages antalgiques, des assouplissements (notamment du dos), des mouvements circulatoires, des conseils posturaux.	• Vous avez des douleurs sciatiques, lombaires, ligamentaires, abdominales (hors contractions) ou cervicales, des troubles intestinaux ou de la circulation. • Vous avez besoin de détente, de conseils pour maintenir une activité physique et pour préparer votre périnée à l'accouchement.
Le chiropracteur	Par des manipulations ciblées sur la zone du dos pour favoriser l'alignement du bassin et la mobilité des articulations.	• Vous avez des nausées, des douleurs dans le cou, les hanches, le bassin, au niveau des articulations. • Votre bébé se présente en siège.

Mon programme santé pour une grossesse en pleine forme

Votre santé? Elle n'a rien à envier à votre high score à Super Mario : à vos yeux, elle est nickel! Et pourtant, vos petits (ou grands) maux pourraient avoir une incidence sur la forme de votre moitié et sur le développement du bébé, d'où l'intérêt de vous offrir un petit bilan assez rapidement! Au programme…

Pendant sa grossesse, je vais chez le médecin à l'œil… ou presque!

C'est écrit en tout petit dans le carnet de suivi qu'on lui a donné à sa première visite à la maternité! Jusqu'à la fin de son 4e mois, vous avez droit à «un examen de santé complet, accompagné de tous les examens de laboratoire, sérologiques (VIH, par exemple), hématologiques ou autres, jugés nécessaires»… Le tout pris en charge à 100 % par la Sécurité sociale! Alors, c'était quand votre dernier rendez-vous chez le médecin?

1 Je fais dépister toutes les IST!

Côté fidélité, vous êtes irréprochable, certes, mais cela n'empêchera pas votre praticien de rechercher les maladies contagieuses que vous auriez pu contracter et plus particulièrement le VIH, les chlamydiae, l'herpès génital, la syphilis ou encore une hépatite. Et pour cause : si vous deviez les transmettre à votre compagne, ces infections pourraient avoir de graves répercussions sur sa gestation. Autant les éviter!

2 Je mets à jour mes vaccins!

Oui, oui, vous vous êtes fait vacciner… il y a quinze ans ou plus récemment contre la Covid ! Pourtant, il est, là encore, important que vos injections soient à jour pour protéger votre moitié et le futur bébé. Un bilan s'impose donc.
Votre praticien profitera aussi sûrement de votre rendez-vous pour vous proposer de vous faire vacciner contre la grippe si votre douce est enceinte en hiver. L'objectif : éviter la forte fièvre et les risques de complications (détresse respiratoire, etc.) associées aux formes sévères du virus. À noter : vous (comme elle) êtes évidemment libre de dire non!

Le conseil en plus

Vous avez perdu votre carnet de vaccination? Avant votre rendez-vous, passez un coup de fil à vos parents! Ils pourront sûrement vous indiquer contre quelles maladies vous avez été vacciné et vous rappeler d'éventuels antécédents familiaux de santé.

Vaccins, suis-je à jour dans mes rappels ?

Le calendrier vaccinal 2021 recommande d'effectuer :
- un rappel contre la diphtérie, le tétanos, la poliomyélite et la coqueluche (DTPc) à 25 ans ou seulement contre la diphtérie, le tétanos et la polio (DTP) si le précédent rappel DTPc date de moins de 5 ans (puis un rappel DTP à 45 ans) ;
- une vaccination contre les méningites à méningocoques C avant 24 ans si la vaccination n'a pas été faite durant l'enfance ;
- plus particulièrement en cas de grossesse, la vaccination contre la coqueluche si vous n'avez pas été vacciné au cours des 10 dernières années.
- Plus d'infos sur www.vaccination-info-service.fr

③ Je fais le point sur mes antécédents médicaux

Des problèmes significatifs de santé dans votre branche de la famille, des maladies génétiques... Même si vous avez déjà abordé ces questions avec votre douce dans le cadre de son suivi, votre bilan peut être l'occasion d'y revenir plus en détail et de répondre à vos questions. C'est le moment d'en parler !

④ Je vérifie mon rhésus sanguin !

Ne le prenez pas personnellement, mais la première question que vous posera votre médecin lors de votre bilan (ou le premier rendez-vous de votre moitié) portera rarement sur votre forme du moment... mais sur votre rhésus sanguin. L'objectif : déterminer si votre bébé est à risque d'une incompatibilité rhésus. Vous avez égaré votre carte de groupe sanguin avec votre carnet de vaccination ? Un examen sanguin vous sera prescrit par votre praticien !

⑤ Je modifie mon hygiène de vie !

Vous fumez ou aimez prendre l'apéro (un peu trop) ? Vous vous accordez un joint de temps en temps ? Toutes ces pratiques sont à éviter pendant la grossesse, ne serait-ce que pour éviter de la tenter. C'est (aussi) le moment d'en parler avec votre médecin !

L'incompatibilité rhésus, c'est quoi au juste ?

Si vous êtes rhésus positif et que votre chère et tendre est rhésus négatif, il est possible que votre futur bébé hérite de votre patrimoine sanguin et qu'il y ait donc une incompatibilité rhésus avec votre compagne. Le risque : si leurs deux réseaux sanguins sont en contact, votre douce peut développer des anticorps anti-rhésus (les fameuses agglutinines) qui peuvent provoquer, chez votre bébé, une anémie potentiellement grave. Heureusement, leurs deux réseaux sont complètement indépendants. La situation est donc potentiellement problématique dans deux cas seulement...

1. Pendant sa première grossesse, si votre femme subit un choc, un trauma, une intervention médicale qui n'évolue pas comme escompté. Un traitement ciblé lui sera alors proposé.
2. Lors d'une grossesse ultérieure. En effet, lors du 1er accouchement, la rupture du placenta occasionne le passage d'une petite partie du sang de bébé dans le réseau sanguin maternel. Dès lors, les fameux anticorps anti-rhésus se forment... et pourront poser problème si votre douce retombait enceinte d'un bébé de rhésus positif. Heureusement, elle bénéficiera rapidement de la vaccination anti-rhésus+, qui vous épargnera bien des soucis !

Et si j'en profitais pour arrêter ?

Maintenant qu'elle est enceinte, votre moitié va devoir mettre le holà sur le tabac, les apéros sympas et les excès au moment des repas (notamment). Et si vous faisiez preuve de solidarité ?

① Tabac : j'en finis avec les excuses fumeuses !

Pourquoi j'arrête ?

• **Pour vous :** cancers, maladies cardio-vasculaires, bronchites, eczéma, psoriasis, infections ORL et dentaires… Vous le savez, le tabagisme présente d'abord des risques pour votre santé !

• **Pour elle :** pendant la grossesse, la cigarette peut favoriser des risques majeurs de complications, mais aussi un retard de croissance in utero, certaines malformations chez le fœtus et des troubles respiratoires et ORL après la naissance… Et les risques persistent en cas de tabagisme passif.

Votre objectif : en avoir fini avec la cigarette (idéalement) avant la fin du 1er trimestre.

Allez, on s'y met (tous les deux !) et on tente…

• **de consulter une sage-femme tabacologue :** pris en charge par la Sécurité sociale, ce rendez-vous permettra à votre moitié d'avoir des conseils adaptés à sa grossesse… Et vous êtes convié ! L'alternative : rendez-vous sur le site tabac-info-service.fr ou téléchargez l'appli.

• **de lire !** *Méthode simple pour en finir avec la cigarette,* d'Allen Carr (Pocket). Au mieux, ça marche, au pire, vous aurez bouquiné…

• **les compléments nicotiniques, la cigarette électronique,** sur les conseils d'un praticien… Attention, pour elle, pas question de vapoter faute de recul sur la pratique.

• **de suivre son exemple !** Sa sage-femme lui conseille la phytothérapie ou l'homéopathie ? Vous n'avez rien à perdre à essayer avec elle.

> Et si vous n'avez peur de rien… Sachez que l'acupuncture, l'auriculothérapie, l'hypnose ou encore la sophrologie peuvent vous aider, tout comme les groupes de parole de fumeurs souvent organisés dans les hôpitaux. Renseignez-vous !

② Alcool : j'évite de la saouler en sirotant mes bières

Pourquoi j'arrête ?

• **Pour vous :** certes, ce n'est pas la pinte (ou deux) du match France-Irlande qui va miner votre santé. À long terme, pourtant, la consommation régulière d'alcool peut favoriser l'apparition d'une cirrhose, de troubles cardio-vasculaires, de l'attention, de la concentration, de la mémoire… et de certains cancers.

• **Pour elle :** c'est le risque du syndrome d'alcoolisation fœtale et ses corollaires (déformation du visage, retards de croissance et du développement intellectuel chez le fœtus), mais aussi de complications (fausse couche, naissance prématurée). Problème majeur : on ne sait pas en dessous de quel seuil la consommation d'alcool est sans risque.

Allez, on s'y met (tous les deux !) et on tente de…

• **s'abstenir…** Plus facile à dire qu'à faire et dans votre cas, conserver la consommation (raisonnable) d'alcool aux moments où elle n'est pas là.

Elle sera sûrement déjà (un peu, très, vraiment) frustrée, inutile qu'elle se sente, en plus, narguée.

- **se faire plaisir autrement :** mojito sans rhum, Pacific® plutôt que Pastis®, Panach'® plutôt que bière, voire champagne et vin sans alcool (voir encadré ci-dessous)... Il existe désormais de bonnes alternatives 0°, à tenter lors de l'apéro ou du dîner. Accompagnez-la !
- **se faire aider :** si freiner votre consommation d'alcool pose vraiment problème, parlez-en à votre praticien ou tournez-vous vers Alcool Info Service (www.alcool-info-service.fr ou 0 980 980 930).

À l'heure de l'apéro, quelques bons plans pour remplacer...

- Le vin : www.vin-sans-alcool.com
- Le champagne : www.sojennie.paris.fr

③ Café : j'arrête de m'exciter

Pourquoi je lève le pied ?

- **Pour vous :** quand il est surconsommé, le café peut favoriser, chez certaines personnes, les accidents cardio-vasculaires... sans oublier les troubles du sommeil !
- **Pour elle :** le café n'est pas interdit, mais à réduire significativement. Pourquoi ? Non seulement il accentue certains de ses maux (nuit perturbées, reflux...), mais une surconsommation peut avoir, selon différentes études, des effets sur le bébé (petit poids de naissance[1], risque accru de surpoids[2]). Résultat : il est recommandé de ne pas dépasser 2 ou 3 tasses de café par jour (soit 300 mg de caféine, max.)

Allez, on s'y met (tous les deux !) et on tente de...

- **se mettre à l'heure italienne !** Mieux vaut boire un expresso bien tassé (45 à 75 mg de caféine) qu'un café long très allongé avec ses 50 à 100 mg de caféine.
- **se passer des sodas et des boissons énergétiques,** blindés de caféine et de sucre !

④ Sucres raffinés : je passe à une alimentation plus subtile

Pourquoi je lève le pied ?

Pour vous comme pour elle, les plats industriels comportent peu d'intérêt nutritionnel, sont blindés d'additifs et viennent souvent dans des emballages saturés de substances toxiques.

Allez, on s'y met (tous les deux !) et on tente de...

- **cuisiner au maximum** pour savoir ce que vous mettez réellement dans votre assiette !
- **faire le tri dans les surgelés !** À privilégier : les produits bruts simplement découpés (brocolis, épinards, fruits...) ou les produits préparés (cuits par exemple) mais sans additifs. À bannir : les plats cuisinés.
- **ne jamais réchauffer un surgelé dans son emballage** (surtout s'il est en plastique), la chaleur favorisant la propagation des substances toxiques.

Je soigne mes petits maux

Dos en bouillie, jambes comme des poteaux… Comme toutes les futures mamans, vous risquez d'avoir, dans les semaines à venir, votre lot de petits maux, voire carrément de découragements. Après tout, vous étiez censée vivre la plus belle période de votre vie, et voilà qu'elle se résume (en ce moment du moins) à un long séjour au petit coin afin de gérer les envies pressantes, la constipation et autres délicatesses gastriques ! Mais rassurez-vous : il existe mille et une façons naturelles ET compatibles avec votre grossesse pour vous soulager !

Mon petit poème anti-nausées !

Depuis que vous êtes enceinte, vous vous réveillez avec la fâcheuse impression que votre estomac veut vous quitter ? Pas de panique : comme une future maman sur deux, vous avez des nausées ! Et il suffit d'un acrostiche (ou presque) pour y remédier !

Ne tentez pas le diable au réveil !

Les nausées ont tendance à être plus fortes au réveil quand l'estomac est vide et que l'organisme est en état d'hypoglycémie. Avant même de vous glisser sous la couette, pensez à vous équiper ! Posez une petite barre de céréales, une biscotte ou un ou deux biscuits peu sucrés sur votre table de chevet, ainsi qu'une thermos de tisane afin de vous caler au réveil. L'alternative (de luxe) : vous faire servir le petit déjeuner au lit !

Les nausées : une bonne nouvelle !

Certes, elles sont désagréables, mais les nausées sont un bon signe. Leur origine : la fameuse hormone de grossesse, bêta-hCG pour les intimes. Son taux (et donc les nausées) augmente de la nidation à la 8e semaine après la conception, le temps que la grossesse s'installe. Si vous avez des haut-le-cœur, c'est donc que votre futur bambin prend ses aises ! Souriez (ou essayez, du moins) !

Agencez vos repas autrement !

Pour limiter les nausées, rien de tel que de fragmenter ! Veillez ainsi à passer de 3 repas à 5 ou 6 en-cas… Sans manger plus pour autant ! Mettez au menu environ 2 000 calories par jour (voir p. 32), en favorisant les glucides (pain complet, riz), les aliments anisés (aneth, fenouil, etc.) ou riches en zinc et en vitamine B6 (brocoli, blanc de volaille), connus pour leurs vertus anti-nausées.

Updatez vos convictions sur l'homéopathie !

Si vous pensez qu'homéo rime avec effet placebo, il est temps de revoir votre copie ! En effet, l'homéopathie peut répondre de manière ciblée aux nausées… à condition de consulter votre sage-femme, votre généraliste ou votre pharmacien, qui pourra adapter votre traitement à vos symptômes. Quelques pistes :

- Sepia 9 ch, 5 granules plusieurs fois par jour, en première intention ;
- Ipeca 9 ch, 2 à 4 fois par jour si les nausées s'accompagnent de salivation excessive ;
- Ignatia 9 ch, 1 ou 2 fois par jour si les nausées vont de pair avec des angoisses.

Savourez une tisane !

Et s'il suffisait d'une boisson aux plantes pour vous redonner le sourire ? La tisane qu'il vous faut ? Une infusion à base de feuilles de menthe fraîche, de gingembre râpé et 1 c. à c. de miel ! Vous n'êtes pas fan de boissons chaudes ? Imprégnez un petit mouchoir d'huile essentielle de citron, de bergamote ou d'orange douce et portez-le à vos narines plusieurs fois par jour.

Essayez l'acupuncture

Comme bien des maux, les nausées de la grossesse sont dues, dans la médecine traditionnelle chinoise, à un déséquilibre énergétique, et plus particulièrement une énergie yin accumulée à la défaveur du yang, en retrait. Tentez 1 à 3 séances d'acupuncture… vous devriez être bluffée ! Vous êtes phobique des aiguilles ? Optez pour le reiki !

Esquivez les mauvaises odeurs !

Qui dit grossesse, dit aussi souvent hypersensibilité aux odeurs… et donc haut-le-cœur ! Pendant quelques mois, vous avez donc l'excuse parfaite pour déléguer toutes les corvées trop odorantes à votre homme, en commençant par les poubelles et la cuisine. Et s'il rechigne à se mettre aux fourneaux, reste toujours la solution de manger froid ou de vous faire livrer !

Sollicitez votre mère (ou votre grand-mère) !

Le gingembre (confit, râpé, infusé), le citron (à suçoter en quartiers ou à boire en décoction tiède), le miel au réveil… Les astuces de votre mémé n'ont pas pris une ride. À tenter ! A contrario, veillez à éviter tous les aliments favorisant les nausées. Adieu (pendant quelques semaines) café et aliments frits ou trop épicés !

La constipation : une bonne nouvelle aussi ?

Pendant la grossesse, la constipation est due à l'imprégnation hormonale, qui rend les muscles lisses (dont les intestins) moins « performants ». Le positif dans tout ça ? Votre transit ralenti permet à votre bébé d'avoir accès à plus de nutriments !

Une journée pour un transit au top !

Vous n'auriez jamais pensé qu'attendre un bébé pouvait rimer avec être constipée ? Maintenant que la réalité vous a rattrapée, il est temps d'organiser vos journées !

Mes petits remèdes homéo contre la constipation :

- Collisonia si elle s'accompagne de ballonnements ;
- Alumina si les selles sont très dures.

Au réveil : un petit déj' pour transit « obstiné »

Pour rien au monde vous ne vous passeriez de votre petit rituel expresso-croissant du matin ? Il va falloir vous raisonner ! En effet, les féculents blancs, les sucres raffinés et le café favorisent la constipation ! En revanche, craquez (sans abuser) pour les céréales complètes, les amandes, les noix et les fruits secs, et pour un verre de jus de pruneaux ou une orange pressée !

Dans la matinée : je bois, je bouge

Pour éviter les embouteillages gastriques, veillez à boire tout au long de la journée. Ça bouchonne toujours ? Tentez une eau riche en magnésium, type Hépar®, à coupler avec trente minutes de marche (ou plus) pour relancer votre transit.

Au déjeuner : je mets de l'huile

À table, limitez les graisses d'origine animale et faites le plein de légumineuses (lentilles, haricots) et de fibres (légumes verts). Ça ne s'améliore pas ?

➾ Prenez un verre d'eau tiède et 1 c. à s. d'huile d'olive quinze minutes avant le repas.

➾ Vous pouvez aussi mélanger, pour le dessert, 1 c. à s. de graines de chia ou de lin moulues, le jus d'un citron et 1 c. à c. de miel avec un yaourt.

Dans l'après-midi (ou le soir) : zen !

Tentez une posture de yoga spécial transit paresseux : la torsion en spirale !

➾ Allongez-vous sur le sol, tête et dos calés sur des coussins, genoux fléchis et pieds à terre l'un contre l'autre.

➾ En expirant, ramenez les genoux vers la poitrine avant de les basculer vers la droite tout en les soutenant avec votre main droite, le coude au sol. Tournez la tête vers la gauche.

➾ Après avoir maintenu la position le temps de quelques respirations, revenez au centre, puis recommencez de l'autre côté.

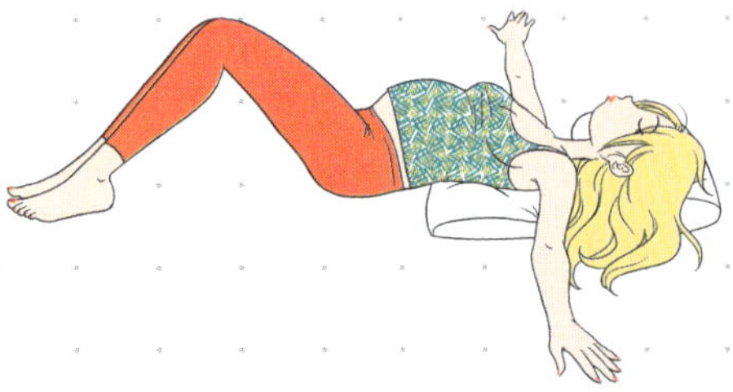

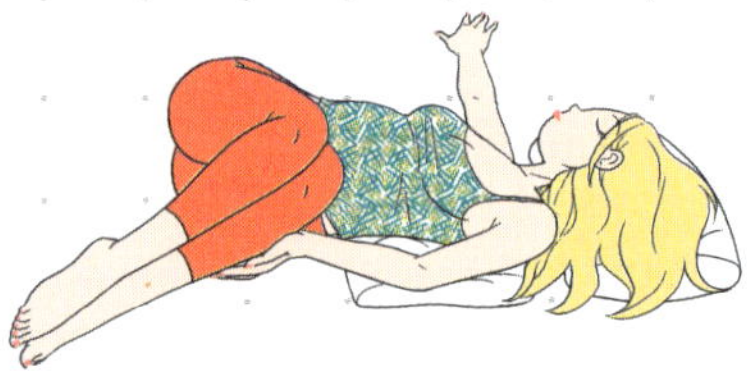

La torsion en spirale

Envie (permanente) de faire pipi : je fais quoi au juste ?

Aussi normales soient-elles, les envies pressantes d'uriner pendant la grossesse sont pénibles, et doivent être surveillées de près… d'où l'importance de détricoter bonnes et mauvaises idées !

Mieux vaut se retenir que fuir : bonne ou mauvaise idée ?

Mauvaise idée

Si vos amies admiraient jusqu'ici votre vessie en béton, il n'est plus question, maintenant que vous êtes enceinte, de faire de la rétention (urinaire) ! En effet, pendant la grossesse, vous êtes plus sujette aux cystites et aux infections vaginales (voir p. 36), qui peuvent favoriser certaines complications. Votre mot d'ordre : aller aux toilettes dès qu'il le faut !

Merci à mon bébé !

Pour une fois, ce n'est pas seulement la faute des hormones ! Les envies fréquentes d'uriner s'expliquent aussi par un assouplissement des muscles du périnée dès le début de la grossesse, puis par le positionnement de l'utérus, qui vient comprimer la vessie. Du coup, plus votre bébé grandit, plus votre vessie est mise à rude épreuve !

Boire moins pour évacuer moins…

Mauvaise idée !

Pas question de faire une entorse à la règle des 2 litres d'eau par jour parce que votre vessie est capricieuse ! Veillez plutôt à boire par petites gorgées tout au long de la journée pour éviter (en plus) de favoriser les nausées.

Rééduquer (mon périnée) même si j'attends un bébé…

Bonne idée !

Avec les envies pressantes vient parfois la sensation gênante d'avoir des dessous négligés. Ces fuites urinaires, fréquentes au 3e trimestre, surtout si l'on a déjà eu des enfants, ne doivent pas être négligées, au risque d'empirer après la naissance. Parlez-en à votre sage-femme : elle pourra vous prescrire quelques séances de rééducation périnéale (manuelle).

Piquer une tête…

Bonne idée !

La nage permet de renforcer les muscles du périnée, tout comme le yoga et le pilates prénatals. À privilégier ! A contrario, rangez votre vélo, qui sollicite (trop) fortement la zone !

SOS jambes lourdes !

Pour éviter que vos jambes (trop) lourdes ne viennent peser sur votre moral de future maman, prenez le temps de cocher votre check-list légèreté !

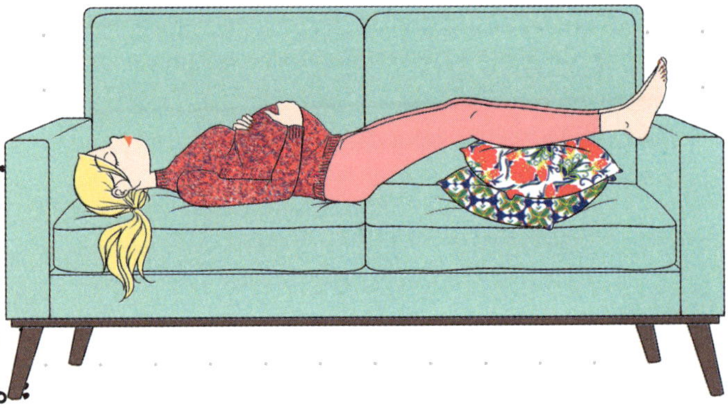

Mais pourquoi est-ce si pénible ?

Les sensations de jambes lourdes, voire de fourmillements, pendant la grossesse s'expliquent avant tout par l'imprégnation hormonale, l'augmentation du volume sanguin et, dans une moindre mesure, par la prise de poids et la rétention d'eau. Sous leur influence, les vaisseaux sanguins se contractent moins bien, le retour veineux est plus laborieux et des varicosités peuvent apparaître…

En prévention…

- Je porte mes bas de compression (classe 2 ou 3, selon mon ordonnance) au quotidien… et jusqu'à 6 semaines après la naissance !
- Je bois au moins 2 litres d'eau par jour.
- Je fais attention (sans culpabiliser) à ma prise de poids.
- J'évite de prendre des bains trop chauds !
- J'investis dans une paire de chaussures à petits talons (2-3 cm), pour activer la circulation.
- Je marche au moins 1 heure par jour.
- Je pratique un sport jambes légères une fois par semaine (ou plus) : natation, gym douce, étirements.
- Je surélève mes jambes quand je m'installe au bureau ou au coucher.
- Je prends rendez-vous avec un acupuncteur.

En cas de douleurs…

- Je sirote de l'homéopathie en diluant 10 granules d'Hamamelis composé dans une demi-bouteille d'eau (à boire tout au long de la journée).
- Je passe un jet d'eau froide sur mes jambes, du pied vers le genou.
- Je consulte immédiatement si je ressens une douleur persistante au mollet malgré le port des bas, si j'ai de la fièvre et si j'éprouve une sensation de chaleur au niveau de la peau, signes de phlébite.

Les exercices de Karim, coach de la Maison des Maternelles, pour éviter les jambes lourdes

Surélevez les talons : placez-vous debout en face d'un mur, en appui sur vos mains tendues à hauteur d'épaule. Montez et descendez les talons en venant vous mettre sur la pointe des pieds (10 reprises).

Montez et descendez une marche d'escalier en veillant à bien poser toute la plante du pied (10 reprises).

Vite un soin maison !

Mélangez 1 goutte d'huile essentielle de citron et 1 goutte d'huile essentielle de lavande avec 60 ml d'huile végétale de calophylle. Tapotez les jambes, de la cheville vers la cuisse.

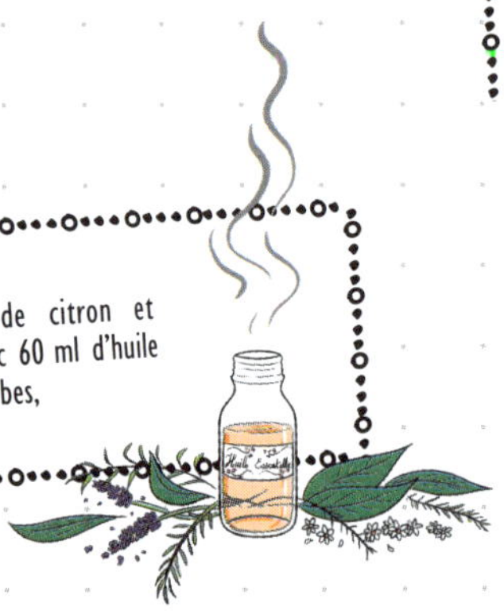

Reflux, vomissements : mes ingrédients magiques !

Voilà déjà quelques semaines que votre estomac brûle, provoquant remontées acides et régurgitations… S'il n'y a pas de sésame pour se débarrasser de ce reflux, quelques ingrédients peuvent s'avérer miraculeux. À vos décoctions !

Les autres formules gagnantes contre le reflux

L'homéopathie, et notamment…

- Robinia 5 ch, 5 granules 10 minutes avant chaque repas en première instance.
- Argentum nitricum, 5 granules 2 fois par jour si le reflux s'accompagne d'angoisse.

Les bons réflexes, comme…

- Fragmenter les repas et manger LENTEMENT !
- Limiter les plats trop riches, copieux ou épicés.
- Dormir en position semi-allongée.
- Éviter le stress.

… et l'acupuncture, évidemment !

Mes graines

Je garde sous la main… de la cardamome et des clous de girofle, qui permettent de relancer le foie, de limiter les vomissements et les sensations de brûlure.

Comment je les prépare ? Croquez la cardamome ou ajoutez les deux graines dans vos infusions, bouillons et recettes légères.

Pourquoi mon estomac se consume-t-il ?

Avec les hormones de la grossesse, le cardia, sorte de valvule située entre l'estomac et l'œsophage, perd en tonus et n'empêche plus aussi bien les remontées acides. Ressenti parfois dès le tout début de la grossesse, ce reflux tend à augmenter au dernier trimestre, quand le bébé grandit et comprime l'estomac.

Mes racines

Je garde sous la main… du gingembre sous toutes ses formes ! Prisé pour ses vertus anti-nauséeuses, il facilite aussi la digestion en favorisant la sécrétion biliaire.

Comment je le prépare ? Confit, râpé, en sauce… comme vous le préférez ! En panne d'inspiration ? Mettez simplement 2 rondelles de gingembre, 2 rondelles de citron et 1 c. à c. de miel dans 1 litre d'eau, mélangez et sirotez au cours de la journée !

Mes herbes

Je garde sous la main… des feuilles de mélisse, de menthe poivrée, de verveine odorante et de basilic, idéales contre les vomissements.

Comment je les prépare ? Faites infuser 1 c. à s. de feuilles mélangées dans 50 cl d'eau bouillante pendant 10 minutes, ajoutez 1 c. à c. de gingembre râpé et savourez !

Au secours, je me transforme en marmotte !

Pourquoi ?

La progestérone, hormone sécrétée en grandes quantités au début de la grossesse, est un somnifère naturel. Ajoutez à cela le débit cardiaque et la masse sanguine, qui augmentent, les éventuelles anémies et les baisses de tension… Pas étonnant que vous soyez raplapla !

Mes bons réflexes au quotidien

- Faire la sieste au moins 1 heure par jour !
- Conserver une activité physique douce. Objectif : 1 heure de marche au quotidien !
- Adopter une alimentation qui booste : des protéines, des noix, des légumineuses, des céréales et des féculents.
- Éviter les aliments qui fatiguent l'organisme, comme le thé, le café, les aliments raffinés…

Le remède naturel qu'il me faut : une tisane phyto !

Faites préparer par votre herboriste un mélange de feuilles de thym et d'ortie et de fleurs d'hibiscus (karkadé). Faites infuser 2 c. à s. de ce mélange dans 50 cl d'eau bouillante pendant 10 minutes. Buvez-en une tasse après le petit déj' et une après le déjeuner.

Le zen par l'alimentation

Les aliments antistress

- **Les oléagineux :** noix de cajou, amandes, noix de macadamia, noisettes, noix de pécan… tous ces produits permettent un bon transit intestinal ainsi qu'une réduction de la fatigue. Source de magnésium, ils régulent également le stress.
- **Les poissons gras :** saumon, sardine, thon, maquereau, anchois… les oméga-3 présents dans ces poissons limitent l'effet du stress sur l'organisme et jouent un rôle positif sur l'équilibre émotionnel.
- **Le chocolat noir :** c'est une grande source de magnésium. De quoi ravir toutes les gourmandes.
- **Le riz, les pâtes et le pain :** à condition de les manger complets, et non blancs (trop acides !).
- **La viande blanche :** elle est à préférer à la viande rouge pour l'apport en protéines. Pour varier les plaisirs, optez pour du tofu, des lentilles et des céréales.

Les aliments à éviter

Aliments sucrés, plats préparés trop salés, café, alcool, charcuterie, céréales raffinées… En résumé ? Tout ce qui est trop gras, trop sucré, trop salé et industriel…

Mes rituels bien-être

Vous le savez, la grossesse apporte son lot de bonheur, mais aussi son lot de petits tracas. Voici quelques rituels bien-être qui vous permettront de vivre cette aventure extraordinaire avec sérénité !

Le matin : je démarre la journée du bon pied

Au réveil

Avant de vous lever, prenez le temps de vous étirer et de réveiller tranquillement tous les muscles de votre corps. Ensuite, asseyez-vous et concentrez-vous sur votre respiration sans forcément ouvrir les yeux. Sentez l'air entrer et sortir par le nez, visualisez vos poumons se remplir et se vider. L'air que vous faites entrer amène le positif, l'air que vous rejetez expulse le négatif.

Prise de conscience

Placez les mains sur votre ventre et envoyez de l'énergie douce et positive. Reprenez conscience de votre état de grossesse même s'il n'est pas encore visible.

L'astuce en plus : le petit déjeuner en 2 temps

Si ce matin vous avez décidé de faire une petite séance de yoga (voir p. 82), n'hésitez pas à fractionner votre petit déjeuner :

- **Avant la séance :** en vous levant, buvez une eau chaude de votre choix, puis picorez quelques fruits ou céréales pour ne pas démarrer votre séance complètement à jeun, mais sans être remplie non plus.
- **Après la séance :** faites un vrai petit déjeuner avec un jus ou un fruit, des tartines de pain complet ou un bol de céréales et une boisson chaude.

Mon partenaire

Utilisez ensuite vos mains pour toucher la personne allongée à vos côtés et incluez-la tout de suite dans cette grossesse. Entrez en contact avec elle, sans forcément la réveiller, par une caresse sur la joue, une main posée sur son torse ou sur son dos.

Le midi : je m'accorde une vraie pause

Le repas

Préparez-vous à manger la veille. Amenez votre repas avec vous ainsi que votre gourde, que vous aurez remplie d'une infusion aromatisée de votre choix ou d'eau. Besoin d'idées ? Voici deux exemples de repas à emporter…

- Chou blanc râpé, graine de sésame et huile d'olive en entrée ; riz semi-complet, courgettes à l'ail et lamelles d'escalope de poulet ou de tofu en plat ; laitage en dessert.
- Carottes râpées, levure de bière et citron en entrée ; une belle part de quiche thon-feta-poivrons en plat ; une compote en dessert.

Digestion

Parce qu'il n'est pas forcément possible de faire une sieste sur son lieu de travail, voici quelques astuces pour contrer le petit coup de barre de la digestion et retrouver de l'énergie quand la fatigue pointe le bout de son nez.

Point d'acupression : se masser les lobes d'oreille donne un coup de fouet pour repartir du bon pied !

Respiration dynamisante en triangle

Elle aide à relancer la machine en cas de coup de mou dans la journée. Comment la réaliser ? Inspirez en 3 temps : gonflez le thorax ; restez en apnée 3 temps avec les poumons remplis d'air ; expirez en 3 temps en vidant l'air… puis recommencez un cycle.

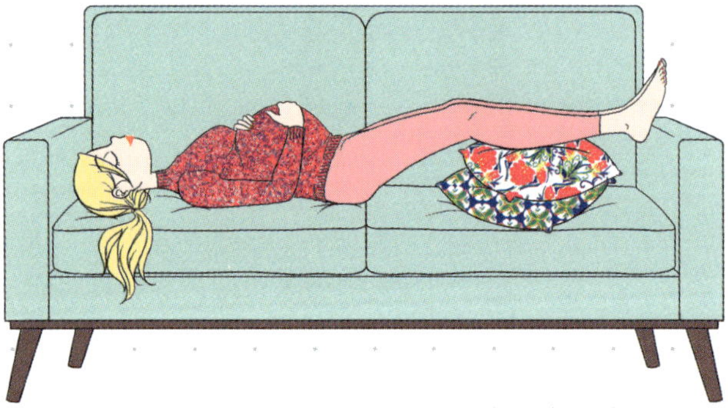

Pour les respirations en triangle, l'unité de temps peut varier : vous pouvez commencer en 2 temps, puis 3 puis 4, voire en 5 temps.

Inspirez en 3 temps → Restez en apnée 3 temps → Expirez en 3 temps

Retrouver sa concentration

Rien de mieux pour se recentrer que de prendre conscience de sa respiration. Assise ou allongée, les yeux fermés, focalisez votre attention sur votre respiration sans chercher à la modifier. Concentrez-vous sur les mouvements de votre ventre et de votre poitrine, qui montent et qui descendent. Situez la position de votre air : est-il plutôt dans votre ventre, dans la poitrine, dans la gorge ? Le simple fait de prendre conscience de sa respiration permet de déconnecter avec l'extérieur pour mieux se connecter à soi-même.

Que boire à la place du café ?

Une infusion à la menthe ou au gingembre remplace les apports du café. Bonus : elle va vous aider à digérer et vous donner un petit coup de fouet pour repartir de plus belle l'après-midi.

Le goûter : je fais un break bien mérité

Mieux vaut un bon goûter assumé que des grignotages intempestifs tout au long de la journée ! Si vous en ressentez le besoin, ne vous privez pas d'un en-cas, c'est bon pour le moral, pour le corps, et cela donne en prime un apport d'énergie non négligeable pour finir la journée.

Côté timing, l'idéal se situe entre le repas du midi et le repas du soir, entre 16 et 17 heures. Un goûter trop tardif, à 2 heures du repas du soir par exemple, n'est pas forcément très judicieux. N'hésitez pas à dîner plus tôt si vous avez faim.

Aux barres chocolatées trop sucrées, qui ne permettent pas de tenir jusqu'au prochain repas, privilégiez ces combinaisons gagnantes : pomme + amandes ; fruits secs + yaourt ; chocolat noir + compote ou fruit.

La soirée : 5 réflexes pour bien couper

- Rentrer à pied du travail ! Si ce n'est pas possible, s'accorder une balade de trente minutes avant de franchir la porte de chez soi.
- Limiter son temps devant un écran (ordinateur, télé…) pour ne pas se faire piéger par le temps qui passe, toujours trop vite.
- Aller boire un verre avec des collègues ou des amis pour conserver une vie sociale et se déconnecter de sa journée de travail.
- Lire un livre ou un magazine. Attention à ne pas vous endormir, ce serait fatal pour préparer votre nuit !
- Trouver une activité qui vous corresponde et vous permette de déconnecter : tricot, coloriage, pâtisserie…

Avant de se coucher : tout relâcher

Avant de rejoindre les bras de Morphée, laissez-vous tenter par une boisson chaude pour finir la journée en douceur…

- **La tisane de mélisse :** cette plante dégage une subtile odeur citronnée et aide à lutter contre le stress et l'insomnie.
- **La verveine :** ce grand classique des infusions est à prendre quand vous le souhaitez ! Contrairement à la camomille, il n'y a aucune contre-indication avec la grossesse.

J'apprends à masser ma moitié

Le massage, très peu pour vous? Peut-être, mais pour elle, quel soulagement! Il va donc falloir (s'il vous plaît) mettre la main à la pâte avec ces quelques gestes ciblés recommandés par la Maison des Maternelles!

Je dois la masser… Vraiment?

Pendant la grossesse, le massage n'a que des bienfaits : il permet de créer du lien avec le bébé, d'alléger les petits maux de votre douce et de partager un moment tendre à deux (et demi). Toutefois, il nécessite de prendre certaines précautions…

- Ne la massez pas au 1er trimestre.
- Évitez la zone des pieds.
- Modelez, effleurez, mais n'exercez pas des pressions (sauf pendant les contractions, voir p. 203)!

① Elle en a plein le dos!

Elle : installez-la confortablement sur le lit ou le canapé, en position allongée ou assise en tailleur, les bras et la tête relâchés sur un gros coussin.

Vous : accroupi derrière elle, placez vos mains sur le bas de son dos, les pouces placés de part et d'autre de sa colonne vertébrale. Commencez le modelage en réalisant de petits mouvements circulaires avec les pouces, d'abord très doux, puis plus appuyés. Remontez progressivement le long de la colonne jusqu'à la nuque.

② Elle a les épaules en miettes!

Elle : reste tranquillement où elle est…

Vous : placez vos mains à plat sur ses deltoïdes et effectuez des petits mouvements de pétrissage du dos vers ses biceps.

③ Ses jambes vont imploser!

Elle : faites-la s'asseoir dans votre canapé et surélevez ses jambes sur un petit tabouret.

Vous : accroupi en face d'elle, placez vos mains de part et d'autre de son mollet et remontez de la cheville vers la cuisse en mouvements de lissage de plus en plus appuyés. L'objectif : relancer la circulation sanguine.

④ Elle est tendue (comme un arc)!

Elle : reste confortablement dans la même position.

Vous : réalisez des petits mouvements circulaires avec vos pouces sur le dos et la paume de sa main. Détente garantie!

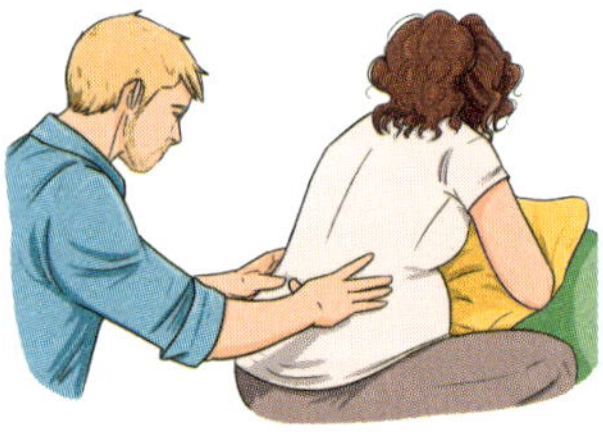

① Dos

② Épaules

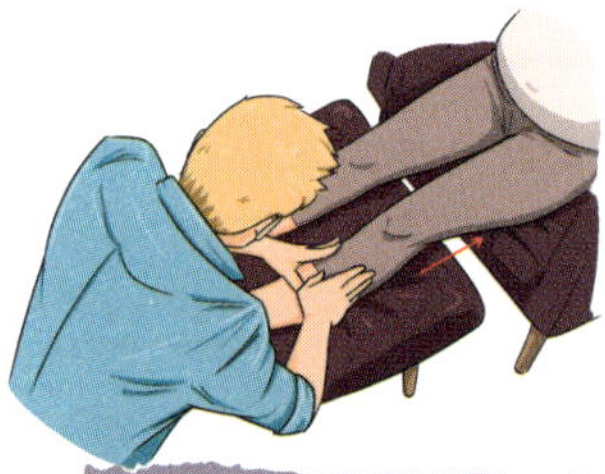

③ Pieds

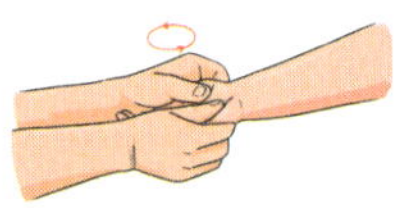

④ Main

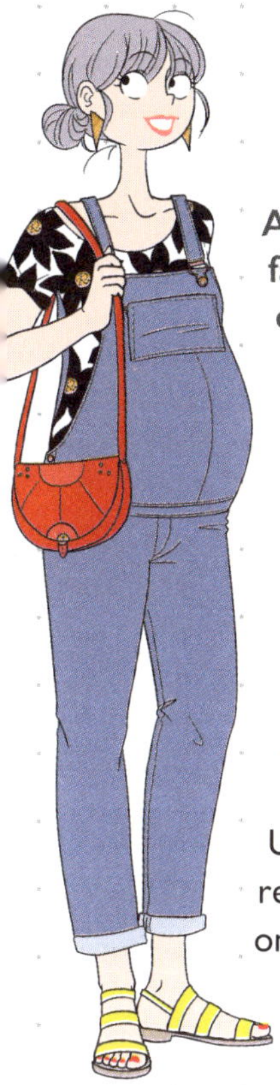

Mon suivi de grossesse

Avant de tomber enceinte, vous n'aviez pas vraiment envisagé de quoi serait fait votre suivi de grossesse. Certes, vous vous imaginiez qu'il serait à mi-chemin entre une de ces vidéos d'accouchement à domicile aux millions de vues sur YouTube et un épisode de *Grey's Anatomy*, mais vous ne vous doutiez pas que ce serait parfois si compliqué ! Quel pro pour votre suivi ? Où vous inscrire à la maternité ? Comment commencer un projet de naissance ? Pas de panique, toutes les clés sont ici !

4 règles d'or pour des échographies zen et saines !

Une échographie, c'est un peu une rencontre au sommet. On s'observe, on négocie (pour voir encore un peu son bébé) et, surtout, on ne pactise pas avec n'importe qui ! Petit traité pour vous y préparer.

3 occasions de voir votre bébé avant le jour J !

Le suivi de grossesse comprend une échographie par trimestre.

- **L'écho de datation** permet d'évaluer la date prévue d'accouchement (DPA), de vérifier le nombre de fœtus et leur développement, d'identifier le(s) placenta(s), de mesurer la quantité de liquide amniotique et la clarté nucale.
- **L'écho morphologique** vise à faire un bilan anatomique et de la croissance du bébé, de l'état du placenta, du liquide amniotique ; elle permet de confirmer le sexe.
- **L'écho de bien-être fœtal** a pour objectif de vérifier la vitalité du bébé, sa croissance, s'il s'est retourné, etc.

① Je coopère

On ne se rend pas à une échographie comme chez mamie ! Pour que l'examen porte ses fruits, pensez à :

- vous renseigner en amont sur la conduite à tenir (vessie vide ou vessie pleine ?) ;
- arrêter de vous crémer le ventre au moins 3 jours avant l'examen ;
- noter les questions que vous aimeriez poser. Ne sous-estimez pas le coup de l'émotion sur votre capacité de réflexion !

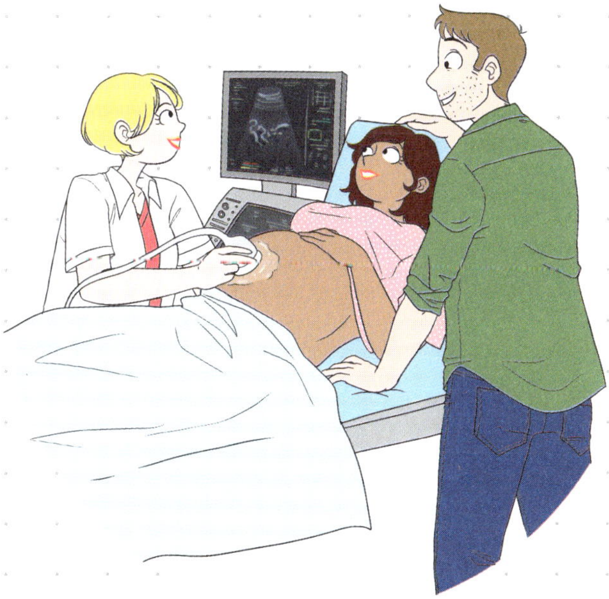

② Je fais preuve de diplomatie

Vous avez envie de partager ces beaux moments avec votre conjoint (normal) ET vos aînés? Votre délégation (et vos effusions) ne sera peut-être pas bien accueillie par votre praticien, d'où l'intérêt de :

- trouver une baby-sitter pour les grands ;
- garder le meilleur pour la fin! Vous voulez dire à votre homme que son enfant a déjà son nez? Attendez d'être sortis du cabinet pour lancer le débat!

③ J'évite la crise

Certes, l'échographie est un face-à-face merveilleux, mais elle peut aussi être source de tensions! Veillez donc à :

- prévoir vos petites solutions antistress (voir p. 106) si l'examen vous angoisse ;
- éviter les conclusions hâtives! L'échographie dure (trop) longtemps? Votre bébé est peut-être mal positionné, ou certains de ses organes, difficiles à voir!

④ Je ne fais pas de compromis

Certains cabinets proposent des échographies dites de confort, juste pour le décorum (et le plaisir de voir votre bébé une fois de plus), or les instances sanitaires ont rappelé dès 2005 le risque d'une surexposition du bébé aux ultrasons! Pas de négociation : c'est non!

Et si je tentais l'accompagnement global?

Vous fantasmez sur un accouchement ultra-naturel? La solution est peut-être simplement de convoler avec une sage-femme pour l'intégralité de votre suivi! Dans le cadre de l'accompagnement global à la naissance (AGN), c'est votre sage-femme libérale qui prend en charge votre suivi, la préparation à la naissance, l'accouchement et les soins postnatals. Remboursé en grande partie par la Sécu, l'AGN permet un suivi personnalisé et garantit que ce dernier restera le plus physiologique possible! Reste à trouver l'élue et à dire «oui» à ces quelques affirmations!

Vous...

- avez une grossesse normale. ☐ oui ☐ non
- voulez éviter de voir des têtes différentes à TOUS vos rendez-vous à la mater'! ☐ oui ☐ non
- accordez une grande importance au soutien psychologique. ☐ oui ☐ non
- estimez que le papa doit être (très) présent. ☐ oui ☐ non
- souhaitez rentrer à la maison le plus tôt possible après la naissance (voir p. 211). ☐ oui ☐ non
- aimeriez allaiter et être soutenue dans cette démarche! ☐ oui ☐ non
- préféreriez que le suivi postnatal soit organisé chez vous. ☐ oui ☐ non
- êtes prête à payer certains dépassements d'honoraires. ☐ oui ☐ non

Votre sage-femme libérale…

- est rattachée à une clinique ou à un hôpital dans lequel elle a accès à un plateau technique, exerce dans une maison de naissance près de chez vous, accouche à domicile. ☐ oui ☐ non
- assure la préparation à la naissance ou peut vous proposer une collègue. ☐ oui ☐ non
- travaille en réseau, pourra vous orienter vers un obstétricien si besoin est. ☐ oui ☐ non
- a une patientèle limitée pour pouvoir être présente le jour J. ☐ oui ☐ non
- travaille en binôme pour gérer les astreintes & co. ☐ oui ☐ non
- vous met en confiance ! ☐ oui ☐ non

➾ Vous avez répondu, oui, ouiiii ? Reste à trouver la sage-femme libérale de vos rêves… Demandez conseil à votre praticien ou rendez-vous sur le site de l'Association Nationale des Sages-Femmes Libérales (http://ansfl.org/).

Pas d'AGN pour vous si…

- vous avez une grossesse à risques (gémellaire, antécédents obstétricaux, maladie, etc.) ;
- des situations à risques se présentent durant votre grossesse (pathologie maternelle ou fœtale, etc.).

Dans ces cas, l'obstétricien prend la main !

Maternité, maison de naissance, pôle physio… Je suis perdue !

En France, les maternités sont organisées en réseaux depuis 1998. Le principe : vous vous inscrivez dans un établissement, mais l'équipe qui vous suit peut à tout moment demander à vous faire transférer dans un hôpital partenaire en cas de pépin. Il existe ainsi des mater' de 3 niveaux :

- les niveaux 1 gèrent les grossesses sans risques ;
- les niveaux 2 prennent en charge les petits prématurés (32 SA et plus) ;
- les niveaux 3 peuvent accueillir les grands prémas (moins de 32 SA).

En 2014, la création **d'unités physiologiques** rattachées aux maternités a été encouragée. L'objectif de ces « pôles physio » ou « salles nature » : respecter le choix des couples à se faire suivre par une sage-femme ou un médecin, tout en permettant au personnel compétent (obstétricien, etc.) d'intervenir en cas d'urgence. Dans la pratique, ces salles physio, encore rares, fonctionnent comme des salles d'accouchement normales, si ce n'est que le travail n'est pas dirigé et que la péridurale est absente.

Depuis janvier 2016, **les maisons de naissance** sont expérimentées. Structures indépendantes des hôpitaux sur le plan juridique, elles sont dirigées par des sages-femmes libérales qui suivent les futures mamans dans le cadre d'un accompagnement global à la naissance. Véritables lieux de vie où l'on accouche physiologiquement seulement, elles doivent être situées dans un bâtiment attenant ou dans l'hôpital pour faciliter une éventuelle prise en charge d'urgence.

J'accouche où exactement ? Les 4 bonnes questions à se poser

Il était une fois une future maman qui rêvait d'accoucher naturellement, sans savoir à quelle porte frapper pour exaucer ses souhaits. C'est vous ? Petite histoire dont vous êtes l'héroïne pour vous aider dans votre quête de l'établissement parfait.

① Ai-je le choix ?

Vous seriez prête à vous lancer dans une véritable odyssée pour une naissance non médicalisée, mais voilà… pour que vous puissiez accoucher sereinement, il faut privilégier un établissement dans lequel vous pourrez vous rendre rapidement.

Mes options

- Oui, j'ai toute une ribambelle d'établissements de santé à proximité. Je creuse les pistes physio disponibles.
- Non, je vis dans un comté très, très éloigné. Je m'inscris dans la maternité « classique » la plus proche et je parle au plus tôt de mon projet de naissance physio.

② Suis-je en état ?

Vous avez jeté votre dévolu sur une maison de naissance ou un plateau physio ? Encore faut-il qu'il puisse vous ouvrir ses portes. Pour cela, pas de magie : votre grossesse doit être absolument normale !

Mes options

- Je me porte comme un charme. Je continue ma quête de naturalité !
- J'ai des antécédents obstétricaux, une maladie, une grossesse à risque. Je m'inscris dans la maternité recommandée par mon praticien.

③ Où aimerais-je planter mon décor ?

D'un côté, la maison de naissance offre un cadre plus détaché du milieu hospitalier (et donc souvent plus zen). De l'autre, le plateau physio, intégré à la maternité, peut rassurer.

Mes options

- Je préfère me projeter dans une contrée moins médicalisée. Je m'inscris plutôt dans une maison de naissance.
- J'aime bien savoir qu'il n'y a qu'une porte à pousser pour trouver une armée (de professionnels de santé). J'opte plutôt pour le plateau physio.
- J'ai d'autres chats à fouetter. Je mise sur la maternité la plus proche de chez moi.

Et si on rentrait plus tôt à la maison ?

Si votre grossesse est normale, que vous accouchez par voie basse et que tous les voyants sont au vert pour vous et votre bébé, vous êtes une candidate idéale au PRADO (programme d'accompagnement du retour à domicile). Généralisé à toutes les maternités depuis 2013, ce programme vous permet de bénéficier d'un retour précoce à la maison (dès 72 h après la naissance) et d'organiser votre suivi postnatal avec la sage-femme libérale de votre choix. N'hésitez pas à aborder la question avec votre praticien !

À noter : si vous accouchez dans une maison de naissance, le retour à la maison se fait dans les heures suivant l'arrivée de votre bébé. Un suivi spécifique est alors mis en place, là encore, à la maison.

Des maternités labellisées ?

Plusieurs labels viennent « récompenser » les bonnes pratiques périnatales :

- **l'« initiative hôpital ami des bébés » (IHAB)** valorise un accompagnement optimal des parents (soutien à l'allaitement, respect des rythmes de la maman et du bébé, etc.) ;
- **le label « maternité amie des papas »** salue les services donnant une place importante à votre conjoint ;
- **le label « qualité des maternités »**, mis en place par le Collège national des gynécologues-obstétriciens français, permet d'évaluer depuis 2018 les maternités sur 14 critères (taux d'épisio, formation à la bien-traitance, etc.).

④ Qui suis-je prête à suivre ?

Quand tout se passe bien, la sage-femme est la bonne fée de la naissance. Toutefois, dans le parcours de soins classique, il est difficile (voire impossible) de savoir qui sera votre alliée le jour J… Si vous êtes en quête d'exclusivité, mieux vaut donc miser sur l'accompagnement global. Quant à votre gynécologue, accoucher à ses côtés impliquera sûrement de vous inscrire dans le privé !

Mes options

- Je me damnerais pour ma sage-femme libérale (et seulement elle). Banco, je m'inscris dans l'établissement dans lequel elle pratique !
- Quelle que soit la sage-femme, je suis entre de bonnes mains. Je peux me tourner vers un plateau physio où la sage-femme de garde se penchera sur mon berceau !
- Mon obstétricien est vraiment (un prince) charmant. Je m'inscris dans sa clinique et je lui parle de mes envies de physiologie.

Tout commence par l'entretien prénatal précoce (l'EPP)

Organisé au 4e mois de grossesse, l'EPP est un moment d'échange entre vous, votre sage-femme et votre homme, si vous le souhaitez. Il vous permettra de poser vos questions, de partager vos appréhensions, d'obtenir des infos sur les préparations à la naissance (voir p. 59) et d'entamer une réflexion autour de votre projet de naissance.

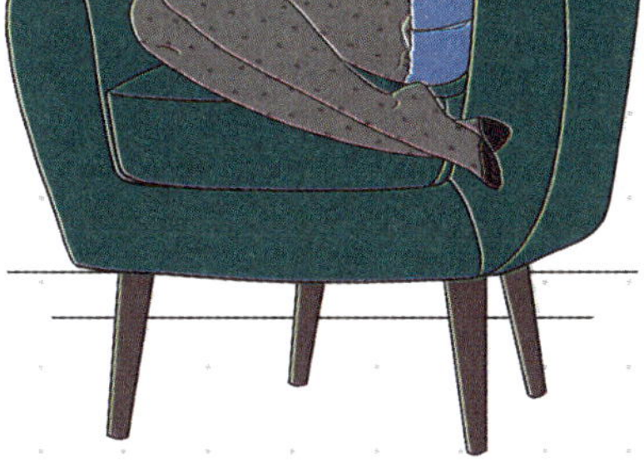

Je prépare mon projet de naissance

Vous êtes certaine que vous aimeriez un accouchement aussi naturel que possible… mais, à part ça, la perspective de la naissance reste très vague ? C'est le signe qu'il est temps de vous plonger dans votre projet de naissance !

Des grands oui et petits non !

Vous ne savez pas par où commencer ? Et si vous vous basiez sur une liste comparative, comme celle que vous faisiez ado pour vos amoureux secrets ?

Oh oui !	Oh non !
Partir d'une page blanche et mener votre propre réflexion !	Imprimer un modèle tout fait : pas moyen !
Commencer à réfléchir avant même de vous inscrire à la maternité.	Procrastiner et ne pas partager votre projet à temps !
Faire votre projet de naissance à trois : vous, le papa, la sage-femme.	Y réfléchir toute seule dans votre coin : certes, c'est vous qui accouchez, mais le papa a participé ! Il a son mot à dire !
Prendre en compte l'organisation de votre maternité et son offre de soins.	Vouloir un plongeon dans une baignoire de prétravail si votre maternité n'est pas équipée !
Revenir souvent sur votre projet pour l'adapter à votre forme, vos envies…	Le boucler à 6 mois en vous disant : « Ça au moins, c'est fait ! »
Ne pas vous braquer sur la forme ! Le plus efficace : des échanges réguliers avec l'équipe et de jolies formulations au conditionnel (« j'aimerais », etc.).	Faire une dissertation sans discussions mais avec des injonctions (pas de péridurale)… qui finira au fond de votre dossier !

Les bonnes questions à vous poser

Vous avez la méthode, reste à vous creuser les méninges !

- Quels projets souhaiteriez-vous réaliser pendant votre grossesse ? (arrêt du tabac, pratique de l'haptonomie, etc.)
- Comment avez-vous envie d'accoucher ? Quelles sont vos priorités ? (cadre peu médicalisé, etc.)
- Qu'est-ce qui vous angoisse pour la grossesse et l'accouchement ? (la douleur, etc.)
- Que souhaitez-vous pour le travail ? (pouvoir déambuler, prendre un bain de prétravail, etc.)
- Que souhaitez-vous pendant l'accouchement ? (différer au maximum la péri, etc.)
- Que voudriez-vous éviter ? (passage intempestif du personnel, déclenchement, etc.)
- Que souhaitez-vous après la naissance ? (peau-à-peau prolongé, mise au sein rapide, etc.)

140 signes pour choisir ma préparation à la naissance

Vous avez déjà posé la question sur votre wall, posté sur Instagram les pages cornées de la bible de grossesse léguée par votre maman... mais vous n'êtes pas plus avancée : vous ne savez pas pour quelle prépa opter ! Et si elles se résumaient en 140 caractères (ou plus), cela vous aiderait ?

Tweete-moi les prépas !

La préparation classique

Comprendre son corps de la conception à l'accouchement, apprendre à gérer la douleur, respirer, se relaxer, intégrer les bons gestes pour l'allaitement, les soins à porter au bébé, le tout en 8 séances remboursées... #dès4mois #avecpapa #supercomplet

L'haptonomie

Créer un lien affectif et établir une vraie communication avec votre bébé grâce aux caresses, au toucher et à la voix. Le hic : pas de préparation pratique à la naissance... Voir p. 64 pour plus d'informations. #dèsleT1 #avec papa

Le chant prénatal

Communiquer avec votre bébé grâce à la voix, travailler son souffle, repérer le diaphragme, les abdos, le périnée... Mais on complète pour la théorie ! #dès5mois #avecpapa

L'acupuncture

Des aiguilles pour soulager les maux, harmoniser le corps, préparer le périnée et favoriser le travail. Pour apprendre à s'occuper du bébé, on repassera... #dès1mois #médecinechinoise

La sophrologie

Des séances pratiques sur l'accouchement et l'allaitement, des sessions de sophronisation pour vous détendre et vous projeter : une pratique complète et zen ! #dès1mois #etlasécurembourse

L'Hypnonatal©

On se relaxe profondément, on apprend les bonnes visualisations pour surmonter la douleur et gérer le travail, mais on aborde peu le postnatal... #dèsleT1 #entraînementobligatoire

La préparation en piscine

Soulager le dos et les jambes, se détendre, vaincre les insomnies : prépa au top pour apporter une réponse à vos maux, mais pas à vos questions sur votre bébé... #barbotezsouriez #dès5mois

Le yoga prénatal

On se concentre, on médite et on se relaxe, on travaille son souffle, on adopte des postures qui soulagent, on s'assouplit : utile pour le jour J, mais après, il se passe quoi ? #dès4mois #sanspapa

Le pilates prénatal

On travaille son centre (muscles profonds et périnée), on apaise ses maux de dos, on apprend à respirer, on se détend… Une bonne prépa corporelle, mais pas plus ! #dèsleT2 #sanspapa

La méthode Bonapace

Contrôler la douleur par des exos de focalisation, des points d'acupression, des massages par le papa… C'est utile pour le jour J, moins après ! #dès6mois #peupratiquée #parfoisremboursée

Et maintenant, je me décide !

Après les infos, le choix ! Et pour vous décider, il suffit de répondre à trois questions vraiment très faciles…

1 Est-ce ma première grossesse ?

Il est généralement conseillé d'adopter une préparation qui allie travail corporel et approche théorique, a fortiori pendant une première grossesse. Mieux vaut donc commencer par la préparation classique, quitte à la compléter par une pratique corporelle (yoga, pilates, etc.).

2 Qu'est-ce que je peux faire près de chez moi ?

Pas la peine de vous braquer sur la sophro ou l'hapto s'il n'y a aucun praticien près de chez vous ! Avant de trancher, googlez !

3 Quelles sont mes priorités ?

Si vous avez les connaissances théoriques et l'embarras du choix des praticiens, il est temps de faire le tri. La méthode : sélectionnez parmi les affirmations ci-dessous, les 3 points qui vous importent le plus et valoriser les prépas listées dans votre choix final.

- Je veux avant tout une approche globale et pratique ➾ prépa classique.
- Une prépa, OK, mais avec le papa à mes côtés ➾ prépa classique, haptonomie, Bonapace.
- Je veux favoriser le lien avec mon bébé ➾ haptonomie, chant prénatal, Hypnonatal©.
- Je suis sensible aux pratiques énergétiques ➾ yoga, pilates ou sophrologie prénatals, Hypnonatal©, acupuncture.
- Je veux surtout apprendre à gérer la douleur ➾ Hypnonatal©, sophrologie, prépa classique, Bonapace.
- Je souhaite en priorité me sentir zen, apaiser mes maux ➾ yoga, pilates ou sophrologie prénatals, acupuncture, prépa en piscine, chant prénatal, Bonapace.
- Je veux être remboursée par la Sécu ➾ prépa classique, sophro, acupuncture, Bonapace.

9 questions sur la sexualité que vous n'osez (peut-être) pas poser !

Côté sexualité, vous ne savez plus à quel saint (sein?) vous vouer depuis qu'elle est enceinte? Faites le point sur vos interrogations, et continuez à vous (et à lui) faire plaisir...

① Est-ce qu'on va le déranger?

Non!

Niché dans l'utérus, flottant dans son liquide amniotique (sorte d'airbag de la grossesse), le bébé ne peut ni être dérangé ni blessé par vos ébats, et cela quelle que soit la taille de votre masculinité. En revanche, les câlins et autres échanges «amicaux» favorisent, chez votre moitié, la sécrétion d'ocytocine, l'hormone de l'attachement, dont votre bébé pourra amplement profiter. Rien de tel pour créer du lien avant même la naissance!

Ce que vous pouvez faire : vous raisonner et en profiter! Non vous ne faites pas l'amour «à trois»!

② Je peux lui faire mal (à elle)?

Non, mais...

L'imprégnation hormonale favorise parfois une sécheresse intime qui peut rendre les rapports douloureux. Allez-y en douceur!

Ce que vous pouvez faire... Lui offrir un kit avec une huile de massage, un lubrifiant doux à l'eau (les deux sans parfum ou huiles essentielles, et de préférence bio) et quelques autres petites douceurs pour plus de volupté. Et n'oubliez pas : les préliminaires sont le nerf de la guerre!

③ Est-ce qu'il faudra lever le pied?

A priori non, mais...

Si votre moitié a une grossesse normale, vous pourrez continuer à vous aimer comme à l'accoutumée. En revanche, il existe certaines contre-indications aux rapports sexuels si elle est concernée par :

- **le placenta praevia** (le placenta est placé au-dessus du col de l'utérus), les rapports pouvant provoquer, notamment, un risque de décollement placentaire ;
- **la menace d'accouchement prématuré.** Dans ce cas, le col de l'utérus est déjà (trop) dilaté, une situation que les rapports peuvent aggraver ;

• **une fissure de la poche des eaux,** faisant encourir au bébé un risque d'infection ;
• **des antécédents de fausse couche.** Dans ce cas, mieux vaut faire preuve de précaution !

Ce que vous pouvez faire : profitez des consultations prénatales pour poser vos questions à son gynécologue si vous êtes inquiet. Il n'y a là rien d'embarrassant, il en a vu (tant) d'autres !

4 Elle n'a plus la tête aux câlins, c'est normal ?

Oui !

Pendant les premières semaines de sa grossesse, votre moitié est non seulement confrontée à certains changements physiologiques qui ne favorisent pas sa libido (nausées, fatigue…), mais aussi à mille et une questions, premiers cheminements vers la maternité, qui là aussi peuvent expliquer qu'elle n'a pas vraiment la « tête à ça ». Ajoutez l'appréhension de la fausse couche et les premiers moments de vie gestationnelle, forcément symbiotiques… et vous comprendrez pourquoi sa libido est en berne.

Ce que vous pouvez faire : respecter ses envies et vivre, en attendant, une autre forme de sensorialité. Offrez-vous un bon repas, faites des câlins, des massages, émerveillez-vous des petites choses : il y a d'autres moyens de nourrir votre complicité que la sexualité ! Et gardez le sourire : il n'est pas rare que les futures mamans aient un regain de désir au 2e trimestre !

5 Moi, envie ?

Bof !

Chaque homme réagit différemment à la grossesse de sa compagne… Si, pour certains, ces quelques mois sont un moment de communion sensorielle et de désir accru (oui, cela arrive), pour d'autres, c'est le calme plat. Et, là encore, c'est normal ! Non seulement vous n'êtes pas obligé d'être sensible à ses nouvelles formes, mais la perspective de la paternité peut aussi être délicate à gérer. Il n'y a

pas qu'elle qui brasse ses vieux dossiers ou qui s'inquiète de ne pas être à la hauteur !

Ce que vous pouvez faire : si vous sentez que vos doutes et vos questionnements deviennent envahissants, confiez-vous ! Parlez-en à un pote papa qui est déjà passé par là, prenez rendez-vous avec sa sage-femme…

6 Elle est complètement obsédée, c'est normal ?

Oui et c'est très bien !

Certaines femmes vivent leur grossesse comment une véritable libération ! Elles se sentent plus féminines ou en totale symbiose amoureuse avec leur partenaire, ont un rapport différent à leur corps ou n'ont plus la pression de la contraception, elles parviennent enfin à lâcher prise… Autant de raisons qui peuvent expliquer leur désir accru et parfois même leur plaisir démultiplié !

Ce que vous pouvez faire : en profiter, à condition évidemment d'être sur la même longueur d'ondes !

⑦ Va-t-il falloir changer nos « bonnes habitudes » ?

Il y a fort à parier que oui !

Avec la grossesse, la physiologie et la physionomie de votre compagne évoluent. Résultat : des positions ou des pratiques qui la faisaient vibrer auparavant peuvent désormais la laisser stoïque. Son ventre la gêne, ses seins sont douloureux ? Il va falloir explorer de nouvelles pistes !

> Ce que vous pouvez faire : attention, la grossesse n'est pas le meilleur moment pour faire des essais de haute voltige.

⑧ L'accouchement à l'italienne : mythe ou réalité ?

Réalité !

Plus que d'accouchement, mieux vaut parler de déclenchement ! Le sperme contient en effet des prostaglandines, une hormone favorisant la maturation du col de l'utérus. Si le terme de votre moitié est dépassé, un rapport peut aider à accélérer la naissance.

> Ce que vous pouvez faire : tenter le coup, mais ne vous attendez pas à un miracle : les taux de prostaglandines restant faibles, le succès n'est pas assuré !

⑨ Et après l'accouchement, on s'y remet quand ?

Quand elle est prête... et vous aussi !

On estime généralement que le corps de la jeune maman est prêt à reprendre les rapports après la rééducation du périnée, soit 2 à 3 mois après la naissance. Et ce n'est là que le temps de se remettre physiquement de l'accouchement ! Reste l'épineuse question du désir (le sien, mais aussi le vôtre) qui peut être mis à mal par la fatigue, les coups de blues, et tout simplement le temps passé à vous occuper du bébé !

Je mets la main à la pâte !

Pourquoi ? Le toucher est le premier sens à se développer chez un bébé, dès la 8e semaine de grossesse. Il apprécie d'ailleurs tellement les sensations tactiles qu'il tripote allègrement son cordon ou se frotte contre la paroi de l'utérus.

Et je fais quoi exactement ?

1. **Osez !** Caresser son bidon, partager vos émotions, entrer en communication... Tout cela relève pour vous d'un trip surhormoné de votre moitié ? Tentez, au moins une fois (ou deux), de passer outre vos idées reçues ! Il suffit parfois de mettre vos mains sur son ventre et de faire quelques caresses appuyées pour sentir le bébé bouger. Un hasard ? Non, une réponse à vos sollicitations.
2. **Calez-vous sur son planning !** In utero, le bébé a des phases de repos de 16 à 20 heures par jour, et son pic d'activité est généralement le soir, quand votre douce tente de se poser ! Pour qu'il soit sensible à vos efforts, mieux vaut éviter de venir le titiller quand il dort !
3. **Tentez l'haptonomie !** L'hapto quoi ? Cette méthode de préparation à la naissance est probablement le meilleur moyen de communiquer avec votre bébé. Guidé par une sage-femme ou un thérapeute, ce « toucher affectif » vous permettra de vous mettre en lien avec le bébé en le stimulant par la voix et par le toucher. L'avantage ? Non seulement il appréciera et vous répondra, mais vous aurez une place centrale dans la pratique (pour une fois). Allez, une séance pour essayer ?

> Ce que vous pouvez faire : reprendre en douceur par des caresses, des étreintes ainsi que des préliminaires et, quand vous serez prêts, vous relancer !

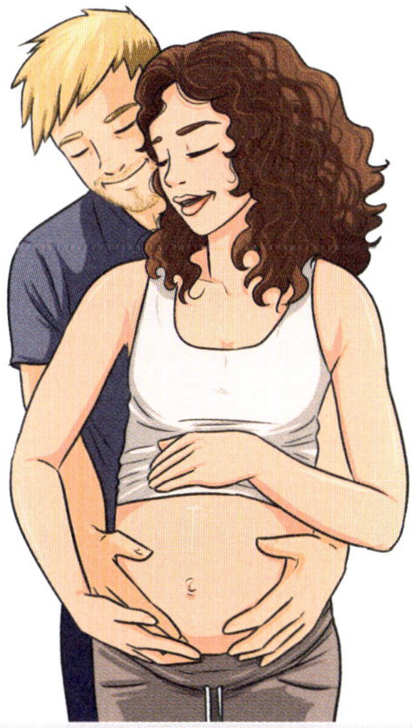

Mon yoga prénatal

Le yoga, nous en avons toutes entendu parler ! Mais le tester, on n'y avait pas forcément pensé avant d'être enceinte. Avant de se lancer, on se met donc à jour…

Ses origines

Originaire d'Inde, cette pratique ancestrale combine série de postures (asanas), respiration (pranayama) et méditation (pratyahara). Si, en Inde, le yoga est perçu comme un mode de vie philosophique, en Occident, la quête spirituelle est moins marquée. Une séance de yoga comprend en général une série de postures (8 en moyenne) adaptées au niveau des yogistes. Effectuées avec une respiration profonde, elles sont guidées par le professeur. La fin de la séance est employée pour un retour au calme méditatif sur sa pratique.

Ses bienfaits

De nombreuses études scientifiques démontrent les bienfaits du yoga au niveau du corps et de l'esprit. Le premier change puisqu'on pratique une activité physique, mais notre cerveau change aussi : lors d'une séance de yoga, le niveau de GABA, un neurotransmetteur qui va calmer l'activité du cerveau, est accru et le niveau d'ocytocine et de dopamine, qui aident à se détendre, augmente. Le tout associé à la respiration permet de canaliser le stress : contrôler son souffle dans les postures réduit la quantité de cortisol, l'hormone de la nervosité, dans le cerveau. La pratique régulière du yoga améliore ainsi la concentration, et facilite par conséquent nos prises de décision : notre cerveau traitant les informations plus rapidement, prendre des décisions devient plus facile.

Le saviez-vous ?

C'est prouvé, le yoga aide à mieux gérer toutes les situations stressantes en stimulant la production de certaines hormones, comme la dopamine ou l'ocytocine. C'est exactement l'effet que tentent d'atteindre les antidépresseurs et les anxiolytiques… mais avec de nombreux effets secondaires en supplément. Aujourd'hui, nombre d'hôpitaux et de thérapeutes proposent une pratique du yoga à leurs patients. Plus sain, non ?

Le yoga prénatal

Il s'agit ici d'adapter certaines postures de yoga à l'état de la grossesse. Les principes de la discipline sont ainsi respectés et apportent un bienfait sur le corps et sur le mental avec le travail de respiration. La performance importe peu, on ne vous demande donc pas d'enchaîner des postures dans le but de progresser. On se concentre sur le plus important : prendre soin de vous, préparer votre corps aux changements physiques et soulager les douleurs qui peuvent apparaître, telles que le mal de dos, les remontées acides et les douleurs ligamentaires.

Comment choisir mon cours de yoga prénatal ?

1. Assurez-vous que le professeur est formé et diplômé au prénatal : des connaissances sur la physiologie de la grossesse sont nécessaires pour le yoga prénatal.
2. Un bon cours est un cours où il n'y a pas trop d'élèves, où il y a assez d'espace entre les tapis et où il y a du matériel adapté : gros ballons et coussins au minimum.
3. Un bon professeur vous guide tout au long de la séance en vous regardant et en vérifiant que vous êtes dans le juste, vous corrige et vient vers vous pour vous repositionner.

Les principes du yoga prénatal

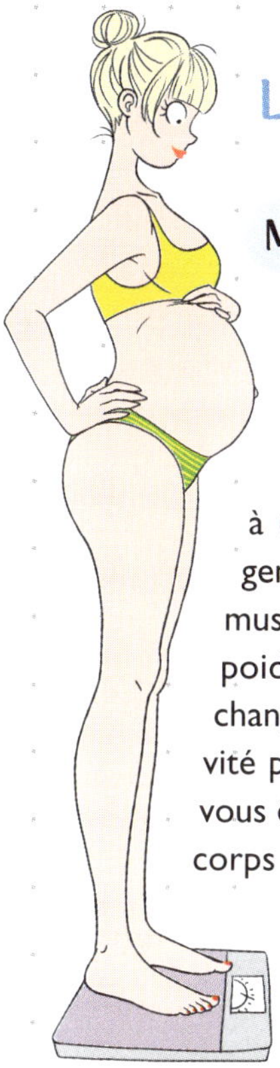

Motivée tu resteras

Le grand paradoxe

Jusqu'ici, quand vous pratiquiez du sport ou une activité corporelle, vous vous attendiez légitimement à un changement physique, un allongement de la silhouette, une prise de muscles, voire une éventuelle perte de poids. Avec la grossesse, les choses changent : vous allez pratiquer une activité physique adaptée et grossir puisque vous êtes enceinte ! Travailler et voir son corps se transformer peut parfois être décourageant, on le conçoit, mais dites-vous bien une chose : la grossesse est une parenthèse de vie qui dure 9 mois.

Un moment à part

Essayez de profiter au maximum de cette période et de ne pas voir la grossesse comme une contrainte. Le yoga prénatal va vous aider à y parvenir : non seulement il va vous procurer des bienfaits durant toute la grossesse, mais plus vous le pratiquerez tôt et régulièrement et plus il vous sera facile de récupérer des suites de couches.

Un nouveau départ

La grossesse, c'est aussi l'occasion de prendre de nouvelles habitudes ! De bonnes résolutions qui vous suivront peut-être même au-delà de cette période si particulière pour vous faire gagner en bien-être et en hygiène de vie pour votre vie future. Prendre du temps pour soi lors de la grossesse est essentiel durant 9 mois, mais aussi pour sa future vie de maman.

8 apports majeurs du yoga prénatal

- Tonicité du corps
- Musculation des jambes
- Développement de la cage thoracique
- Diminution du stress
- Soulagement des douleurs liées à la grossesse
- Préparation à l'accouchement
- Suites de couches plus sereines
- Récupération en postnatal plus facile

Être en paix avec son corps

Accepter son corps de femme enceinte

Vous n'êtes pas toujours à l'aise avec votre corps, vous vivez au rythme des régimes et aviez du mal à vous accepter physiquement avant d'être enceinte ? La grossesse peut devenir source de stress sitôt les premiers kilos pris… Mais rassurez-vous : les kilos que vous prenez sont nécessaires au bon développement de votre bébé, ils ne sont pas là pour s'installer sur la durée. La pratique du yoga va quant à elle vous aider à mieux connaître votre corps, à l'apprivoiser et à l'accepter.

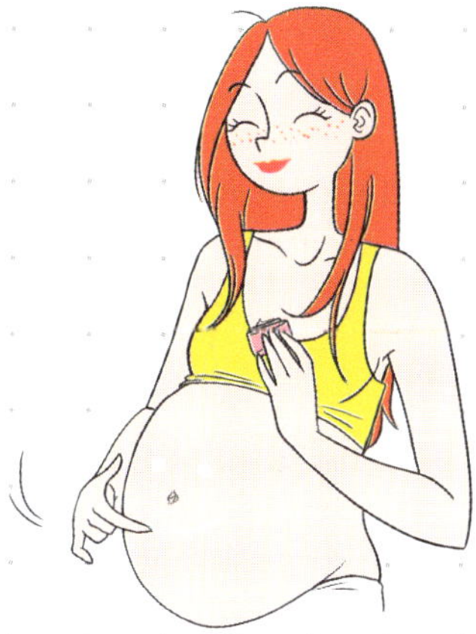

Se fixer des objectifs raisonnables

La grossesse est la période la plus propice pour être à l'écoute de son corps ! On oublie la performance, on vise le bien-être avant tout. Les étirements pour sa souplesse personnelle, le gainage des muscles profonds pour ne pas avoir mal au dos, le tonus et la respiration pour une plus grande vitalité… autant d'exercices pour profiter au maximum de la croissance de son bébé.

Ne pas se comparer

Dites-vous bien une chose : la grossesse n'épargne personne, c'est pareil pour tout le monde. Alors, on oublie les stars d'Instagram : vous n'avez ni le temps ni l'énergie pour observer la vie « idéale » de femmes qui vous complexent en vous laissant croire qu'elles n'ont ni cellulite ni vergetures.

Retrouver son corps après la grossesse

Les séances de yoga prénatal vont vous permettre de limiter la prise de poids superflue tout au long de la grossesse, mais aussi vous aider à perdre ces kilos plus facilement après l'accouchement. Comment ? En trouvant la posture juste, vous allez tonifier votre sangle abdominale, limiter la rétention d'eau, activer votre transit et votre circulation sanguine. Le yoga prénatal va ainsi rendre votre corps actif et dynamique tout le long de la grossesse. Comme ce dernier aura déjà l'habitude de travailler, il sera d'autant plus facile à récupérer !

Être en paix dans sa tête

Faire le vide

Est-ce vraiment une bonne idée ? Vais-je avoir l'instinct maternel ? Halte aux ruminations ! Vous êtes désormais enceinte, alors on arrête de se poser des milliards de questions. Et pour y parvenir, rien de tel que le yoga et la respiration, qui apportent des temps de méditation pour retrouver une certaine sérénité. Ne vous laissez pas polluer par l'extérieur, vos séances servent aussi à vous recentrer sur votre état et à faire fi du superflu.

Les fondamentaux tu t'approprieras

Les positions

Vous souffrez de douleurs musculaires au niveau du dos, des cervicales et des lombaires ? Votre posture n'est peut-être pas la bonne. En retrouvant un bon alignement, les douleurs vont disparaître : une bonne posture est la base, elle vous permet d'avoir un axe correct et non douloureux pour votre corps.

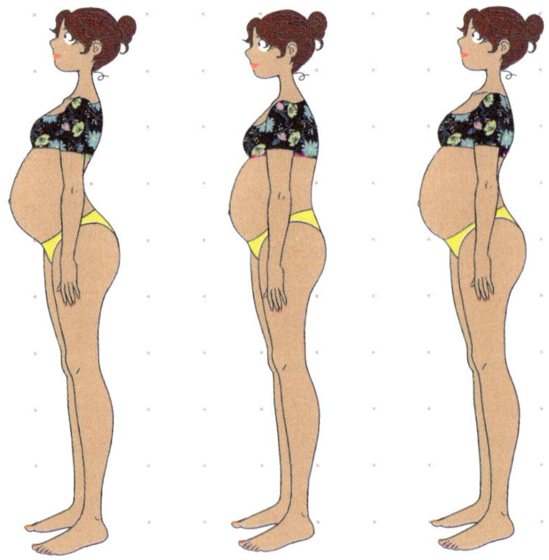

Debout : elle n'a l'air de rien comme ça, mais la position debout nécessite un alignement du corps pour garder l'utérus dans l'axe du bassin.

Assise : sur le tapis, en tailleur, à genoux ou sur le gros ballon avec le CorpoMed (coussin d'allaitement) toujours avec l'alignement du bas du dos. Option : opter pour des cales pour surélever les pieds. Les genoux doivent être au-dessus du bassin.

À quatre pattes : le dos doit être droit avec un alignement total de la colonne et de l'axe coccyx-crâne. Les fesses sont légèrement à l'arrière des genoux.

Allongée : deux options possibles ici. La première, sur le dos, bassin neutre, genoux repliés et jambes parallèles, permet un étirement maximal du ventre. La seconde, sur le côté, avec un alignement du dos et des épaules, genoux au-dessus du bassin.

Une bonne position pour une bonne respiration

Trouver une bonne posture est la première chose à faire : elle permet une bonne respiration et une bonne application des exercices. Si vous n'êtes pas bien placée, les bénéfices des postures du yoga prénatal seront amoindris et vos potentielles douleurs ne seront pas soulagées. Une mauvaise posture empêchera également l'amplitude maximale du diaphragme, et donc de la respiration profonde. Vous ne pourrez ainsi pas aller jusqu'au bout de la posture et du mouvement. Soyez vigilante sur vos positions lorsque vous effectuez vos exercices !

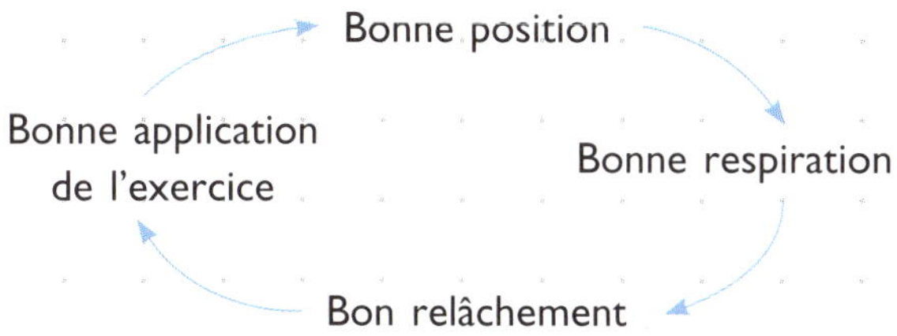

La respiration

Votre défi principal durant les exercices ? Passer de la respiration courte et superficielle, celle qu'on fait tous naturellement et instinctivement, à la respiration longue et profonde. Vous allez découvrir qu'il y a plusieurs manières de respirer et différents endroits du corps où envoyer l'air que l'on inspire. Prête ?

Dis-moi comment tu respires, je te dirai ton état de stress…

Dans quelles situations vous reconnaissez-vous ?

☐ Je respire par la bouche, j'ai souvent le nez pris et le souffle court.

☐ J'ai souvent besoin de respirer profondément, comme si j'étais restée trop longtemps en apnée.

☐ Quand j'inspire, ma poitrine se lève et mes épaules sont souvent tendues.

☐ À la moindre émotion, mon visage devient rouge. On me dit que j'ai une peau réactive, mais aucune crème n'a jamais produit le moindre effet…

☐ Je respire par le nez, ma respiration est plutôt régulière.

☐ Quand j'inspire, j'ai le ventre qui se gonfle.

⇨ Vous avez coché au moins une des 4 premières cases ? Vous respirez probablement par la poitrine (on appelle ça la respiration thoracique). L'air reste ainsi bloqué en haut de vos poumons et le diaphragme ne descend probablement pas assez bas.

⇨ Vous avez coché les 2 dernières cases ? Bravo, vous avez trouvé la bonne respiration pour gérer vos émotions, vous apaiser et pratiquer de la bonne manière le yoga. Si ce n'est pas le cas, rassurez-vous, nous ferons un point un peu plus tard (voir p. 83) sur le travail de respiration abdominale.

Les 4 clés pour s'approprier les fondamentaux du yoga prénatal

Clé 1 : oublier ses grands droits

Tout au long des exercices et lors de l'expiration, il est essentiel de ne pas utiliser ses grands droits : c'est un principe fondamental du yoga prénatal. Pourquoi ? Parce que lorsqu'on fait un crunch, un effort physique en contractant ses tablettes de chocolat, on exerce une pression vers le bas. Le plancher pelvien, et plus particulièrement la vessie et le périnée, est malmené. L'utérus appuyant et tassant déjà les viscères au fur et à mesure que sa taille augmente, ajouter une pression abdominale ne va pas aider à vous soulager ! Lors de vos exercices, il vous faut donc relâcher puis étirer vos grands droits pour accompagner le développement de l'utérus.

Clé 2 : engager son périnée

En contractant puis en relâchant votre périnée lors de la respiration, vous allez travailler son élasticité : c'est parfait pour vous préparer à un accouchement plus facile et essentiel pour prévenir les fuites urinaires lors de la grossesse ! Avec un périnée trop contracté, le bébé a du mal à sortir et cela entraîne parfois une épisiotomie, voire une césarienne s'il y a détresse pour le bébé. À l'inverse, un périnée trop relâché a du mal à se remettre en place après l'accouchement et peut provoquer des incontinences urinaires, voire une descente d'organes.

Comment le sentir ? En inspirant, relâchez le périnée. En expirant, contractez progressivement le périnée en soufflant profondément, puis inspirez en relâchant doucement…

Clé 3 : trouver son étirement

L'étirement du ventre est primordial en yoga prénatal, puisqu'on cherche à faire de la place pour le bébé qui grandit. Le travail de respiration va vous aider à relâcher vos muscles pour pouvoir les étirer sans danger. Un travail contre-productif serait de faire un exercice sans faire la respiration abdominale, et donc d'étirer sans avoir relâché. Un exemple ? Faire un cobra avec ses grands droits contractés… Plus vous allez respirer profondément, plus vous allez relâcher (ce qui vous aidera

Clé 2

aussi pour l'accouchement), plus vous serez étirée et donc soulagée !

Clé 4 : faire ses exercices de base

1. **Assise sur ses genoux :** buste relevé, bras tendus et mains posées au sol. Respiration abdominale et contraction du périnée sur l'expiration, relâchement sur l'inspiration.

2. **Position de l'enfant :** à genoux, jambes plus ou moins écartées selon la taille de votre ventre, les bras tendus devant, la tête relevée dans l'axe, colonne alignée, travail d'étirement horizontal. Respiration abdominale et contraction du périnée sur l'expiration, relâchement sur l'inspiration.

3. **Sur le côté :** position latérale, genoux repliés au-dessus du bassin pour étirer la zone lombaire sans compresser le ventre. À 1 ou 2 jambes (position fœtale). Respiration abdominale et contraction du périnée sur l'expiration, relâchement sur l'inspiration.

4. **Debout :** levez une jambe, attrapez votre genou, emmenez-le au-dessus du bassin pour sentir l'étirement du bas du dos, puis replacez le bassin en rétroversion. Une jambe, puis l'autre. Travail d'étirement vertical.

Inspirez, expirez !

Chaque effort doit se faire sur l'expiration profonde, avec relâchement des muscles grands droits et, si possible, avec le périnée engagé. L'inspiration, quant à elle, sert à relâcher le ventre et à préparer l'effort qui va suivre à la prochaine expiration.

- Inspiration : relâche, prépare l'effort.
- Expiration : contracte le périnée et absorbe le ventre à l'effort.

Clé 4

Les 5 bénéfices du yoga prénatal sur ton corps tu comprendras

Bénéfice 1 : préparer son corps à la grossesse et à l'accouchement

L'objectif principal du yoga prénatal

Les exercices de posture et de respiration vont vous permettre de faire de la place dans le ventre, d'étirer les grands droits et de travailler l'élasticité du périnée.

L'action des muscles transverses et des obliques va favoriser un travail en profondeur et l'acquisition d'un tonus indispensable pour tenir votre ventre, surtout en fin de grossesse !

Apprendre à relâcher ses abdominaux grands droits protégera votre périnée et vous permettra d'éviter un diastasis.

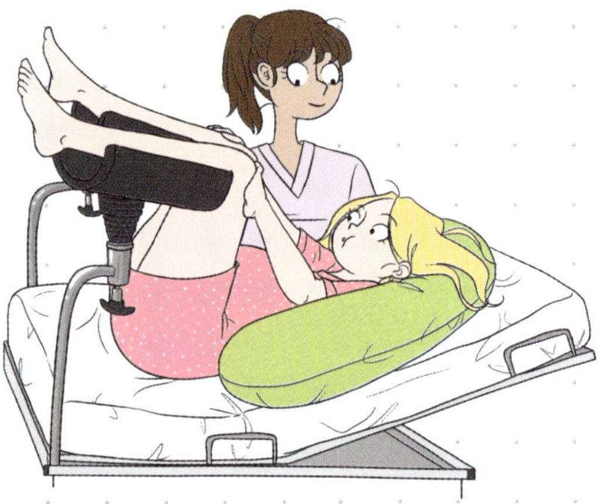

Un diastasis, c'est quoi ?

Lorsque le ventre grossit, l'utérus pousse sur la paroi abdominale : les muscles grands droits vont ainsi s'allonger d'environ 15 cm lors de la grossesse. Si ces muscles ne sont pas relâchés, ils ne vont pas réussir à s'étirer convenablement et vont devoir se séparer en deux pour permettre au ventre et au bébé de pouvoir continuer leur croissance. Si ça vous arrive, pas d'affolement ! C'est assez courant et ce n'est pas irrémédiable, il faudra juste faire une rééducation postnatale adaptée. Et puis, avec le yoga prénatal et son travail de relâchés, d'étirements et de respiration, votre corps va anticiper et minimiser cette déconvenue, donc pas d'inquiétude.

La respiration

Si respirer vous semblait jusqu'ici aussi naturel qu'insignifiant, avec le yoga prénatal vous allez découvrir à quel point la respiration abdominale est primordiale ! Ce qu'elle permet ? Le diaphragme va masser les viscères et ouvrir les côtes, ce qui vous procurera un bien-être quotidien ; vous allez pouvoir faire les exercices plus en profondeur et réaliser ainsi de plus grands mouvements ; vous soulagerez votre corps en évacuant le stress et les tensions corporelles emmagasinées, et permettrez un relâchement des muscles abdominaux et dorsaux.

L'étirement

De nature plutôt cambrée ? Plutôt voûtée ? Quelle que soit votre morphologie, quelles que soient vos habitudes, l'étirement du dos et du ventre va agir directement sur votre posture et la manière dont vous allez vous tenir enceinte. Se tenir droite et non voûtée ou cambrée va vous éviter certains maux classiques de la grossesse – nausées, reflux gastriques (brûlures d'estomac), sciatique de tassement lombaire… –, ou vous en soulager. Les exercices de yoga prénatal sont aussi faits pour étirer la colonne vertébrale, et par conséquent la taille, la nuque (cervicales) et le bas du dos. Encore une fois, que des avantages…

Bénéfice 2 : soulager les tensions musculaires

Un dos trop cambré et c'est une tension dans le bas du dos qui apparaît en pinçant la zone lombaire. Un dos trop voûté, les épaules rentrées, et voilà la zone cervicale compressée et des tensions dans le haut du dos qui vous dérangent. Heureusement, le yoga prénatal permet de soulager toutes ces tensions musculaires liées en général à une mauvaise posture. Encore une fois, la respiration et le mouvement du diaphragme vont avoir une action de pompage. La machine est ainsi relancée, les muscles, oxygénés, et la fatigue, plus facilement évacuée. Résultat, moins de stress et donc moins de douleurs dues aux tensions musculaires !

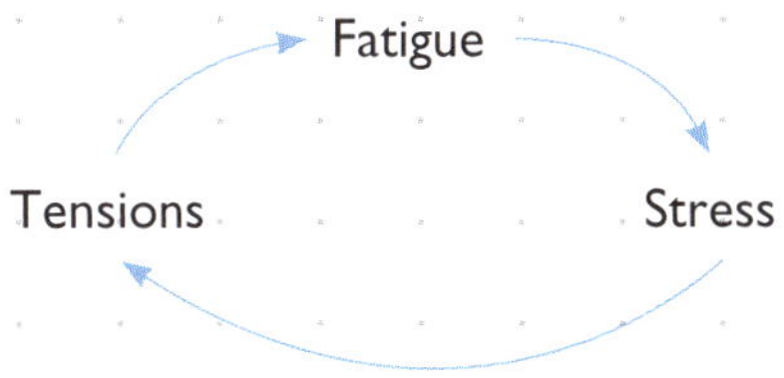

Bénéfice 3 : permettre l'élasticité du périnée et une meilleure récupération

Sollicité pendant la respiration du yoga prénatal, le périnée va gagner en élasticité. Difficile à imaginer ? Voyez le périnée comme un élastique sur lequel on va tirer et qui doit revenir à sa taille normale après. Le yoga prénatal va faciliter cette récupération. Vous retrouverez ainsi votre corps d'avant plus vite et anticiperez mieux les problèmes d'incontinence liés au relâchement du périnée. Sans force, ce muscle peut par exemple avoir du mal à retenir une fuite urinaire lors d'un éternuement…

Bénéfice 4 : limiter le gonflement des jambes

Vous avez les jambes lourdes ? Vous craignez les varices ? Ce sont malheureusement des effets assez fréquents de la grossesse. En grossissant, l'utérus appuie sur les veines du pelvis et bloque le flux veineux, ce qui rend les jambes lourdes. Des varices peuvent alors apparaître, ainsi qu'un gonflement des chevilles. Si le calendrier a décidé que votre 3e trimestre se passerait l'été, en pleine canicule, ça ne s'arrange pas… il faut ajouter la dilatation des vaisseaux sanguins due à la chaleur. L'apothéose ! La rétention d'eau durant la grossesse, provoquée par les hormones, peut également générer des gonflements. Pour éviter tous ces tracas, les exercices de yoga prénatal vont permettre de relancer la circulation sanguine, qui se trouve ralentie, et de faire circuler les liquides stockés, qui stagnent et font gonfler. Un bon début pour des jambes plus légères…

Bénéfice 5 : s'adapter au changement de sa silhouette

Vous allez grossir, c'est inévitable… mais le yoga va accompagner votre corps dans ce changement de silhouette et vous aider à mieux vivre votre grossesse tout en continuant de travailler vos muscles. Ce travail physique adapté va vous éviter de vous sentir molle et inutile, et vous aider à gagner un tonus pas incompatible avec le fait d'être enceinte. Alors, haut les cœurs et en route pour tonifier vos gambettes !

La pratique régulière du yoga prénatal va vous permettre d'anticiper ou de soulager ces phénomènes naturels dus à l'état de grossesse. Le but ? Vous faciliter physiquement la grossesse et faire avec les maux inhérents à cette période si particulière pour le corps. Tout ce travail vous préparera aussi à l'accouchement et à la récupération : les exercices en postnatal vous paraîtront plus faciles puisque vous aurez déjà préparé votre corps.

Que se passe-t-il physiquement durant la grossesse ?

- Les grands droits vont grandir de 15 cm.
- L'utérus grossit et va de plus en plus appuyer sur la vessie.
- Pression sur le plancher pelvien et le périnée.
- Mouvements du diaphragme de plus en plus limités (essoufflement).
- Poids du ventre qui engendre une rétroversion du bassin (cambré).
- Rétention d'eau et circulation du sang ralentie.

Le bon matériel tu choisiras

Les incontournables

Le tapis

Oubliez tout de suite le tapis de camping retrouvé dans le garage ! Il n'est pas adapté, il risque de glisser sur le sol et il sera difficile à votre corps d'y adhérer. Choisissez-en un assez grand, pas trop élastique, plutôt épais, et évitez les tapis de yoga de voyage, très fins.

Le gros ballon

Son principal atout ? Vous apaiser à n'importe quel moment de la journée ! En cas de remontées acides, de douleurs dans le dos, après une balade un peu trop longue, lorsque vos jambes sont lourdes… il va vite devenir un allié de taille au quotidien. Bonus : il vous servira également pour quelques exercices de yoga ! Avant de l'acheter, vérifiez bien le système de gonflement et assurez-vous d'avoir une pompe adaptée ou un compresseur à air. Avec une pompe à vélo, vous risquez de vite perdre patience…

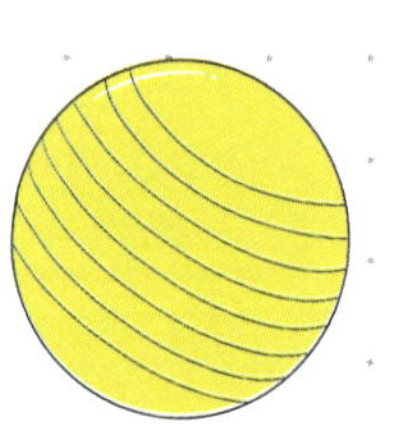

La ceinture lombaire

Plus votre ventre grossit, plus il va vers l'avant et plus il tire sur vos lombaires. Porter une ceinture va soulager ces dernières, mais aussi maintenir et protéger votre ventre, et donc votre bébé. Si vous savez que vous allez avoir une journée chargée ou devoir rester longtemps debout, n'hésitez pas à la mettre pour plus de confort! Idéale pour l'évolution de la grossesse, cette ceinture va alléger bien des douleurs, mais attention : il vous faut une ceinture lombaire pour femme enceinte. La ceinture Physiomat (www.physiomat.com), par exemple, est spécialement conçue pour l'état de grossesse et vous suivra bien après l'accouchement.

Le gros coussin

Aussi appelé coussin d'allaitement, ce coussin en forme de U vous servira lors d'exercices pour maintenir une posture sans trop tirer sur le corps. Lors du dernier trimestre, il va vite vous devenir indispensable pour protéger votre ventre et trouver des positions de détente adaptées. Côté prix? Cela peut varier du simple au triple en fonction de la qualité des matériaux utilisés, et donc de la longévité du coussin. Il vous servira en prénatal, mais aussi après l'accouchement, pour déposer votre nourrisson sur un lit par exemple ou pour allaiter.

Investir sur la durée

Le matériel dans lequel vous allez investir pour vos séances de yoga prénatal vous suivra aussi en postnatal! Un conseil : investissez assez tôt en début de grossesse dans des accessoires de qualité pour les réutiliser après votre accouchement, pendant la première année de votre enfant. Quand vous aurez accouché, vous aurez bien d'autres choses à penser…

	Prénatal	Postnatal	Et pour plus tard
Tapis	Pour les exercices de yoga prénatal.	Pour les exercices de yoga postnatal.	Poser le bébé pour qu'il joue.
Ballon	Exercices et assise adaptée à l'état de grossesse.	Exercice pour la rééducation du périnée, soulage le dos.	Très efficace pour soulager les lombaires et le bassin (votre bébé va vite grandir et commencer à prendre du poids…). Même votre conjoint pourra en profiter!
Ceinture lombaire	Soulage le dos et maintient le ventre. Permet de garder une bonne posture malgré le volume du ventre.	Referme le bassin après l'accouchement. Atténue les maux du dos. Aide à maintenir une bonne posture.	Ce sera votre alliée lors de longues balades en ville, de virées shopping ou de concerts debout. Il se pourrait même que votre conjoint y trouve son intérêt!
Coussin CorpoMed	Pour les exercices en fin de grossesse. Évite d'accentuer la laxité lors du yoga prénatal dès le début de la grossesse.	Pour l'allaitement ou le maintien du bébé au biberon. Pour soulager le plancher pelvien lors des suites de couches.	Il servira d'oreiller ou de cale-bébé sur un lit, un canapé ou un tapis de jeu.

Côté style

Privilégiez le confort, mais ne venez pas non plus en pyjama… Se sentir habillée pour faire une séance est la première étape pour se motiver.

Le bas

Choisissez un legging confortable, un jogging près du corps ou un short. L'idéal ? Opter autant que possible pour des matières naturelles.

Le haut

On évite les soutiens-gorge, car la fermeture et les agrafes dans le dos vous gêneront lors des positions allongées. Si vous ne pouvez pas vous en passer, choisissez si possible une brassière sans coutures ou une brassière de sport élastique. Optez pour une taille un peu plus grande, car votre poitrine va augmenter tout du long de votre grossesse !

Pour ne pas être gênée lors des postures avec un tee-shirt qui remonte ou qui tourne, choisissez-en un à manches courtes ou longues en matière plutôt souple et douce (coton organique par exemple), près du corps. Vous pouvez commencer la séance avec un gilet à zip, que vous pourrez enlever facilement entre 2 exercices et remettre en fin de séance pour la relaxation.

La coiffure

N'oubliez pas d'attacher vos cheveux pour qu'ils ne vous tombent pas dans les yeux ou dans la bouche lors des différentes postures. Pour plus de confort, ne mettez pas un élastique ou une barrette au milieu du crâne : vous allez être gênée pour toutes les positions allongées sur le dos car votre tête ne pourra pas être sur le tapis. Privilégiez plutôt les coiffures type natte, queue-de-cheval basse, sur le côté, ou très haute, au sommet du crâne, pour une touche de style.

Astuce hivernale

Le yoga se pratique généralement pieds nus. Si vous êtes frileuse, vous pouvez choisir l'option couverte sans problème. Veillez simplement à choisir des chaussettes ni trop serrées, pour la circulation du sang, ni trop hautes, pour ne pas compresser les mollets.

Je me mets au yoga prénatal

Mon planning pour le 1er trimestre

Durée d'une séance : entre 20 et 30 minutes

Nombre de séances : 2 ou 3 séances par semaine

Timing : matin, midi ou soir

Conseils : le plus important ? Miser sur la régularité et apprendre à bien doser l'intensité des séances pour ne pas vous faire mal. Inutile d'aller trop vite, laissez-vous progresser tranquillement. Mieux vaut 3 séances régulières d'intensité moyenne qu'une séance à trop haute intensité, qui risquerait de vous faire plus de mal que de bien. N'oubliez pas : le yoga prénatal, ce n'est pas la performance, mais le bien-être !

Matin, midi ou soir ? À chacune son rythme !

La séance du matin a pour effet de vous dynamiser et de remettre la machine en route pour tenir toute la journée. Ça marche même après une nuit difficile !

La séance du midi permet de faire une pause dans votre journée de travail. Au programme : regain de concentration, de motivation et détente du corps.

La séance du soir permet de se relaxer en s'étirant et en respirant. Vous allez ainsi vous coucher apaisée et libérée des tensions de la journée.

L'objectif du yoga prénatal au 1er trimestre

Commencer le yoga dès le début de sa grossesse est bénéfique pour plusieurs raisons : les postures vont soulager les tensions éventuelles, apaiser votre niveau émotionnel, vous permettre de vous recentrer et de prendre du temps pour vous.

Au-delà de ces bienfaits, le yoga prénatal va servir à préparer le corps aux plus grosses modifications corporelles qui vont survenir au 2e trimestre. Préparé par vos routines yoga du 1er trimestre, votre corps sera prêt et les changements s'opéreront plus en douceur.

	LUNDI	MARDI	MERCREDI	JEUDI	VENDREDI	SAMEDI	DIMANCHE
MATIN	....	....	....	....	....	....	....
MIDI	....	....	....	....	....	....	....
SOIR	....	....	....	....	....	....	....

L'échauffement, la routine pour réveiller le corps

Chaque séance de yoga prénatal débute par un échauffement. Il s'agit d'un petit enchaînement de postures accompagné de 3 grandes respirations abdominales (inspiration + expiration) dans chaque position.

① L'enfant

La position : vous êtes à genoux, votre ventre déposé entre vos jambes, le front collé au tapis et les bras tendus vers l'avant.
Sur l'inspiration : relâchez le ventre et ouvrez les côtes.
Sur l'expiration : videz le ventre en contractant le périnée.

② À quatre pattes

La position : gardez la colonne bien alignée entre le coccyx et le crâne, les mains sous les épaules et les fesses légèrement en arrière des genoux.
Sur l'inspiration : relâchez le ventre et ouvrez les côtes.
Sur l'expiration : videz le ventre en contractant le périnée.

③ Chien tête en bas

La position : poussez vos fesses vers le plafond et baissez vos talons en direction du sol, gardez les bras tendus.
Sur l'inspiration : relâchez le ventre et ouvrez les côtes.
Sur l'expiration : videz le ventre en contractant le périnée.

Retour

La position : pliez les genoux, revenez en position à quatre pattes, puis ramenez les fesses sur les talons en position de l'enfant.
Cette série peut être réalisée sans risque du début de votre grossesse jusqu'aux derniers jours. Plus vous la commencez tôt, plus elle sera facile à effectuer à mesure que votre ventre grossira. Cet échauffement peut aussi devenir une routine quotidienne qui vous fera du bien et que vous pouvez décider de répéter 2, 3 ou 4 fois si vous le souhaitez.
Le nombre de respirations dans chaque posture peut varier selon l'envie et les besoins. L'important, c'est d'écouter votre corps et d'être dans le bien-être avant tout. Oubliez la performance ; si vous sentez que c'est trop, diminuez.

① L'enfant

② À quatre pattes

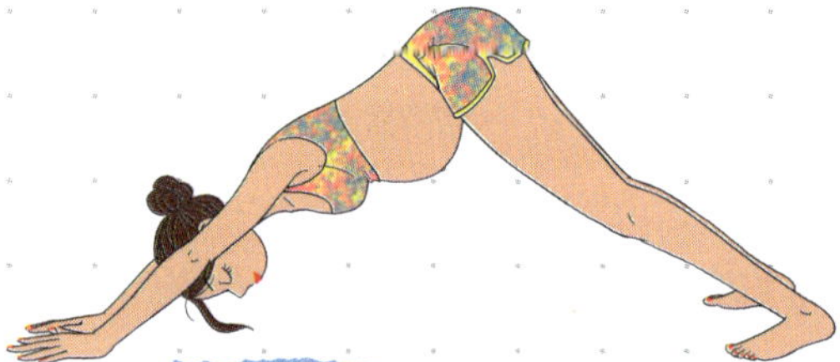

③ Chien tête en bas

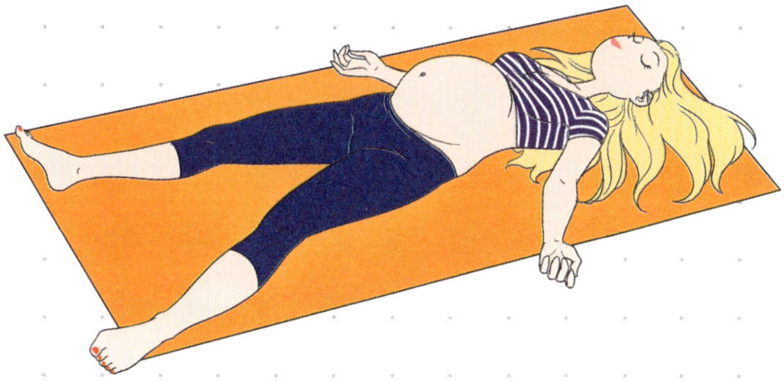

La respiration au cœur de tous les exercices

Le principal muscle de la respiration ? Le diaphragme. C'est sur lui que reposent vos poumons. Le hic ? Dans la vie de tous les jours, on a tendance à respirer de manière peu engagée sans utiliser tout notre volume pulmonaire. Peu sollicité, le diaphragme devient peu à peu paresseux. L'engager lors de la respiration est pourtant primordial pour une bonne oxygénation de votre corps et de votre bébé.

Petit rappel de mes cours de biologie…

Respirer sert en premier lieu à oxygéner nos organes. Lorsqu'on inspire, les poumons se gonflent d'air et font descendre le diaphragme. L'air, chargé en oxygène frais, descend tout en bas des poumons et commence son travail avec le sang en récupérant le dioxyde de carbone rejeté par les cellules. L'oxygène tout propre passe dans le sang et va vers les organes. Le dioxyde de carbone inutile est expulsé par les poumons lors de l'expiration ! On voit ainsi l'importance du diaphragme pour charger et expulser l'air de manière efficace et profonde.

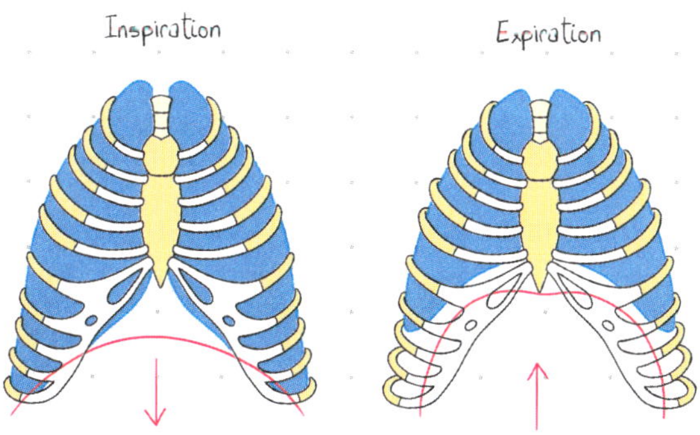

L'importance de la respiration en yoga, le pranayama

En sanskrit, langue indo-européenne, *prana* signifie « souffle », « énergie vitale », et *ayama,* « prolongation » et « contrôle ». Le pranayama est donc la maîtrise de sa respiration dans la philosophie du yoga. Effectuer chaque posture en prenant soin de sa respiration lors des exercices est essentiel, l'un ne va pas sans l'autre. Le temps d'exécution de la posture se compte d'ailleurs en nombre de respirations. Attention : une respiration comprend une inspiration ET une expiration !

À quoi ça sert ? Les exercices de respiration en yoga permettent :

- d'harmoniser le corps et l'esprit ;
- de développer sa concentration ;
- de calmer le mental et le flux des pensées ;
- de retrouver de l'énergie ;
- de réguler ses émotions.

Le massage des viscères, le graal de la femme enceinte

Lorsque vous êtes enceinte, votre corps sécrète certaines hormones, dont la relaxine. Assouplissant les muscles lisses, elle va ralentir le transit : les muscles de l'intestin deviennent moins faciles à contracter. Quand l'utérus grossit, il va aussi tasser tous les viscères. La vessie par exemple va ainsi avoir moins de place. Face à ces mécanismes naturels, une bonne nouvelle : le mouvement d'aller-retour du diaphragme lors de la respiration profonde va permettre un massage des viscères, soulager les organes compressés et aider au transit !

Pourquoi respirer par le nez ?

Fermez la bouche… Au yoga, on respire exclusivement par le nez, bouche fermée. Cela peut être déroutant au début, voire désagréable, surtout lors de l'expulsion de l'air qu'on a naturellement tendance à faire avec la bouche en cas d'effort physique ! Alors, pourquoi respirer par le nez ? Parce que ce dernier comprend un kit intégral de nettoyage et de désinfection de l'air : jouant un rôle de filtre à air, il envoie aux poumons un air beaucoup plus propre que lorsqu'il passe par la bouche. Grâce à son humidité naturelle, le nez met également l'air envoyé à la bonne température pour les poumons et rend les échanges gazeux plus efficaces.

Nettoyer son nez !

Les puristes recommandent de commencer chaque séance de yoga par un lavage de nez avant de faire des exercices de respiration. À vous de voir, mais sachez que cela peut être utile en cas de sinusite chronique ou de nez bouché…

La technique : prenez une petite théière ou un lota, remplissez-le d'eau tiède et ajoutez un peu de sel (si ça vous pique le nez, c'est qu'il y en a trop). Au-dessus du lavabo, inclinez la tête à droite et faites rentrer l'eau dans la narine gauche, qui doit ressortir dans la narine droite. Effectuez la même chose de l'autre côté.

Si vous ne disposez pas d'un lota et n'avez pas envie d'investir, vous pouvez faire la même chose avec les fioles de sérum physiologique vendues en pharmacie.

La respiration abdominale

Changement de programme : au lieu de respirer par le haut du corps et la cage thoracique, comme vous en avez certainement l'habitude, il va falloir descendre la respiration et utiliser le ventre. Essentielle pour le relâché, la respiration abdominale va permettre une amplitude maximale du mouvement du diaphragme, détendre le ventre de la femme enceinte, lui permettre de relâcher les tensions ainsi que d'utiliser et de sentir ses muscles profonds transverses. Pour celles qui respirent à l'envers et qui ne le savent pas encore, bonne nouvelle : cette respiration va vous remettre dans le droit chemin de la sérénité !

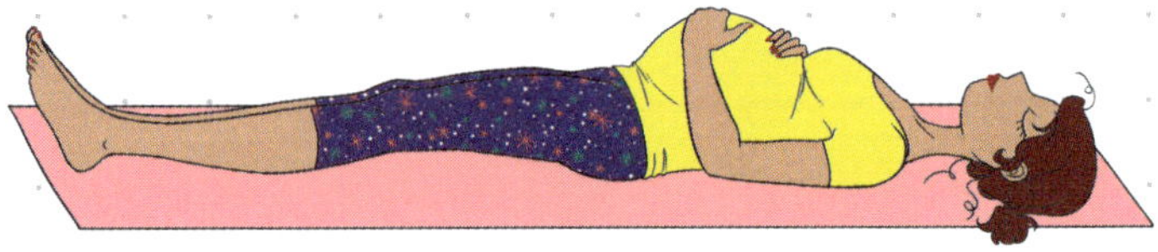

Exercice 1 : prendre conscience de sa respiration à l'état naturel

En position allongée : observez votre respiration sans la changer, ne pensez qu'à ça. Videz votre tête, chassez les pensées parasites et laissez votre rythme se calmer, voire ralentir. Soyez à l'écoute de votre corps et ressentez si vous avez des douleurs.

Après l'exercice, prenez un peu de temps pour observer…

- Ma respiration est-elle en haut, dans la poitrine, ou en bas, dans le ventre ?
- Mon rythme est-il court ou long ?
- Est-ce que je sens de l'oppression ou, au contraire, une détente ?
- Mes mâchoires sont-elles serrées ou détendues ?

Cette prise de conscience de votre propre respiration va vous aider à la modifier et à la travailler petit à petit dans la bonne direction, pour un relâchement et un apaisement optimaux.

Exercice 2 : entrer dans le vif du sujet

Reprenez maintenant votre position allongée. Sur l'inspiration : faites entrer l'air dans votre ventre, qui va se gonfler et se relâcher. Sur l'expiration : videz votre ventre comme si vous vouliez coller votre nombril à la colonne. Attention à ne pas arrondir le bas du dos, cherchez à allonger votre ventre !

Exercice 3 : engager le périnée

Pratiquez la respiration abdominale précédente. Seule nuance, sur l'expiration, videz l'air en ajoutant une contraction du périnée.

Ma séance matinale

Vous n'avez jamais fait de yoga ou que très peu avant votre grossesse ? Aucun souci ! Dans cette séance, l'objectif est de prendre ses marques, de tenir des postures simples mais efficaces et de les associer à la respiration. Les bénéfices vont s'amplifier au fur et à mesure que vous répéterez et maîtriserez cette série de 8 postures pour une matinée dynamique.
Mais avant toute chose, l'échauffement ! Reprenez la routine vue p. 74. Cette petite série devra être effectuée au début de chaque séance, quels que soient votre niveau et votre avancée dans la grossesse.

① Le chat

Position de départ : à quatre pattes, épaules et bassin en arrière par rapport aux mains et aux genoux. Le regard est posé au sol pour bien étirer la nuque.

Déroulé

- Inspirez lentement et profondément par le nez en creusant le dos progressivement. Fesses, tête et regard en direction du ciel.
- Expirez de la même manière en arrondissant le dos du bassin jusqu'à la nuque. Tête et fesses en direction du sol, on regarde son nombril.

Répétition : 3 fois.

② L'étirement latéral

Position de départ : assise sur le tapis, le dos bien droit et les jambes repliées en tailleur. Si cette position est douloureuse ou peu confortable au niveau des hanches, mettez votre coussin CorpoMed sous les genoux.

Déroulé

- Inspirez en posant la main gauche, bras tendu, sur le tapis à côté de vos fesses et levez le bras droit vers le ciel.
- Expirez et repliez votre coude gauche vers le sol en penchant le buste vers la gauche. Si l'avant-bras ne touche pas le sol, ce n'est pas grave.
- Restez 3 respirations en étirant le dos et le ventre.
- Revenez au centre et recommencez de l'autre côté.

Répétition : 2 fois de chaque côté.

① Le chat

② L'étirement latéral

③ Le demi-pont

Position de départ : allongez-vous sur le dos, jambes parallèles, genoux repliés à la largeur du bassin.

Déroulé

- Inspirez et prenez appui sur vos deux pieds. Montez votre bassin progressivement, du bas du dos jusqu'aux omoplates.
- Expirez et joignez vos 2 mains au sol sous le bassin. Si ce n'est pas confortable, gardez les bras au sol le long du corps.
- Inspirez et sentez les poumons se gonfler, et les côtes s'ouvrir.
- Expirez et détachez les mains. Déposez votre bassin au sol, vertèbre après vertèbre, des omoplates au coccyx.

Répétition : 2 fois.

Les bénéfices du demi-pont

Cette posture va tonifier les cuisses et les fesses en même temps qu'ouvrir les côtes et étirer le ventre. Astuce : pour accentuer le travail des jambes et des fesses, poussez vos genoux vers l'avant quand votre bassin est en l'air et descendez de la même manière en imaginant que vous voulez toucher le mur d'en face avec vos genoux.

④ L'enfant

Position de départ : à genoux, les jambes écartées à la largeur du bassin, les fesses sur les talons.

Déroulé

- Inspirez et avancez progressivement vos mains le plus loin possible de vos genoux.
- Expirez et videz tout l'air du ventre en contractant le périnée.

Répétition : 4 respirations.

⑤ Le chien tête en bas

Position de départ : à quatre pattes, les mains placées sous les épaules et les genoux sous le bassin. Retournez vos doigts de pied en flex et levez les fesses au plafond en poussant les talons en direction du sol.

Déroulé

- Inspirez en basculant le poids du corps sur vos mains et en montant vos fesses vers le ciel.
- Expirez en poussant vos talons vers la terre et en repoussant votre tapis vers l'avant. Le dos et le ventre sont étirés au maximum.

Répétition : restez dans cette posture et respirez profondément par le nez en gardant cette position le temps d'effectuer 4 respirations.

③ Le demi-pont

④ L'enfant

⑤ Le chien tête en bas

⑥ La fente – la flèche

Position de départ : debout sur les genoux, coccyx rentré vers l'avant, l'intérieur des cuisses en rotation externe.

Déroulé

- Inspirez, grandissez-vous et basculez le poids du corps sur la jambe gauche.
- Expirez et dégagez la jambe droite pour la poser devant vous à angle droit.
- Inspirez, retournez les doigts de votre pied gauche.
- Expirez, allongez la jambe gauche et montez les bras de chaque côté de votre tête en allongeant votre colonne au maximum.

Répétition : 2 respirations de chaque côté.

⑦ Le guerrier 2

Position de départ : debout, jambes tendues, mains en prière devant le sternum. Dégagez la jambe droite vers l'arrière, puis posez le pied droit légèrement ouvert vers l'extérieur. Pliez la jambe gauche : vous êtes en petite fente en ouverture.

Déroulé

- Inspirez et montez vos bras tendus au-dessus de la tête.
- Expirez et ouvrez les bras à l'horizontale. Le regard reste de face, mais la cage thoracique s'ouvre de manière à avoir les épaules et les hanches sur le même plan, alignées de profil.

Répétition : gardez la position sur 4 respirations en pliant bien la jambe devant (le genou doit être situé au-dessus des orteils) et en regardant au loin devant vous. Recommencez la même chose à gauche.

⑧ Le palmier

Position de départ : debout, jambes un peu plus écartées que la largeur du bassin, mains jointes en prière devant le sternum.

Déroulé

- Inspirez et tirez les bras vers le plafond pour bien étirer le dos et le ventre, mais sans cambrer.
- Expirez en contractant le périnée, penchez légèrement du côté droit les bras en direction diagonale haute (pas vers le bas). Veillez à garder votre flanc droit bien étiré et à ne pas le ratatiner.
- Inspirez en restant dans la position et remplissez vos poumons.
- Expirez et revenez à la position de départ.

Répétition : 2 fois à droite et 2 fois à gauche, en alternance.

⑥ La fente – la flèche

⑦ Le guerrier 2

⑧ Le palmier

9 La montagne

Une fois cette série de postures effectuée, place au retour au calme avec la posture de la montagne…

Position : debout, les pieds écartés bien ancrés au sol, le poids du corps réparti sur les 2 pieds.

- Soulevez vos doigts de pied, écartez-les et reposez-les au sol.
- Les bras sont le long du corps, paume des mains tournée vers l'avant.
- Poussez le sommet du crâne vers le ciel sans monter la poitrine et dirigez le coccyx vers la terre.

Restez dans cette posture au moins 30 secondes, en respirant profondément avec le ventre.

Le truc en plus? Pour un retour au calme efficace, pratiquez cette posture les yeux fermés : il est important de trouver son équilibre, même sans repères visuels.

Ma séance du soir

Les premiers mois de grossesse peuvent être une source de stress : vous ne comprenez pas tout ce qui se passe dans votre corps, les hormones ont pris le contrôle de votre cerveau, vous manquez de sommeil… il vous faut une pause détente! Testez cette routine de 6 postures pour glisser vers un sommeil serein.

1 L'enfant

Position de départ : à genoux, les jambes écartées à la largeur du bassin, les fesses sur les talons.

Déroulé

- Inspirez et avancez progressivement vos mains le plus loin possible de vos genoux.
- Expirez et videz tout l'air du ventre en contractant le périnée.

Répétition : 4 respirations.

2 Le chiot étiré

Cette posture régule les systèmes nerveux et lymphatique. Elle aide à soulager le stress et l'angoisse grâce à l'allongement de la colonne, qui encourage une respiration aisée et régulière.

9 La montagne

1 L'enfant

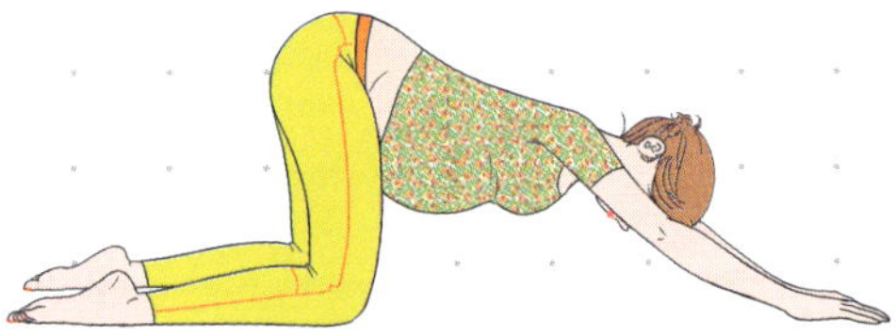

2 Le chiot étiré

Position de départ : vous êtes installée dans la posture de l'enfant.

Déroulé : de cette position, montez vos fesses et avancez encore plus vos mains. Étirez au maximum votre colonne et gardez bien la tête relâchée.

Répétition : 4 respirations.

③ Le chien tête en bas

Position de départ : à quatre pattes, les mains placées sous les épaules et les genoux sous le bassin. Retournez vos doigts de pied en flex et levez les fesses au plafond en poussant les talons en direction du sol.

Déroulé

- Inspirez en basculant le poids du corps sur vos mains et en montant vos fesses vers le ciel.
- Expirez en poussant vos talons vers la terre et en repoussant le tapis vers l'avant. Le dos et le ventre sont étirés au maximum.

Répétition : restez dans cette posture et respirez profondément par le nez en gardant cette position le temps de faire 4 respirations.

④ Le cobra

Position de départ : position du chien tête en bas.

Déroulé

- Inspirez et pliez doucement les genoux en les gardant parallèles pour revenir à quatre pattes.
- Expirez et basculez le bassin vers la terre en étirant la tête, regard vers le ciel. Le bassin ne touche pas le sol.

Attention : pour ne pas cambrer, rentrez bien le coccyx vers l'avant. Ce n'est pas grave si les bras ne sont pas tendus.

Répétition : restez dans la position 2 respirations.

⑤ L'étirement latéral avec torsion

Position de départ : en tailleur, jambe droite allongée, jambe gauche repliée. Penchez le bras gauche vers la jambe droite tendue.

Déroulé

- Inspirez et engagez le bras droit en le posant sur le genou gauche, en effectuant une légère torsion.
- Expirez et ouvrez légèrement la poitrine, visage vers le ciel, en accentuant la torsion.

Répétition : 2 respirations, une fois de chaque côté.

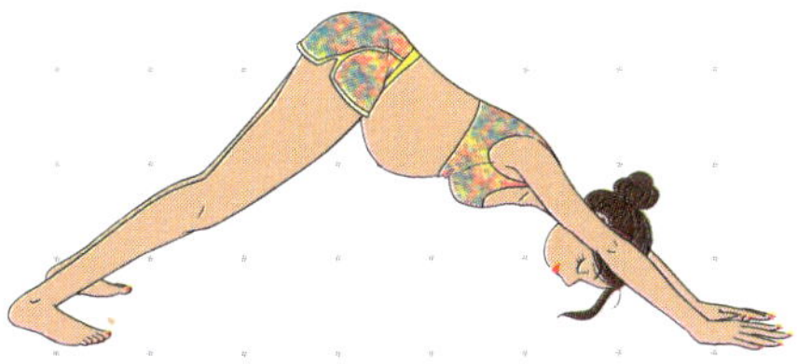

③ Le chien tête en bas

④ Le cobra

⑤ L'étirement latéral avec torsion

⑥ Le guerrier I

Position de départ : debout, jambes tendues, mains en prière devant le sternum. Dégagez la jambe droite vers l'arrière et posez le pied droit légèrement ouvert vers l'extérieur, pliez la jambe gauche. Vous êtes en petite fente en ouverture.

Déroulé

- Inspirez et montez les bras, mains jointes, en regardant vers le ciel.
- Expirez et contractez le périnée en poussant votre coccyx vers l'avant.

Attention : le but n'est pas d'étirer la chaîne des ischio-jambiers, mais la colonne. Si ça tire trop derrière les jambes, n'hésitez pas à plier les genoux pour monter le coccyx au maximum vers le plafond. Ne gardez pas le bas du dos enroulé : vous n'étirerez pas le ventre, mais allez au contraire le tasser, ce qui est le but inverse de la manœuvre !

Astuce : pour ne pas « casser » la nuque, gardez le cou étiré et baissez les épaules. Pensez à monter le regard plutôt qu'à lever le menton.

Répétition : sur 3 respirations. Sur la dernière expiration, ramenez la jambe droite et recommencez avec la jambe gauche.

⑦ La montagne

Retour au calme ensuite avec la posture de la montagne, là encore.

Position : debout, les pieds écartés bien ancrés au sol, le poids du corps réparti sur les 2 pieds.

- Soulevez vos doigts de pied, écartez-les et reposez-les au sol.
- Les bras sont le long du corps, paume des mains tournée vers l'avant.
- Poussez le sommet du crâne vers le ciel sans monter la poitrine et dirigez le coccyx vers la terre.

Restez dans cette posture 1 minute en respirant profondément avec le ventre, les yeux fermés.

La posture de détente hors séance

Parce qu'à n'importe quel moment de la journée il peut être bénéfique de s'accorder une petite pause, cette posture est intéressante à maîtriser. Elle est également idéale avant d'aller se coucher si vous avez du mal à trouver le sommeil.

Position de départ : placez vos jambes contre un mur (viparita karani), légèrement repliées si vous le souhaitez. Les bras sont ouverts et repliés.

Déroulé : ouvrez le sternum en plaçant vos bras de chaque côté de votre tête, mains croisées et paumes vers l'extérieur. Les bras et les coudes sont totalement relâchés.

⑥ Le guerrier 1

⑦ La montagne

La posture de détente hors séance

Ma routine yoga pour soigner les maux du 1er trimestre

Nausées, reflux, constipation… qui dit 1er trimestre dit petits désagréments plus ou moins gênants. Pour vous aider à les soulager, voire à vous en débarrasser, le yoga prénatal est une fois encore votre allié.

Si j'ai des nausées

Pourquoi j'ai des nausées ?

La faute aux hormones, mais pas que ! L'augmentation du taux de progestérone peut provoquer chez certaines femmes des nausées qui durent parfois de quelques semaines à quelques mois. Elles peuvent aussi être liées à une alimentation trop riche ou trop sucrée, voire à certains aliments que vous ne tolérerez plus une fois votre grossesse entamée.

J'agis quand ?

Vous pouvez attendre l'arrivée des nausées pour les faire passer, mais le mieux reste de les anticiper avec votre routine yoga et de nouvelles habitudes si vous sentez que vous êtes sujette au phénomène.

J'anticipe

Adopter une alimentation fractionnée est également une bonne idée ! Au lieu de faire 3 repas complets, mieux vaut répartir les apports sur 5 repas plus légers ou 3 petits repas et 2 collations. La digestion est plus facile, plus rapide, et vous évitez de rester trop longtemps l'estomac vide : être à jeun provoque la sensation de nausée…

Question hydratation, buvez tout au long de la journée en petite quantité, soit de l'eau soit des infusions adaptées.

Ma tisane miracle

Des études montrent que les principes actifs contenus dans deux des composés du gingembre, le shogaol et le gingérol, préviennent les nausées et améliorent le transit intestinal. Au cours du 1er trimestre, la tisane de gingembre permet ainsi de diminuer les nausées de façon significative. Pour cela, 2 ou 3 tasses par jour sont conseillées. Consommé séché à raison de 2 g ou frais à raison de 10 g par jour, en plusieurs doses, le gingembre va vite devenir un incontournable de votre placard. Au cours du 2e trimestre, il est également utile pour diminuer les brûlures d'estomac et les ballonnements.

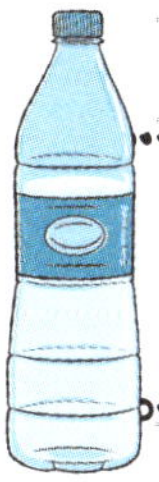

Et si je vomis ?

Pensez à bien vous hydrater ! Consultez votre médecin si vous n'arrivez pas à garder vos repas dans l'estomac, pour éviter tout risque de carence.

Mes postures de yoga pour lutter contre les nausées

① Le chat dos creux

Position de départ : à quatre pattes, mains un peu à l'avant des épaules et fesses légèrement tirées vers les pieds. Le regard est posé au sol pour bien étirer la nuque.

Déroulé

- Inspirez lentement et profondément par le nez en creusant le dos progressivement. Fesses, tête et regard en direction du ciel.
- Expirez en vidant le ventre, sans changer de position mais en accentuant la poussée des bras en sortant le sternum.

Répétition : 2 respirations.

② Le chien tête en bas

Position de départ : à quatre pattes, les mains placées sous les épaules et les genoux sous le bassin. Retournez vos doigts de pied en flex et levez les fesses au plafond en poussant les talons en direction du sol.

Déroulé

- Inspirez en basculant le poids du corps sur vos mains et en montant vos fesses vers le ciel.
- Expirez en poussant vos talons vers la terre et en repoussant votre tapis vers l'avant. Le dos et le ventre sont étirés au maximum.

Répétition : restez dans cette posture et respirez profondément par le nez en gardant cette position le temps d'effectuer 4 respirations.

③ Le demi-pont

Position de départ : allongez-vous sur le dos, jambes parallèles, genoux repliés à la largeur du bassin.

Déroulé

- Inspirez et prenez appui sur vos deux pieds. Montez votre bassin progressivement, du bas du dos jusqu'aux omoplates.
- Expirez et joignez vos 2 mains au sol sous le bassin. Si ce n'est pas confortable, gardez les bras au sol le long du corps.
- Inspirez et sentez les poumons se gonfler, et les côtes s'ouvrir.
- Expirez et détachez les mains. Déposez votre bassin au sol, vertèbre après vertèbre, des omoplates au coccyx.

Répétition : 2 fois.

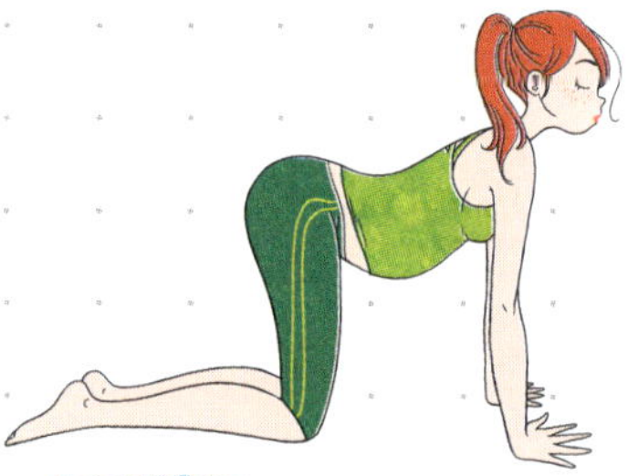

① Le chat dos creux

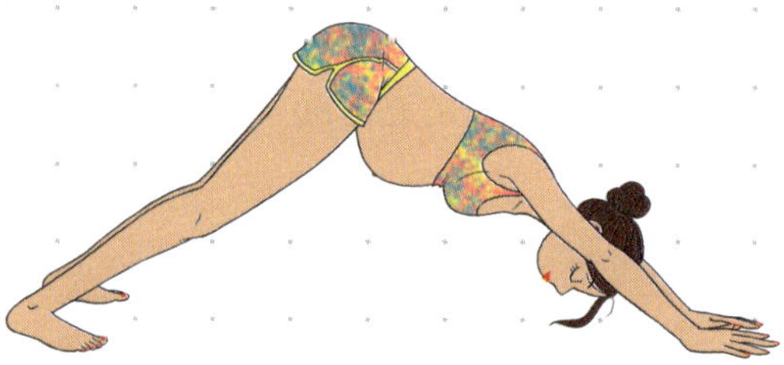

② Le chien tête en bas

④ L'étirement latéral avec torsion

Position de départ : en tailleur, jambe droite allongée, jambe gauche repliée. Penchez le bras gauche vers la jambe droite tendue.

Déroulé

- Inspirez et engagez le bras droit en le posant sur le genou gauche, en effectuant une légère torsion.
- Expirez et ouvrez légèrement la poitrine, visage vers le ciel, en accentuant la torsion.

Répétition : 2 respirations, une fois de chaque côté.

Allongez-vous ensuite sur le dos pour un retour au calme, les fesses sur le CorpoMed, et tendez vos jambes vers le plafond. Relâchez bien la nuque en rentrant le menton vers la poitrine. Vous pouvez effectuer le même exercice jambes tendues contre un mur. Vos fesses doivent alors être légèrement plus hautes que votre poitrine, et le ventre, étiré.

Point d'acupression

Envie de vous faire du bien ? Massez avec vos doigts des points précis de votre corps situés sur un méridien ! Cette technique de médecine énergétique chinoise provient de l'acupuncture et s'exerce avec le pouce.

Le point à trouver pour soigner les nausées : MC6, face interne de l'avant-bras à 3 doigts du poignet.

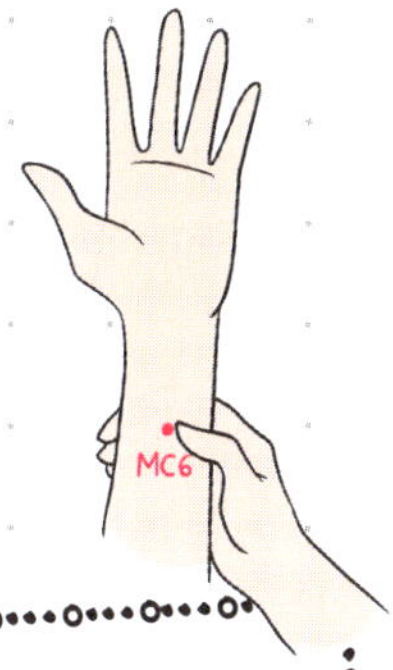

Astuce !

Il existe des bracelets d'acupression contre le mal des transports qui s'adaptent très bien aux nausées des femmes enceintes.

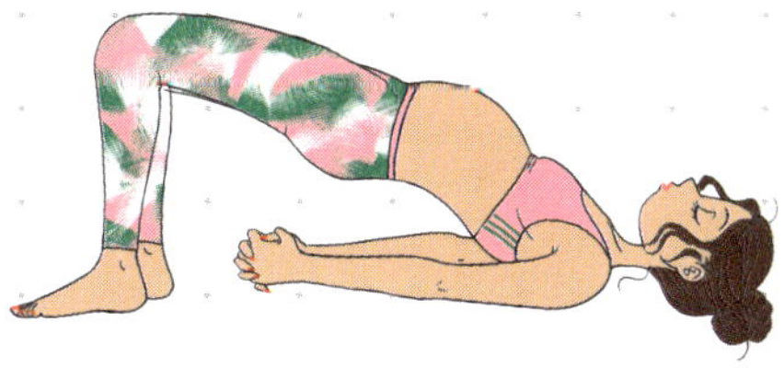

③ Le demi-pont

④ L'étirement latéral avec torsion

Si j'ai des reflux

Pourquoi est-ce que j'ai des remontées acides ?

Reflux gastriques, brûlures d'estomac... peu importe le nom qu'on leur donne, les remontées acides peuvent gâcher la vie et devenir douloureuses, voire handicapantes. À quoi sont-elles dues ? En premier lieu, à l'alimentation et au ralentissement de la digestion : la relaxine assouplit les muscles, l'utérus mais aussi le tube digestif. Après un repas, vous mettez donc plus de temps que d'habitude pour digérer. Certains aliments sont stockés plus longtemps dans votre estomac, provoquant ainsi une petite inflammation dans l'œsophage qui est très désagréable. La posture peut aussi être à l'origine de ces désagréments : en se tassant à cause de l'alourdissement de la poitrine et des tiraillements dans le ventre, l'estomac se retrouve compressé, ce qui n'aide pas la digestion.

J'agis quand ?

Dès les premiers symptômes ! Ne laissez pas les brûlures s'installer, cela risquerait de mettre beaucoup plus de temps à passer tout seul.

J'anticipe

Séparer les familles alimentaires est essentiel pour favoriser la digestion : ne mélangez donc pas tout dans un seul repas. Dans la mesure du possible, essayez de ne manger que 2 catégories d'aliment par repas et répartissez les autres sur la journée. Votre déjeuner peut ainsi être composé de riz et de poisson et votre dîner d'une poêlée de légumes et d'un laitage. Les fruits et les crudités pourront quant à eux être dégustés lors de vos collations.

3 conseils précieux anti-remontées acides

- Ne vous allongez pas tout de suite après votre repas.
- Mangez lentement en mâchant bien tous vos aliments.
- Évitez les aliments gras, acides et pimentés.

Mes postures de yoga pour lutter contre les reflux

Avec cet enchaînement de postures, vous allez travailler l'ouverture des côtes et l'allongement du sternum pour étirer la zone de l'estomac sous la poitrine.

① Le chat dos creux

Position de départ : à quatre pattes, mains un peu à l'avant des épaules et fesses légèrement tirées vers les pieds. Le regard est posé au sol pour bien étirer la nuque.

Déroulé

- Inspirez lentement et profondément par le nez en creusant le dos progressivement. Fesses, tête et regard en direction du ciel.
- Expirez en vidant le ventre, sans changer de position mais en accentuant la poussée des bras en sortant le sternum.

Répétition : 2 respirations.

① Le chat dos creux

② La tête de vache

② La tête de vache

Cette posture ouvre la cage thoracique et libère l'estomac, qui peut être compressé.

Position de départ : asseyez-vous dans la position du papillon ou du lotus en croisant vos jambes et en plaçant un pied dans le creux du genou. Si cette position n'est pas agréable, placez un CorpoMed sous les genoux.

Déroulé

- Inspirez et attrapez vos mains dans le dos, un bras en haut et l'autre en bas. Grandissez-vous en ouvrant la poitrine vers le ciel.
- Expirez en vidant le ventre et en tirant vos coudes vers l'arrière.

Astuce : si vous ne pouvez pas attraper vos mains, plaquez-les sur votre dos ou prenez un foulard avec la main du haut et attrapez-le avec la main du bas.

Répétition : restez le temps de 4 respirations, puis inversez le positionnement des bras.

③ La poussée du bassin

Position de départ : à genoux, les fesses posées sur les talons et les doigts de pied retournés en position flex.

Déroulé

- Inspirez et attrapez vos talons avec vos mains, en ouvrant la poitrine.
- Expirez et poussez le coccyx vers l'avant en décollant votre bassin et en contractant votre périnée.

Répétition : 3 respirations.

④ Posture de l'enfant

Position de départ : à genoux, les jambes écartées à la largeur du bassin, les fesses sur les talons.

Déroulé

- Inspirez et avancez progressivement vos mains le plus loin possible de vos genoux.
- Expirez et videz tout l'air du ventre en contractant le périnée.

Répétition : 4 respirations.

⑤ Retour au calme

Pour le retour au calme, place au poisson en tailleur : allongez-vous sur le dos, jambes en tailleur, sans cambrer. Attrapez chaque coude dans la main opposée et placez-les au-dessus de la tête. Si les bras tirent trop, lâchez vos coudes et croisez vos mains derrière la nuque.

③ La poussée du bassin

④ Posture de l'enfant

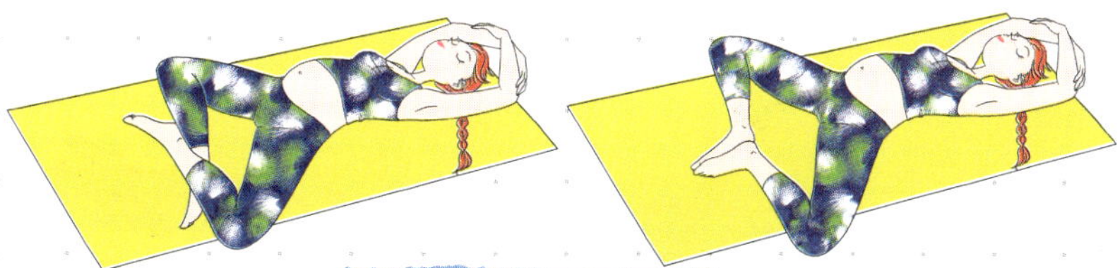

⑤ Retour au calme

Si je suis constipée

Pourquoi est-ce que je suis constipée ?

Encore un coup de la relaxine ! Cette hormone ralentit le transit en plus de la digestion. Si, pour le reflux, cela touche la partie haute de l'estomac, ici il s'agit de la partie basse et des intestins.

La relaxine empêche la fonction contractile des organes, et plus particulièrement de l'utérus, pour éviter les fausses couches liées aux contractions. Mais les intestins, eux, ont besoin de cette fonction pour évacuer par les selles les déchets du corps produits par l'alimentation ! Il est donc fréquent qu'ils ne s'évacuent pas bien et stagnent dans les intestins, ce qui provoque la constipation.

J'agis quand ?

Tous les matins ! Votre séance de yoga va vous permettre de relancer votre transit après la nuit. Ne laissez pas traîner le problème, cela peut empirer et devenir douloureux. Vous êtes déjà constipée ? N'hésitez pas à consulter votre médecin.

J'anticipe

Adoptez une alimentation riche en fibres, à base de fruits, de légumes, de pain, de pâtes ou de riz complets. Buvez de l'eau riche en magnésium.

Mes postures de yoga pour lutter contre la constipation

Cet enchaînement de postures va vous permettre de masser les viscères par un travail de petites torsions et de respirations abdominales profondes, et d'allonger le bas-ventre pour décompresser les intestins.

① Le chien tête en bas

Position de départ : à quatre pattes, les mains placées sous les épaules et les genoux sous le bassin. Retournez vos doigts de pied en flex et levez les fesses au plafond en poussant les talons en direction du sol.

Déroulé

- Inspirez en basculant le poids du corps sur vos mains et en montant vos fesses vers le ciel.
- Expirez en poussant vos talons vers la terre et en repoussant votre tapis vers l'avant. Le dos et le ventre sont étirés au maximum.

Répétition : restez dans cette posture et respirez profondément par le nez en gardant cette position le temps d'effectuer 4 respirations.

② Le cobra

Position de départ : position du chien tête en bas.

Déroulé

- Inspirez et pliez doucement les genoux en les gardant parallèles pour revenir à quatre pattes.
- Expirez et basculez le bassin vers la terre en étirant la tête, regard vers le ciel. Le bassin ne touche pas le sol.

Attention : pour ne pas cambrer, rentrez bien le coccyx vers l'avant. Ce n'est pas grave si les bras ne sont pas tendus.

Répétition : restez dans la position 2 respirations.

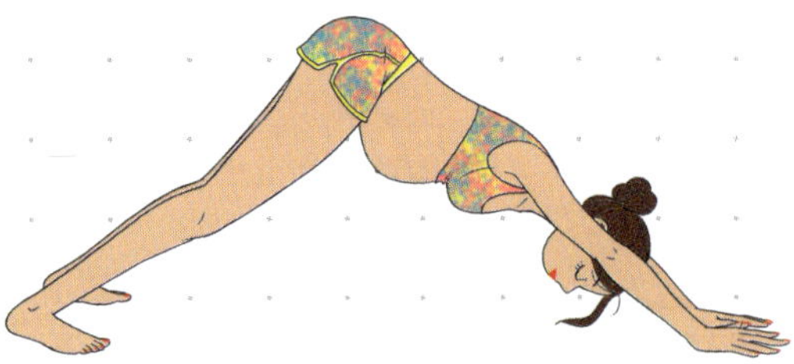

① Le chien tête en bas

② Le cobra

③ Le guerrier I

Position de départ : debout, jambes tendues, mains en prière devant le sternum. Dégagez la jambe droite vers l'arrière et posez le pied droit légèrement ouvert vers l'extérieur, pliez la jambe gauche. Vous êtes en petite fente en ouverture.

Déroulé

- Inspirez et montez les bras, mains jointes, en regardant vers le ciel.
- Expirez et contractez le périnée en poussant votre coccyx vers l'avant.

Répétition : sur 3 respirations. Sur la dernière expiration, ramenez la jambe droite et recommencez avec la jambe gauche.

Astuce : pour ne pas « casser » la nuque, gardez le cou étiré et baissez les épaules. Pensez à monter le regard plutôt qu'à lever le menton.

④ Le guerrier I + torsion

Position de départ : revenez en guerrier I, bras en l'air et les mains jointes. La jambe droite est devant, genou replié.

Déroulé

- Inspirez et tirez les mains vers le plafond pour étirer la colonne.
- Expirez et commencez une rotation vers la droite en ouvrant vos bras à l'horizontale. Le regard suit la rotation. Assurez-vous de ne pas cambrer le bas du dos et ramenez votre coccyx vers l'avant.

Répétition : restez dans cette position 2 respirations profondes.

Pour le retour au calme, optez pour la posture de l'enfant en étirant en diagonale. Placez-vous fesses sur les talons, genoux écartés dans la posture de l'enfant. Étirez vos 2 bras devant, puis déplacez vos mains vers la droite. Restez le temps de quelques respirations, puis déplacez vos mains vers la gauche. Associé à la respiration abdominale, l'étirement latéral va masser les viscères, ce qui aidera à relancer le transit.

Point d'acupression

Le point à trouver pour lutter contre la constipation est le G14, situé entre les métacarpiens du pouce et de l'index.

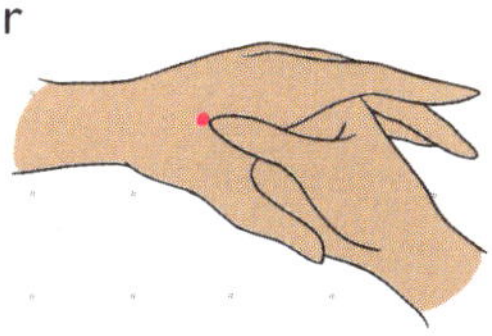

Bonus : je me jette à son cou !

Entourez le cou de votre conjoint avec vos avant-bras, puis reculez vos pieds et vos fesses au maximum. Si ça tire trop, vous pouvez plier vos jambes. En respirant profondément, vous ouvrez progressivement votre cage thoracique et étirez votre estomac. Idéal pour allonger la colonne et le ventre au maximum, et ainsi soulager les petits tracas digestifs.

③ Le guerrier 1

④ Le guerrier 1 + torsion

Mon corps qui change p. 101

CÔTÉ PAPA La couvade p. 108

Mes astuces pour me sentir bien p. 111

CÔTÉ PAPA Je lui passe ma playlist ! p. 120

Mon yoga prénatal p. 121

CÔTÉ PAPA Le point organisation p. 133

Comment annoncer ma grossesse à mon aîné ? p. 139

Mes préparatifs p. 156

CÔTÉ PAPA Je lui offre un nouvel environnement (sain) p. 158

CÔTÉ PAPA On prépare sa chambre à deux ! p. 165

2e trimestre, profiter en toute sérénité

Bonne nouvelle : l'échographie des 12 semaines est faite, le 1er trimestre se termine et les risques de fausse couche s'éloignent à grands pas ! Soulagée ? Vous pouvez désormais vous projeter sereinement...

Vous allez très vite vous sentir plus en forme, mais votre corps continue de travailler, ne l'oubliez pas. La mise en place du placenta est maintenant définitive, ce qui a pour effet d'augmenter le volume sanguin. Votre teneur en fer chute, car il se rend principalement en direction du bébé. Outre la fatigue que cela engendre, la mauvaise circulation du sang peut provoquer des varices ainsi qu'une sensation de jambes lourdes. Votre ventre s'alourdit et peut générer des douleurs lombaires ou de la sciatique. Il n'est donc pas question d'arrêter de prendre soin de vous et de pratiquer le yoga. Bien au contraire...

Du 4e au 6e mois en quelques chiffres

Dates : le 2e trimestre commence à la 15e semaine d'aménorrhée et va jusqu'à la 28e semaine.

Du côté de la maman : la prise de poids est en moyenne de 4 à 5 kg.

Du côté du bébé : la taille du fœtus est de 25 cm et il pèse à peu près 1 kg à la fin du trimestre.

Le 2e trimestre, c'est...

- Le ventre qui est désormais bien visible.
- Les douleurs ligamentaires qui peuvent apparaître autour de la zone sacro-iliaque (sciatique).
- La fonction rénale, le transit et la digestion qui sont ralentis.
- L'utérus qui commence à appuyer sur le périnée.

De l'ombre à la lumière

Cela fait maintenant 3 mois que votre grossesse a commencé. Les choses avancent et apparaissent plus concrètement : votre bébé commence à bouger vers le 4e mois et votre ventre s'arrondit vraiment ! Il devient difficile de cacher votre grossesse : vous décidez donc de l'annoncer et de l'assumer auprès de votre entourage. Cela peut provoquer un soulagement, comme quand on garde un secret trop longtemps. Savourez ! Il n'est d'ailleurs pas rare de voir des ventres pousser « d'un coup » une fois l'annonce orale faite. Préparez-vous...

L'euphorie générale

Le taux de vos hormones de grossesse accepte enfin de chuter et de vous laisser tranquille. Vous commencez à vous faire à l'idée d'avoir un enfant, vous voyez votre ventre s'arrondir de jour en jour, vous sentez votre bébé bouger pour la première fois, vous écoutez son rythme cardiaque lors de l'échographie… Une multitude de bonnes nouvelles qui vous permettent de faire connaissance avec votre bébé !

Les douleurs articulaires

Tout n'est pourtant pas rose… Votre ventre commence à peser et à modifier insidieusement votre posture : vous aurez tendance à cambrer légèrement. Il est important d'en prendre conscience assez tôt pour pouvoir rétablir sa position et ne pas prendre cette habitude pour le 3e trimestre !

Mon corps qui change

Vous vous sentez peut-être plus en forme, mais votre corps continue de changer pour mieux accueillir votre bébé et cela n'est pas de tout repos! Voici donc des astuces bien-être pour vous soulager.

Mon diagnostic peau

Vous vous attendiez à avoir enfin une peau rayonnante? Vos hormones en ont peut-être décidé autrement! Mais c'était sans compter sur vos remèdes naturels ultra-ciblés!

Je craque

Mais pourquoi...

Sous l'effet des hormones et de la prise de poids, les fibres du derme se distendent et craquent. Les vergetures, ces stries blanches ou violacées tant redoutées, apparaissent.

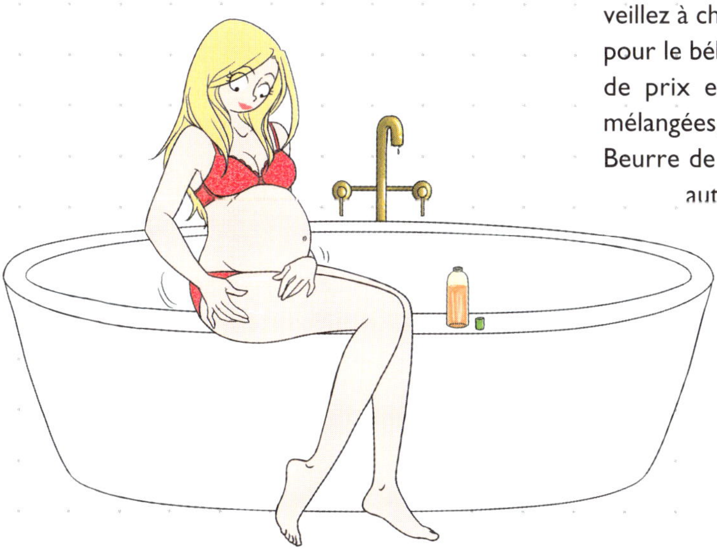

Les vergetures, on en parle?

Votre peau va s'étirer tout au long de la grossesse, et son élasticité s'en trouve bien souvent malmenée : des petites stries blanches peuvent alors apparaître sur la poitrine, les hanches, les cuisses ou encore les fesses. Vers le 6e mois, elles apparaissent pour ne plus jamais disparaître! Rien de grave, il faut l'accepter, c'est comme ça : c'est le lot de la majorité des femmes, avec ou sans grossesse. Pour anticiper et atténuer l'apparition de ces vergetures, hydratez votre corps, surtout les zones à risque, et ce bien en amont du 6e mois. Comme ce soin va vite devenir un rituel quotidien, veillez à choisir des produits naturels et sans risque pour le bébé. Oubliez les crèmes cosmétiques hors de prix et privilégiez les matières brutes, non mélangées, sans odeur et biologiques si possible. Beurre de karité, huile de coco, huile de jojoba... autant d'hydratants naturels à privilégier. Le must? L'huile de sésame, qui servira également pour faire des massages à son bébé quand il sera là.

Les conseils de la Maison des Maternelles pour un bon massage anti-vergetures

Commencez par appliquer votre soin par des mouvements circulaires de la cuisse vers la hanche avant de faire pénétrer l'huile avec la pulpe des doigts.

Ensuite, remontez des hanches vers le bord supérieur des fesses avant de passer au ventre, en réalisant de grands mouvements dans le sens des aiguilles d'une montre.

Enfin, appliquez votre soin en dessous puis au-dessus des seins, de l'extérieur vers l'intérieur (sauf au dernier trimestre).

Les pistes de traitement

En plus de l'application d'un soin local, demandez à votre herboriste de préparer une tisane phyto à base de *Centella asiatica* (hydrocotile indien) et de feuilles d'ortie. Faites infuser 3 c. à s. du mélange dans 1 litre d'eau bouillante et consommez régulièrement. Mais attention, ce n'est pas une potion miracle !

Ma recette bio : un soin anti-vergetures

Placez 50 ml de gel d'*Aloe vera* pur dans un petit pot désinfecté et incorporez progressivement 50 ml d'huile d'amande douce bio. À appliquer 2 fois par jour !

Ma check-list pour une peau nette

✓ Assouplir ma peau au quotidien en me massant.

✓ Manger autrement : privilégier les bonnes graisses (huiles d'olive, de colza et de lin), les oléagineuses (noix, amandes) et les aliments riches en vitamines B (germe de blé), A et E (beurre, épinards, œufs…).

Je bourgeonne

Mais pourquoi…

Mauvaise nouvelle : l'imprégnation hormonale de la grossesse favorise le retour de l'acné chez certaines futures mamans. Bonne nouvelle : vers 6 mois, l'équilibre hormonal évolue, et vous devriez retrouver une peau de pêche.

Les pistes de traitement

- En homéopathie : Kalium bromatum 9 ch, 5 granules 3 fois par jour en période de crise d'acné.
- Le zinc par voie orale, compatible avec la grossesse, mais à prendre sur les conseils de votre praticien.

Ma check-list pour une peau nette

✓ Oublier le chocolat et les graisses industrielles au profit des huiles d'olive et de colza, et des aliments très colorés, comme les carottes ou les haricots (anti-inflammatoires naturels).

✓ Éviter l'exposition au soleil.

Ma recette bio : le masque à l'argile

Mélangez 2 c. à s. d'argile verte montmorillonite, ½ c. à c. de poudre de bardane et un peu d'eau afin d'obtenir une pâte souple. Appliquez quelques minutes sur la peau, une fois par semaine.

Je gratte

Mais pourquoi…

Si vous vous grattez le ventre, les bras et les jambes, vous êtes sûrement sujette au prurit de grossesse, une affection dermatologique bénigne qui se manifeste souvent à partir du 2e trimestre sous l'effet du taux élevé de progestérone.

Les pistes de traitement

En homéopathie, Urtica urens 5 ch, 5 granules 2 ou 3 fois par jour, pourra soulager vos démangeaisons. Mais avant tout, consultez !

Ma check-list pour une peau nette

✓ Privilégier des produits de beauté bio, neutres, sans parfum et sans alcool.
✓ Porter du coton.
✓ Éviter de changer de lessive et fuir les nouveautés cosmétiques !

> **Ma recette bio : le cocktail d'eaux florales**
> Mélangez à parts égales des eaux florales de camomille, de lavande et de géranium dans un flacon préalablement désinfecté. Appliquez sur les zones qui démangent avec un coton.

Je tache

Mais pourquoi…

Les hormones et l'exposition au soleil boostent la production de mélanine, les pigments responsables de la coloration de la peau. Résultat : dès la fin du 1er trimestre, des petites taches peuvent apparaître sur votre visage. C'est le masque de grossesse, ou chloasma, qui malheureusement ne se traite pas !

Mes pistes de traitement

En homéopathie, Sepia 9 ch, 5 granules par jour pendant 1 mois si les taches sont plutôt jaunes, centrées autour du nez et de la bouche.

Ma check-list pour une peau nette

✓ Éviter le soleil comme la peste : porter un chapeau, appliquer une protection solaire SPF 50 ou plus.
✓ Faire le plein de vitamines C et B9 pour inhiber la mélanine et prévenir le chloasma. Au menu : des poivrons (crus), des herbes aromatiques (surtout le persil), le cassis, le kiwi, les agrumes…

Je passe mon temps à compter les moutons !

Pourquoi ?

Entre votre bébé qui bouge trop, les aigreurs d'estomac (voir p. 94), les difficultés à vous allonger et parfois les angoisses, vous tournez en rond sous votre couette, surtout depuis votre 2e trimestre !

Mes bons réflexes au quotidien

- Dîner léger, mais bien ! Pour éviter l'hypoglycémie nocturne, miser sur les fruits et les légumes, les féculents et les légumineuses.
- Limiter les boissons avant le coucher pour éviter les pauses pipi nocturnes !
- En finir avec les écrans au moins 2 heures avant d'aller au lit !
- Rester au calme même si le sommeil ne vient pas.

Le remède naturel qu'il me faut : l'homéopathie

- Coffea 15 ch, 5 granules avant le coucher si vous n'arrêtez pas de penser (hyperidéation).
- Passiflora composé, 5 granules 2 fois par jour en cas de nervosité.
- Arsenicum album, 5 granules au coucher si vous avez des réveils nocturnes liés à des angoisses vers 1 à 2 heures du matin.

> **Bien s'installer pour bien dormir : les conseils de la Maison des Maternelles**
> À l'heure du coucher, adaptez votre position à vos petits maux.
> - **Si vous avez des remontées acides,** dormez en position semi-assise, bien installée contre quelques oreillers.
> - **Si vous souffrez de douleurs sciatiques ou lombaires,** installez-vous en position semi-assise, les jambes en papillon, pour la sieste. Pour la nuit, allongez-vous sur le côté gauche et surélevez la jambe supérieure en calant votre coussin d'allaitement entre vos cuisses.

3 règles d'or pour bichonner mes ligaments

Jamais vous n'auriez pensé devoir leur prêter de l'attention… Et pourtant, vos ligaments risquent bien de vous titiller plus que de raison. C'est le moment de les choyer !

1 Je n'en fais ni trop ni pas assez !

Les douleurs ligamentaires peuvent être favorisées par des efforts trop intenses et des stations immobiles prolongées. Veillez donc à bouger, sans en rajouter ! Et, pour passer une nuit tranquille, n'oubliez pas de vous caler : un coussin sous le ventre et un entre les jambes !

2 Je n'oublie pas de me gâter !

Vos journées sont musclées ? Pensez à vous équiper ! Faites-vous prescrire une ceinture de grossesse (Physiomat) et enfilez des chaussures à petits talons (2-3 cm) sans tarder. Tentez aussi quelques séances chez le kiné, l'ostéo et/ou l'acupuncteur !

L'hyperlaxité ligamentaire : quèsaco ?

À partir du 2e trimestre, les ligaments des articulations et les tissus de la zone pelvienne et abdominale se relâchent sous l'influence d'une hormone : la relaxine. Physiologique, cette « détente » permet au bébé de prendre ses aises et au corps de se préparer à l'accouchement. En revanche, elle vient aussi avec des douleurs, parfois intenses, au dos et aux hanches, des pesanteurs au niveau du pubis, etc.

Les conseils de Karim, coach de la Maison des Maternelles : 2 postures pour soulager la sciatique

Le héros : en partant de la position à genoux, avancez une jambe en demi-fente (le genou fait un angle droit au-dessus du tapis), placez une main sur le genou replié et tenez-vous bien droite pendant quelques secondes.

Le pigeon : en partant de la même position, croisez une jambe devant vous (le genou, le tibia, le pied au sol) et placez vos mains en appui devant vous comme si vous vouliez vous mettre à quatre pattes. Ensuite, tendez l'autre jambe vers l'arrière, jusqu'à ressentir un étirement dans la fesse.

3 Je tente l'homéo pour m'apaiser !

Si votre praticien peut vous prescrire du magnésium ou des vitamines B6 ou B12, l'homéo peut aussi faire son effet :

- Ruta graveolens 9 ch en cas de douleurs dans le bassin ;
- Arnica 9 ch en cas de sensations de courbatures en position assise prolongée ;
- Kalium carbonicum 15 ch, si vous avez le dos très cambré.

Mais pourquoi suis-je tellement gonflée ?

Vos chevilles ont disparu ? Vos bagues ne vous vont plus ? Il y a fort à parier que vous avez des œdèmes ! Commune pendant la grossesse, cette tendance à faire de la rétention d'eau doit toutefois être surveillée de près… D'où l'intérêt d'en finir avec les idées reçues !

Les œdèmes sont dus au positionnement de l'utérus.

VRAI ☐ FAUX ☐

Vrai, mais… Au cours de la grossesse, l'utérus peut comprimer la veine cave et favoriser les œdèmes, mais ces derniers sont aussi dus à l'augmentation du débit sanguin, au mauvais retour veineux et à la prise de poids.

Les œdèmes se traduisent uniquement par une apparence gonflée.

VRAI ☐ FAUX ☐

Faux Les œdèmes peuvent aussi être à l'origine d'une sensation d'oreille ou de nez bouché (la rhinite de grossesse) ou encore de fourmillements au bout des doigts. C'est le syndrome du canal carpien !

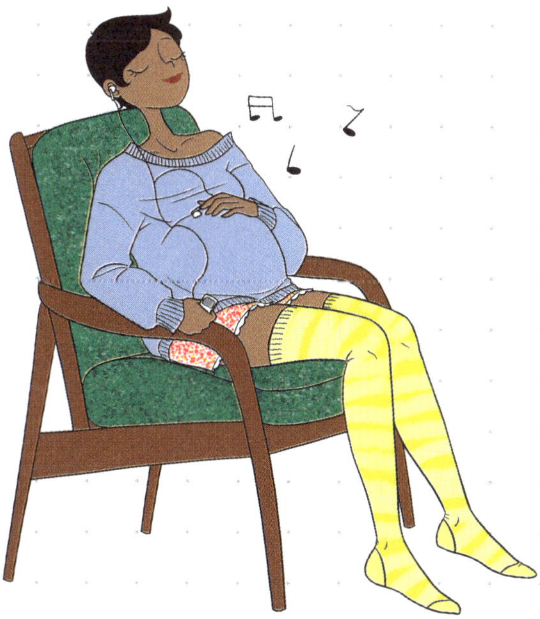

Les œdèmes sont toujours anodins.

VRAI ☐ FAUX ☐

Faux Si les œdèmes apparaissent subitement (en une nuit), ils peuvent être le signe d'une pathologie parfois grave : la pré-éclampsie. Mais pas de panique : ils doivent être associés à de l'hypertension et à la présence de protéines dans les urines, que votre praticien pourra facilement dépister.

Si j'ai des œdèmes, je range ma salière !

VRAI ☐ FAUX ☐

Vrai Une alimentation trop salée peut favoriser la rétention d'eau. À éviter : le sel, évidemment, mais aussi les eaux riches en sodium, type St-Yorre.

Je peux paraître moins gonflée en faisant la sieste.

VRAI ☐ FAUX ☐

Vrai La station allongée, si possible sur le côté gauche pour dégager la veine cave, permet d'atténuer les œdèmes. Toutefois, ceux-ci ne disparaîtront vraiment que quelques heures après l'accouchement !

Médecines douces : mes solutions contre les œdèmes !

En phytothérapie :

- une cure de 1 ou 2 gélules de 300 mg de feuille de cassis matin et soir.
- une tisane à base de plantes entières de chrysanthellum, de feuilles d'orthosiphon et de bouleau.

En homéopathie :

- Hamamelis composé, 5 granules le matin, pour améliorer la circulation.
- Vipera 5 ou 9 CH, 5 granules 1 fois par jour si les jambes sont gonflées en fin de journée.

Et aussi : quelques séances d'acupuncture ou de drainage lymphatique chez le kiné.

Blues, angoisses : mes solutions au naturel !

Tomber enceinte, c'est monter dans un grand huit émotionnel dont le tour ne finit qu'au bout de 9 mois... Ce long voyage peut heureusement être rendu beaucoup plus doux par l'homéopathie et les pratiques énergétiques (notamment) !

Je pleure à tout bout de champ...

Il suffit d'une publicité pour une compagnie d'assurances ou un reportage animalier et vous vous retrouvez en larmes ? Normal, l'hyperémotivité fait partie du quotidien de la grossesse, surplus d'hormones et de questionnements oblige !

L'homéopathie peut vous aider si...

- Vous êtes triste, plutôt indifférente à votre entourage, en quête de solitude : SEPIA ou NATRUM MURIATICUM.
- Votre humeur varie, et vous vous sentez mieux en parlant de vos problèmes : PULSATILLA.
- Vous retrouvez le sourire par la distraction : IGNATIA.

➾ La bonne posologie : en 15 CH, 5 granules 2 fois par jour (après en avoir parlé avec votre praticien, évidemment !).

En complément...

Quelques séances d'acupuncture pour canaliser vos émotions.

Le témoignage de Lisa, 32 ans

> Après 5 ans d'essais infructueux, j'ai dû passer par une assistance médicale à la procréation pour tomber enfin enceinte. C'est là que j'ai commencé à avoir très peur, peur de la fausse couche, des complications, que mon bébé ne soit pas « normal ». Pour y faire face, j'ai décidé d'opter pour un accompagnement global par une sage-femme. J'ai ainsi pu rester loin des hôpitaux (j'en avais trop vu !), mais aussi avoir une oreille attentive à mes angoisses. Nous en plaisantions, mais c'est vrai : ma sage-femme était aussi un peu ma psy !

J'angoisse pour mon futur enfant...

Est-ce qu'il bouge assez ou pas ? Est-ce qu'il est en bonne santé ? Difficile de savoir ce qui se passe dans votre ventre... et donc de ne pas appréhender !

L'homéopathie peut vous aider si...

- Vous avez peur la veille d'une échographie : GELSEMIUM 9 ou 15 CH, 5 granules le soir.
- Vous vous inquiétez pour la santé de votre bébé : ACTAEA RACEMOSA, 5 granules le soir (jusqu'à ce que les angoisses passent).

Et aussi...

Du yoga prénatal pour vous recentrer et vous relaxer !

En cas de crise : pensez phyto !

Appliquez le matin 1 goutte d'huile essentielle de lavande fine sur un mouchoir. A inhaler en cas d'angoisse !

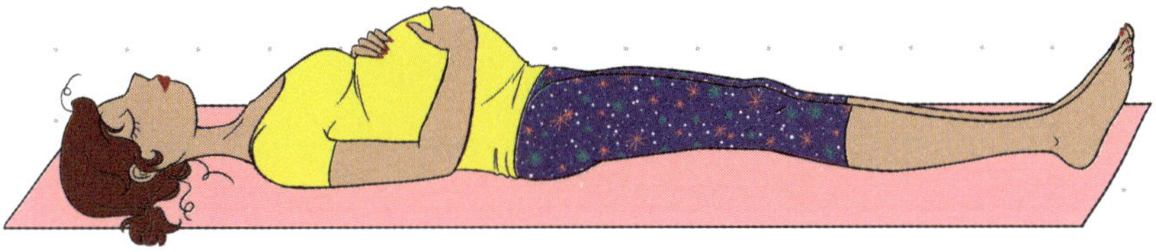

J'ai peur de ne pas être une bonne maman…

Prendre conscience des responsabilités qui vous attendent peut donner le vertige, surtout si la vie ne vous a pas fait de cadeaux jusque-là… Et malheureusement, la méthode Coué ne suffit pas toujours à vous rassurer !

L'homéopathie peut vous aider si…

- Vous êtes confrontée à des non-dits : Staphysagria 30 CH en dose globule (une prise).
- Vous savez d'où viennent vos peurs (deuil, divorce, etc.) : Natrum muriaticum 15 CH en dose globule.

En parallèle…

- L'haptonomie ou la sophrologie pour vous aider à créer du lien avec votre bébé.
- L'EMDR, ou désensibilisation et retraitement par les mouvements oculaires, une forme de thérapie basée sur la stimulation sensorielle, si vous souffrez d'un événement traumatisant.

Maman couve et papa flippe !

Les futurs papas aussi peuvent avoir des petits coups de mou, voire de grosses frayeurs, pendant la grossesse. Et ce n'est pas parce qu'ils ne portent pas le bébé qu'il ne faut pas les choyer. Quelques pistes homéo pour votre homme :

- s'il a des insomnies, surtout dans les jours précédant l'accouchement, Passiflora composé, 5 granules vers 18 heures, puis au coucher ;
- pour éviter les malaises et les tremblements le jour J, Gelsemium, comme vous !

Je suis tétanisée face à l'accouchement…

S'apprêter à affronter la douleur n'enchante personne… Ajoutez à cela la perspective de l'inconnu et les appréhensions naturelles liées à la naissance, et c'est la panique !

L'homéopathie peut vous aider si…

Vous avez peur de passer un obstacle : Gelsemium en dose globule avant de partir à la maternité.

Et aussi…

- L'HypnoNatal® ou la sophrologie pour vous aider à visualiser l'accouchement, à le positiver et à gérer la douleur. Idéalement, à pratiquer dans le cadre de la préparation à la naissance (voir p. 65) !
- L'acupuncture ou le reiki : quelques séances pour débloquer les angoisses liées à la douleur.

La couvade

Il faut être honnête : depuis qu'elle est enceinte, vous n'êtes pas vraiment dans votre assiette… Et c'est normal ! Non seulement, la paternité est une perspective qui en effraierait plus d'un, mais les bouleversements qu'elle représente ont déjà eu une incidence sur votre quotidien. Votre poids, votre comportement, votre vie au bureau et même votre sexualité : tout est en train de changer ! Pas de panique, vous allez gérer !

Comment ça, j'ai pris du poids ?

Même si vous côtoyez peu votre balance, vous êtes bien obligé de vous rendre à l'évidence : depuis que votre moitié enfle, vos pantalons semblent rétrécir. Verdict : vous faites peut-être une petite couvade, qui heureusement n'a rien de définitif, grâce à ce petit programme !

1 Je mange (comme elle ou presque)

Le problème : à force de profiter à deux de la bonne nouvelle vous avez pris 3 ou 4 kilos au fil des semaines ? Pas de panique ! Vous devriez retrouver sans trop de soucis votre poids de forme à l'arrivée du bébé. Après tout, un nouveau-né, c'est du sport ! En revanche, si vous avez plutôt tendance à suivre la courbe de poids de votre compagne (+ 1 kilo par mois), il peut être bon de revoir votre alimentation. Un régime ? Non, juste faire attention !

Votre solution

Vous inspirer des menus de votre moitié !
Les charcuteries, les sucres raffinés, certains fromages, les produits industriels tout faits, l'alcool et globalement les aliments trop riches ou trop sucrés sont à éviter pendant sa grossesse (voir p. 29). C'est le moment de suivre son exemple pour 1) lui éviter bien des frustrations et 2) éliminer vos mauvaises habitudes alimentaires souvent très caloriques ! Au contraire, privilégiez (comme elle), les grillades, les légumes, les légumineuses et les céréales complètes et vous devriez déjà vous sentir un peu allégé !

> **La couvade, quèsaco ?**
>
> À l'origine, la couvade décrit un ensemble de comportements adoptés par les hommes de certaines ethnies s'apprêtant à devenir père. Des interdits alimentaires pendant la grossesse au mimétisme du papa pendant l'accouchement (qui feint d'avoir les mêmes douleurs que la maman), le rituel varie selon ses origines et sa culture. Dans nos sociétés occidentales, le terme « couvade » est plutôt employé pour décrire les troubles psychosomatiques des futurs papas pendant la gestation de leur moitié. Vomissements, nausées, prise de poids importante ou encore tendance à se blesser ou à tomber malade, à fatiguer : des symptômes de grossesse au masculin qui seraient révélateurs du temps d'acceptation nécessaire pour passer du statut d'homme à celui de père. À noter : selon certains travaux, près de 1 futur papa sur 5 serait concerné par la couvade, en particulier les hommes ayant tendance à faire preuve de compassion et d'empathie[3].

> L'alternative : si vos kilos s'installent ou que vous les vivez mal, n'hésitez pas à vous tourner vers un nutritionniste ou un diététicien.

② Je bouge (ne serait-ce que 10-15 minutes par jour)

Le problème : le sport, vous n'êtes pas contre, surtout si c'est sur l'écran géant du pub du coin !

La solution

3 exercices ciblés de Karim, le coach de la Maison des Maternelles, à raison de 15 minutes par jour seulement ! Chaque jour, tentez ainsi…

Une série de 10 burpees

Placez-vous mains au sol, jambes et bras tendus en position de planche (comme si vous alliez réaliser des pompes). Ramenez successivement chaque jambe vers vous, puis relevez le torse pour vous placer en position verticale. Repartez ensuite en planche en posant une main au sol, puis l'autre, puis en tendant une jambe, puis l'autre vers l'arrière.

> Option plus difficile : répétez le mouvement en sautant et en posant les deux mains, puis les deux jambes simultanément.

Quelques minutes de gainage en planche

Installez-vous au sol, en appui sur les coudes et les avant-bras, jambes tendues derrière vous. Maintenez la position pendant 20 secondes.

> Option plus difficile : en maintenant le gainage, tendez les bras pour vous mettre en appui sur les mains, puis retrouvez votre posture initiale sur les avant-bras. Finissez en beauté : restez en planche latérale (en appui sur un bras) pendant 20 secondes ou, pour plus de difficulté, faites des petits mouvements de la hanche vers le haut.

Une micro-balade avec des kettlebells

Placez-vous debout bien droit, empoignez une kettlebell ou un haltère dans chaque main (d'un poids de 8 à 20 kilos, selon votre forme) et faites quelques pas en gainant bien la sangle abdominale.

> L'alternative : faire des balades digestives, aller avec votre douce à la piscine… Elle doit faire au moins 1 heure d'activité par jour. Accompagnez-la !

Série de 10 burpees

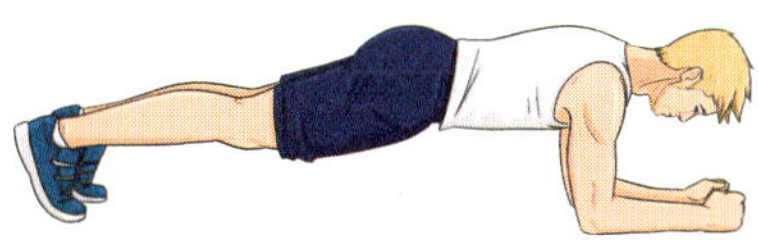

Gainage

③ Je parle (mais pas à n'importe qui)

Le problème : certes, votre compagne trouve vos nouveaux petits kilos attendrissants… mais ils peuvent être le symptôme d'un mal-être plus profond, tout comme certains comportements inhabituels chez vous (tendance à rentrer plus tard, à vouloir fuir la maison…). En effet, il n'est pas rare qu'un homme confronté à la perspective de sa paternité voie certains « vieux dossiers » remonter. Vous avez des difficultés dans votre couple ? Un passé familial qui vous fait douter de votre capacité à endosser le rôle de père ? Il est temps de faire un bilan !

La solution

Vous confier ! S'il est possible d'aborder la question de votre ressenti avec votre compagne, elle n'est pas nécessairement la meilleure interlocutrice. Et pour cause : elle peut déjà brasser de son côté et n'est pas toujours aussi disponible que vous le souhaiteriez. En revanche, les maternités organisent souvent des groupes de parole de papas. À tenter !

L'alternative : prendre un rendez-vous (seul) avec la sage-femme qui la suit ou un professionnel de l'écoute, question d'éviter d'avoir à déballer votre intimité devant 10 inconnus bien intentionnés.

Ne négligez pas les groupes de parole de papas !

Vous rassurer, trouver une oreille empathique à vos inquiétudes… Ces cercles peuvent constituer un bon moyen d'aborder la naissance et votre futur rôle plus sereinement grâce à des échanges avec des professionnels de santé, mais aussi d'autres hommes dans votre cas. Même s'il ne s'agit pas de séances de préparation à la naissance à proprement parler, cela vaut le coup de vous renseigner dans votre maternité !

Mes astuces pour me sentir bien

Je me crée une routine zen

Comment gérer mes journées de travail ?

Vous n'êtes pas encore en congé maternité et le rythme commence à devenir plus dur à suivre ? C'est normal, la fatigue s'accumule et la concentration n'est pas toujours au rendez-vous… Quelques astuces vont vous aider à tenir le cap.

Coup de boost naturel

Comme vous ne pouvez plus compter sur le café, la menthe et le gingembre vont devenir de précieux alliés pour vous redonner un petit coup de fouet. En matinée, après une nuit difficile ou pendant la digestion du déjeuner, laissez-vous tenter par une infusion. Pour la menthe, rien de plus simple, vous pouvez prendre avec vous des sachets de menthe ou de verveine menthe. Pour le gingembre, on en trouve du séché, mais vous pouvez aussi bien en avoir un morceau frais au bureau et en croquer un petit bout en cas de besoin, ou le faire infuser dans de l'eau chaude.

Automassage

Massez-vous les lobes d'oreille ! Ces méridiens relancent l'énergie lorsqu'ils sont stimulés. Cela vous donnera un petit coup de fouet pour repartir du bon pied.

Respiration

Rien de mieux pour se recentrer que de prendre conscience de sa respiration ! Assise ou allongée, les yeux fermés, focalisez votre attention sur votre respiration sans chercher à la modifier. Concentrez-vous sur les mouvements de votre ventre et de votre poitrine, qui montent et qui descendent. Situez la position de votre air. Est-il plutôt dans votre ventre, dans la poitrine, dans la gorge ? Le simple fait de prendre conscience de sa respiration permet de déconnecter avec l'extérieur pour mieux se connecter à soi-même.

Mon week-end détente pour récupérer

Profitez des derniers instants en amoureux ou de votre structure familiale telle que vous la connaissez, car dans quelques mois l'équilibre que vous avez trouvé sera tout chamboulé ! Faites garder vos enfants si vous en avez la possibilité. Les temps à deux sont précieux, et ne doivent pas être négligés pour la suite des événements...

Vendredi soir

Pour évacuer le stress accumulé et les tensions de la semaine, deux options s'offrent à vous : une soirée cocooning à la maison pour vous bichonner ou une sortie pour vous aérer et vous vider la tête.

➾ **Option verveine ?** Bain, bougies, massage et bon petit plat sont au programme. Vous pouvez même vous faire livrer pour encore plus de détente. Choisissez un bon film, à regarder blottie contre votre conjoint sous un plaid. Pour les bougies, attention : choisissez-les naturelles et sans arôme. En temps normal, certaines peuvent être toxiques, alors, puisque vous êtes enceinte, soyez encore plus vigilante sur leur composition !

➾ **Option virgin mojito ?** Aller au théâtre, sortir au resto, voir du monde ou au contraire profiter d'un tête-à-tête en amoureux... À vous de choisir ce qui vous tente le plus pour vous sentir bien.

Conseil : quelle que soit l'option choisie, pensez à couper votre téléphone avant de vous coucher !

Samedi matin

➾ **Un réveil en douceur :** évitez de faire une grasse matinée pour ne pas être complètement décalée par rapport à la semaine. La reprise du lundi serait fatale... Décaler son réveil de trente minutes par rapport au reste de la semaine, on dit oui, mais vous réveiller à 10 heures alors que vous commencez la journée à 7 heures en semaine risque de vous décaler complètement pour le reste du week-end. En revanche, n'hésitez pas à faire une sieste en début d'après-midi !

➾ **Un petit déjeuner équilibré :** fruits, laitage, tartines, boisson chaude... prenez le temps de vous concocter un petit déjeuner équilibré et de le savourer. Rien ne presse, vous pouvez même mettre de la musique ou une émission de radio que vous n'avez jamais le temps d'écouter... ou bien profiter du silence qui règne encore... N'ouvrez pas votre ordinateur et n'allumez pas votre téléphone ou la télévision !

Samedi midi

Cuisinez, seule ou à deux, et préparez-vous un bon petit plat. Si la semaine vous mangez sur le pouce, profitez de ce repas pour vous poser et discuter. Et surtout, prenez le temps de savourer, rien ne presse : mangez lentement, mâchez, étudiez le goût des aliments que vous avez cuisinés...

Samedi après-midi

Privilégiez les activités en amoureux et prenez l'air ! Le samedi tout est ouvert, c'est le moment d'aller faire un tour en ville, de flâner... Même si vous avez encore le temps pour acheter les affaires du bébé, dites-vous qu'au 3e trimestre il vous sera plus difficile de gambader dans les rues du centre-ville. Et puis, c'est aussi une manière d'inclure le futur papa et de se préparer ensemble à l'heureux événement !

Samedi soir

On reste à la maison et on se repose pour continuer de prendre soin de soi, de son partenaire et de son lieu de vie. On en profite : les moments à deux sont trop rares, il faut savoir saisir et savourer. On arrête de courir et on se cajole !

Avant le dîner : accordez-vous une pause avec une respiration calmante en triangle, qui va vous aider à vous apaiser et à évacuer le stress.

- Inspirez en 3 temps, gonflez le ventre et la cage thoracique.
- Expirez en 3 temps, videz le ventre et la cage thoracique.
- Restez 3 temps en apnée avec les poumons vidés au maximum.
- Recommencez un cycle.

Repas du soir : mangez léger, et si possible avant 20 heures. Pour la digestion, place à la respiration alternée pour retrouver concentration et retour au calme. Avec le pouce et l'index d'une main, pressez en alternance la narine droite et la narine gauche pour les boucher.

- Inspiration lente avec la narine droite (la narine gauche est bouchée).
- Expiration lente avec la narine gauche (la narine droite est bouchée).
- Inspiration lente avec la narine gauche (la narine droite est bouchée).
- Expiration lente avec la narine droite (la narine gauche est bouchée).

La télé, une bonne idée ?

Non si… vous regardez la télé tous les soirs de la semaine. Profitez du week-end pour faire une pause et trouvez une autre activité à faire à deux.

Pourquoi pas si… vous vous endormez comme un loir en rentrant du boulot toute la semaine. Le week-end est alors peut-être le moment de prendre le temps de regarder ce film ou cette série dont vous parlez depuis des semaines.

Le coucher : allez vous coucher dès les premiers signes de fatigue. Même si ça vous paraît tôt, écoutez votre biorythme et votre corps ! N'hésitez pas non plus à profiter de votre lit, même si vous n'avez pas encore sommeil : glissez-vous à deux dans vos draps et prenez le temps de discuter, de bouquiner, de vous masser. C'est d'ailleurs aussi une occasion de connexion à trois puisqu'en général le coucher est le moment préféré du bébé pour bouger et signaler sa présence. Profitez-en et parlez-lui !

Dimanche midi

Allez au marché et faites le plein de fruits et de légumes. N'ayez pas peur d'en prendre en grande quantité, certains légumes se gardent longtemps et, s'ils commencent à s'abîmer, vous pourrez toujours faire des soupes ou des compotes que vous congèlerez pour plus tard ! Une manière de prendre de bonnes habitudes pour les premiers plats de votre enfant…

Après avoir mangé, pourquoi ne pas s'accorder une sieste ? Un petit break lecture, tricot ou jeux de société lovée dans son canapé peut également prolonger la détente… Oubliez la télé, c'est un faux ami, le piège facile de l'après-midi qui vous laissera un goût de gâchis de temps à la fin de la journée. Pas d'écran aujourd'hui !

Repartez ensuite du bon pied avec une recharge énergétique : fermez les poings et pressez-les l'un contre l'autre fermement pendant 1 minute.
Un peu de respiration dynamisante en triangle va également vous aider à relancer la machine en cas de coup de mou dans la journée.

- Inspirez en 3 temps, gonflez le thorax.
- Restez en apnée 3 temps avec les poumons remplis d'air.
- Expirez en 3 temps en vidant l'air.
- Recommencez un cycle.

Pour les respirations en triangle, l'unité de temps peut varier, vous pouvez commencer en 2 temps, puis 3, puis 4, et pourquoi pas 5 temps.

Dimanche après-midi

On sort ! La fameuse balade du dimanche pour contrer le blues, on dit oui. Marcher à deux permet de se vider la tête et d'avoir des discussions passionnantes. Cela pourrait même être l'occasion de s'expliquer calmement en cas de désaccord ou de disputes latentes… Prenez l'air en forêt ou même en ville, et observez la nature qui vous entoure ou l'architecture des bâtiments. Faire les touristes avant de rentrer chez soi, l'esprit et le corps léger, promet une soirée beaucoup plus sereine.

On se chouchoute ! Prélassez-vous dans un bain ou sous une longue douche délassante. Si vous avez mal au dos, les jambes lourdes, le ventre qui tire et les muscles tout contractés, plongez dans l'eau chaude et laissez reposer votre corps dans l'eau. En sortant, prenez soin de votre corps et hydratez-vous.

Je prends soin de mon corps

L'éducation posturale

Vous l'avez vu durant les séances de yoga prénatal, il ne faut pas contracter ses grands droits pendant les exercices. Ce principe de base s'applique même en dehors de vos séances. Si, en théorie, cela semble facile, cela peut se révéler plus compliqué en pratique… surtout en fin de grossesse avec un ventre de plus en plus imposant ! Des techniques pour vous adapter et changer votre façon de faire certaines actions pour ne pas vous blesser dans votre quotidien vous sont ainsi proposées par le Dr Bernadette de Gasquet.

Comment se lever de son lit ?

À faire : pour ne pas contracter les abdos, roulez sur un côté et poussez avec vos bras pour vous redresser.

À ne pas faire : le mauvais mouvement par excellence est de se relever tout droit avec la tête et les abdos pour se retrouver en position assise. Vous poussez tous vos organes vers le périnée, ce qui n'est pas la meilleure chose à faire, surtout en fin de grossesse.

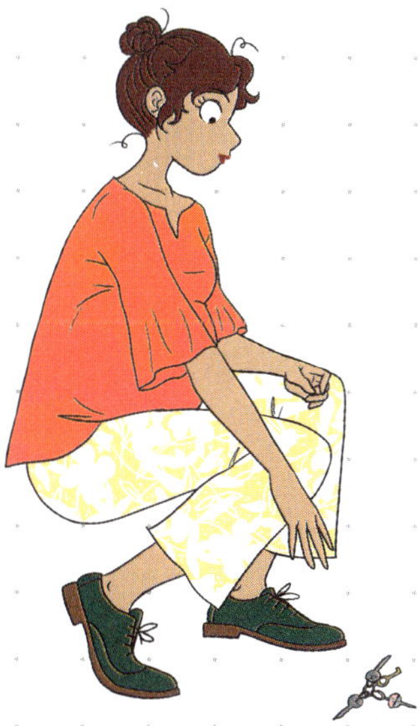

Comment se lever d'un canapé ou d'une chaise ?

À faire : pour ne pas contracter les abdos en vous relevant, penchez-vous, puis poussez sur vos jambes. Ce sont vos cuisses qui vous redressent et non votre dos.

À ne pas faire : se lever avec la tête en montant la poitrine, ventre en avant toute et en cambrant le dos. Mais aussi se lever d'un bond lorsque votre téléphone sonne alors que, lovée dans votre canapé, vous regardiez un film. Vous rappellerez.

Comment ramasser quelque chose au sol ?

À faire : pour récupérer vos clés tombées à terre ou vos chaussettes sales qui traînent au pied du lit, baissez-vous en pliant vos jambes pour garder votre dos droit. Idem pour vous relever, poussez sur vos cuisses et non avec votre ventre.

À ne pas faire : se pencher en avant avec le dos arrondi.

Comment porter un sac ou un carton ?

À faire : restez la colonne vertébrale bien droite pour tenir avec les muscles du dos. Si vous tenez un sac de course à bout de bras, essayez d'équilibrer et de répartir la charge des deux côtés avec deux sacs. Si vous devez porter une charge lourde, comme un carton, demandez à quelqu'un de le faire pour vous !

À ne pas faire : relâcher pour pencher sur un côté ou sur l'arrière en cambrant.

Les disciplines complémentaires alliées de la grossesse

Face à votre corps en constante évolution, vous allez devoir adapter vos activités.

N'hésitez pas à en pratiquer plusieurs et à varier les plaisirs !

Nager, marcher, respirer… autant d'exercices que vous pourrez pratiquer jusqu'aux derniers jours de votre grossesse, sauf contre-indication médicale bien entendu. Quelle que soit l'activité vers laquelle vous vous tournez, soyez à votre écoute : il y a des jours où vous ne serez pas en forme et ne pratiquerez que 10 minutes. Cela n'a aucune importance !

La natation

Pourquoi ? Elle va vous permettre d'allier tonicité des jambes et des bras, et détente du dos. Idéal, si ce dernier vous fait mal ! Attention, cela fait aussi travailler le cardio, alors n'y allez pas trop fort, au risque de vous essouffler.

Comment ? Une petite brasse tranquille dans la ligne des mamies suffit lorsqu'on est enceinte. Et si vous avez l'habitude de nager le crawl, vous allez vite constater que l'action des bras propulsés en avant va vous tirer sur le ventre. Dès que vous ressentez cette sensation, passez à la brasse. Utiliser une planche pour ne travailler que les jambes pour plus de tonicité est également une excellente idée.

Prescription : 1 fois par semaine, 20 minutes de nage et 10 minutes de barbotage.

La marche

Pourquoi ? Prendre l'air, respirer et se tonifier en même temps, qui dit mieux ? Si vous êtes de nature anxieuse, la marche va également vous permettre de vous oxygéner.

Comment ? Si vous avez l'habitude de courir, passez à la marche rapide, plus douce et moins douloureuse pour le corps. La course a malheureusement tendance à tasser les lombaires et à propulser l'utérus vers le bas, ce qui peut provoquer des douleurs dans le bas-ventre. La marche, elle, doit être maîtrisée : le bon rythme pour vous et une bonne durée. N'hésitez pas à ralentir pour ne pas vous essouffler, vous pourrez vous balader plus longtemps.

Prescription : tous les jours, 30 minutes.

refoulées. Cela permet enfin de se défouler, ce qui fait un bien fou, à vous comme à votre bébé ! **Comment ?** Quelques cours suffiront pour vous faire découvrir l'activité. Il vous sera ensuite facile de prendre un moment chez vous pour refaire les exercices de respiration et vous lâcher sur un CD de Céline Dion.

Prescription : il existe des ateliers dans certaines maternités ou dans des centres de yoga spécialement dédiés aux femmes enceintes. Vous pouvez aussi trouver des profs spécialisés si vous désirez prendre un cours particulier.

La sophrologie

Pourquoi ? Pour acquérir une meilleure harmonie entre son corps et son esprit grâce à des techniques de relaxation, de respiration, des mouvements corporels et des pensées positives. La sophrologie est indiquée pour canaliser son stress, dénouer des tensions ou atténuer des douleurs, et est très recommandée pour se préparer à l'accouchement.

Comment ? Une sage-femme spécialisée vous apprendra des techniques de respiration qui vous serviront lors de l'accouchement pour gérer la douleur des contractions et de la délivrance.

Prescription : autant que nécessaire quand vous en ressentez le besoin. Faites-vous conseiller un professionnel ou renseignez-vous directement à la maternité.

Le chant prénatal

Pourquoi ? On y pense rarement, mais le chant sollicite la totalité des muscles du corps, de la ceinture abdominale au périnée en passant par les dorsaux, grâce à la posture et à la respiration abdominale. Le chant oblige à une respiration ventrale, celle que nous adoptons naturellement en dormant, ce qui a pour effet de calmer les tensions et apporte une détente non négligeable. Pour les femmes enceintes, le chant apporte aussi une grande confiance en soi et permet d'exprimer des émotions parfois

Le cas des ultra-sportives

Vous avez l'habitude de pratiquer une activité sportive régulière ou à haut niveau ? Vous ne pourrez sûrement pas continuer tout le long de votre grossesse, malheureusement. S'il est difficile d'arrêter et si l'on est souvent tentée de continuer en se disant que le corps est habitué, ce n'est toutefois pas conseillé. L'erreur consiste à se croire surpuissante. Même si votre corps vous suit sur le moment, ça n'empêchera pas quelques conséquences possibles par la suite (diastasis, douleur dans le pubis, sciatique…), qui persisteront bien après la grossesse. Attention aussi au périnée trop contracté pour l'accouchement : cela ne facilite pas le passage du bébé et peut provoquer une déchirure, voire rendre obligatoire une césarienne, si le bébé n'arrive pas à passer. Aussi dur que cela puisse vous sembler, il va falloir apprendre à vous poser…

Les activités à partager avec mon partenaire

L'haptonomie

L'hapto... quoi ? Il s'agit d'une technique de caresses et de contacts adressés par les parents au bébé, qui les reçoit à travers les parois de l'utérus. Par les gestes du père et de la mère, le bébé perçoit les signes d'amour et entre en communication avec ses parents. Vous pouvez trouver des séances auprès de professionnels qui seront prises en charge dans les 8 séances prénatales.

Les massages

Des jambes pour la circulation, des pieds et des chevilles pour réduire les gonflements, du dos pour vous détendre... Impliquer le papa dans vos douleurs physiques vous soulagera et le rendra plus concerné encore par la grossesse. C'est gagnant-gagnant ! Attention, pas de massage avec des huiles essentielles, c'est mauvais pour le bébé. Pour le massage du dos, mettez-vous en position assise sur un canapé ou sur vos genoux.

Le chant et la parole

C'est le moment pour le papa de briller : le bébé est sensible aux voix graves ! Vous pouvez lui parler, lui chanter des chansons et même, pourquoi pas, lui faire écouter vos groupes préférés. Votre bébé reconnaîtra ainsi votre voix et celle de son papa, et réagira à vos paroles. Si vous lui chantez une chanson particulière durant la grossesse, il y a d'ailleurs des chances pour qu'il la reconnaisse après la naissance.

Et je n'oublie pas...

... le repos

Vous vous sentez lourde, seule et inutile ? Et si vous en profitiez pour vous reposer ? Dans notre société moderne, nous ne prenons pas le temps de nous poser et de nous reposer. Tout s'enchaîne sans nous laisser le temps de réfléchir à notre vie, à nos décisions et à nos choix. Le « repos forcé » imposé par la grossesse et le congé maternité peuvent ainsi faire peur : on se retrouve en pause alors que le monde continue de tourner autour de nous. Réfléchissez... depuis quand n'avez-vous rien fait ? Et quand vous êtes-vous accordé du temps seule ? Profitez-en... Faire du repos le maître mot de sa grossesse est indispensable pour votre bien-être !

... le sommeil

Vous l'avez compris au fil de ces pages, le sommeil est primordial pour une grossesse sereine et réussie. Encore faut-il le trouver... Pour vous y aider, voici les 10 commandements pour bien s'endormir.

1. Au lit, d'ordinateur tu te passeras : la lumière bleue des ordinateurs est connue pour garder éveillé. Cela ne favorise donc pas l'endormissement... Ainsi, il est préférable de couper les écrans une heure et demie avant d'aller se coucher.

2. Trop tard et trop lourd tu ne mangeras pas : pour une meilleure digestion, mieux vaut manger tôt et léger. Vous éviterez ainsi les remontées acides ou le mal de ventre.

3. Ton téléphone portable tu couperas : rien de pire que de sentir le sommeil pointer le bout de son nez et d'entendre le son d'un SMS.

4. Pas de réseaux sociaux en secret tu checkeras : même si, au moment d'éteindre son téléphone, la tentation est grande de faire un dernier état des lieux et de vérifier nos notifications…

5. Les séries addictives au moment de se coucher tu éviteras : elles sont conçues pour nous tenir en haleine, et on a tendance à ne pas pouvoir s'arrêter lorsqu'on a commencé. Gardez-les donc pour la journée !

6. Un livre tu prendras : lire au lit permet de déconnecter et diminue le stress. Résultat : 10-15 minutes de lecture sont généralement suffisantes pour trouver le sommeil.

7. Avec ton partenaire, tôt vous vous coucherez : se coucher ne veut pas dire dormir ! Profitez de ce moment pour vous retrouver.

8. Des séances de relaxation tu écouteras : si vous êtes vraiment stressée, laissez-vous guider par des séances de relaxation préenregistrées. Une voix vous proposera des exercices de respiration, de méditation ou de sophrologie.

9. Un bain chaud tu prendras : rien de tel qu'un bain chaud relaxant de 10 minutes (ou une douche) avant de se mettre au lit pour détendre son corps et ses pensées. Attention, pas d'huiles essentielles dans le bain !

10. La chambre tu aéreras : inspirez profondément l'air du dehors à la fenêtre et laissez-le entrer une dizaine de minutes pour purifier l'atmosphère de votre chambre avant de vous coucher.

… la nidation

Vous êtes saisie d'une irrépressible envie de laver vos carreaux, d'enlever toute la poussière des étagères et de trier vos épices par ordre de date de péremption ? Pas d'inquiétude, c'est un phénomène courant avec l'arrivée imminente d'un enfant. Cela a même un nom : la nidation. Même si cela peut vous pousser à faire des choses étranges, comme laver pour la première fois les carreaux de la douche, écoutez-vous. Cela va vous aider à vous sentir bien et à préparer l'arrivée du bébé dans sa future maison. Bon, si vous avez envie de déplacer le canapé du salon, demandez tout de même de l'aide, ne foncez pas seule tête baissée. L'objectif reste de se sentir bien, pas de se surmener !

CÔTÉ PAPA

Je lui passe ma playlist !

Pourquoi ? C'est bien connu, la musique adoucit les mœurs… Et ce devrait aussi être le cas pour le bébé, qui, exposé aux mêmes mélodies pendant la grossesse, pourrait bien les apprécier à la sortie… et se calmer[3] ! C'est donc le moment de lui passer de la musique, pour vous éviter plus tard des nuits infernales[4] !

Et je fais quoi exactement ?

➾ **Je choisis bien mes morceaux !** La préférence de votre enfant ? Les sons graves. C'est donc l'heure de ressortir les vieux vinyles de Leonard Cohen de votre (grand)-père ! Mais n'oubliez pas : misez sur une musique qui ne risque pas de vous lasser. Vous risquez de l'entendre pendant TRÈS longtemps !

➾ **Je ne monte pas trop le volume !** Certes, votre bébé n'entend pas tout, mais il n'apprécie pas les agressions sonores. Ainsi, au-delà de 105 dB (le niveau sonore d'une tronçonneuse), il sursaute et son rythme cardiaque s'accélère franchement (de 20 à 30 battements). Votre playlist, oui, mais pas de metalcore !

… l'occupation

Fin de grossesse rime avec congé maternité, et bien souvent avec inactivité. Le futur papa est au travail, vos copines aussi, vous vous sentez fatiguée et avez de plus en plus de difficultés à vous déplacer. Si on ajoute à cela les pauses pipi, de plus en plus fréquentes, qui compliquent bien les éventuelles sorties et les problèmes de sommeil, l'ennui et la lassitude peuvent vite arriver… Vous avez donc tout intérêt à vous trouver des occupations pour ne pas mal vivre vos derniers jours de grossesse. Voici celles conseillées et celles à éviter…

On dit oui…

✓ Ranger et trier, c'est l'occasion de se débarrasser de certains éléments de son passé.

✓ Regarder des séries inavouables et *feel good* dont vous serez la seule témoin !

✓ Lire des magazines et des livres. Pourquoi ne pas reprendre *À la recherche du temps perdu* là où vous l'aviez laissé ? Cette fois-ci sera peut-être la bonne !

✓ Prendre des nouvelles des gens que l'on n'a jamais le temps d'appeler.

✓ Cuisiner et tester les nouvelles recettes de blog mises de côté.

✓ Faire des albums ou des livres de photos.

On dit non…

✕ Zoner sur les réseaux sociaux toute la journée.

✕ Regarder la télé dès le matin : rien de pire pour se sentir telle une ménagère de moins de 50 ans.

✕ Enfiler ses vêtements d'avant pour constater comme vous ne rentrez décidément plus dedans.

Mon yoga prénatal

Qui dit 2e trimestre de grossesse, dit douleurs articulaires et autres petits désagréments… alors pas question d'arrêter le yoga ! Voici un programme spécial pour le 2e trimestre pour vous aider à vous soulager. Le nombre et la durée des séances sont les mêmes que pour le 1er trimestre. Référez-vous à la page 73 pour retrouver ces informations ainsi que les conseils pour une séance de yoga au top !

Mon programme yoga

L'objectif du yoga prénatal au 2e trimestre

✓ **S'étirer le ventre** pour faire de la place à l'utérus, qui grandit, afin qu'il ne compresse pas trop les viscères.
✓ **S'étirer le dos** pour ne pas tasser la zone lombaire et pour soulager le bassin.
✓ **Tonifier le dos** pour porter dans une bonne posture le bébé.
✓ **Tonifier les jambes** pour relancer une circulation sanguine un peu faible.

Si vous avez suivi vos séances du 1er trimestre, votre corps est déjà préparé. Il est toutefois toujours déconseillé de rechercher la performance.

Et si mon bébé bouge pendant les exercices ?

C'est grave ? Bien sûr que non ! Au contraire, il va jouer avec vous en se déplaçant. Vous allez même pouvoir le diriger s'il vous fait mal en appuyant trop fort quelque part. Vos séances de yoga prénatal vont ainsi vite devenir un moment de bienveillance et de connexion avec votre bébé. Vous pouvez lui parler, lui expliquer que c'est un temps pour vous et lui dire quels exercices vous allez faire. N'hésitez d'ailleurs pas à mettre de la musique pour vous accompagner lors de votre séance, votre bébé sera enchanté. Et n'oubliez pas : le bien-être que vous vous accordez est du bien-être qui va aussi à votre bébé !

Ma séance yoga énergisante du samedi matin

Après un réveil en douceur, comme suggéré dans les rituels bien-être du week-end (voir p. 112), rien de tel que l'enchaînement de ces 6 postures pour démarrer votre journée de la plus belle des façons.

① Le chat

Position de départ : à quatre pattes, épaules et bassin en arrière par rapport aux mains et aux genoux. Le regard est posé au sol pour bien étirer la nuque.

Déroulé

- Inspirez lentement et profondément par le nez en creusant le dos progressivement. Fesses, tête et regard en direction du ciel.
- Expirez de la même manière en arrondissant le dos du bassin jusqu'à la nuque. Tête et fesses en direction du sol, on regarde son nombril.

Répétition : 3 fois.

② Le chien tête en bas

Position de départ : à quatre pattes, les mains placées sous les épaules et les genoux sous le bassin. Retournez vos doigts de pied en flex et levez les fesses au plafond en poussant les talons en direction du sol.

Déroulé

- Inspirez en basculant le poids du corps sur vos mains et en montant vos fesses vers le ciel.
- Expirez en poussant vos talons vers la terre et en repoussant votre tapis vers l'avant. Le dos et le ventre sont étirés au maximum.

Répétition : restez dans cette posture et respirez profondément par le nez en gardant cette position le temps d'effectuer 4 respirations.

③ La fente – la flèche

Position de départ : debout sur les genoux, coccyx rentré vers l'avant, l'intérieur des cuisses en rotation externe.

Déroulé

- Inspirez, grandissez-vous et basculez le poids du corps sur la jambe gauche.
- Expirez et dégagez la jambe droite pour la poser devant vous à angle droit.
- Inspirez, retournez les doigts de votre pied gauche.
- Expirez, allongez la jambe gauche et montez les bras de chaque côté de votre tête en allongeant votre colonne au maximum.

Répétition : 2 respirations de chaque côté.

① Le chat

② Le chien tête en bas

③ La fente - la flèche

④ Le guerrier 2

Position de départ : debout, jambes tendues, mains en prière devant le sternum. Dégagez la jambe droite vers l'arrière, puis posez le pied droit légèrement ouvert vers l'extérieur. Pliez la jambe gauche : vous êtes en petite fente en ouverture.

Déroulé

- Inspirez et montez vos bras tendus au-dessus de la tête.
- Expirez et ouvrez les bras à l'horizontale. Le regard reste de face, mais la cage thoracique s'ouvre de manière à avoir les épaules et les hanches sur le même plan, alignées de profil.

Répétition : gardez la position sur 4 respirations en pliant bien la jambe devant (le genou doit être situé au-dessus des orteils) et en regardant au loin devant vous. Recommencez la même chose à gauche.

⑤ L'angle étiré

Position de départ : guerrier 2, fente à droite, mains jointes devant le sternum. Il s'agit ici d'un travail d'équilibre et d'étirement latéral, à faire dans un deuxième temps quand la position du guerrier I est maîtrisée. Vous pourrez alors enchaîner tranquillement les deux postures.

Déroulé

- Sur l'inspiration, posez l'extérieur de l'avant-bras droit près du genou droit.
- Sur l'expiration, tirez le bras gauche en diagonale haute.

Répétition : restez pendant 2 à 4 respirations, selon votre aisance.

- Sur l'inspiration, ramenez le buste droit, mains en prière.
- Sur l'expiration, ramenez la jambe gauche et revenez en position debout.

④ Le guerrier 2

⑤ L'angle étiré

⑥ L'arbre

Position de départ : debout, pieds légèrement écartés et parallèles.

Déroulé

- Inspirez, mettez tout le poids du corps sur la jambe gauche et amenez le pied droit sur la cheville gauche. La hanche droite est ouverte, le genou droit vers l'extérieur. Les mains sont jointes devant la poitrine en position de prière.
- Expirez, montez le pied droit au niveau de l'intérieur de la cuisse gauche et montez les bras au ciel, mains jointes. Si ça tire trop, mettez les bras parallèles autour de la tête.

Répétition : restez dans cette posture en sentant l'ancrage au sol le temps de faire 4 respirations.

⑦ La montagne

Quelle que soit la durée de votre séance, prenez le temps de finir par une position de retour au calme pour clôturer votre travail et passer à la suite de votre journée. Profitez-en pour vous remercier d'avoir pris soin de vous et remerciez votre bébé de vous avoir accompagné dans cette séance. Optez ici pour la position de la montagne.

Position : debout, les pieds écartés bien ancrés au sol, le poids du corps réparti sur les 2 pieds.

Déroulé

- Soulevez vos doigts de pied, écartez-les et reposez-les au sol.
- Les bras sont le long du corps, paume des mains tournée vers l'avant.
- Poussez le sommet du crâne vers le ciel sans monter la poitrine et dirigez le coccyx vers la terre. Restez dans cette posture au moins 1 minute, en respirant profondément avec le ventre, les yeux fermés.

⑥ L'arbre

⑦ La montagne

Ma séance yoga cocooning du dimanche soir

Offrez-vous la chance de finir votre week-end en douceur avec cet enchaînement de 7 postures. Idéal avant de se coucher tôt…

① L'enfant

Position de départ : à genoux, les jambes écartées à la largeur du bassin, les fesses sur les talons.

Déroulé

- Inspirez et avancez progressivement vos mains le plus loin possible de vos genoux.
- Expirez et videz tout l'air du ventre en contractant le périnée.

Répétition : 4 respirations.

② Le chat

Position de départ : à quatre pattes, épaules et bassin en arrière par rapport aux mains et aux genoux. Le regard est posé au sol pour bien étirer la nuque.

Déroulé

- Inspirez lentement et profondément par le nez en creusant le dos progressivement. Fesses, tête et regard en direction du ciel.
- Expirez de la même manière en arrondissant le dos du bassin jusqu'à la nuque. Tête et fesses en direction du sol, on regarde son nombril.

Répétition : 3 fois.

① L'enfant

② Le bras

③ Le lotus bras en l'air

Position de départ : assise sur votre tapis, les jambes en tailleur et le dos bien droit.

Déroulé

- Inspirez et croisez vos mains au niveau de la poitrine.
- Expirez et montez vos bras, paume des mains vers le ciel pour ouvrir la cage thoracique.

Répétition : restez dans cette position 2 respirations profondes, en gonflant et vidant le ventre.

④ La petite torsion

Position de départ : en tailleur, les deux mains posées à côté des fesses, grandissez-vous.

Déroulé

- Inspirez en amenant votre bras droit à l'extérieur de votre genou gauche.
- Expirez et tirez votre bras gauche à l'arrière de vos fesses pour accentuer la torsion.

Attention ! Une torsion n'est efficace que si la colonne vertébrale est bien étirée.

Répétition : une fois de chaque côté avec 2 respirations.

⑤ Le guerrier I

Position de départ : debout, jambes tendues, mains en prière devant le sternum. Dégagez la jambe droite vers l'arrière et posez le pied droit légèrement ouvert vers l'extérieur, pliez la jambe gauche. Vous êtes en petite fente en ouverture.

Déroulé

- Inspirez et montez les bras, mains jointes, en regardant vers le ciel.
- Expirez et contractez le périnée en poussant votre coccyx vers l'avant.

Répétition : sur 3 respirations. Sur la dernière expiration, ramenez la jambe droite et recommencez avec la jambe gauche.

Astuce : pour ne pas « casser » la nuque, gardez le cou étiré et baissez les épaules. Pensez à monter le regard plutôt qu'à lever le menton.

③ Le lotus bras en l'air

④ La petite torsion

⑤ Le guerrier 1

⑥ Le palmier

Position de départ : debout, jambes un peu plus écartées que la largeur du bassin, mains jointes en prière devant le sternum.

Déroulé

- Inspirez et tirez les bras vers le plafond pour bien étirer le dos et le ventre, mais sans cambrer.
- Expirez en contractant le périnée, penchez légèrement du côté droit les bras en direction diagonale haute (pas vers le bas). Veillez à garder votre flanc droit bien étiré et à ne pas le ratatiner.
- Inspirez en restant dans la position et remplissez vos poumons.
- Expirez et revenez à la position de départ.

Répétition : 2 fois à droite et 2 fois à gauche, en alternance.

⑦ Le diamant

Position de départ : assise, fesses sur ses talons, genoux rapprochés et dos bien étiré. Placez vos mains sur vos cuisses, les paumes tournées vers le ciel. Si cette posture vous fait mal aux genoux, placez le CorpoMed entre vos talons et vos fesses, ou positionnez-vous en tailleur.

Déroulé : fermez les yeux et respirez lentement et profondément, puis revenez progressivement à votre respiration naturelle et rouvrez les yeux. Pensez à relâcher vos épaules et votre nuque : votre dos s'étire grâce à vos muscles et non grâce à vos épaules !

Répétition : 3 respirations profondes, voire plus si vous en sentez le besoin. Profitez de cet instant de sérénité autant que possible.

Astuce : pensez à pousser le coccyx vers le sol pour ne pas vous tenir trop cambrée, au risque de tasser vos lombaires.

⑥ Le palmier

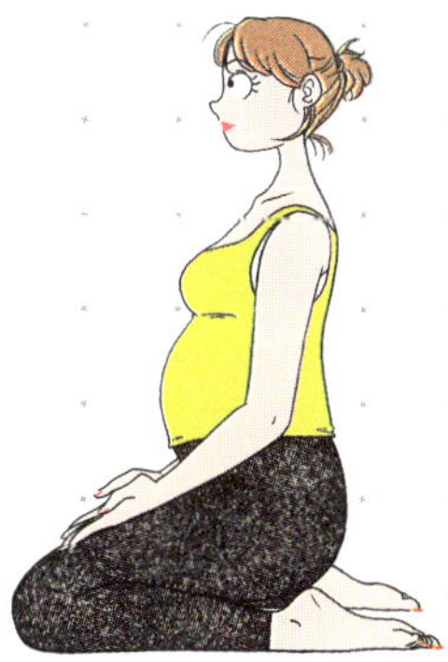

⑦ Le diamant

Ma routine yoga pour soigner les maux du 2e trimestre

Si j'ai des problèmes de circulation et de gonflement

Pourquoi je gonfle ?

En grossissant, l'utérus appuie sur les veines du pelvis et bloque le flux veineux. La circulation se fait alors plus lente, ce qui peut rendre les jambes lourdes. L'été n'est alors pas votre allié : avec la chaleur, les vaisseaux sanguins se dilatent et rendent la circulation moins tonique. Le problème peut donc s'accentuer avec les beaux jours.

J'agis quand ?

Aux premiers signes ! Si vos chaussettes vous laissent une marque prononcée autour des chevilles, si vous sentez des petits picotements dans les jambes quand vous vous relevez d'une position assise, si la position allongée n'est plus agréable… parlez-en à votre médecin ou à votre sage-femme.

J'anticipe

✓ **Je monte les escaliers :** posez bien le talon sur chaque marche, car le fait d'appuyer sur toute la voûte plantaire fait comme un effet de pompage et réactive la circulation. Le tout en prenant votre temps, bien sûr !

✓ **Je fais une pause lecture ou télé :** lorsque vous êtes en position allongée ou assise avec vos jambes allongées, glissez votre CorpoMed ou quelques oreillers sous vos chevilles pour surélever vos jambes et ainsi faire redescendre le sang vers le bassin.

✓ **Je me fais masser :** plus votre ventre grossit, plus il est difficile d'atteindre vos pieds. Il est donc grand temps de faire participer votre partenaire ! Profitez d'un moment de détente pour lui demander un massage de la voûte plantaire, des chevilles et des mollets. La pression des mains exercée sur ces parties du corps aide le sang qui stagne en bas à repartir vers le cœur. L'effet drainant soulage la sensation de gonflement et de lourdeur que vous pouvez ressentir en fin de journée ou en cas de forte chaleur.

✓ **J'utilise des bas de contention :** chaussettes, bas ou collants, ils facilitent le retour veineux et procurent une sensation de bien-être dans les jambes. Demandez à votre médecin une prescription.

✓ **Je bois de la tisane :** la vigne rouge régule la circulation sanguine et aide à retrouver des jambes légères. Cette plante est particulièrement efficace en cas de troubles circulatoires ou de varices. Prenez-la en infusion 2 à 4 fois par jour. Il existe aussi des tisanes drainantes pour femmes enceintes, renseignez-vous auprès de votre pharmacien ou dans une herboristerie.

Petit plus : adoptez une alimentation riche en fibres, avec des fruits, des légumes et des céréales.

3 conseils précieux pour une meilleure circulation :

- évitez de rester assise ou debout trop longtemps ;
- marchez, déplacez-vous, faites de l'exercice ;
- buvez de l'eau en quantité.

Astuce !

Sous la douche, évitez l'eau trop chaude, qui dilate encore plus les vaisseaux capillaires et accentue les problèmes de circulation. Finissez toujours par un jet d'eau froide. Si cela vous rebute, forcez-vous à le faire au minimum sur les jambes : en plus de tonifier vos jambes et vos fesses, cela donne un coup de peps pour relancer une circulation sanguine un peu fatiguée. C'est un peu violent, mais il n'y a rien de plus efficace et, promis, on s'habitue vite.

Mes postures pour faciliter la circulation

Posture 1

Allongée sur le dos, une jambe repliée au sol, le talon près des fesses, montez l'autre jambe repliée et saisissez-la derrière le genou. Pour ne pas appuyer sur votre ventre, ouvrez un peu la hanche et placez votre jambe légèrement sur le côté vers l'extérieur.

Posture 2

Allongée sur le dos, les 2 jambes en l'air, dirigez vers le plafond les talons, puis vos doigts de pied ; vous exercez ce qu'on appelle en danse des mouvements de flex-pointe.

Posture 3, le chien à 3 pattes

D'une position à quatre pattes, montez votre bassin et positionnez-vous en chien tête en bas. De cette posture, levez la jambe gauche avec le pied flex, restez 2 respirations et redescendez-la à côté de l'autre. Faites la même chose avec la jambe droite.

Point d'acupression

Pour lutter contre les bouffées de chaleur, massez le point dans la fossette du menton avec votre pouce.

Posture 1

Posture 2

Posture 3

Si j'ai mal au dos

Pourquoi j'ai mal au dos?

Le mal de dos? Le mal du siècle! Même sans être enceinte, c'est le problème le plus fréquent chez les gens à cause de notre vie sédentaire et de la position assise prolongée qui nous fait perdre en tonus. Alors enceinte, forcément, il faut être d'autant plus vigilante. Au fil des semaines, votre ventre s'alourdit. Difficile dès lors de garder une bonne posture. Cela nécessite des muscles stabilisateurs forts à l'avant (abdominaux transverses et obliques) et à l'arrière (les dorsaux multifides, qui entourent la colonne vertébrale). Si la posture a une grande influence, porter son bébé n'en reste pas moins une chose peu aisée pour le corps. Heureusement, le yoga permet de se soulager.

J'agis quand?

À n'importe quel moment! Pour se soulager après une balade, avant de se coucher pour s'étirer et ne pas dormir avec ses tensions, et même au réveil pour délier la colonne vertébrale.

J'anticipe

Quand vous êtes debout, pensez à pousser votre coccyx vers l'avant afin d'étirer le bas de votre dos. La journée, portez une ceinture lombaire Physiomat pour maintenir le bassin dans le bon axe. Assise sur une chaise ou debout, profitez également de la moindre occasion pour vous grandir.

3 conseils précieux pour préserver mon dos

- Je renforce ma sangle abdominale.
- J'adopte une bonne posture tout le temps, sans me cambrer.
- Je m'étire régulièrement.

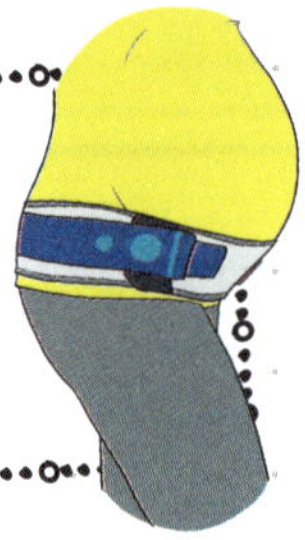

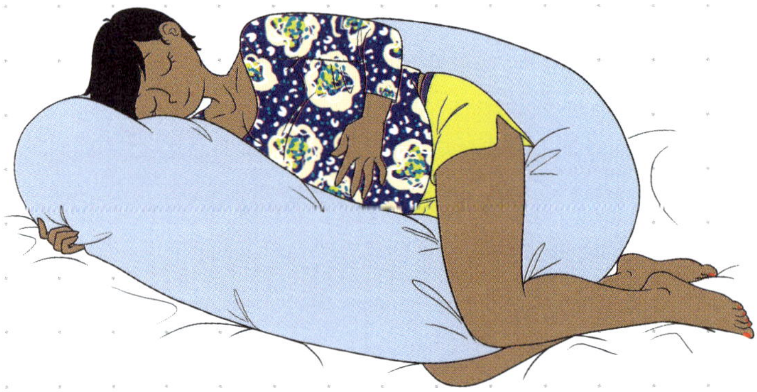

Mes postures de yoga pour soulager mon dos

Cet enchaînement de postures permet d'étirer la colonne et d'arrondir la zone lombaire généralement trop tassée pour soulager les douleurs du bas du dos.

L'enfant

Position de départ : à genoux, le CorpoMed entre vos fesses et vos talons. Écartez vos genoux pour laisser la place au ventre et allongez-vous, bras tendus vers l'avant. La colonne vertébrale doit être étirée et le coccyx poussé vers le sol pour arrondir le bas du dos.

En plus : utilisez la respiration abdominale. Gonflez le ventre lorsque vous inspirez et absorbez-le tout en rentrant le coccyx quand vous soufflez. Cela étire au maximum la zone lombaire.

Le genou-poitrine

Version debout : de la posture de la montagne, basculez le poids du corps sur la jambe droite, montez le genou gauche et attrapez-le avec votre main gauche. Vous fermez ainsi l'angle entre la hanche et la cuisse, ce qui a pour effet d'étirer instantanément le bas du dos côté gauche. Gardez la colonne bien étirée et rentrez le coccyx pour ne pas cambrer. Recommencez la même chose avec la jambe droite.

Version allongée : si vous avez du mal à tenir l'équilibre en position debout, faites la même chose en vous allongeant. Couchez-vous sur le dos, sans creuser les lombaires, et ramenez le genou gauche vers votre poitrine avec votre main gauche. Respirez et étirez, puis ramenez la jambe. Recommencez avec la jambe droite.

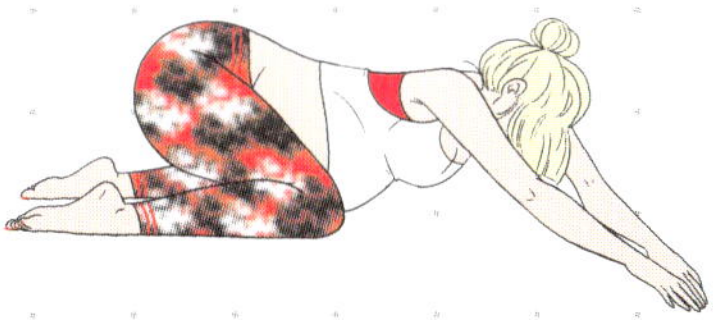

L'enfant

Le genou-poitrine

Le demi-pont

L'objectif? Étirer toute la colonne en la reposant, vertèbre après vertèbre, sur le tapis.

Position de départ : allongez-vous sur le dos, jambes parallèles, genoux repliés à la largeur du bassin.

Déroulé

- Inspirez et prenez appui sur vos deux pieds. Montez votre bassin progressivement, du bas du dos jusqu'aux omoplates.
- Expirez et joignez vos 2 mains au sol sous le bassin. Si ce n'est pas confortable, gardez les bras au sol le long du corps.
- Inspirez et sentez les poumons se gonfler, et les côtes s'ouvrir.
- Expirez et détachez les mains. Déposez votre bassin au sol, vertèbre après vertèbre, des omoplates au coccyx.

Répétition : 2 fois.

La pince

Position de départ : debout, jambes tendues bien écartées, dos droit et étiré.

Déroulé

- Expirez, penchez-vous en avant et attrapez vos chevilles, en gardant le dos le plus droit possible, les fesses vers le ciel.
- Inspirez, grandissez le dos le plus possible, tête vers le sol et coccyx vers le ciel.

Répétition : restez 2 à 3 respirations. Veillez à ne pas rester trop longtemps la tête en bas.

Et pour terminer, voici un retour au calme spécial sciatique ! Allongez-vous sur le dos, les genoux remontés et les pieds écartés. Attention à ne pas être trop cambrée, le bas de votre dos ne doit pas être trop décollé du tapis. Venez poser vos genoux l'un contre l'autre sans bouger vos pieds et laissez aller les têtes de fémur en rotation interne.

Le demi-pont

La pince

Retour au calme

CÔTÉ PAPA

Le point organisation

6 règles d'or pour concilier grossesse et vie pro (pour vous aussi) !

Contrairement à ce que vous avez pu croire (un jour), ce n'est pas seulement à votre moitié de (ré) organiser son temps au bureau ! Quelques pistes pour être présent tout en continuant à travailler sereinement.

① J'abuse des alertes !

Inutile de vous rappeler que votre présence sera requise (ou du moins fortement recommandée) lors des grands rendez-vous médicaux. Veillez donc à les inscrire dans votre planning au plus tôt… et, évidemment, à bloquer les plages horaires liées ! Il y a fort à parier qu'elle n'apprécierait que modérément que vous ratiez la première écho à cause d'un déjeuner de boulot !

② Je préviens mon patron rapidement !

Dès le stade des 3 mois dépassé, n'hésitez pas à annoncer la nouvelle à votre patron. L'objectif : lui rappeler que vous serez amené à vous absenter pour certains rendez-vous comme le prévoit la loi (voir encadré), mais également lui donner l'occasion de s'organiser. Vous connaissez déjà la DPA (voir p. 16) ? Vous savez que vous prendrez votre congé paternité dans la foulée ? Faites-lui-en part, de manière informelle pour le moment !

Que dit la loi pour les futurs papas ?

Selon l'article L1125-16 du Code du travail, vous bénéficiez d'une autorisation d'absence pour vous rendre à 3 des 7 rendez-vous prénatals obligatoires. Ces absences (qui englobent à la fois le temps du rendez-vous et le temps de trajet pour vous y rendre) sont considérées comme du temps de travail effectif. Votre rémunération est donc maintenue. À noter toutefois : votre employeur a le droit de vous demander de lui fournir une attestation du médecin précisant la nature de votre absence !

③ J'évite les réunions qui durent indécemment longtemps !

Pour éviter de passer vos soirées au bureau, tentez, autant que possible, de réorganiser vos journées. L'idéal : caler un maximum de rendez-vous et de réunions potentiellement chronophages dans la matinée pour qu'ils ne débordent pas (trop) sur vos soirées, surtout au 3e trimestre !

④ Je décale (voire j'annule) mes déplacements!

Certes, vous n'allez peut-être pas réussir à reporter tous vos voyages pendant sa grossesse, mais essayez de vous fixer une règle : limitez les grands déplacements à partir de 6 mois et ne prévoyez rien dans le mois précédant l'accouchement!

⑤ Je négocie la possibilité de travailler autrement!

Votre compagne est alitée ou bien elle va tout simplement bientôt accoucher? Mieux vaut, si vous le pouvez, rester à ses côtés! Avec la pandémie du Covid, le recours au télétravail s'est largement généralisé. Si vous êtes salarié, veillez à aborder rapidement la question avec votre boss afin de prolonger ou aménager vos heures de travail à distance. Et n'oubliez pas : en télétravail, vous bénéficiez d'un droit à la déconnexion, consacré à l'article L. 2242-17 du Code du travail. Son objectif : vous permettre de trouver le bon équilibre entre vie professionnelle et vie personnelle en évitant notamment d'être joignable en permanence! Pour en connaître les conditions, renseignez-vous auprès de vos représentants des salariés ou sur code.travail.gouv.fr. C'est le moment de prendre des bonnes habitudes!

⑥ J'organise mes congés dans les temps!

L'accouchement approche ? Commencez à briefer qui de droit sur vos dossiers (surtout si vous comptez cumuler les congés), officialisez la date de votre départ auprès de votre employeur dans les délais prévus par la loi (voir p. 136) et, bien entendu, une fois le bébé né, n'oubliez pas de compléter les démarches auprès de la CPAM, histoire d'être rémunéré!

Papa salarié, vous êtes protégé!

Selon l'article L1225-4-1 du Code du travail, aucun employeur n'a le droit de rompre le contrat de son salarié dans les 10 semaines suivant la naissance, pour des raisons liées à l'arrivée de l'enfant. En revanche, si vous faites une faute grave, rien ne l'empêche de vous licencier!

Mon rétroplanning administratif

Entre ses petits maux et les rendez-vous médicaux à gogo, il y a fort à parier que votre belle se sente vite dépassée par toutes les choses à organiser. Votre objectif : prendre le relais sur toutes les petites (et grandes) formalités qu'elle n'est pas obligée de gérer.

Au plus tôt...

Je l'aide à trouver la maternité de ses rêves

Il n'y a pas de délai « officiel » pour s'inscrire à la maternité... Cela dit, dans les grandes villes, les places peuvent avoir plus de succès que les préventes de la Nintendo Switch. Veillez donc à téléphoner aux maternités de votre short list pour connaître les disponibilités et les conditions d'inscription.

Démarches administratives : ses deadlines à ne pas oublier !

C'est vous le post-it administratif du couple ? N'hésitez pas à lui rappeler les grandes échéances dont elle a la responsabilité...

- Avant la fin du 3e mois de grossesse : mettre à jour sa carte vitale et déclarer sa grossesse (bonne nouvelle, cela se fait désormais automatiquement).
- Au moins 1 jour avant son congé maternité (si possible avant, c'est plus sérieux) : prévenir son employeur de son départ et, si elle veut demander un report de son congé prénatal (après accord de son médecin), envoyer le certificat médical à sa caisse d'assurance maladie.
- Au moins 1 mois avant le début du congé parental : avertir là encore son boss.

Les papiers à prévoir

- sa carte vitale
- son attestation de Sécurité sociale
- sa carte de mutuelle
- tous les examens relatifs à la grossesse déjà effectués (prise de sang, échographies...)

J'appelle notre mutuelle

Si les frais médicaux liés au suivi de grossesse sont pris en charge à 100 % (sur la base des tarifs conventionnés) à compter du 6e mois, certains dépassements d'honoraires et dépenses annexes (surcoût d'une chambre simple à la maternité...) peuvent rester à votre charge ! Mieux vaut donc passer un coup de fil à votre mutuelle pour faire le point sur votre couverture !

Je me renseigne sur les modalités d'inscription en crèche

Vous rêvez d'une place en crèche ? Renseignez-vous rapidement auprès du service de la petite enfance de votre mairie pour connaître les conditions et le timing de préinscription (variable selon les villes) dans les crèches collectives.

Au cours du 2e trimestre (pour être tranquille)

Je fais la reconnaissance anticipée de notre enfant

Si vous n'êtes pas mariés, vous devrez reconnaître votre enfant (pour votre moitié, c'est automatique) ! Direction n'importe quelle mairie avec votre pièce d'identité. Reste à faire une déclaration à l'état civil, et le tour est joué. EZ-PZ !

Je l'aide à chercher une nounou

Vous souhaitez plutôt une nounou (ou assistante maternelle, pour les pros) pour votre enfant ? C'est le moment de prendre contact avec votre mairie ou votre relais d'assistantes maternelles (RAM) pour obtenir une liste des ass' mat' agrémentées avant de les contacter. Vous pensez plutôt à une garde partagée ? Il est temps de chercher une cofamille près de chez vous, en commençant par consulter quelques sites spécialisés (www.yoopies.fr, www.nounou-top.fr)

Au cours du 3e trimestre

Je l'aide à trouver des praticiens pour notre bébé

Après la naissance, le bébé va enchaîner les visites médicales… et dans certaines villes, les pédiatres sont si chargés qu'ils ne prennent pas de nouveaux patients. Mieux vaut donc passer quelques coups de fil aux cabinets alentour pour connaître leurs disponibilités. À noter : le suivi pédiatrique peut aussi être réalisé à la PMI ou chez un généraliste qui a l'habitude des nouveau-nés !

Je briefe mon patron

Vous comptez prendre votre congé de paternité directement après la naissance (voir p. 214) ? Sachez que votre employeur doit être prévenu 1 mois en avance à l'oral ou par écrit (idéalement par lettre recommandée avec accusé de réception pour éviter tout litige).

Après l'accouchement

Je fais la déclaration de naissance

S'il n'y a qu'une démarche administrative dont vous devez vous charger, c'est bien celle-là ! Vous disposez ainsi de 5 jours ouvrés pour déclarer la naissance de votre enfant à la mairie ou directement à la maternité (si un officier d'état civil y tient une permanence).

Les papiers à prévoir

- le certificat médical fourni par la sage-femme ou le gynécologue
- la déclaration de choix de nom (si vous l'utilisez)
- l'acte de naissance
- l'acte de reconnaissance, si vous avez déjà fait celle-ci
- vos pièces d'identité
- le livret de famille si vous avez d'autres enfants

Je préviens la CAF et la Sécu

Votre enfant né, vous devez prévenir un certain nombre d'organismes, à commencer par l'Assurance maladie et la caisse d'allocations familiales (CAF), mais aussi votre mutuelle et votre assureur ! Faites la demande de rattachement en vous connectant sur votre compte ameli.fr pour demander son rattachement, créez votre espace familial sur caf.fr (à vous deux pour plus de praticité), connectez-vous à votre espace caf.fr pour bénéficier des aides (si vous y avez droit) et passez un coup de fil à vos autres interlocuteurs habituels.

Les papiers à prévoir

- des copies de l'acte de naissance ou du livret de famille
- pour la CAF : votre déclaration d'impôts
- pour la CPAM : le certificat Cerfa n° 14445*02 de demande de rattachement d'un enfant mineur à l'un de ses parents ou aux deux si vous faites vos démarches par courrier (téléchargeable en ligne sur www.service-public.fr ou www.ameli.fr)

Je briefe (de nouveau) mon patron… au besoin

Si vous souhaitez prendre un congé parental, votre patron doit être prévenu au moins 1 mois avant la date de votre départ (voir p. 138). À ne pas oublier !

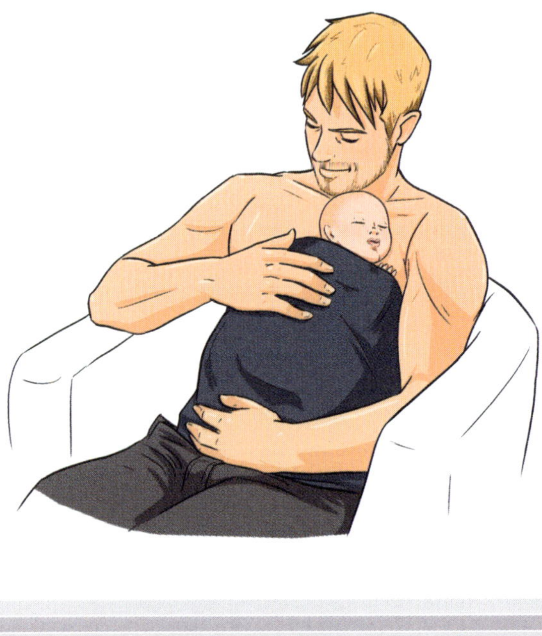

Mes petits calculs pour rester avec eux plus longtemps !

Aujourd'hui, vous pensez reprendre le boulot illico, mais peut-être qu'à la vue de votre bébé vous aurez envie de rester avec lui bien au chaud. Votre solution : calculer (vos jours) et vous acquitter des formalités.

① Je commence par 3 (tout petits) jours...

Si vous êtes salarié, vous avez légalement droit à 3 jours ouvrables pour la naissance de votre ou de vos enfants. Ils ne doivent pas être nécessairement pris le jour de l'accouchement, mais tout de même être posés rapidement (pas question de les réclamer dans 6 mois) et ne peuvent pas vous être refusés ! En attestent les articles L3142-1 à L3142-3 du Code du travail.

Je vais être payé combien ? La somme que vous auriez touchée si vous aviez travaillé.

Alors je fais quoi ?

Pas grand-chose, à part prévenir votre employeur et lui fournir, tout de même, une copie de l'acte de naissance de l'enfant.

> Le bon plan en plus : certaines conventions ou accords collectifs prévoient des journées d'absence rémunérées supplémentaires. Renseignez-vous !

② ... auxquels j'ajoute 25 jours (de congé paternité)

Ces 3 jours, c'est trop court ?
Dans le cadre de la réforme du congé paternité entrée en vigueur en juillet 2021, vous avez droit à 25 jours fractionnables pour un enfant, 32 jours en cas de naissances multiples. Ses modalités sont les suivantes :

- Ce congé de paternité et d'accueil de l'enfant doit débuter juste après le congé de naissance et durer obligatoirement au moins 4 jours.
- Une période de 21 jours – ou 28 si vous avez eu des jumeaux – à poser dans les 6 mois suivant la naissance et pouvant être fractionnée en deux périodes dont l'une d'au moins 5 jours.

Votre employeur ne peut pas vous refuser ce congé, quelle que soit la nature de votre contrat ou votre ancienneté, à condition que vous le prévenier dans les règles de l'art ! À noter : il s'agit de jours calendaires, les week-ends sont donc compris dans le calcul !

Et je vais être payé combien ? Pendant votre congé paternité, votre contrat est considéré comme suspendu et c'est la Sécu qui prend en charge votre indemnisation sur la base de vos 3 derniers mois de salaire, dans la limite d'un forfait de 89,03 euros par jour en 2021.

Alors je fais quoi ?

- Prévenez votre employeur au moins 1 mois avant la date du début de votre congé paternité ou des différentes périodes de congé envisagées, par oral ou par écrit. Pour éviter tout litige, mieux vaut lui faire parvenir une lettre recommandée avec AR !
- Envoyez une copie de l'acte de naissance ou du livret de famille à la CPAM.

> Le bon plan en plus : si vous voulez savoir combien vous allez toucher pendant votre congé paternité, direction www.ameli.fr/simulateur.

③ ... que je peux compléter par encore (presque) 3 ans !

Vous n'imaginez pas vous séparer de votre bébé (si, si ça arrive) ? Sachez que vous pouvez arrêter de travailler partiellement ou complètement pendant 1 an (ou moins), renouvelable 2 fois avant le 3e anniversaire de votre enfant, à condition que vous ayez au moins 1 an d'ancienneté dans votre entreprise.

Et je vais être payé combien ? C'est là que ça se complique ! Pendant le congé parental, votre salaire n'est pas maintenu. En revanche, une aide, la prestation partagée d'éducation de l'enfant (la PreParE pour les pros) peut être versée aux parents. Son montant (mirobolant !) : 398,79 € par mois (en 2021) pour un arrêt total de travail.

Son versement varie en plus de votre situation :

- Ainsi, si c'est votre 1er enfant, la PreParE peut vous être versée pour une durée maximale de 6 mois dans la limite de la 1re année de votre bébé, si vous et votre moitié partagez le congé parental.
- Si c'est votre 2e enfant, vous pouvez chacun toucher la PreParE pendant une durée maximale de 24 mois avant le 3e anniversaire du petit dernier.

Alors je fais quoi ?

- Faites le point : voulez-vous travailler à mi-temps, à 80 %, cesser votre activité complètement ? C'est vous qui choisissez, votre boss ne peut pas refuser !
- Faites une lettre à votre employeur pour lui faire part de votre demande de congé parental, en veillant à y inclure : la nature de votre congé (temps partiel ou plein), la date de début et la durée choisie. N'oubliez pas de lui faire parvenir cette lettre par recommandé avec AR (ou de la lui remettre en main propre) au moins 2 mois avant votre départ en congé.
- Prévenez la CAF de votre changement de situation et envoyez le formulaire Cerfa n° 12324*05 (téléchargeable sur www.service-public.fr) ainsi que toutes les pièces indiquées.

> Le bon plan en plus : si vous cotisez à un compte épargne temps, vous pouvez utiliser vos acquis pour financer votre congé parental.

Comment annoncer ma grossesse à mon aîné ?

Les trois premiers mois de cette seconde grossesse sont derrière vous et vous vous sentez enfin prêts à annoncer la grande nouvelle à votre aîné ! Quel que soit son âge, c'est le moment idéal pour lui dire, car les formes de la jeune maman commencent à s'arrondir : votre premier pourrait commencer à se douter de la nouvelle si vous tardez à lui en faire l'annonce… Mais alors, comment se lancer dans le grand bain ? Comment lui dire en fonction de son âge et gérer au mieux ses réactions ? On vous dit tout !

3 raisons d'attendre un peu avant de l'annoncer à votre aîné

1 Être sûre de sa grossesse

Comme avec les proches, il est de coutume d'attendre les trois premiers mois de la grossesse – c'est-à-dire jusqu'à la première échographie – pour annoncer la jolie nouvelle de l'arrivée d'un bébé ! Cette prudence est particulièrement valable pour votre aîné… En effet, les trois premiers mois de la grossesse étant assez « sensibles » en termes de risques, il est préférable de ne pas faire de fausse joie à votre enfant en lui annonçant une bonne nouvelle et de faire machine arrière quelque temps plus tard.

2 Préparer l'arrivée du nouveau bébé

Durant ces trois premiers mois, vous avez le temps de vous projeter à deux et rien qu'à deux dans cette nouvelle parentalité. C'est un espace nécessaire pour réfléchir en couple aux habitudes qui vous semblent importantes de conserver à l'arrivée de ce deuxième enfant, mais aussi de faire le bilan sur les petits et grands points à faire évoluer pour une meilleure communication entre vous.

③ Faire une première échographie

Elle donne lieu à des clichés incroyables que vous pourrez montrer à votre aîné afin qu'il puisse à son tour se projeter en douceur dans cette nouvelle configuration familiale. Idéalement, pas avant ses 5-6 ans au minimum – et selon sa sensibilité –, pour éviter de l'angoisser avec des images assez floues qu'il ne comprend pas encore.

Les enfants ont une intuition bien plus développée que celle des adultes!

Si vous avez le sentiment que votre aîné se pose (ou bien s'il vous pose) des questions sur vos nouvelles rondeurs ou votre comportement depuis quelque temps, si son attitude change depuis le début de votre grossesse (réveils nocturnes plus fréquents, fatigue inhabituelle, petites colères...), n'attendez pas pour lui faire l'annonce : il le sent ! Si vous n'en faites rien, votre silence pourrait l'inquiéter inutilement.

À chaque âge, une annonce adaptée

Pour être certain de faire passer le bon message à votre grand, il est important de prendre son âge en considération. En effet, les réactions d'un enfant âgé de moins de 2 ans ne seront pas les mêmes que celles d'un enfant de plus de 3 ans, elles-mêmes différentes de celles d'un enfant de 5 ans... Chacun a son rythme et sa compréhension propre, qui évoluent avec l'âge : ainsi, un enfant de 2 ans a besoin d'images, de mots simples, de sécurité, tandis qu'un plus grand saura interpréter avec plus de clarté les tenants et les aboutissants de cette grande nouvelle.

Pour éviter aux peurs et autres malentendus de s'installer, adaptez votre annonce à l'âge de votre aîné pour l'accompagner au mieux dans l'aventure de la fratrie...

Mon aîné a moins de 2 ans : il a besoin de sécurité

- **Bien qu'il soit de plus en plus curieux et autonome, votre enfant de 2 ans ressent toujours le besoin d'être protégé.** Soyez aussi disponible que possible pour le rassurer au moment de l'annonce, mais aussi les jours qui suivent...
- **Même s'il s'apprête à devenir le grand de la fratrie, votre aîné est encore un p'tit bout** qui a bien du mal à exprimer ses émotions par des mots... Utilisez au maximum des termes simples et imagés !
- **L'instabilité émotionnelle prédomine à cette période de la vie :** votre enfant passe de phases de colère à des phases de grande excitation. À vous de l'accompagner en douceur dans la gestion de ses émotions, tout en étant le plus rassurant possible !

Je décrypte ses émotions

Et si vous revêtiez les habits de Sherlock Holmes pour devenir un pro des émotions ? Apprenez à écouter ses paroles, et surtout la manière dont il s'exprime via ses gestes, ses mimiques ou encore son regard... En somme, relevez tous les petits indices qu'il sème lorsqu'il est en proie à une émotion positive ou bien négative. Cette investigation vous donnera de précieuses informations sur son comportement et vous permettra de mieux le décoder pour amorcer en douceur la grande nouvelle qui l'attend. Élémentaire, n'est-ce pas?

En pratique?

Perte du doudou, larmes de crocodile au moment du coucher, excitation à la perspective de passer un moment avec papi ou mamie, ou encore peur devant un chien dans la rue : toutes les situations sont bonnes pour observer et noter les réactions de votre enfant afin de mieux le connaître.

Observez et notez tout!

Régulièrement, prenez le temps de noter ses réactions dans ce tableau pour vous familiariser avec sa manière de réagir aux différents événements de la vie.

Le saviez-vous?

Le cerveau d'un tout-petit est très malléable; on dit même parfois qu'il ressemble à une éponge! Votre enfant imprime ainsi rapidement vos paroles, vos émotions et vos actes, des références pour se construire. Il agit par mimétisme, et cela influencera considérablement sa manière d'être dans le futur. Ainsi, lorsque vous êtes en colère et que vous dites des gros mots ou bien faites des gestes brusques, votre enfant prendra modèle sur votre manière de gérer cette émotion forte… Soyez donc vigilant sur les messages et les attitudes que vous souhaitez lui transmettre.

Je l'aide à identifier ses émotions

À 2 ans, votre enfant n'a pas encore les mots pour exprimer ses différentes émotions. Son manque de vocabulaire le frustre et entraîne logiquement des crises de colère. L'aider à bien identifier ce qu'il traverse lui permettra d'être à l'aise dans l'expression de ses sentiments et il se sentira en confiance pour se livrer à vous.

En pratique?

- Avec votre enfant, réalisez sur une grande feuille cartonnée que vous accrocherez dans sa chambre, une roue que vous pouvez baptiser « ma roue du cœur ». Tracez un large cercle sur le papier et

SON ATTITUDE…	… QUAND IL A PEUR.	… QUAND IL EST HEUREUX.	… QUAND IL EST TRISTE.	… QUAND IL EST EN COLÈRE.
SES RÉACTIONS PHYSIQUES, CORPORELLES	…………	…………	…………	…………
SES GESTES	…………	…………	…………	…………
SES PAROLES (LES MOTS QU'IL EMPLOIE)	…………	…………	…………	…………
SES EXPRESSIONS	…………	…………	…………	…………

divisez l'intérieur en quatre parties. Dans chacune, dessinez avec lui le smiley d'une émotion (colère, joie, tristesse, peur) et, en dessous, dessinez la ou les solutions qu'il peut mettre en place quand il traverse cette émotion. Par exemple : un dessin de sa peluche préférée pour lui faire un gros câlin, un coussin dans lequel taper pour décharger ses émotions, danser partout dans sa chambre quand il est heureux, regarder son livre préféré pour se détendre, parler à papa et maman lorsqu'il a peur… L'objectif ? L'amener à identifier ses émotions et à comprendre qu'il peut (aussi) compter sur lui pour retrouver son calme !

• Régulièrement, lorsque vous lui lisez une comptine, encouragez-le à vous décrire les sentiments des personnages. « Sais-tu pourquoi il est triste ? », « Comment ce personnage agit lorsqu'il est en colère ? », « Et toi, que ferais-tu à sa place ? »… Cette observation des sentiments des autres lui donnera les clés pour communiquer ses émotions avec plus de facilité.

À quel moment je lui annonce l'arrivée du nouveau bébé ?

Routines, câlins, écoute, patience… : les enfants en bas âge ont besoin d'être accueillis dans leur rythme pour bien se développer et se sentir en sécurité. Naturellement, l'arrivée prochaine d'un petit frère ou d'une petite sœur risque de perturber, du moins pour quelque temps, ce cadre rassurant… Votre objectif ? Choisir un moment où vous êtes tous disponibles et détendus pour annoncer calmement la nouvelle.

L'attitude à privilégier

✓ Si possible, attendez que le ventre de la future maman soit déjà bien rond pour lui faire l'annonce, car cela lui permettra de constater le changement. Vous pouvez également lui proposer de toucher votre ventre (notamment si vous le sentez curieux et réceptif) pour qu'il puisse éventuellement sentir le bébé gigoter à l'intérieur !

✓ Annoncez-lui dans un moment de calme (oubliez l'annonce au moment du repas, d'un jeu ou avant le sommeil) et quand son humeur est relativement stable et positive. L'idéal ? Le week-end, lorsque toute votre petite tribu est détendue et que vous avez du temps et de la disponibilité d'esprit pour accueillir au mieux ses émotions.

Parents, faites-vous confiance !

S'il existe des moments plus propices que d'autres pour annoncer la nouvelle à votre aîné, vous êtes évidemment le plus à même de connaître le moment idéal pour lui dire. Rassurez-vous, vous êtes le meilleur expert en la matière, et l'instant choisi sera le bon ! L'important est de rester à l'écoute des émotions de votre enfant et de lui offrir un espace d'expression libre selon ses besoins.

Ce qu'il faut éviter

× Lui faire l'annonce au beau milieu d'une période de changement ou de transition difficile à vivre, comme un déménagement, le départ de sa nounou, le décès d'un grand-parent… Ses repères seront trop bousculés pour qu'il puisse accueillir sereinement la nouvelle d'un petit arrivant dans la famille !

× L'annoncer lors d'une réunion de famille, car ce n'est pas non plus un moment idéal. Les réactions naturelles de joie des uns et des autres seront incompréhensibles pour votre enfant, qui n'aura pas eu le temps de se familiariser avec l'idée. Il risquerait de se sentir « bloqué » dans les émotions des autres, qui ne lui appartiennent pas…

Comment je lui annonce ?

Devenir grand frère ou grande sœur alors que l'on est soi-même un enfant peut être compliqué à intégrer. En effet, à cet âge-là, la perception du temps est relative, et se projeter dans le futur est difficile, surtout si vous parlez en termes de mois avant que votre aîné puisse apercevoir la bouille de sa petite sœur ou de son petit frère ! Un enfant de 2 ans a besoin que les choses soient « visibles » pour les comprendre.

L'attitude à privilégier

✓ **Dites-lui avec des mots clairs et simples,** chez vous si possible ! Installez-vous dans un espace confortable et annoncez-lui le plus simplement du monde. Par exemple : « Maman et papa ont fait un bébé et tu vas bientôt avoir une petite sœur (un petit frère). » Pour imager un peu les choses, vous pouvez lui dire que le bébé à venir ressemble à une petite graine qui pousse lentement pour devenir son petit frère ou sa petite sœur dans quelque temps.

✓ **Pour lui donner un repère de temps, montrez-lui une frise des moments clés de sa vie,** comme sa naissance, sa date d'anniversaire, son premier dessin… Cette frise, vous aurez pris soin de la réaliser au préalable ou de la faire avec lui. Situez le moment présent avec une photo de lui (« Toi, tu es là ! »), puis désignez l'endroit attendu pour l'arrivée du bébé, afin qu'il y voie plus clair. Laissez cette frise dans sa chambre, par exemple, il pourra ainsi s'y référer pour intégrer la nouvelle en douceur.

Ce qu'il faut éviter

× **Lui dire que «vous lui avez fait» un petit frère ou une petite sœur,** car il ne s'agit pas d'un cadeau. Cette formulation rendrait la nouvelle quelque peu confuse dans son esprit…

× **Attendre de votre enfant une réaction de joie instantanée :** un petit de 2 ans n'a pas toutes les clés en main pour comprendre le changement qui l'attend. S'il ne montre pas d'émotion particulière au moment de l'annonce, ne soyez pas triste… Vous aurez l'occasion d'en reparler, à son rythme, un peu plus tard.

Inspirez-vous !

> «Pour l'annoncer à notre fils, nous lui avons montré une petite graine dans un pot de fleurs en lui expliquant qu'elle allait pousser en même temps que le bébé dans le ventre de sa maman. Si on a rapidement compris qu'il ne s'intéressait pas vraiment au bébé dans le ventre, il a été très attentionné envers sa fleur, qu'il a arrosée consciencieusement ! J'imagine que c'était une manière détournée d'intégrer la nouvelle…»
>
> **Sébastien, papa de Noé, 2 ans**

> «Avant même de savoir que j'étais enceinte, Violette s'est approchée de mon ventre pour me dire qu'il y avait un bébé dedans. J'étais scotchée quand le test de grossesse s'est révélé positif quelque jour plus tard !»
>
> **Sonia, maman de Violette, 2 ans et demi**

> «Le plus simple pour nous a été de lui annoncer avec son personnage de livre préféré, T'choupi ! Nous avons donc acheté *T'choupi : maman attend un bébé*. Après la lecture, nous lui avons annoncé que maman attendait elle aussi un bébé. Elle a souri tout de suite, ça nous a rassurés !»
>
> **Christophe, papa de Ninon, 2 ans**

Comment je gère sa réaction ?

Après avoir annoncé à votre petit de 2 ans qu'il allait être grand frère ou grande sœur, il se peut que vous soyez confronté à l'une de ces trois réactions typiques, susceptibles de vous désarçonner… Comment bien l'accompagner ?

Help… Il ne réagit pas !

Pas de panique, c'est tout à fait normal ! À son (jeune) âge, votre enfant n'est pas encore en mesure de comprendre ce qu'implique cette grossesse ; surtout, cette annonce est trop éloignée de ses préoccupations du quotidien… Il risque fort de passer à côté !

Comment je l'accompagne ?

Régulièrement, ouvrez ensemble des livres qui relatent les histoires de vie de ses animaux préférés. Choisissez des contes qui parlent d'un animal qui attend un bébé et/ou de fratrie, de jeux et de moments heureux entre frères et sœurs. Surtout, laissez-lui le temps d'intégrer ces images à son rythme sans revenir sur votre situation. En lui proposant ce type de lecture de manière régulière, votre enfant intégrera la nouvelle en douceur…

Help… Il se met souvent en colère !

Encore une fois, pas de panique, votre enfant a le sentiment légitime de perdre un peu de votre attention (il est vrai que vous êtes bien occupé, avec les préparatifs de la future naissance…) et il fait tout pour capter vos regards et votre temps : petites colères, grosses crises de larmes, gestes violents…

Comment je l'accompagne ?
Quand il s'énerve, ne reliez pas systématiquement ses émotions à l'arrivée du bébé. Dites-lui par exemple : « Tu as le droit d'être en colère, et je t'aime toujours. » Ainsi, votre aîné aura le sentiment d'être aimé dans tout ce qu'il est, mais aussi dans les émotions qu'il sera amené à traverser. Instaurez chaque soir un petit moment où vous prenez le temps de parler de ses sentiments pendant la journée : il prendra l'habitude de se confier à vous et ne se sentira pas jugé dans ses émotions.

Help... Il est surexcité !
Pris dans l'excitation ambiante liée à l'arrivée de ce nouveau bébé – les grands-parents qui lui en parlent régulièrement, les amis de la famille qui s'extasient devant le bidon tout rond de la maman... –, votre enfant est perméable à ces nouvelles émotions et il passe de grosses crises de fou rire à des pleurs à gogo...

Comment je l'accompagne ?
Favorisez au maximum les temps calmes à la maison. Votre petit doit pouvoir gérer ses propres émotions avant de « faire face » à celles des autres. Pour l'aider à se recentrer, instaurez des petits massages chaque soir avant qu'il aille au lit. Versez un peu d'huile d'amande douce bio au creux de sa main et proposez-lui de se masser les pieds, puis, le lendemain, de se masser les jambes... Objectif ? Qu'il s'attarde sur une nouvelle zone de son corps chaque soir pour se détendre pleinement et se sentir choyé durant ce moment de douceur.

Mon enfant a entre 3 et 4 ans : il a besoin d'échanger

- **À partir de 3 ans, votre enfant entre dans une période de questionnement intense.** « Pourquoi ? » est le mot que vous entendrez le plus fréquemment à la maison ! Ne soyez donc pas étonnés d'être soumis à un interrogatoire en règle quand vous lui annoncerez la grande nouvelle...
- **Le vocabulaire de votre enfant s'enrichit considérablement !** Ses émotions se traduisent désormais par des mots plus complexes et il sait vous transmettre ses sentiments plus clairement. C'est une bonne nouvelle pour pouvoir l'accompagner pas à pas dans l'aventure qui vous attend prochainement !
- **Désormais, votre enfant se décentre un peu de lui-même** et se frotte au monde extérieur. Il acquiert des compétences sociales, le respect des règles (même si ce n'est pas toujours évident...), et il éprouve ses premiers sentiments de « liberté ».

Je suscite son empathie
À partir de 3 ans, votre enfant s'ouvre en douceur au monde qui l'entoure et développe son écoute pour mieux interagir avec les autres, et plus particulièrement avec les siens. Cette nouvelle ouverture lui permet de se sentir connecté à sa famille et le relie à ses propres émotions. L'annonce de l'arrivée d'une petite sœur ou d'un petit frère est donc l'occasion idéale pour renforcer son empathie !

En pratique

• Faites-lui part des émotions qui vous traversent au quotidien pour qu'il s'appuie sur votre manière de réagir et qu'il puisse développer son empathie et son écoute. Par exemple, lorsque vous êtes heureux, n'hésitez pas à le dire et à le montrer, grands gestes de joie à l'appui si vous en avez envie. À l'inverse, si vous êtes en colère, dites-le-lui et montrez-lui comment vous gérez cette situation, par exemple en vous écartant pour souffler un peu ou bien en exprimant vos sentiments : « Je suis énervée et j'ai besoin de me détendre et de retrouver mon calme... », « Je suis en colère de n'avoir pas pu... », etc.

• Quand vous le pouvez, invitez-le à consoler un copain qui a de la peine ou un enfant plus petit que lui... En constatant à quel point ce geste est apprécié par les autres, il sera fier et se sentira valorisé dans son attitude.

Et pourquoi pas un tipi?

Si vous n'avez pas suffisamment d'espace dans la chambre de votre enfant pour lui créer ce petit coin de retour au calme, dessinez sur le mur un petit tipi (ou collez un sticker de tipi) contre lequel il pourra se réfugier et se sentir bien.

Je lui donne les clés pour se calmer

Quand votre petit est en proie à une émotion forte, il est important qu'il ait déjà quelques outils en main pour se calmer lui-même avant que vous n'interveniez. Attention, votre présence bienveillante est primordiale pour qu'il puisse trouver les ressources en lui : restez donc à proximité et n'hésitez pas à intervenir au besoin. Quoi qu'il en soit, en développant sa capacité à accueillir ses émotions et à mobiliser des petites astuces pour se détendre, votre enfant a tout bon !

En pratique

• Et si vous imaginiez ensemble un coin tout doux dans lequel votre enfant pourra venir se calmer en cas de tempête émotionnelle ? Dans sa chambre, créez un petit espace de retour au calme, avec un coussin moelleux, une couverture toute douce ou bien un plaid douillet sous lequel se cacher, des crayons de couleur et des feutres pour dessiner ce qu'il souhaite, une peluche à qui se confier et, pourquoi pas, une playlist de musique agréable (celle émise par la veilleuse, par exemple) pour l'apaiser...

• Quand votre enfant traverse une émotion forte et qu'il est très énervé, proposez-lui d'abord de se libérer de ses petites tensions internes en se défoulant ! S'il aime la musique, suggérez-lui de mettre sa chanson préférée et de danser dans tous les sens dans le salon ! Si vous avez accès à un extérieur (jardin ou parc à proximité), proposez-lui un petit jeu physique avec un ballon. Objectif : qu'il se décharge de ses émotions.

• Une fois l'enfant apaisé, demandez-lui de se glisser dans une bulle imaginaire en fermant les yeux. Dites-lui de prendre plusieurs grandes inspirations en gonflant bien son ventre, puis de mettre dans sa bulle toutes les choses qui l'apaisent : le jardin de chez mamie, le chat du voisin, le sourire de sa maman… Effet zen garanti !

À quel moment je lui annonce ?

À partir de 3 ans, votre enfant commence à se sociabiliser – notamment lors de son entrée à l'école maternelle – et il prend peu à peu conscience qu'il n'est plus seul au monde. L'annonce de l'arrivée d'un deuxième enfant dans la famille va participer à ce mouvement d'ouverture et d'acceptation de son prochain changement de place. Eh oui, votre petit devient un grand !

L'attitude à privilégier

✓ **Annoncez-le à votre enfant lorsque vous sentez qu'il est pleinement réceptif,** par exemple lors d'un goûter gourmand, d'un moment complice ou d'un week-end détendu en famille… Un cadre neutre et bienveillant est idéal pour annoncer un tel changement à votre aîné.

✓ **Prenez le temps !** Un enfant de 3 ans (et plus) est très curieux et aura généralement tendance à vous poser de nombreuses questions à propos de cette grande nouvelle, c'est pourquoi il est préférable d'avoir du temps devant soi pour répondre à ses petites interrogations… parfois surprenantes !

Ce qu'il faut éviter

× **Les annonces faites dans un espace public** (parc, sorties en tous genres…), où votre enfant n'aura pas ses repères et ne se sentira pas forcément à l'aise et/ou disponible pour parler de ses émotions.

× **Lui annoncer avant l'heure du coucher.** Pour bien intégrer la nouvelle, mais aussi pour éviter les petites peurs et autres angoisses nocturnes, il est préférable de lui annoncer dans un moment de pleine disponibilité pour répondre à ses éventuelles interrogations, et pouvoir l'apaiser au besoin.

Comment je lui annonce ?

La manière d'annoncer la nouvelle à un enfant de 3 ans (et plus) est primordiale pour qu'il intègre bien la nouvelle et se sente pleinement rassuré, mais aussi valorisé dans son nouveau rôle de grand de la famille.

L'attitude à privilégier

✓ **Appuyez-vous sur des exemples que votre enfant connaît** et qui sont positifs. Par exemple, son cousin, un copain de l'école, le petit voisin… Ils ont eux aussi accueilli un petit frère ou une petite sœur, et cela se passe parfaitement bien !

✓ **Pour lui donner un repère de temps à propos de la naissance,** parlez-lui de ce qu'il connaît, comme « le bébé arrivera avant les vacances » ou « le bébé arrivera juste après le passage du père Noël ». Cela l'aidera à se projeter dans le temps plus facilement. Dans le même ordre d'idées, proposez-lui un calendrier imagé avec des repères liés aux saisons.

Ce qu'il faut éviter

× **Trop en faire !** Trouver une idée originale pour l'annoncer est une bonne initiative et votre enfant appréciera sans doute beaucoup votre geste, surtout s'il est joueur ! En revanche, une annonce un peu trop enjouée ne laisserait pas beaucoup de place à ses sentiments, qui sont parfois plus mitigés.

× **Lui montrer l'échographie :** un enfant de 3-4 ans n'est pas vraiment en mesure de comprendre ce type d'images. Cela pourrait rendre l'annonce un peu plus floue, voire devenir angoissant pour certains enfants.

Préservez votre intimité de couple

À la base de votre petite tribu, il y a votre couple. Il est fondamental de garder des moments complices à deux, et rien qu'à deux. Sentez-vous libres de garder certaines informations privées à propos de votre grossesse et ne partagez pas tout avec votre enfant. L'intimité de votre couple est primordiale pour le bon équilibre de la famille.

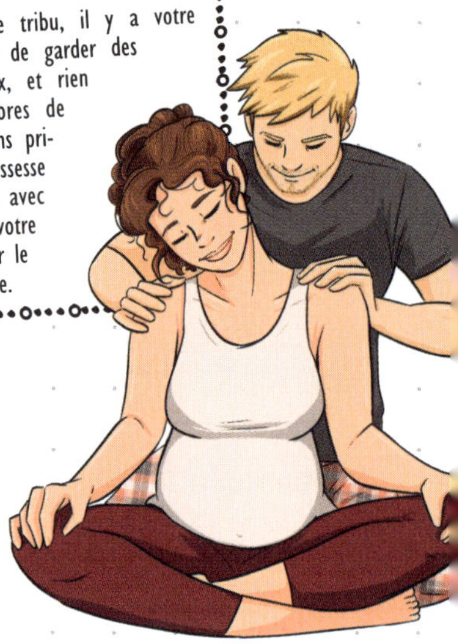

Inspirez-vous !

« Pour l'annoncer à Lili-Rose, nous avons choisi de faire un super-goûter à la maison avec tout ce qu'elle aime… On voulait être au calme et rendre le moment un peu festif. Elle a vraiment bien réagi ; elle a même mis un muffin de côté pour son p'tit frère ! »

Mélanie, maman de Lili-Rose, 3 ans et demi

« Quand j'ai annoncé la nouvelle de l'arrivée d'une petite sœur à ma fille, elle s'est mise à pleurer en me disant qu'elle préférait un petit frère. Je l'ai tout de suite rassurée en lui disant qu'elle avait parfaitement le droit d'être déçue. Le lendemain, j'ai proposé un goûter avec sa meilleure copine, Lina, et sa petite sœur, et les trois filles ont passé un super-moment de complicité ! »

Aurélie, maman de Louise, 4 ans

« L'annonce s'est faite très simplement, sans calcul : alors que nous étions dans la piscine de notre jardin, nous lui avons dit qu'il allait être grand frère après les fêtes de Noël. Et il a tout de suite demandé si c'était son cadeau… On a beaucoup rigolé ! »

Damien, papa de Gabin, 4 ans et demi

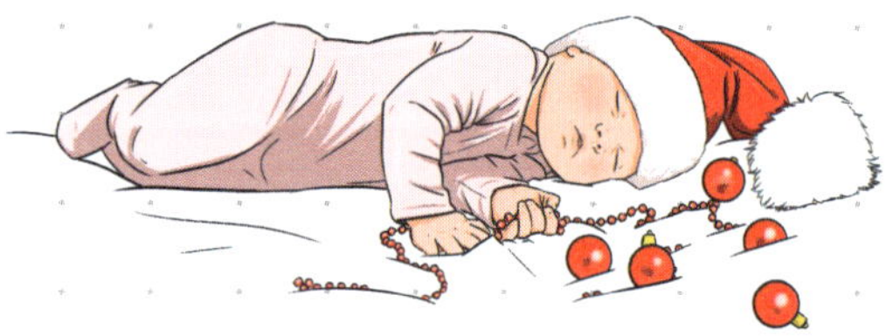

Comment je gère sa réaction ?

Après avoir annoncé à votre petit de 3 ou 4 ans qu'il allait être grand frère ou grande sœur, il se peut que vous soyez confronté à l'une de ces trois réactions typiques, susceptibles de vous désarçonner… Comment bien l'accompagner ?

Help… Il est nerveux !

Votre petite boule de nerfs a bien du mal à cacher son excitation ! Ce type de nouvelles provoque une décharge émotionnelle importante, et votre enfant n'a pas encore toutes les clés en main pour canaliser sa nervosité…

DIY balle antistress

Pour les petits nerveux, rien de tel qu'une balle antistress à tripoter pour se calmer, et quoi de mieux que de la fabriquer ensemble à la maison ? Lancez-vous dans la création de sa balle antistress !

Le matériel

- Un ballon de baudruche
- Un entonnoir
- Un bâton en bois ou un stylo
- De la farine
- Des ciseaux
- Une cuillère à soupe

Le tuto

1. Étirez bien le ballon dans tous les sens pour l'assouplir au maximum.
2. À l'aide de l'entonnoir, versez 3 cuillerées à soupe de farine dans le ballon.
3. Grâce au stylo ou au bâton, tassez la farine dans le fond du ballon.
4. Retirez l'entonnoir et nouez le ballon, puis coupez au-dessus du nœud.
5. Avec un feutre indélébile, dessinez un petit visage à votre balle.

Comment je l'accompagne ?

Si vous sentez que la nervosité de votre enfant se transforme en actes d'agressivité (par exemple, il vous tape le ventre en disant qu'il ne veut pas de petit frère…), proposez-lui un coussin spécial anti-colère, dans lequel il peut crier ou qu'il peut taper comme bon lui semble. Rappelez-lui clairement, fermement, que même si vous comprenez son sentiment de colère il n'a pas le droit de vous taper et de faire du mal au bébé. N'oubliez pas : c'est en lui rappelant les règles que vous lui fixez un cadre rassurant, et cela lui prouve également que vous le protégez.

Help… Il est contrarié !

Eh oui, votre enfant comprend qu'il devra prochainement partager votre attention… et vos bras pour les câlins !

Comment je l'accompagne ?

Après l'annonce, si vous sentez votre enfant contrarié et inquiet par l'arrivée prochaine du bébé, proposez-lui régulièrement des moments en tête à tête avec vous. L'idée ? Faire une activité qui vous fasse plaisir à tous les deux et qui le valorise, comme un petit tour en poney, une séance de piscine le mercredi, la confection d'un gâteau… Bref, choisissez des activités ludiques à partager et qui le rendent fier.

Help... Il est indifférent !
Bien souvent, à cet âge-là, les enfants manquent un peu de réaction et sont parfois déconcertants ! Bien entendu, l'information n'est pas tombée dans l'oreille d'un sourd et votre petit a parfaitement entendu la nouvelle, simplement, sa réaction pourrait bien mettre un peu de temps pour apparaître. *No panic* !

Comment je l'accompagne ?
Le soir, proposez à votre petit un tendre moment de complicité de 5 minutes avant le coucher. C'est l'occasion pour chacun de parler de sa journée et des émotions traversées. En prenant l'habitude de se confier à vous, votre enfant vous donnera petit à petit des signes d'ouverture à propos de la nouvelle que vous lui avez annoncée... Et s'il ne veut pas (encore) en parler, c'est qu'il n'est pas (encore) prêt !

Mon enfant a entre 5 et 7 ans : il a besoin d'autonomie

- **À partir de 5 ans, votre enfant est super-actif sur le plan physique** et sa motricité s'affine à vitesse grand V ! Il a besoin de challenges en tous genres pour s'autonomiser, et il ne manque pas de vous le rappeler. Par exemple, il souhaite désormais s'habiller tout seul ou bien désire grimper dans la voiture sans votre aide. En un mot, il a des ailes (encore fragiles, certes) qui lui poussent dans le dos.
- **Les relations parents-enfant se pacifient :** les règles du quotidien sont plutôt bien intégrées et votre enfant adore vous imiter (au lieu de vous défier !). Les jeux d'imitation sont essentiels pour son bon développement car, en jouant à faire comme les grands, votre enfant règle certains blocages émotionnels et cela le responsabilise en douceur.
- **Les jeux d'imagination sont au cœur du quotidien de votre enfant.** Il adore raconter des histoires et se montre aussi très patient quand il s'agit d'en écouter... Ces petites bulles imaginaires lui donnent les clés pour résoudre ses petits soucis du quotidien, comme une dispute avec un copain, un gros chagrin après une réprimande de maman, etc. En effet, un enfant imaginatif a en lui des ressources insoupçonnées pour résoudre les éventuels problèmes rencontrés !
- **Vos échanges sont de plus en plus simples** puisque votre enfant s'exprime quasiment comme

un adulte (malgré des petits soucis concernant la conjugaison…). Il sait parler de ses émotions, et succombe moins facilement à des accès de colère.

Je stimule son imagination

Entre 5 et 7 ans, votre enfant est le roi de l'imagination. Son apprentissage de la lecture fait de lui un grand curieux qui ne manque pas de se raconter des histoires, toutes plus fantastiques les unes que les autres. Et si vous vous appuyiez sur son imagination pour le préparer à l'arrivée de sa petite sœur ou de son petit frère?

En pratique?

• **Régulièrement, demandez à votre enfant de dérouler des histoires avec vous,** en allant le plus loin possible. Par exemple, proposez-lui un début d'histoire et chacun à son tour devra la compléter d'une nouvelle information. Le but? Que l'histoire aille le plus loin possible et amuse votre enfant… et vous aussi!

• **Votre enfant est le roi du dessin?** Voici un jeu parfait pour stimuler sa créativité : sur une feuille blanche, dessinez plusieurs cercles de la même taille les uns à côté des autres et, dans un temps dont vous fixerez ensemble les limites, imaginez le plus de dessins possible dedans!

Le pire ennemi de l'imagination?

Les écrans!

Consommés trop régulièrement, ils prémâchent une histoire à votre enfant et cela l'empêche de s'évader dans sa bulle créatrice, et donc de développer tout seul des capacités pour se sortir d'une situation qu'il juge compliquée. Veillez donc à limiter au maximum le temps d'exposition de votre petit aux dessins animés et autres jeux d'ordinateur.

Je l'aide à développer ses forces

À partir de 5 ans, votre enfant développe sa personnalité et s'autonomise à vitesse grand V ! Pour construire sa confiance en lui – nécessaire à tout apprentissage –, il est essentiel de l'aider à développer ses forces de façon réaliste… tout en l'encourageant dans ses talents !

- **Des compliments, ça fait toujours plaisir,** mais, pour qu'ils permettent à votre enfant de se sentir pleinement confiant, ils doivent être réalistes ! Un compliment doit par conséquent toujours s'accompagner d'encouragements. Par exemple, dites-lui que vous trouvez son dessin joli, mais prenez également le temps de lui en donner les raisons : les couleurs utilisées, le réalisme de son bonhomme. N'hésitez pas aussi à le questionner sur sa motivation. L'objectif ? Valoriser ses qualités réelles et lui donner confiance dans ce qu'il réalise.
- **Donner confiance à votre enfant,** cela passe aussi par des mots encourageants au quotidien, notamment en tirant le meilleur de chaque événement. Dans l'idée, travaillez au maximum des formulations positives. Par exemple, au lieu de dire « Non, ne fais comme ça, tu ne vas pas y arriver », dites plutôt : « De quoi aurais-tu besoin pour y arriver ? » Au lieu de dire « Ne pleure pas, ce n'est rien », dites : « C'est normal d'avoir mal, je te comprends et je suis certaine que tu vas réussir à faire mieux la prochaine fois. » En deux mots : restez positif !

À quel moment je lui annonce ?

À 5-7 ans, votre enfant a une conscience plus nette de ce qu'est un bébé. Il a déjà vu de nombreuses femmes enceintes et des nourrissons, que ce soit dans son entourage proche ou dans la rue, et il comprend plus facilement les besoins d'un tout-petit : ses pleurs, le biberon, les doudous… En un mot, il est ouvert à cette nouvelle aventure et se projette plus facilement dans le futur.

L'attitude à privilégier

✓ **Appuyez-vous sur des moments où vous sentez votre enfant réceptif** aux jeux d'imitation, par exemple un après-midi le week-end où il s'amuse à la dînette, à guérir le bobo de sa peluche ou à jouer à la maîtresse… Ce sont des moments

parfaits pour qu'il puisse se projeter en tant que grand frère ou grande sœur.

✓ **Choisissez un moment de complicité avec votre enfant,** par exemple après un bon repas partagé ou pendant un goûter chaleureux. Il faut qu'il se sente au maximum en confiance pour accueillir vos émotions… et les siennes !

Ce qu'il faut éviter

✕ **Lui annoncer trop tardivement !** Votre enfant est tout à fait en âge de détecter les signaux de changement : le ventre de sa maman qui s'arrondit, les chuchotements répétés entre ses parents à propos d'une certaine nouvelle… Bref, il a des capteurs, et cela pourrait l'angoisser d'être dans l'attente.

✕ **Lui annoncer à un moment clé pour lui,** comme son anniversaire. C'est lui la star du jour, et personne d'autre… Et puis, ce bébé n'est pas un cadeau que vous lui faites, c'est le fruit de votre désir parental avant tout.

Comment je lui annonce ?

À 5 ans, votre enfant est beaucoup plus à l'aise avec les mots et comprend mieux les informations complexes. De plus, à cette étape de sa vie, ses premiers souvenirs se forgent… Ne vous privez donc pas de faire preuve d'imagination au moment de lui annoncer cette grande nouvelle. Une annonce originale aura le mérite de s'inscrire dans sa mémoire, pour son plus grand bonheur !

L'attitude à privilégier

✓ **Montrez votre joie !** En voyant ses parents sûrs d'eux et heureux de cette arrivée, votre aîné sera rassuré car il vous fait pleinement confiance.

✓ **Appuyez-vous sur son imagination débordante pour lui faire l'annonce.** S'il adore les puzzles, commandez pour lui un puzzle personnalisé avec le dessin d'un bébé et vos visages ou avec « Surprise ! tu vas être grande sœur » (on trouve sur Internet de nombreuses offres de création de puzzles personnalisés à partir de ses photos) ! S'il est plutôt du genre défi sportif, préparez-lui une petite médaille de « grand frère champion ». Bref, amusez-vous à rendre votre annonce inoubliable.

Ce qu'il faut éviter

✕ **Être mal à l'aise…** On comprend que ce moment soit attendu et source de petites interrogations diverses, mais votre enfant a besoin d'être rassuré et de sentir que ses parents assument pleinement : ne tournez donc pas trop longtemps autour du pot !

✕ **Faire annoncer la grande nouvelle par un autre membre de la famille que vous.** C'est aux futurs parents de délivrer le message et non aux grands-parents ou encore aux petits cousins…

Le prénom du futur bébé se choisit à deux !

Vous hésitez entre Théo et Lola pour votre futur bout d'chou ? Prenez le temps de trancher en couple ! Ce choix appartient pleinement aux futurs parents, et il ne s'agit pas d'en donner la responsabilité (et la pression) à votre aîné, car ce n'est pas son rôle.

Inspirez-vous !

« Mateo réclamait un petit frère ou une petite sœur depuis longtemps… Pour lui annoncer, nous avons installé un lit de bébé dans la chambre d'amis et nous lui avons demandé ce qu'il en pensait… Il a tout de suite compris et a bondi de joie partout dans la maison ! »
Mathilde, maman de Mateo, 7 ans

« Notre fille a rapidement perçu que j'étais enceinte de sa petite sœur car j'étais très malade en début de grossesse… Elle m'a demandé si c'est parce qu'il y avait un bébé dans mon ventre et j'ai confirmé avec un grand sourire. Depuis, elle joue à la petite infirmière et prend régulièrement ma température pour savoir si je vais bien et le bébé aussi… Adorable ! »
Isa, maman de Noa, 5 ans

« Pour Rémy, qui est un grand fan de Lego, nous avons acheté le modèle City, avec la famille, maman, papa, garçon et bébé… et même la poussette ! Cela l'aide beaucoup à se projeter… Il y joue tout le temps ! »
Nadia, maman de Rémy, 6 ans et demi

Comment je gère sa réaction ?

Après avoir annoncé à votre petit de 5 ans et plus qu'il allait être grand frère ou grande sœur, il se peut que vous soyez confrontés à l'une de ces 3 réactions typiques qui peuvent parfois vous désarçonner… Comment bien l'accompagner ?

Help... Il est angoissé !

Depuis que vous lui avez annoncé la grande nouvelle, il se préoccupe beaucoup de la santé de son cadet à l'intérieur de votre ventre. Est-ce qu'il mange assez ? Est-ce qu'il n'a pas trop chaud ? Et s'il avait mal quand maman s'énerve ? Ces questionnements peuvent traduire des petites inquiétudes liées à son âge, comme les angoisses autour de la mort, les maladies… Toutes ces choses poussent votre enfant à vous poser des questions à foison.

Comment je l'accompagne ?

Rassurez-le sur votre capacité à bien vous occuper de ce bébé : vous l'avez fait pour lui et vous saurez le faire pour ce nouvel enfant ! Ces préoccupations peuvent paraître mignonnes aux yeux des autres, mais elles révèlent de l'anxiété chez votre enfant. Aussi, pour apaiser ses angoisses au maximum, restez simple et concret dans vos réponses, comme « Ne t'inquiète pas, maman s'occupe bien de ta petite sœur, elle deviendra tout aussi forte que toi ! » ou encore « Papa et maman prennent bien soin de ton petit frère, il grandit correctement, ne t'inquiète pas. »

Help... Il boude !

Votre aîné prend cette nouvelle comme une trahison : vous lui avez « fait un bébé dans le dos », car il n'a pas été concerté ! Depuis, il ne vous parle plus et boude régulièrement…

Comment je l'accompagne ?

Prenez le temps d'accueillir son émotion sans la juger. S'il réagit comme cela, c'est qu'il a l'impression d'être déjà mis de côté. Rappelez-lui avec douceur que vous n'avez pas d'autorisation à lui demander pour faire un bébé et heureusement, car cette décision ne le concerne pas. Impliquez-le en douceur dans la préparation de cette arrivée prochaine : demandez-lui son avis sur les couleurs de la chambre du bébé, sur les petits bodys que vous lui achetez… L'objectif ? Qu'il se sente intégré à cette nouvelle configuration familiale !

Help... Il en parle tout le temps !

Vous sentez que votre aîné est en totale excitation depuis cette annonce : tous les sujets de conversation tournent autour du futur bébé et il ne se préoccupe plus tellement des activités que vous lui proposez…

Si la grossesse s'interrompt, comment lui dire ?

Vous avez fait l'annonce à votre enfant et, malheureusement, la grossesse n'évolue pas ? Prenez tout d'abord le temps de digérer vos émotions dans cette période délicate et laissez-vous traverser par les sentiments qui vous animent…

- Ne culpabilisez pas de l'avoir dit à votre enfant. Si vous êtes en « paix » avec ce deuil, il en ira de même pour lui.
- Dans le cas où votre enfant ressentirait vos émotions et vous questionnerait sur le bébé à naître, dites-lui simplement qu'il ne grandira finalement pas dans votre ventre mais que vous aimeriez un jour accueillir un nouveau bébé – ou une petite graine – dedans.
- Si possible, évitez d'utiliser le mot « partir », beaucoup trop utilisé au quotidien pour des choses courantes (« Maman est partie faire les courses… »), pour éviter d'angoisser votre petit. Ne rentrez pas dans les détails et ne donnez pas trop d'informations sur l'événement, mais laissez-lui la possibilité de vous questionner s'il le souhaite. Veillez dans ce cas à adapter votre vocabulaire à son âge et à sa sensibilité.
- Sentez-vous libre de confirmer son ressenti en lui disant par exemple : « Tu as raison, en ce moment j'ai du chagrin. Ce n'est pas de ta faute, tu n'y es pour rien. » Laissez-vous porter par cet échange, qui sera certainement bénéfique pour les émotions de toute votre petite famille…
- Enfin, si vous n'êtes pas à l'aise à l'idée de lui annoncer la fin prématurée de la grossesse, appuyez-vous sur des livres ou des comptines, qui abordent cette thématique avec beaucoup de finesse… N'hésitez pas à demander conseil à votre libraire.

Comment je l'accompagne ?

C'est une bonne chose que votre enfant soit aussi enthousiaste, mais attention à ne pas tourner en boucle sur l'arrivée du futur bébé… Accordez-lui du temps et de l'attention pour qu'il se sente autorisé à penser à lui. Très concrètement, faites ensemble des activités qui lui plaisent et dans lesquelles il se sent valorisé et pleinement impliqué. N'hésitez pas non plus à faire appel à ses petits copains pour qu'il se recentre sur des préoccupations liées à son âge. Enfin, en sa présence, levez un peu le pied sur les sujets de conversation qui pourraient tourner autour du futur bébé…

Mes préparatifs

Un environnement sain pour mon bébé en 6 commandements

Pour que votre petit poussin puisse profiter d'un petit nid bien sain, commencez vos aménagements au plus tôt, en faisant vôtres ces bons mots...

1 Des travaux responsables tu organiseras

Oups... Certains matériaux utilisés pour les travaux (peintures, vernis, etc.) peuvent émettre des substances allergisantes et cancérigènes, comme le benzène ou le formaldéhyde.

La solution : organisez les gros travaux dès votre 2e trimestre de grossesse afin de pouvoir aérer la chambre fréquemment avant la naissance. Et bien sûr, pas question pour vous d'inhaler ces produits. C'est l'heure de mettre le papa (voire les grands-parents) au boulot !

2 Des peintures écolos tu choisiras

Oups... Les peintures à l'huile ou glycéro peuvent contenir des solvants et des métaux lourds. Quant aux tapisseries, elles nécessitent l'utilisation de colles (qui contiennent aussi des solvants), sont un nid à acariens et très difficiles à nettoyer. Passez votre chemin !

La solution : choisissez une belle peinture bio ou à l'eau bénéficiant de l'Ecolabel européen ou de la mention NF Environnement. À (faire) appliquer là encore au plus tôt !

3 Un sol non toxique tu poseras

Oups... La moquette et les tapis en laine sont difficiles à nettoyer et peuvent favoriser la prolifération des acariens et des moisissures en cas d'humidité. À éviter, tout comme les sols en béton ciré ou en PVC, les parquets en bois traité et les tapis en fibres végétales !

La solution : privilégiez le carrelage, de loin le plus simple à nettoyer, les parquets non traités ou le linoléum naturel.

Environnement, sécurité : les labels et les mentions à repérer sur…

- **tous vos achats :** l'Ecolabel européen, le label Ecocert, la NF Environnement.
- **le matériel de puériculture :** la mention « conforme aux exigences de sécurité », la NF Petite Enfance.
- **le mobilier :** la NF Environnement Ameublement.
- **le matelas et le linge de lit :** les labels Oko-Tex Standard 100, QUL de « l'Alliance qualité pour des matelas en latex respectueux de l'environnement », Naturtextil (allemand).
- **les jouets :** les labels Spiel Gut, Oko-Test, Nordic Swan, les mentions « sans PVC » ou « sans phtalates ».

4 Des meubles non polluants tu commanderas

Oups… les meubles neufs peuvent eux aussi dégager du formaldéhyde, à commencer par son petit lit !

La solution : achetez du mobilier d'occasion… à condition qu'il soit en bon état et comporte la mention « conforme aux exigences de sécurité ». Si vous avez jeté votre dévolu sur du neuf, privilégiez les objets labellisés (voir encadré). Pour le lit, optez plutôt pour du bois massif que du bois aggloméré. Et, quels que soient vos achats, n'oubliez pas de tout déballer et monter plusieurs semaines à l'avance (matelas y compris), dans une autre pièce que la chambre (idéalement), afin de les dégazer.

Les conseils de la Maison des Maternelles pour entretenir la maison après la naissance

Pour éviter allergies et contaminations, quelques réflexes peuvent faire la différence :

- évitez de fumer à la maison ;
- aérez 10 minutes par jour ;
- remplacez les produits ménagers aérosols par de l'eau et du vinaigre blanc ;
- couvrez les casseroles pour éviter l'humidité, les moisissures et les infections ORL ;
- séchez les gants, les serviettes et les éponges au quotidien ;
- enlevez vos chaussures en rentrant.

5 Des jouets non polluants tu privilégieras

Oups… entre les retardateurs de flammes, les allergènes, les phtalates et les métaux lourds qu'ils contiennent, les jouets ne sont finalement pas si amusants !

La solution : investissez dans de jolis joujoux en bois brut non verni. À déballer aussi tôt que possible et à nettoyer régulièrement avec de l'eau et du savon. Quant aux peluches, direction la machine à laver !

6 L'écoute-bébé si possible tu éviteras

Oups… Aussi rassurant soit-il, le babyphone émet des ondes. Et, en la matière, rien ne vaut le principe de précaution (voir p. 41) !

La solution : optez pour un écoute-bébé analogique, à placer à au moins 1 mètre de votre tout-petit en mode VOX, pour qu'il n'émette qu'en cas de bruit. Encore mieux : vous en passer !

Je nous offre un nouvel environnement (sain)

Perturbateurs endocriniens, phtalates, retardateurs de flamme… Jusqu'ici, la question de la pollution intérieure de votre logement vous intéressait peu, voire pas du tout. Mais voilà, pendant sa grossesse, votre moitié est particulièrement sensible à toutes les substances nocives de son environnement. Il va donc falloir faire le tri où que vous soyez !

Substances toxiques : c'est quoi les risques (en vrai) ?

Impossible de faire une liste exhaustive des effets de ces polluants usuels sans tourner de l'œil. Toutefois, il est désormais vérifié que certaines substances sont irritantes ou allergisantes (formaldéhyde, parfums, MIT…), d'autres neurotoxiques (métaux lourds type plomb, cadmium), voire cancérigènes (formaldéhyde, éthers de glycol) ou ayant des atteintes sur le système nerveux central, le système sanguin ou la fertilité (comme les phtalates, entre autres).
Plus inquiétants encore pendant la grossesse : les perturbateurs endocriniens. Ces substances qui viennent perturber le système hormonal sont soupçonnées d'avoir des incidences sur les futurs bébés, et notamment de favoriser les cryptorchidies (testicules qui ne descendent pas) ou la puberté précoce, voire certains troubles émotionnels, relationnels, et l'hyperactivité[4]. Sans compter qu'une exposition aujourd'hui pourrait avoir une incidence sur vos enfants… mais aussi les générations suivantes[5] !

① Dans la chambre du bébé

Le problème : dans une chambre, on peut trouver jusqu'à 300 composés organiques volatils (COV) qui véhiculent diverses substances polluantes. Résultat : l'air de votre maison est plus pollué que

l'air extérieur… Et à chaque fois que vous ouvrez une boîte de peinture, un produit d'entretien ou que vous montez un meuble, la présence de ces produits composés dans l'air est démultipliée.

Vos solutions

- **Commencez les travaux et montez les meubles au moins 3 mois avant la naissance,** pour qu'ils aient le temps de dégazer.
- **Faites chasse gardée sur la zone de travaux :** votre moitié voudra sûrement vous prêter main-forte… au risque de s'exposer directement à ces substances. Mettez-la (gentiment) à la porte !
- **Aérez la chambre** 10 minutes deux fois par jour.
- **Faites attention à vos achats** en respectant le petit tableau suivant !

J'évite...	Car...	Je remplace par...
les peintures, les vernis et les colles conventionnelles.	ils contiennent des hydrocarbures aromatiques, des aldéhydes, des solvants, du PVC, des phtalates...	une peinture bio, saine, labellisée NF Environnement, écolabel européen, Ange Bleu, NaturePlus, GUT.
de lui installer un sol en PVC stratifié ou en caoutchouc synthétique avec couche de PVC, une moquette, un parquet laminé...	le PVC contient des phtalates, la moquette en coton des traces de pesticides et les parquets laminés dégagent notamment du formaldéhyde.	un bon vieux carrelage ou, si vous tenez au parquet, un bois provenant d'Europe. Quelques alternatives plus saines : le bambou, le véritable linoléum, le liège, le caoutchouc naturel; idéalement, des produits labellisés FSC et GUT.
les meubles en bois contre-plaqué ou aggloméré.	ils dégagent (notamment) du formaldéhyde !	des meubles d'occasion (s'ils sont sécurisés) ou en bois brut; si vous optez pour de l'aggloméré, privilégiez des meubles faits en France de la classe E1 et les normes NF Environnement, NF Ameublement et NF Exigence ou PEFC... Sans oublier l'Écolabel européen ou les labels FSC ou l'Ange Bleu.
les rideaux, les textiles d'intérieur et les matelas non labellisés.	ils sont traités (anti-acariens, teintures, ignifugation...).	des stores et un matelas en matière naturelle (bambou, laine, coton...) et comportant au moins un label (Écolabel européen, Oeko-Tex® Standard 100, QUL...).

② Dans les pièces de vie...

Le problème : entre la box wifi qui émet des ondes électromagnétiques, les produits ménagers qui sont de véritables cocktails toxiques et certains petits éléments de déco moins inoffensifs qu'on ne pourrait le croire, vous n'êtes malheureusement pas tiré d'affaire !

Les solutions

- **Faites une détox de wifi !** L'exposition prolongée aux ondes électromagnétiques favoriserait non seulement des troubles de la concentration et du sommeil, mais aussi certaines tumeurs cérébrales et leucémies. Et là encore, votre moitié est ultra-sensible. Les bons réflexes : déconnecter votre box wifi quand vous ne l'utilisez pas, éviter de prendre votre ordinateur sur les genoux...
- **Revenez à un intérieur moins parfumé !** Les bougies parfumées et l'encens doivent disparaître ! Les premières dégagent du formaldéhyde, le second des hydrocarbures comme le benzène.
- **Offrez-lui des fleurs,** ou plutôt des plantes pour neutraliser certaines substances toxiques. Votre bouquet de choix : le chrysanthème, pour lutter contre certains solvants des peintures, le ficus, le philodendron ou le figuier pleureur contre le formaldéhyde...

③ Dans la cuisine... et la buanderie

Le problème : les aliments issus de l'agriculture conventionnelle vous exposent aux pesticides (entre autres), les additifs alimentaires (colorants, conservateurs, acidifiants, exhausteurs de goût) sont parfois présents sous forme de nanoparticules qui peuvent atteindre le fœtus, et les produits ménagers classiques sont des véritables concentrés de substances toxiques.

Vos solutions

- **Privilégiez toujours les aliments bio** en repérant les labels AB, Nature et Progrès, Feuille Euro (label bio européen), Ecocert...

J'ÉVITE...	CAR...	JE REMPLACE PAR...
les bouteilles et les contenants en plastique.	certains d'entre eux contiennent du bisphénol A. 	des bouteilles et des contenants en verre. Si vous ne pouvez pas vous passer du plastique, regardez le fond de l'objet. Un chiffre de 1 à 7 y figure dans un triangle, indiquant sa composition. Pour des plastiques *safe*, privilégiez les catégories, 2, 4 et 5.
les conserves en métal.	elles sont tapissées de vernis, de résine ou de plastique qui peuvent diffuser des substances louches.	des conserves en verre.
les poêles ayant un revêtement antiadhésif.	ils contiennent des dérivés fluorés (PTFE ou PFOA), qui sont des perturbateurs endocriniens pouvant contaminer les aliments si la chaleur du récipient dépasse les 230 °C.	des casseroles en inox. 
les moules en silicone.	ils peuvent contenir des phtalates.	des plats en verre ! 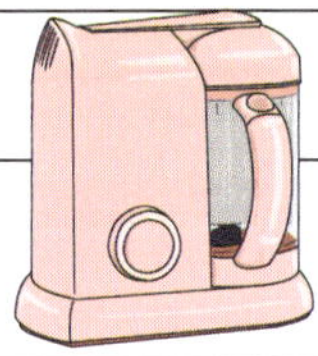
les robots de cuisine en plastique.	ils peuvent contenir du BPA… même celui de votre bébé !	de bons vieux robots en inox.
tous vos produits d'entretien et votre lessive usuels.	ils sont truffés de produits toxiques…	le bicarbonate de soude pour dégraisser, la terre de Sommières pour détacher, le vinaigre blanc pour nettoyer les vitres et le carrelage, le savon noir pour entretenir les sols, le savon de Marseille liquide pour laver le linge…

• **Limitez au maximum les additifs** même s'il est impossible de vous en débarrasser complètement. Pour y parvenir, évitez simplement les produits transformés industriels et surveillez toutes les mentions commençant par E et suivies d'un chiffre sur les étiquettes.

Dans la salle de bains, laissez-lui la main !

Entre les parabènes, le MIT, le triclosan, l'alcool, les parfums et les émulsifiants, les cosmétiques sont aussi de grands pollueurs. Aussi pieuses que soient vos intentions, laissez-la faire elle-même le tri sur ses étagères. De votre côté, investissez dans un dentifrice bio, rangez votre gel douche au profit d'un savon saponifié à froid ou bio surgras et utilisez un shampooing sans silicone et sans sulfates. Vous aurez déjà bien bossé !

8 questions à se poser sur les choses à acheter

Certes, vous avez envie d'accueillir votre petit chou dans un palais où trône un matériel de puériculture dernier cri, mais il faut aussi se rendre à l'évidence : le premier réflexe d'un parent (éco) responsable, c'est autant acheter sain qu'acheter moins ! D'où l'intérêt, pour votre budget et la planète, d'investir uniquement dans ce qui est indispensable.

1 Mais sans un lit parapluie, un berceau et un couffin, jamais il ne dormira bien !

Non !

En réalité, le couffin (petit lit d'appoint pour les premières semaines) n'est pas indispensable, le bébé pouvant roupiller, dès ses premières nuitées, dans un berceau bien apprêté ! Quant au lit parapluie (sorte de berceau nomade pliable), il n'est nécessaire que si votre tout-petit est amené à dormir ailleurs qu'à la maison (chez les grands-parents, à l'hôtel, chez la nounou…). Sachant que votre objectif à la sortie de la maternité est d'hiberner, inutile d'investir aujourd'hui !

Et pour le reste… j'attends !

Les vêtements comme les premiers jouets d'éveil (tapis, hochets, etc.) font partie des grands classiques des cadeaux de naissance. Inutile de vous emballer pour le moment : vous allez bientôt crouler sous les petites grenouillères et les doudous ! En revanche, pas besoin d'investir dans un parc ou un transat, ce dernier étant d'ailleurs plutôt déconseillé quand il s'agit de favoriser la motricité du bébé.

Et si vous n'êtes pas d'accord ? Il existe des berceaux évolutifs de la naissance à 7, voire 11-12 ans qui permettent de passer du landau au lit de grand. Choisissez un modèle sur roulettes que vous pourrez facilement bouger, et la négo est bouclée !

2 Il nous faut deux transats sinon rien !

Non !

1. Le transat est plutôt décrié par les adeptes de la motricité libre. En effet, il entraverait les apprentissages psychomoteurs des premiers mois en limitant le bébé dans ses mouvements.
2. Quant au transat de bain, il permet d'installer les tout-petits dans la grande baignoire en position semi-allongée. Le hic : le passage à la baignoire familiale n'est conseillé, pour des raisons de sécurité, qu'à l'âge où votre champion saura s'asseoir tout seul. Du coup, le transat de bain ne sert à rien ou presque (si vous avez une baignoire de bébé), CQFD.

Et si vous n'êtes pas d'accord ? Proposez-lui plutôt d'investir dans un joli tapis d'éveil ! Votre bébé y sera bien installé et il pourra bouger comme il l'entend !

③ Il nous faut 10 turbulettes, un nid d'ange, une chancelière…

Oui et non…

Pas de doute, la turbulette est indispensable pour le coucher en toute sécurité ! Investissez donc dans 2-3 modèles adaptés à son âge et à la saison (évitez si possible les modèles naissance, parfois étriqués pour les gros bébés).

Quant au nid d'ange et à la chancelière, ils sont tous deux destinés à tenir votre bébé au chaud lors des sorties, la différence entre ces deux « sacs de couchage » étant généralement que la chancelière dispose de passe-sangles pour le siège-auto ou la poussette contrairement au nid d'ange… et encore ! Utiles ? Oui, si votre enfant naît en hiver. Dans ce cas, misez sur un modèle adapté à vos modes de déplacement.

> Et si vous n'êtes pas d'accord ? Achetez une jolie petite couverture en laine, toujours utile et très « sentimentale » !

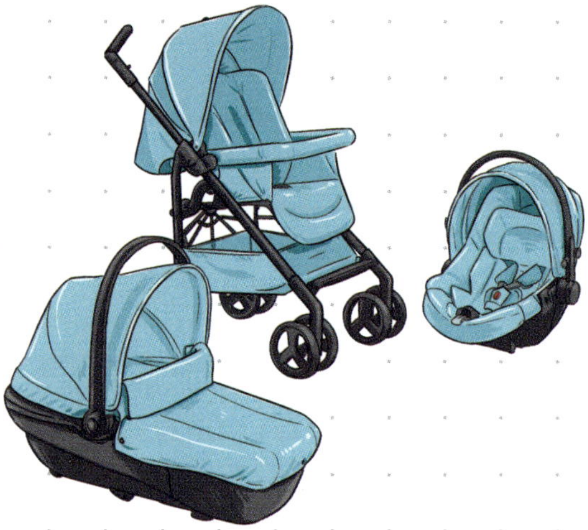

④ Si on n'achète pas une poussette trio, je vais mourir !

Non, on ne meurt pas de ça…

Et vous n'avez pas forcément besoin d'être aussi équipés ! En effet, le pack trio regroupe à la fois la poussette, la nacelle (espèce de landau amovible dans lequel on peut allonger le bébé jusqu'à 6 mois) et la coque (à la fois siège-auto et transat) qui maintient le bébé en position semi-assise. Utile si vous comptez alterner poussette et voiture pour ses déplacements… mais sans intérêt si vous êtes citadins (en version métro / nounou / porte-bébé / boulot / dodo).

> Et si vous n'êtes pas d'accord ? Vérifiez auprès de vos proches si l'un d'entre eux ne peut pas vous prêter une coque pour la sortie de la maternité et scrutez les poussettes (à nacelle ou non) homologuées pour la naissance (dont le hamac est complètement inclinable).

5 Il nous faut un stérilisateur (et un chauffe-biberon, et un égouttoir, et un écouvillon, et...)

Non, on a un lave-vaisselle !

Les autorités sanitaires ne conseillent plus de stériliser les biberons pour deux raisons :

1. Rien ne sert de stériliser un bib' si l'endroit dans lequel vous le rangez ne l'est pas...
2. Les méthodes employées par les stérilisateurs sont rarement aux normes françaises ou européennes !

Bref, un passage au lave-vaisselle, voire un nettoyage à la main à l'eau et au liquide vaisselle suffisent. Quant à l'égouttoir, votre ancien modèle familial peut parfaitement faire l'affaire.

> Et si vous n'êtes pas d'accord ? Troquez le chauffe-biberon (inutile, car votre bébé peut boire son lait à température ambiante ou réchauffé au bain-marie) contre l'écouvillon, sorte de plumeau en plastique pour nettoyer les biberons, qui, lui, est vraiment indispensable !

6 J'ai lu qu'il me fallait une écharpe de portage et une couverture d'emmaillotage !

OK, mais...

Si vous essayiez d'abord un atelier de portage avant la naissance ? L'objectif : vérifier que vous êtes bien décidé à materner, à obtenir des conseils sur le matos à acheter (car oui, il y a des écharpes différentes selon les nœuds à faire) et à vous entendre dire qu'a priori, pour emmailloter votre bébé, un lange suffit.

7 C'est un Babycook® ou rien !

Ou pas !

En réalité, si vous avez déjà un robot cuiseur-vapeur, voire un cuiseur-vapeur et un robot, voire une casserole et un mixeur, vous devriez très bien vous en sortir pour préparer les repas du bébé. Et sinon, il reste toujours les petits pots et les purées congelées pour bébés du supermarché (bio, évidemment) !

8 Mais sans table à langer, je ne vais jamais pouvoir le changer !

Pas tout à fait...

Même s'il est tout à fait possible de le changer sur un matelas à langer (voire une serviette) sur votre lit ou une commode bien sécurisée, vous allez finir par vous casser le dos à force de vous plier en deux à chaque couche (6 à 8 par jour au cours des 2 premiers mois, tout de même, sans compter les petits soins).

> Et si vous n'êtes pas d'accord ? Argumentez que vous trouverez sûrement de belles tables à langer sur Le Bon Coin et qu'en plus, étant usagées, elles n'émettront plus de COV (voir p. 138).

9 Et sinon, on achète quoi au juste ?

Ce dont on aura vraiment besoin à la naissance !	OK ou non ?
1 lit	☐
1 matelas	☐
2 draps-housses	☐
2 alèses	☐
2-3 turbulettes	☐
1 nécessaire de toilette	☐
1 thermomètre rectal	☐
1 thermomètre de bain	☐
plusieurs paquets de couches	☐
du coton hydrophile (bio de préférence)	☐
1 bouteille de liniment oléocalcaire (si on ne le fait pas nous-même)	☐
1 ou 2 boîtes de dosettes de sérum physiologique	☐
de 2 à 5 biberons et leurs tétines (selon qu'elle décide d'allaiter ou non)	☐
1 écouvillon	☐
8 langes	☐
8 bavoirs	☐
7 pyjamas	☐
7 bodys	☐
7 paires de chaussettes	☐
2 gilets	☐
2 bonnets	☐
1 poussette ou 1 écharpe de portage ou 1 porte-bébé (selon vos modes de déplacement)	☐
1 siège-auto (si vous en avez une)	☐
1 petite couverture	☐
1 veilleuse	☐
Si votre bébé naît en hiver	
1 combi-pilote	☐
1 chancelière ou 1 nid d'ange adapté à vos déplacements	☐
Si votre compagne allaite	
1 crème à base de lanoline purifiée	☐
1 boîte de coussinets d'allaitement	☐

Ce qui peut attendre qu'il soit né !	OK ou non ?
1 chaise haute	☐
1 kit de vaisselle pour bébé	☐
1 tasse d'apprentissage	☐
1 gel antalgique (voire une préparation homéopathique pour calmer les poussées dentaires)	☐
1 bouteille d'huile de massage (si vous voulez tenter)	☐
quelques jouets de bain	☐
quelques hochets, balles et livres en toile	☐
1 ou 2 anneaux de dentition	☐
1 boîte de tétines 1er âge (si vous voulez lui donner le biberon)	☐
1 lit parapluie	☐
1 tapis d'éveil	☐
1 mobile	☐

Ce qui est certes pratique, mais pas indispensable !	OK ou non ?
la baignoire de bébé	☐
la table à langer	☐
le matelas à langer	☐
la cape de bain	☐
le robot cuiseur-mixeur pour bébé	☐
la boîte doseuse de lait infantile	☐
l'égouttoir à biberons	☐
le sac à langer	☐
le babyphone	☐

Ce qui n'est vraiment pas utile (voire déconseillé) !

- le transat
- le youpala (déconseillé)
- la housse de matelas à langer
- le chauffe-biberon
- le parc
- la couverture d'emmaillotage

On prépare sa chambre à deux !

Le bricolage, c'est plutôt vous. La déco, c'est vraiment elle. Et entre les deux il y a une chambre à faire, des substances toxiques à éviter, des règles de sécurité à respecter et des délais à tenir. La solution pour y trouver tous les deux votre compte : un bon petit rétroplanning dans le cadre duquel les rôles sont bien définis !

On l'organise comment, cette chambre de bébé ?

Évidemment, vous êtes les décorateurs en chef, mais sachez qu'on prévoit généralement 3 espaces distincts dans la chambre d'un petit :

- **le coin sommeil,** avec son lit. Dans l'idéal, cet espace doit être placé en face de la porte (pour que vous puissiez le voir), loin du radiateur et des fenêtres.
- **le coin change/rangement,** avec une petite armoire, la table à langer ou simplement une commode sur laquelle vous poserez son matelas à langer et quelques rangements pour le matériel dont vous aurez besoin.
- **le coin repas/câlin,** équipé d'un fauteuil, d'un guéridon ou d'une table basse et d'une lumière tamisée pour donner le sein, le biberon, ou pour l'apaiser quand il se réveille la nuit.

J - 4 mois : les gros travaux !

Une fois le 2e trimestre de grossesse bien entamé, c'est le moment de vous lancer dans les travaux de peinture et l'installation du sol (notamment). C'est trop tôt ? Non, cette étape étant la plus à même d'exposer votre petite famille à des substances toxiques (peintures, colles, vernis ; voir p. 158), mieux vaut vous y prendre bien en amont pour aérer les lieux avant la naissance.

Notre mission (à deux) : faire le mood board de la chambre du bébé pour identifier les couleurs et les motifs, les textures qui vous plaisent, les produits (sains, évidemment ; voir p. 158) à utiliser… En un mot, avoir une première vue d'ensemble du projet.

Votre rôle : la peinture, les sols, c'est vous (et la famille élargie au besoin), mais il est indispensable à ce stade de tenir votre moitié à l'écart du chantier pour préserver sa santé (et celle de votre futur bébé).

Pendant ce temps, elle peut commencer à prospecter pour du mobilier. Son objectif : surfer sur Le Bon Coin pour trouver un petit lit de seconde main... toujours plus sain !

J - 3 mois : l'installation du mobilier

Montez des meubles ? Un jeu d'enfant depuis que vous avez réussi à bricoler seul les deux penderies Pax de votre moitié ! Mais attention, pour la chambre du bébé, la tâche peut être plus longue qu'il n'y paraît !

Votre rôle : assembler tous les meubles en respectant rigoureusement leur mode d'emploi et laisser tout le matériel neuf dégazer pendant plusieurs semaines (en aérant au moins 10 minutes deux fois

par jour), idéalement dans une pièce qui n'est ni fréquentée par votre douce ni la chambre du bébé.

Et pendant ce temps, elle peut s'occuper du linge de maison (qui va être très souvent souillé !). À prévoir : au moins 2 alèses adaptées à son matelas, des langes, des serviettes...

Attention à son petit lit !

Une étude[6] de 2009 de l'association Santé Environnement France (ASEF) a dévoilé qu'à lui seul le lit de votre bébé pouvait émettre un quart de la dose de formaldéhyde à ne pas dépasser selon les autorités de santé. Veillez donc à :

- privilégier un meuble de seconde main ou en bois massif brut (sans peinture et sans vernis) ;
- si vous optez pour un lit en bois aggloméré, repérez le label NF Environnement Ameublement ;
- pour le matelas et le linge, misez sur des produits comportant l'écolabel Fleur de l'UE, les labels Ecocert, Naturtextil, Oeko-Tex® Standard 100...

Sans oublier les consignes de sécurité. Vérifiez ainsi que :

- le lit est conforme aux normes en vigueur (espacement de 4,5 à 6,5 cm entre les barreaux...) ;
- le matelas est ferme et adapté au lit, tout comme l'alèse ;
- rien ne pourrait venir entraver la respiration de votre bébé : pas de peluches, de doudous, de tour de lit ou de coussin dans son berceau !

J - 2 mois : le baby-proofing et la petite déco !

Certes, ce n'est pas dans les semaines suivant la naissance que le bébé va découvrir les prises de courant, mais il n'est jamais trop tôt pour prévenir les accidents domestiques !

Votre mission : commencer par sécuriser la chambre du bébé avant de passer au reste de la maison. Au programme : commencez par caler les meubles avec un système antibasculement et une fixation adaptée aux murs. Dans un deuxième temps, fixez des cache-prises et des protège-coins là où ils vous semblent nécessaires. Quant aux bloque-portes, ils pourront attendre que le bébé crapahute !

Et pendant ce temps, elle peut s'occuper de la déco ! OK pour une petite lampe de chevet, quelques joujoux décoratifs, un ou deux tableaux, le tout dans des couleurs douces. Mais attention à ne pas avoir la main trop lourde pour éviter de surstimuler le bébé au moment du coucher ! À éviter aussi : les tapis et les doubles rideaux, véritables nids à poussière et les textiles d'ameublement (coussins décoratifs...) souvent traités avec des substances peu recommandables !

J - 1 mois : le nettoyage de printemps !

Plus que quelques semaines avant son arrivée ? Laissez votre belle se reposer et faites un dernier grand nettoyage en utilisant idéalement des produits ménagers écolabellisés et/ou doux (savon noir ou savon de Marseille, bicarbonate de soude, vinaigre blanc…), ainsi que des serpillières et des chiffons en microfibres.

Enfin, n'oubliez pas de faire tourner la machine et de nettoyer, idéalement deux fois avant la naissance, doudous et habits du futur bébé !

4 coups de pouce pour (bien) intégrer votre dernier dans la chambre du grand

Pas toujours facile de faire accepter à votre aîné le partage de son espace avec le petit dernier… Pour l'aider à aborder ce changement en douceur et lui permettre de conserver ses repères, voici quatre suggestions…

1. **Prévenez votre aîné quelques semaines – ou quelques mois – avant l'arrivée de son cadet** dans sa chambre pour qu'il puisse s'habituer en douceur à l'idée du changement. Rassurez-le en lui expliquant qu'il conservera son espace et ses jouets, et que bientôt tout sera encore plus sympa à deux !
2. **Avant l'arrivée du cadet dans sa chambre, préparez ensemble l'aménagement de la pièce** en lui demandant son avis sur cette nouvelle configuration : quels sont les espaces qu'il souhaite conserver et ceux qu'il se sent prêt à partager ? Ensuite, trouvez un compromis satisfaisant pour tout le monde. L'objectif ? Lui faire sentir que son opinion est importante !
3. **Personnalisez ensuite son espace de « grand » :** proposez-lui de décorer les contours de son lit comme il le souhaite (avec des stickers, des photos…), une frise aux couleurs ou aux dessins qu'il aime, un espace de jeux rien qu'à lui, une petite bibliothèque personnalisée… Faites-lui sentir que, bien que plus restreint, son espace reste toujours le sien et qu'il est important qu'il s'y sente à son aise. Faites également de même pour votre cadet, en lui aménageant un coin personnalisé. Le but : respecter les différences de chacun !
4. **Si vos enfants dorment à des rythmes décalés** et que votre petit dernier est couché bien avant son aîné, proposez à votre grand de venir lire sa comptine du soir dans votre chambre. Rappelez-lui régulièrement qu'il a des privilèges liés à son âge et qu'il peut désormais en profiter ! Cela le valorisera et le rendra fier…

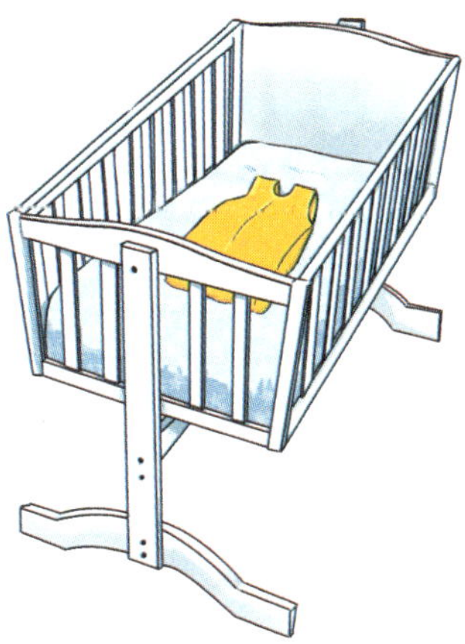

Je me prépare pour le jour J p. 171

Mon yoga prénatal p. 176

CÔTÉ PAPA Je hausse la voix ! p. 186

Mon accouchement p. 187

CÔTÉ PAPA L'accouchement p. 197

3e trimestre, la dernière ligne droite

Votre bébé bouge, s'exprime, vous pouvez communiquer avec lui, et le papa aussi! Votre ventre est maintenant imposant, et certaines postures réalisées jusqu'à présent ne vous sont plus si confortables. Votre congé maternité a commencé? Bonne nouvelle : votre emploi du temps libéré, cela laisse plus d'options pour pratiquer le yoga prénatal...

Les 3 derniers mois en quelques chiffres

Dates : le 3e trimestre s'étale de la 29e semaine d'aménorrhée à la naissance (40 semaines au plus).

Du côté de la maman : au début du 3e trimestre, les femmes ont en moyenne pris 10 kg et finissent leur grossesse autour de +15 kg. Ces chiffres restent une moyenne et non une norme, donc pas de panique, faites-vous confiance!

Du côté du bébé : il grandit pour atteindre tranquillement les 50 cm et les 3-4 kg, taille et poids moyen d'un enfant à la naissance.

La fatigue

Les derniers mois, la fatigue se fait de plus en plus ressentir. Pas de chance, avec votre bébé qui prend toutes ses aises dans votre ventre, il peut être moins agréable de rester allongée pour se reposer. Bon à savoir : si vous dormez mal depuis le 1er trimestre, vous commencez à accumuler du retard de sommeil, ce qui peut jouer sur votre humeur et votre irascibilité.

Le 3e trimestre, c'est...

- Un sommeil fractionné et plus léger.
- Un utérus qui grossit et un estomac et une vessie compressés.
- Un bébé qui bouge.
- Une prise de poids conséquente.
- Une possible incontinence urinaire.

L'appréhension de l'accouchement et le risque de prématurité

Au 6e mois, certaines ont déjà des contractions utérines ou un col qui s'est raccourci. Il leur est alors conseillé de rester allongées et d'en faire le moins possible : la fin de grossesse peut dès lors devenir difficile. Entre l'appréhension de l'accouchement et le risque de prématurité, il est important de se canaliser et de se recentrer pour ne pas devenir une boule d'angoisse.

Le congé maternité

Un arrêt parfois brutal

Il arrive généralement 6 semaines avant le terme. Anticipez-le bien pour ne pas mal vivre ce passage du tout au rien du jour au lendemain. Même si, soyons honnêtes, avec la fatigue accumulée et le gros ventre, les femmes sont souvent contentes quand leur congé arrive…

Accepter d'être en pause

Pour certaines, c'est très facile. Pour d'autres, arrêter de travailler, faire moins de sport ou rester seule à la maison peut devenir source de stress. Il faut alors changer d'état d'esprit ! Faire une pause ne veut pas dire rester inactive et amorphe comme s'il était dangereux de bouger : marchez, baladez-vous, prenez l'air le plus souvent possible. L'activité physique adaptée à l'état de fin de grossesse vous assure en plus un meilleur sommeil.

Je me prépare pour le jour J

Le grand jour est pour bientôt ! Afin d'y être préparée au mieux, voici les conseils à suivre.

Mon programme cocooning spécial périnée

Épisiotomie… Rien qu'à l'entendre, le terme vous fait tressaillir ! Pas de panique : non seulement c'est loin d'être automatique, mais elle peut, dans bien des cas, être évitée grâce à quelques gestes qui feraient presque rêver les beautystas !

1 J'offre une cure ayurvédique à mon intimité

À compter du premier jour du 9e mois, dormez une nuit sur deux avec un tampon imbibé d'une huile bio non allergisante (olive, amande douce) ou prévue à cet effet (disponible chez Weleda ou Pranarôm). À retirer au réveil, évidemment !

2 Je me masse en toute sérénité

Les autres jours de la semaine, massez votre périnée à l'aide de la même huile. La marche à suivre :

- lavez-vous les mains soigneusement ;
- imprégnez vos doigts d'huile avant de placer votre pouce en intravaginal et de pincer légèrement avec votre index la peau entre le vagin et l'anus ;
- réalisez une vingtaine de petits mouvements pour masser la zone en douceur.

Un peu d'anatomie…

Le périnée est constitué de 12 muscles qui contournent l'anus, le vagin, l'urètre et le clitoris, et soutiennent la vessie, le rectum, l'intestin et surtout l'utérus. Imprégné d'hormones pendant la grossesse, le périnée s'assouplit pour faciliter le passage du bébé dans le vagin. S'il n'est pas assez souple, il peut alors se déchirer. C'est justement pour éviter cette déchirure qu'on pratique parfois une petite incision dans le muscle au moment de la naissance. C'est l'épisiotomie.

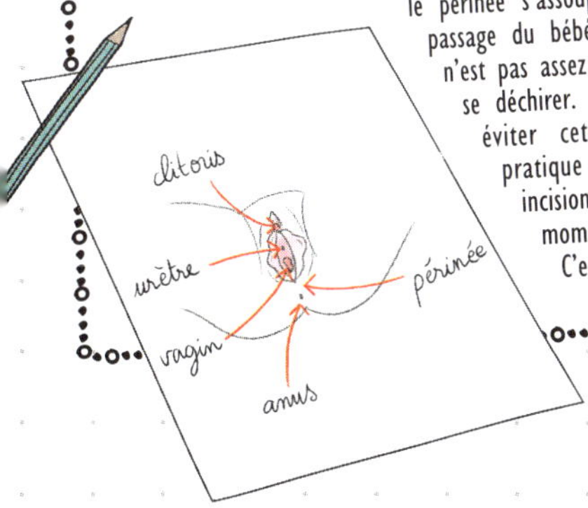

③ Je prends le temps de (me) sonder

Si la perspective de masser votre intimité ne vous enchante pas, il existe des petites sondes (EPI-NO® Delphine) permettant d'assouplir le périnée avant l'accouchement. En insérant le ballonnet dans le vagin et en le gonflant un peu plus chaque jour, les muscles se distendent progressivement… Intéressée ? Parlez-en à votre praticien !

Mon kit homéo spécial périnée

Pour assouplir le périnée et préparer l'utérus à l'accouchement, commandez en pharmacie la préparation magistrale suivante (3 tubes) :

- Magnesia carbonica 5 CH
- Magnesia phosphorica 5 CH
- Caulophyllum 5 CH
- Arnica 9 CH
- Actaea racemosa 9 CH
- Gelsemium 9 CH
- Pulsatilla 9 CH

Puis, prenez 3 granules sous la langue matin et soir à compter du début du 9e mois.

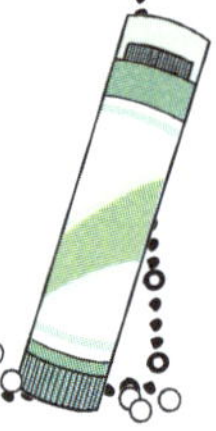

Allaitement : je me pose les bonnes questions !

Donner le sein ? Oui, vous aimeriez bien, ou du moins vous avez envie d'essayer, car à ce stade de votre grossesse, vous flippez. Zen ! Il suffit de vous poser les bonnes questions pour vous rassurer !

Est-ce que je vais faire le plein de lait ?

Normalement, oui !

La nature fait bien les choses. Ainsi, non seulement vos glandes mammaires se développent depuis votre puberté, mais le fameux cocktail hormonal de la grossesse (ici la prolactine et la progestérone) et la succion de votre bébé permettront à la mécanique organique d'être bien huilée ! Ensuite, plus votre bébé tétera, plus vous produirez du lait. En un mot : tout devrait rouler !

Je creuse la question si…

Votre mère ou votre grand-mère vous ont toujours dit qu'elles étaient en panne de lait ? Même si c'est rare, certaines femmes ont des déficits en prolactine qui peuvent être héréditaires. Veillez donc à aborder la question avec votre praticien en restant sereine. Vous n'êtes (heureusement) pas votre mère !

Les conseils d'Anna Roy pour chouchouter vos seins pendant la grossesse

Pendant la grossesse, les seins gagnent non seulement en volume, mais leur peau est aussi plus fine et vascularisée, les mamelons plus sensibles, etc. Mieux vaut donc en prendre soin !

- Pour éviter les vergetures, hydratez-les bien le matin avec une crème et enduisez-les d'huile d'olive bio le soir.
- Si vos mamelons grattent, tentez de changer de lessive et parlez-en à votre sage-femme, qui pourra vous conseiller un soin spécifique.
- Changez de soutien-gorge dès que vous ne vous sentez plus à l'aise. Au 3e trimestre, préférez un modèle spécial allaitement en coton ou en microfibres, une taille au-dessus de la vôtre, afin de pouvoir y glisser des coussinets d'allaitement.
- Prévoyez également une brassière pour la nuit !

Est-ce qu'on va m'aider ?

Oui, mais prenez les devants !

Entre votre sage-femme et votre médecin (s'il a un diplôme universitaire en lactation), puis l'équipe de la maternité, vous devriez être bien entourée. Toutefois, selon l'établissement et la charge de travail du personnel, ces pros ne seront peut-être pas toujours aussi disponibles que vous le souhaiteriez pour parler d'allaitement.

Mais alors, je fais comment ?

Dès le début de votre grossesse, prenez en compte, si possible, le facteur allaitement dans le choix de votre maternité et de votre suivi (hôpital labellisé Ami des Bébés, maison de naissance, sage-femme libérale, etc.).

Vers le 2e trimestre, n'hésitez pas à rencontrer une consultante en lactation certifiée IBCLC (International Board of Lactation Consultant Examiners) pour la mitrailler de questions !

Le jour J, emportez à la maternité les numéros à contacter en cas de problème d'allaitement (sage-femme libérale, consultante).

Est-ce que le papa va se sentir exclu ?

Non, si...

Vous prenez la décision d'allaiter en équipe ! Évidemment, il ne pourra jamais jouer dans votre division, mais vous pourrez trouver des alternatives ensemble pour qu'il ne se sente pas sur la touche ! Vite une idée ? Et si vous lui achetiez un maillot de peau-à-peau !

Et s'il botte en touche ?

Consultez ensemble votre praticien. Il pourra vous aider à mettre en place d'autres stratégies incluant le papa (tirer votre lait et donner le biberon, s'occuper du rot, etc.).

Ai-je besoin de potasser ?

Oui, mais...

En matière de préparation à l'allaitement, il y a deux écoles : certains praticiens préconisent de préparer les seins à la lactation pendant la grossesse ; d'autres voient en ces massages une source de pression inutile pour les mamans. Vous avez peur de ne pas avoir assez répété ? Rassurez-vous, votre organisme est au taquet !

Je me prépare quand même...

L'allaitement, ce n'est pas toujours du gâteau ! La mise en route, les crevasses, les engorgements sont autant de petits problèmes à identifier dès la grossesse avec votre sage-femme, pour savoir les résoudre lors de la tétée.

Allaitement : les accessoires utiles (ou non) !

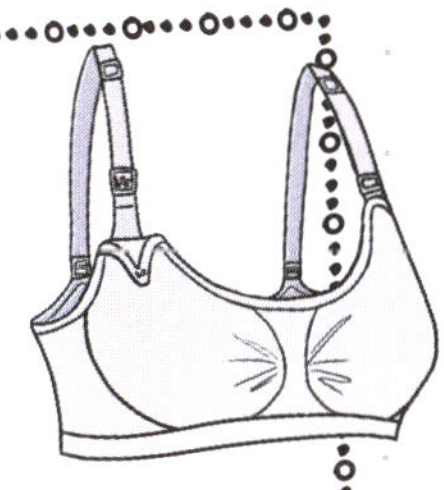

Vous êtes décidée à allaiter ? Prévoyez pour la maternité :

- 2 ou 3 soutiens-gorge d'allaitement ;
- des coussinets pour éviter les fuites ;
- une crème à base de lanoline purifiée.

En revanche, oubliez :

- les coquilles d'allaitement ;
- les bouts de sein ;
- le tire-lait.

S'ils peuvent faciliter l'allaitement, impossible de savoir aujourd'hui si vous en aurez vraiment besoin ! Votre praticien pourra vous conseiller à la naissance !

Et si je préparais les soins de mon bébé ?

Pas question d'étaler des substances toxiques sur le popotin de votre futur bambin ! Pour vous faire la main en attendant son arrivée, tentez les recettes ultra-saines proposées dans la Maison des Maternelles par Marie Bousquet, spécialiste des cosmétiques bio et cocréatrice des ateliers de la Souris Verte à Paris.

C'est quoi le problème avec les soins traditionnels ?

Conservateurs, agents antioxydants, tensio-actifs, émollients, parfums… Certaines substances utilisées dans les soins pour bébés sont décriées par les associations de consommateurs. Tour à tour allergènes, irritantes et pouvant même déséquilibrer le système hormonal (les perturbateurs endocriniens), elles peuvent, par effet cocktail, avoir une incidence sur la santé du tout-petit (voir p. 40). D'où l'intérêt de toujours privilégier des produits bio, composés d'un minimum d'ingrédients, ou des produits faits maison !

Je fabrique des lingettes écolos

Le matériel

- des carrés en fibre de bambou (10 × 10 ou 15 × 15 cm), ou des carrés de coton
- une boîte hermétique

Les ingrédients

- du gel d'*Aloe vera*
- une bouteille d'hydrolat de fleur d'oranger, d'achillée millefeuille ou de camomille romaine

La recette

Dans un petit bol préalablement stérilisé, mélangez une même dose d'*Aloe vera* et de l'hydrolat choisi. Placez le mélange dans la boîte avant d'y ajouter les carrés de tissu ou de coton. À conserver 1 mois à température ambiante.

L'astuce en plus

Les carrés de tissu peuvent être nettoyés à la machine (60 °C) avant d'être réutilisés !

Je concocte du liniment oléo-calcaire

Le matériel

- un mixeur
- un verre doseur
- une bouteille en plastique

Les ingrédients

- 25 cl d'eau de chaux (en pharmacie)
- 25 cl d'huile d'olive. Les alternatives : l'huile de noyau d'abricot ou l'huile de tournesol, toujours bio, évidemment !

La recette

Versez l'huile d'olive et l'eau de chaux à parts égales dans le verre doseur, puis mélangez à l'aide d'un mixeur plongeant jusqu'à obtenir un mélange bien homogène. Versez le tout dans une petite bouteille et secouez avant emploi.

L'astuce en plus

Le liniment oléo-calcaire peut aussi remplacer votre crème anti-vergetures !

Ma valise pour la maternité

Petite check-list pour ne rien oublier avant de rencontrer (enfin !) votre bébé…

Pour boucler mon dossier, j'embarque…

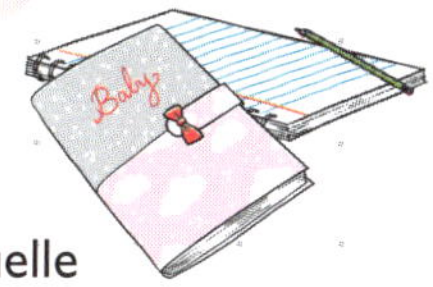

- une pièce d'identité
- mes cartes vitale et de mutuelle
- le livret de famille
- mon numéro d'allocations familiales
- mon dossier médical (échographies, sérologies, etc.)
- mon carnet de maternité
- mon carnet de naissance
- la reconnaissance anticipée de notre bébé (si le papa a pensé à la faire)

Pour la salle de travail, je prévois pour moi…

- une chemise de nuit (idéalement, qui s'ouvre sur le devant)
- un gilet bien chaud ou un petit peignoir
- une paire de chaussettes
- des chaussons
- un brumisateur d'eau

… et pour mon bébé

- un pyjama (taille 1 mois : qui sait, il sera peut-être dodu !)
- un body
- un gilet
- une paire de chaussettes
- un bonnet
- une turbulette

Pour un séjour à la maternité tranquillou, je me prépare…

- 2 ou 3 chemises ou tenues de nuit pas trop sexy

- mes bas de compression
- un peignoir ou un sweat
- une paire de chaussons
- quelques culottes-filets (fournies aussi par la maternité)
- un paquet de serviettes absorbantes/antifuites spéciales maternité
- un nécessaire de toilette (soins + 2 serviettes)
- du maquillage
- mon téléphone et son chargeur
- une petite lampe d'appoint type veilleuse (pour éviter d'allumer les néons pas très cosy la nuit)
- une tenue pour la sortie
- mon nécessaire d'allaitement (voir p. 164)

… et pour mon bébé

- 5 bodys
- 5 pyjamas
- 2 ou 3 gilets
- 4 ou 5 paires de chaussettes
- 2 ou 3 serviettes de toilette
- 5 ou 6 langes
- une turbulette
- une tenue et un bonnet chaud pour la sortie

Les conseils d'Anna Roy, sage-femme de la Maison des Maternelles : dans mon sac, je mets aussi…

Le séjour en salle de naissance peut être plus long qu'on ne le croit. N'oubliez pas de prévoir de quoi vous distraire (tablette, magazines, lecteur de musique, etc.) et une petite pochette contenant des pièces pour la machine à café… Il est question que le papa vous accompagne sur la durée ? Une petite attention supplémentaire pour lui : du jus de fruit et de quoi grignoter pour qu'il évite la crise d'hypoglycémie !

Mon yoga prénatal

C'est la dernière ligne droite ! Voilà un programme de yoga spécialement concocté pour le 3e trimestre de grossesse.

Mon planning pour le 3e trimestre

Durée d'une séance : 30 minutes en continu ou par sessions de 10 minutes réparties dans la journée.

Nombre de séances : au moins 1 par semaine.

Timing : quand vous en sentez le besoin.

Conseils : la difficulté en fin de la grossesse est d'apprivoiser son nouveau corps, de faire avec, sans frustration et surtout sans douleur. La durée de la séance dépendra de votre état. Si vous ne pouvez pas tout faire, surtout pas d'affolement, demain est un autre jour !

Mon programme yoga

L'objectif du yoga prénatal au 3e trimestre

Le plus important ? Faire de la place dans le ventre et étirer ses grands droits en les relâchant. L'estomac est ainsi moins compressé, et la digestion plus facile. Il est également important de solliciter son périnée durant ces derniers mois pour éviter des fuites urinaires provoquées par l'appui de l'utérus sur la vessie.

Je mise sur le yoga !

La fin de grossesse peut être épuisante, et la motivation inexistante. Il reste encore souvent plein de choses à gérer avant l'arrivée du bébé et l'approche imminente de l'accouchement peut être une source de stress. Pour pallier ces désagréments, misez sur le yoga ! Si vous sentez que 30 minutes, c'est trop, vous pouvez tout aussi bien distiller votre séance tout au long de la journée : un exercice par-ci, une posture par-là, de la respiration tout au long de la journée… L'essentiel est d'apprendre à écouter ses envies et son corps, et d'accompagner ce dernier dans ses changements.

Séance du 3e trimestre

Pour ces derniers mois, mieux vaut miser sur 3 ou 4 exercices par séance pas plus. Vous tiendrez ainsi un peu plus longtemps dans les postures plutôt que de partir sur un trop grand nombre d'exercices. N'oubliez pas que le yoga prénatal n'est ni une course ni une performance. Le but : vous faire du bien et vous soulager. Si une des positions proposées ne va pas dans ce sens, ne vous mettez pas la pression et mettez-la de côté.

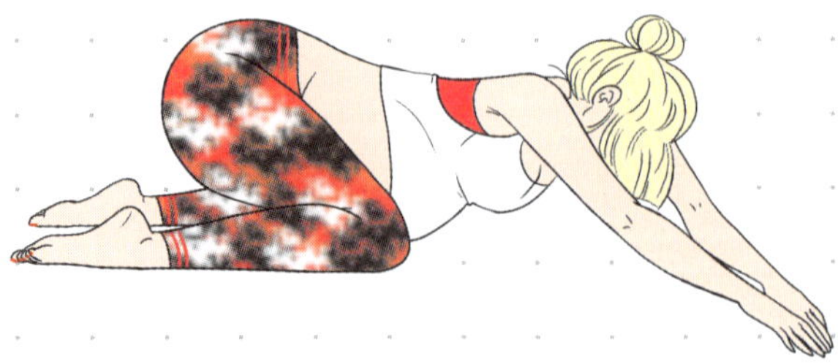

Ma séance tout en douceur

Ces 7 postures sont adaptées à la fin de grossesse et ne nécessitent pas de performance. Confortables, elles vous permettent de vous soulager et de vous revivifier jusqu'au bout.

① Le papillon

Cette position permet d'ouvrir le bassin avant l'accouchement.

Position de départ : assise en papillon, CorpoMed sous les genoux, vos mains tiennent vos pieds. Coudes et épaules sont relâchés.

Déroulé

- Inspirez, étirez le dos et rentrez le menton.
- Expirez, penchez-vous en avant en tenant toujours vos pieds et en veillant à ne pas remonter les genoux.
- Restez dans cette position, la tête vers le sol, et remplissez vos poumons d'air. Poussez votre coccyx vers le sol.
- Expirez et remontez la colonne étirée, vertèbre après vertèbre, du coccyx au crâne.

Répétition : 2 fois.

② La tête de vache

Cette posture ouvre la cage thoracique et libère l'estomac, qui peut être compressé.

Position de départ : asseyez-vous dans la position du papillon ou du lotus en croisant vos jambes et en plaçant un pied dans le creux du genou. Si cette position n'est pas agréable, placez un CorpoMed sous les genoux.

Déroulé

- Inspirez et attrapez vos mains dans le dos un bras en haut et l'autre en bas. Grandissez-vous en ouvrant la poitrine vers le ciel.
- Expirez en vidant le ventre et en tirant vos coudes vers l'arrière.

Répétition : restez 4 respirations, puis inversez le positionnement des bras.

Astuce : si vous ne pouvez pas attraper vos mains, plaquez-les sur votre dos ou prenez un foulard avec la main du haut et attrapez-le avec la main du bas.

① Le papillon

② La tête de vache

③ Le guerrier 2

Position de départ : debout, jambes tendues, mains en prière devant le sternum. Dégagez la jambe droite vers l'arrière, puis posez le pied droit légèrement ouvert vers l'extérieur. Pliez la jambe gauche : vous êtes en petite fente en ouverture.

Déroulé

- Inspirez et montez vos bras tendus au-dessus de la tête.
- Expirez et ouvrez les bras à l'horizontale. Le regard reste de face, mais la cage thoracique s'ouvre de manière à avoir les épaules et les hanches sur le même plan, alignées de profil.

Répétition : gardez la position sur 4 respirations en pliant bien la jambe devant (le genou doit être situé au-dessus des orteils).

④ Baby is coming

Position de départ : allongée sur le dos, les fesses posées sur le CorpoMed de façon à les surélever. Veillez à garder votre dos et votre ventre allongés.

Déroulé

- Ramenez vers vous une jambe pliée, puis l'autre, sur chaque expiration. Les cuisses entourent le ventre.
- Attrapez vos jambes derrière vos genoux ou attrapez vos chevilles si vous voulez accentuer la position.

Astuce : les fesses légèrement en hauteur vous permettent un étirement plus facile de la zone lombaire.

Répétition : restez dans cette position, en veillant à garder votre dos et votre ventre étirés, et effectuez la respiration abdominale le temps qu'il vous faut.

③ Le guerrier 2

④ Baby is coming

⑤ L'étirement du bas du dos

Position de départ : debout sur vos genoux écartés, le bassin en l'air, pliez en deux votre CorpoMed et passez-le entre vos jambes de manière à pouvoir vous asseoir confortablement dessus. Repliez un genou à la poitrine. Le genou placé au-dessus de la zone du bassin va automatiquement étirer le bas du dos et vous replacer si vous vous tenez de manière trop cambrée. L'autre jambe au sol vous permet de garder votre dos étiré et de ne pas vous tasser, ce qui ne serait pas du tout confortable avec ce ventre !

Déroulé : gardez la respiration abdominale et l'autograndissement sur quelques cycles, puis effectuez la même posture de l'autre côté.

⑥ L'étirement latéral

Position de départ : assise sur le tapis, jambes tendues et écartées à votre niveau de souplesse.

Déroulé

- Inspirez et amenez votre bras droit en l'air à côté de votre oreille droite.
- Expirez et avancez votre main gauche le long de votre jambe gauche. Penchez-vous vers votre jambe gauche en gardant votre bras droit à côté de votre oreille droite.

Répétition : restez dans cette posture encore une respiration, puis redressez-vous et recommencez de l'autre côté.

⑤ L'étirement du bas du dos

⑥ L'étirement latéral

⑦ Accroupie

Attention, niveau de difficulté élevé ! Cette position doit être confortable ; si vous éprouvez des difficultés ou des douleurs, mieux vaut ne pas insister pour le moment, vous y reviendrez peut-être plus tard.

Position de départ : debout sur votre tapis, les jambes un peu plus écartées que la largeur du bassin et les pieds ouverts vers l'extérieur, en canard.

Déroulé : les mains en prière, baissez vos fesses en pliant vos genoux, les coudes posés à l'intérieur des genoux.

Répétition : effectuez votre respiration dans cette position en autograndissement.

⑧ Le diamant

Prenez les 5 dernières minutes de votre séance pour venir vous asseoir en diamant, comme vous l'avez fait lors de vos séances des 1er et 2e trimestres. Fermez les yeux et respirez lentement et profondément, puis revenez progressivement à votre respiration naturelle et rouvrez les yeux.

⑦ Accroupie

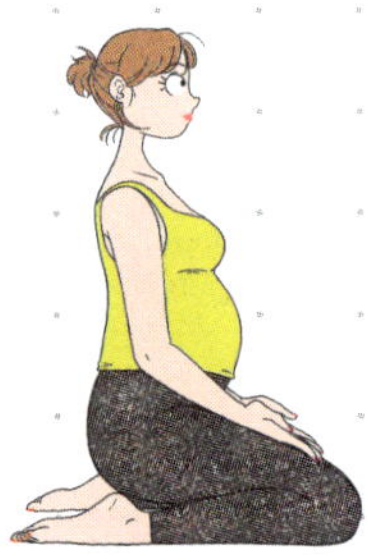

⑧ Posture en diamant

Séances détente sur gros ballon

Le but ? Se placer dans des positions un peu plus « acrobatiques » pour s'étirer plus profondément en toute sécurité. Pour que ces postures sur ballon soient efficaces, il faut les associer à la respiration abdominale : en montant et en descendant lors de la respiration, le diaphragme masse les viscères et assure un relâchement du corps.

① Pour étirer le bas du dos

Quand ? Après une promenade, un trajet en voiture, si vous avez dormi dans une mauvaise position ou plus globalement quand votre ventre vous tire trop sur le bas du dos.

Comment ? Placez votre ballon contre un mur et asseyez-vous dessus. Plaquez votre dos contre le mur, vos fesses suivent la forme du ballon et descendent légèrement. Résultat : la zone lombaire est étirée et le bas du dos décompressé. Les jambes sont placées de part et d'autre, sur les côtés du ventre, et ne viennent pas appuyer directement sur celui-ci.

② Pour étirer le haut du dos

Quand ? Quand vous sentez votre poitrine compressée et lourde, quand vos épaules et vos trapèzes sont douloureux ou quand vous sentez un point au milieu des omoplates.

Comment ? À genoux, entourez le ballon avec vos bras. Posez une joue sur le sommet du ballon et poussez vos fesses en arrière en relâchant la poitrine. Votre dos s'étire et le sternum s'ouvre. Gérez votre amplitude grâce à la pliure de vos jambes.

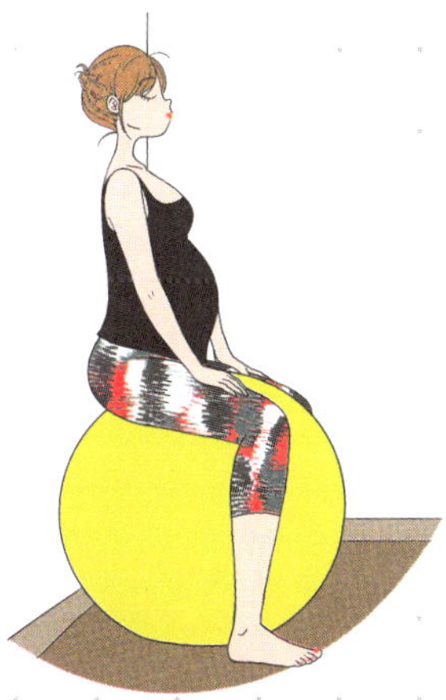

① Pour étirer le bas du dos

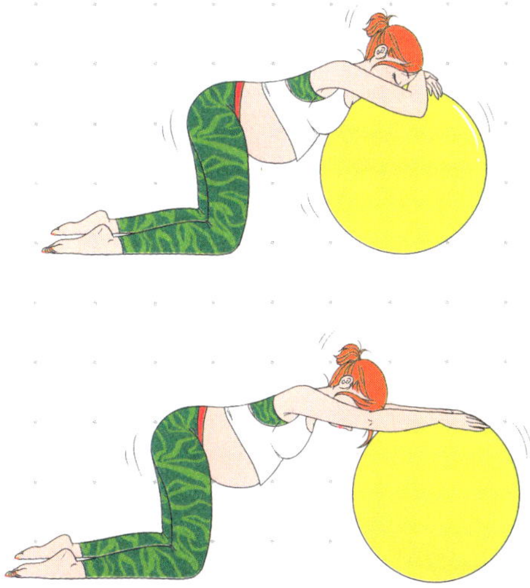

② Pour étirer le haut du dos

③ Pour ouvrir les côtes

Quand? Quand vous avez du mal à respirer, quand le bébé bouge et comprime votre estomac, quand vous sentez le stress vous envahir, si vous avez des problèmes digestifs.

Comment? Placez votre dos contre le ballon, jambes repliées. Pour ne pas cambrer, poussez votre pubis en avant, puis poussez sur vos jambes pour faire rouler légèrement le ballon. Vous êtes désormais en position horizontale. Gardez le bassin et les jambes solides, et relâchez progressivement le haut du dos de façon à suivre la courbe du ballon. La tête suit le mouvement, mais il est important de garder le menton rentré.

④ Pour effectuer un étirement latéral

Quand? Quand votre ventre appuie trop sur le plancher pelvien et en cas de constipation ou de compression des intestins.

Comment? Repliez la jambe droite devant vous et placez la gauche derrière : vous formez ainsi une sorte de Z avec vos jambes. Placez votre coude droit au-dessus du ballon pour étirer tout le côté droit du buste.

⑤ Pour ouvrir le bassin

Quand? Quand vous sentez des douleurs de bas du dos ou dans les jambes, type sciatique, quand votre ventre est tendu et douloureux, quand vos jambes sont lourdes.

Comment? Allongée sur le dos, placez vos jambes croisées au-dessus du ballon. Relâchez vos jambes en les laissant s'ouvrir, les chevilles restent jointes mais les genoux tombent vers l'extérieur.

③ Pour ouvrir les côtes

④ Étirement latéral

⑤ Pour ouvrir le bassin

Postures de repos

Difficile de trouver une position confortable pour se poser en fin de grossesse ! Avec ce gros ventre, vous n'arrivez plus à dormir dans la même position qu'avant, ni à lire dans un fauteuil ni même à manger assise à table… Vous ne trouvez peut-être plus les mêmes positions qu'avant pour vous reposer au moment où vous en avez le plus besoin. Heureusement, les positions qui suivent vont vous permettre de relâcher tout votre corps et d'évacuer les tensions. Aucune consigne de respiration particulière, si ce n'est de ne pas faire d'apnée !

① Posture 1

Étendez-vous sur le flanc droit ou gauche, repliez la jambe du dessus et placez le CorpoMed en U sous votre genou et votre tête. Le ventre repose sur le sol. Le genou doit être placé au-dessus du bassin pour éviter de cambrer la zone lombaire. Vous pouvez aussi légèrement plier la jambe du dessous si c'est plus confortable.

② Posture 2

Allongée sur le dos, placez le CorpoMed sous vos fesses, repliez vos jambes en ouverture, en rapprochant vos pieds de vos fesses. Le CorpoMed est situé entre vos talons et vos fesses, ainsi vos genoux retombent dessus. Les bras sont étendus le long du corps, paumes des mains vers le ciel et épaules relâchées.

Variante possible avec le poisson en tailleur : pour plus d'étirement, croisez vos bras au-dessus de la tête, coudes ouverts.

③ Posture 3

Placez le CorpoMed sous vos fesses et attrapez vos genoux. Ramenez-les en direction du sol en exerçant une légère pression. N'hésitez pas à faire bouger vos jambes dans tous les sens et à sentir la tête du fémur rouler dans l'articulation de la hanche pour une plus grande détente du bassin.

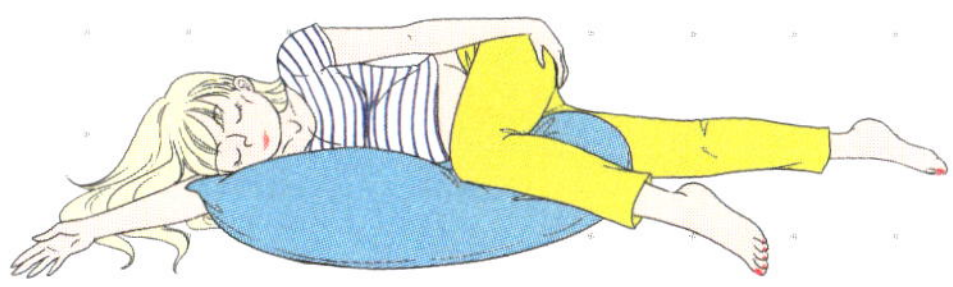

① Posture 1

② Posture 2

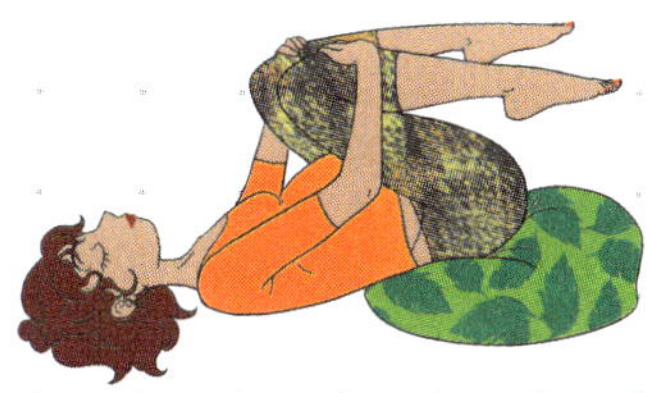

③ Posture 3

④ Posture 4

En posture de l'enfant, les fesses sur les talons, placez le CorpoMed entre vos bras et votre tête. Votre ventre repose au sol et votre dos est étiré. Attention, le CorpoMed est là pour vous surélever et permettre au ventre de se relâcher, en aucun cas le ventre ne doit être appuyé contre le sol.

Séances de préparation à l'accouchement

Huit séances prénatales sont prises en charge par la Sécurité sociale, profitez-en. Seule ou en groupe, sophrologie, respiration, yoga prénatal… le contenu de ces séances de préparation à l'accouchement varie selon ce que vous souhaitez et la sage-femme avec qui vous travaillez. En choisir une diplômée en yoga prénatal et la garder pour vos séances de rééducation en postnatal est une bonne idée pour assurer une continuité avec vos exercices pratiqués à la maison.

④ Posture 4

3 conseils pour prendre soin de soi à la fin de sa grossesse

① Je prévois plus large niveau timing

Vous vous déplacez plus lentement : si un trajet à pied vous prend habituellement 15 minutes, comptez-en 5 de plus… Vous ne devez pas vous presser ; si vous êtes en retard, dites-vous que vous avez une bonne excuse !

② Je demande de l'aide

Ce n'est pas toujours facile à admettre, mais vous n'êtes plus en mesure d'assurer certaines choses comme avant. Ne jouez pas les Wonder Woman pendant les dernières semaines et laissez votre partenaire vous aider.

③ Je ne remplis pas mes journées

Vous êtes en congé maternité pour vous reposer ! Inutile de courir dans tous les sens, profitez du calme de cette période. Cela n'est pas près de se reproduire après l'accouchement…

5 astuces pour garder un corps tonique jusqu'à la fin de la grossesse

1. Finir sa douche avec un jet d'eau froide pour activer la circulation sanguine et raffermir les capitons.
2. Masser profondément (ou se faire masser !) les jambes.
3. Boire de l'eau pour drainer.
4. Utiliser au maximum les muscles de vos jambes : se baisser, marcher, monter les escaliers… le tout de manière adaptée et à votre rythme.
5. En position assise, contractez les fessiers l'air de rien. Vous travaillerez votre périnée par la même occasion.

Je fais des cauchemars monstrueux !

Pourquoi ?

Plus à l'écoute de vous-même qu'à l'accoutumée, vous êtes aussi en période de doute. Vous ressassez, cogitez, et ce trop-plein d'émotions tend à se traduire par de mauvais rêves.

Mes bons réflexes au quotidien

- Éteindre la télé et le téléphone ! C'est le moment de m'inonder de bons sentiments (BD, romans *feel good*, etc.).
- Trouver un exutoire : tenir un journal intime, commencer le tricot, le coloriage… Les activités manuelles font des petits miracles contre les idées noires. À tenter !
- Aller au lit zen après un dîner en amoureux, un petit bain, ou en s'endormant sur un bon bouquin !

Mes remèdes naturels : un peu de tout !

- Des plantes avec les fleurs de Bach (Hélianthème ou Rock Rose) ou de l'huile essentielle de lavande fine (2 gouttes sur l'oreiller).
- De l'homéopathie (Stramonium si les cauchemars impliquent votre bébé, Hyoscyamus en cas de terreurs nocturnes avec réveil en sursaut, 3 granules en 9 CH au coucher).
- Quelques séances d'acupuncture, voire de l'hypnose prénatale !

Le yoga nidra pour vous accompagner vers le sommeil

Technique de relaxation millénaire, le yoga nidra vise à atteindre un état de détente absolue par des exercices de visualisation.

La marche à suivre ?

Allongez-vous sur le dos dans la position du savasana : la tête et les pieds alignés, les bras légèrement écartés du corps, les paumes tournées vers le plafond, et évidemment les yeux fermés. Une fois bien installée, énumérez mentalement toutes les parties de votre corps de la tête aux pieds, l'une après l'autre, en marquant une pause après chacune d'elles. Votre objectif : prendre conscience de chaque zone et en évacuer les tensions.

Je hausse la voix !

Pourquoi ? Un bébé commence à entendre dès le 4e mois de grossesse, et c'est vers le 7e mois que son audition est complètement développée. C'est donc le moment de lui parler !

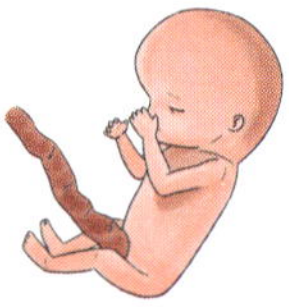

Et je fais quoi exactement ?

① Parlez-lui comme à votre grand-mère !
Si votre voix émet des sons à hauteur de 60 décibels (dB), le bébé, lui, ne perçoit que 8 à 12 dB, d'où l'intérêt de parler bien fort, mais sans crier, évidemment. En revanche, inutile de vous coller au ventre de votre moitié si cela ne vous fait pas rêver. En restant à une distance de 1 ou 2 mètres, il vous entendra !

② Répétez, répétez, répétez !
Selon certains travaux de recherche[7], les nouveau-nés auraient une véritable mémoire auditive et seraient ainsi sensibles (et même apaisés) après la naissance par des rythmes, des phrases, des intonations auxquels ils auraient été exposés régulièrement pendant la grossesse. Si ces études portent essentiellement sur la voix de leur maman, vous ne perdez rien à lui répéter tous les jours la liste de courses, une comptine ou la liste des joueurs de l'équipe de France !

Qu'est-ce qu'il entend là-dedans ?

In utero, le bébé entend une quantité improbable de bruits, qui, étonnamment, le rassurent. Il capte ainsi :

- un bruit de fond maternel généré par le cœur et le transit de votre compagne, ainsi que le bruit du sang qui circule dans le placenta et l'artère du cordon ombilical ; ces sons, qui atteignent tout de même 30 à 60 décibels (dB), sont essentiellement graves ou moyens ;
- la voix de sa mère est celle qu'il entend le mieux (60 dB, elle aussi), car elle lui parvient à la fois par voie aérienne, comme tous les sons, et par voie interne, via ses tissus et son squelette ;
- les sons extérieurs (et donc votre voix) sont entendus dès lors qu'ils atteignent 60 dB.

Mon accouchement

Après 9 mois de sacerdoce à prendre soin de vous et de votre bébé, vous voici dans la dernière ligne droite de votre grossesse… Il est vrai que, face à ce grand inconnu que représente l'accouchement, le doute vient souvent s'immiscer. Allez-vous y arriver ? Pourrez-vous rester sur les voies (parfois impénétrables) de la physiologie ? Pas de panique : vous pouvez mettre les chances de votre côté avec quelques réflexes simples ! Et souvenez-vous : peu importe si tout ne se déroule pas comme vous l'aviez escompté. La seule chose qui compte : votre divin enfant sera bientôt là, à vos côtés !

C'est quoi, ces contractions ?

Si on devait en croire les films romantiques, il faudrait partir à la maternité dès la première contraction tout en soufflant comme un petit veau. En réalité, c'est plus compliqué. Petit décryptage précis pour y voir plus clair.

① La (vraie) fausse contraction

Dès le 2e trimestre, il n'est pas rare de ressentir des contractions (le ventre devient dur) non douloureuses. Normales, ces contractions, dites de Braxton Hicks, permettent à la fibre musculaire de l'utérus de se distendre. Vous les ressentirez peut-être une ou deux fois par jour jusqu'au début du 3e trimestre, puis en mode crescendo jusqu'au 8e mois.

Vous n'êtes pas rassurée ? Si les contractions ne sont pas régulières, n'augmentent pas en intensité et durent moins d'une minute, restez zen !

Mes médecines douces en cas de contractions

En homéopathie

- RACEMOSA 15 CH, 5 granules 2 fois par jour si les contractions s'accompagnent d'anxiété.
- CHAMOMILLA 5 CH, 5 granules toutes les heures si les contractions sont douloureuses et que vous vous sentez agitée.

L'oligothérapie

1 ampoule de magnésium matin et soir peut apaiser vos contractions… après accord de votre praticien !

② La contraction de travail

Il en suffira d'une pour que vous la reconnaissiez : le ventre se durcit et la douleur apparaît, irradiant parfois dans le dos avant de s'intensifier. Et quand les contractions deviennent régulières, de plus en plus longues et fortes, le travail s'annonce !

Mais alors, on part quand ?

- Vous n'êtes pas encore à 37 SA, filez immédiatement !
- C'est votre premier ? Attendez que les contractions soient douloureuses et régulières pendant 2 heures et qu'elles se répètent toutes les 5 minutes.
- Vous en avez vu d'autres (enfants) ? Attendez 1 heure avec des contractions espacées de 10 minutes !

Je pars ou pas ? Les conseils d'Anna Roy, sage-femme de la Maison des Maternelles

- Si vous avez perdu le bouchon muqueux (un amas de glaires), votre col se ramollit tranquillement. Pas la peine de bouger !
- Si votre bébé ne bouge pas comme d'habitude, ne réagit pas aux stimuli (voir p. 10), partez !
- Si vous avez des saignements, filez !
- Si vous avez des pertes de liquide inhabituelles, un écoulement franc (signe de rupture de la poche des eaux), direction la mater' !

L'accouchement sans péri : je tente ou pas ?

Anesthésie ou pas d'anesthésie : telle est la question qui vous réveille la nuit ! S'il est vrai que péri ne rime pas vraiment avec physiologie, il est important que vous puissiez faire un choix éclairé ! Quelques pistes pour vous guider !

J'hésite...

D'un côté, il y a celles qui voient en la péridurale l'incarnation du mal. De l'autre, celles qui pensent que l'anesthésie, c'est béni ! Quand vous en parlez avec vos amies, il n'y a pas de compromis ! Pourtant, vous doutez... Que faire ?

La péridurale, quèsaco ?

Cette anesthésie locale des membres inférieurs (dite locorégionale) consiste à passer une aiguille dans l'espace péridural de la colonne vertébrale entre deux vertèbres. On insère alors un cathéter relié à une perfusion d'anesthésiant, qui inhibe la douleur.

① J'arrête de culpabiliser !

Oui, vous avez le droit d'hésiter ! Après tout, vous êtes face à tant d'inconnues ! Quel sera votre seuil de tolérance à la douleur ? Combien de temps durera le travail ? Serez-vous épuisée ? Autant de facteurs, aujourd'hui imprévisibles, qui influenceront votre décision.

Je suis décidée : c'est non !

Non, la péridurale ne passera pas par vous ! Reste donc à mettre toutes les chances de votre côté pour bien vivre ce grand moment de bonheur (et de douleurs). Le bon réflexe : la méthode PERI (si, si) !

Préparée je serai !

Respiration, relaxation, visualisation… Ce que vous avez appris en prépa à la naissance sera essentiel le jour J. Ne négligez pas vos séances ! De même, tous les coups de pouce des médecines douces sont à prendre. L'acupuncture pour préparer le col, l'homéo et la phyto pour mieux vivre les contractions et les angoisses… Go !

Rétroplanning antidouleurs

- Dès le début de la prépa jusqu'à la naissance : réserver 5 minutes par jour (ou plus) pour s'entraîner.
- Vers 7 mois : prendre rendez-vous chez l'acupuncteur et votre praticien en homéo ou en phyto.
- Début du 9e mois : commencer le massage du périnée (voir p. 171).
- À J -15 : préparer votre kit homéo/phyto (voir p. 172).

② Je pèse les pour et les contre

S'il fallait vous baser simplement sur l'acte, vous partiriez en courant. Mais voilà, la péri a d'autres arguments…

LES AVANTAGES (OUI, IL Y EN A) !	LES INCONVÉNIENTS (CAR IL Y EN A AUSSI)
• On sent le travail, la délivrance, le tout sans souffrance ! • Le temps de travail n'est pas allongé. • Elle limite le recours à une anesthésie en cas d'urgence. • Elle est une perspective rassurante pour les mamans stressées.	• Elle augmente le nombre de gestes médicaux. • Elle peut avoir des effets secondaires (rares) : maux de tête, vertiges… • Elle ne favorise pas le lien maman-bébé. • Elle génère un temps de récupération supplémentaire après la naissance.

③ Je fais le point sur mon état d'esprit

Après avoir échangé avec vos praticiens, et surtout l'anesthésiste, posez-vous une seule question : de quoi avez-vous envie en priorité (voir p. 64) ? Ne pas avoir de douleurs ou vivre la naissance comme elle se présente ? Il n'y a pas de bonne ou de mauvaise réponse : juste votre état d'esprit !

Équipée je serai (tout comme la maternité)!

Le ballon, les suspensions et la baignoire de pré-travail sont autant d'équipements permettant d'alléger la douleur des contractions, d'où l'utilité de savoir si votre maternité en est équipée! À compléter par tout ce qui peut vous apaiser : coussin d'allaitement, playlist zen, etc.!

Renseignée je serai!

Le jour J, vous aurez peut-être besoin d'un petit coup de pouce. Profitez du rendez-vous (obligatoire) avec l'anesthésiste pour faire le point sur les alternatives à la péridurale et vérifiez qu'un praticien formé à votre prépa (hypnose, acupuncture) sera là pour vous accompagner.

Intraitable je ne serai pas!

Le jour J, votre sage-femme vous donne des indications (peu diplomatiques) sur la poussée? Écoutez-la! Votre médecin pense qu'une anesthésie s'impose? Ne soyez pas obstinée. Quand il s'agit d'une urgence, rappelez-vous : ce n'est pas vous la pro de la santé!

Les alternatives à la péri

- **La rachianesthésie :** anesthésie locorégionale généralement réservée à la césarienne, elle est plus facile à poser mais plus limitée que la péri (elle dure 2 heures max!).
- **La péridurale déambulatoire :** moins dosée, elle permet de se déplacer. Si elle a bien des avantages (expulsion raccourcie, contractions mieux supportées), elle reste peu pratiquée.
- **Le protoxyde d'azote :** respiré au masque, il permet d'oxygéner les tissus et aide le col à se relâcher. Rien de tel pour souffler un coup!

Toujours pas de bébé ? Mes pas-à-pas au naturel !

Qui ne rêve pas d'un bébé qui passerait (le col) comme une lettre à la poste ? Mais voilà, il n'est pas disposé à faire sa grande traversée comme vous l'aimeriez. Heureusement, il existe des solutions douces pour lui donner un coup de pouce…

1 Mon bébé est têtu comme une mule !

Le problème

Vous approchez doucement de la fin de votre grossesse et votre bébé n'a toujours pas la tête en bas.

Pour commencer…

Patientez ! Si vous n'êtes pas encore dans votre 7e mois, votre petit paresseux va peut-être finir par se décider. En revanche, s'il reste obstinément tête en haut à la 3e écho, puis à 37 SA, une présentation en siège sera sûrement diagnostiquée.

Ensuite…

Prenez rendez-vous chez l'acupuncteur dès 32 SA. En effet, chez une future maman sur deux dont le bébé n'est pas retourné, une ou plusieurs séances d'acupuncture suffisent à le motiver. Une autre piste parfois très efficace : la chiropraxie !

Enfin…

Ne désespérez pas ! Si, vers 8 mois, la situation n'a pas évolué, votre sage-femme pourra réaliser une version par manœuvre externe. Non invasif (mais peu agréable), ce geste consiste à faire pivoter votre tout-petit sur son axe par des manipulations au niveau du ventre.

Mon bébé est en siège : c'est la césarienne assurée ?

Même si la présentation en siège est considérée comme étant à risque, certaines équipes peuvent proposer un accouchement par voie basse si votre bébé est descendu dans le bassin, si les contractions sont efficaces et si le col est bien dilaté. Ce type de naissance n'est toutefois pas pratiqué dans toutes les maternités. Parlez-en à votre sage-femme !

2 Mon bébé est (trop) bien là où il est !

Le problème

Votre accouchement était prévu hier… et toujours rien !

Pour commencer…

Revoyez vos estimations ! Le calcul du terme n'est pas une science exacte. Prévoyez une marge d'erreur de plus ou moins 5 jours avant de vous emballer !

Ensuite…

Prenez rendez-vous chez l'acupuncteur (toujours lui !). Au cours du 9e mois, quelques séances pourront

rendre les contractions plus efficaces, favoriser la maturation du col, etc. Des séances à prolonger une fois le terme dépassé pour faciliter la descente de votre bébé et accélérer l'accouchement.

De la même façon, c'est le moment de prendre rendez-vous chez l'homéopathe. À ce stade de votre grossesse (encore plus qu'avant), pas de recette miracle. Le traitement doit être personnalisé ! Votre praticien pourra toutefois privilégier :

- Ignatia et Gelsemium pour surmonter certains blocages psychologiques ;
- Folliculinum en échelle pour induire la variation hormonale qui donnera à votre corps le top départ du travail.

Enfin…

Faites des câlins ! Le sperme contient des prostaglandines, une hormone qui aide le col à arriver à maturité et stimule le travail.

Les fausses bonnes idées pour entrer en travail

- Le grand ménage : les efforts physiques ne déclenchent pas le travail, mais vous épuisent !
- Les feuilles de framboisier : en phyto, cette plante agit sur l'hypophyse et favorise le travail via la production d'ocytocine, mais elle peut aussi modifier la coagulation et poser problème si une anesthésie s'impose.
- L'huile de ricin : bien qu'elle favorise la maturation du col, elle est aussi un laxatif ultra-puissant…

③ Mon bébé freine des deux pieds !

Le problème

Vous avez des contractions, vous êtes partie à la maternité… et toujours pas de bébé. Résultat : vous craignez d'être déclenchée.

Pour commencer…

Faites le point ! Le travail ne commence que quand les contractions sont douloureuses et régulières, d'une part, et quand le col de l'utérus se modifie entre deux examens, d'autre part. Si c'est votre cas, vous devriez accoucher environ 8 heures plus tard (voire plus) ! C'est alors seulement si les contractions ne sont pas efficaces, que la dilatation n'est pas régulière ou que votre bébé ne progresse pas bien dans le bassin qu'un déclenchement sera envisagé.

Ensuite…

Tentez l'acupuncture et l'homéopathie.
Si le déclenchement est prévu, l'acupuncture (avec une sage-femme spécialisée) peut aider à raccourcir et à ramollir le col.
Une fois que le travail a commencé, Caulophyllum 5 CH, 5 granules toutes les 15 minutes, permet d'accélérer les contractions.

Enfin…

Bougez (voir en page suivante) ! Le travail a commencé ? Tentez de marcher ou de monter les escaliers.
Le travail est plus avancé ? Faites des mouvements de bascule du bassin, balancez-vous de gauche à droite… Il finira bien par descendre !

J'accouche, je bouge !

Pas question de flemmasser entre les étriers ! Pour que votre bébé pointe le bout de son nez sans aide médicalisée (ou presque), il va falloir bouger ! Quelques exemples de postures qui vous rendront la vie et la naissance plus simples…

1er stade du travail : je bouge autant qu'il le faut !

Qu'est-ce qui se passe ?

Le 1er stade du travail commence par vos premières contractions régulières et finit quand votre col est complètement dilaté. C'est la phase la plus longue de l'accouchement (environ 8 heures si c'est votre premier).

Être en mouvement pendant l'accouchement : c'est tendance (et utile) !

Longtemps préconisée par les sages-femmes, la mobilité durant les différentes phases du travail est désormais reconnue comme utile par la Haute Autorité de santé (HAS) ! En effet, elle permettrait non seulement de mieux gérer la douleur, et donc de moins recourir à l'analgésie, mais aussi de favoriser la descente du bébé dans le bassin, d'améliorer son oxygénation et même de raccourcir le temps d'accouchement !

Les positions et les mouvements qui aident

Assise sur un ballon

Assise sur le ballon jambes légèrement écartées, appuyez-vous contre un mur avec vos mains pour soulager votre dos, votre bassin et relâcher votre périnée. L'alternative : vous placer face à votre conjoint et le tenir par la taille.

Allongée sur le côté

Pour vous détendre pendant les contractions et bien oxygéner votre bébé, installez-vous sur le côté (en basculant presque sur le ventre), la jambe du dessous tendue, l'autre sur un coussin. À alterner à droite et à gauche.

Les postures verticales (debout, accroupie)

La gravité peut aider votre bébé à descendre dans le bassin ! Veillez donc à multiplier les positions verticales, comme la marche, les bascules et les rotations de bassin debout, ou la position accroupie, en appui sur le dossier d'une chaise, contre un mur ou votre homme.

Assise sur un ballon

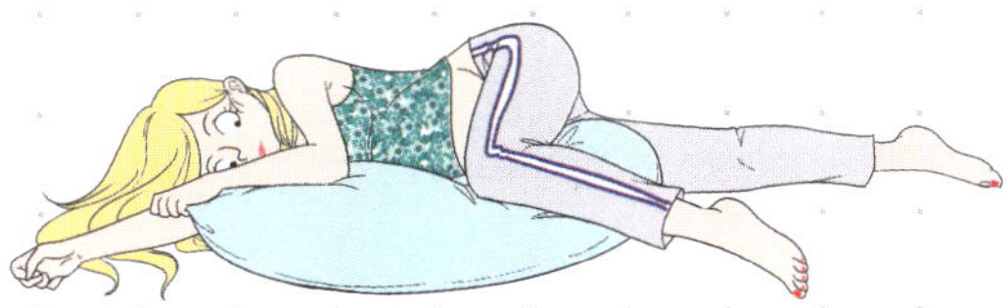

Allongée sur le côté

À quatre pattes

Pour soulager votre dos, apaiser les contractions dans les reins ou respirer plus facilement, tentez de vous mettre à quatre pattes sur vos genoux et vos coudes.

En appui sur le ballon

À genoux, reposez vos bras et votre visage sur le ballon. Dans cette position, votre homme peut aussi vous masser pour soulager votre dos. L'alternative : placez-vous debout derrière la table de travail, la tête et les bras sur un coussin.

L'automassage

Non seulement il apaise votre dos, mais il favorise l'efficacité des contractions et la descente du bébé. Laissez-vous tenter !

2e phase du travail : je choisis la posture qui me convient

Qu'est-ce qui se passe ?

La 2e phase du travail commence quand la dilatation du col est complète et elle finit avec la naissance. Beaucoup plus courte, elle va surtout être pour vous l'occasion de trouver la bonne position pour guider votre bébé vers la sortie !

C'est votre choix

En France, la position gynécologique (allongée sur le dos, les pieds dans les étriers) est très souvent privilégiée. Le hic : non seulement elle augmenterait la douleur et le recours aux forceps et aux ventouses, mais elle favoriserait aussi les anomalies du rythme cardiaque chez le bébé. La HAS recommande donc de laisser la maman adopter la posture qui lui semble la plus confortable !

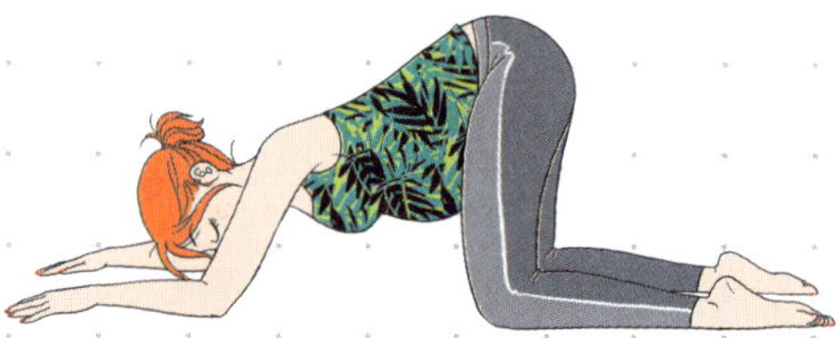

À quatre pattes

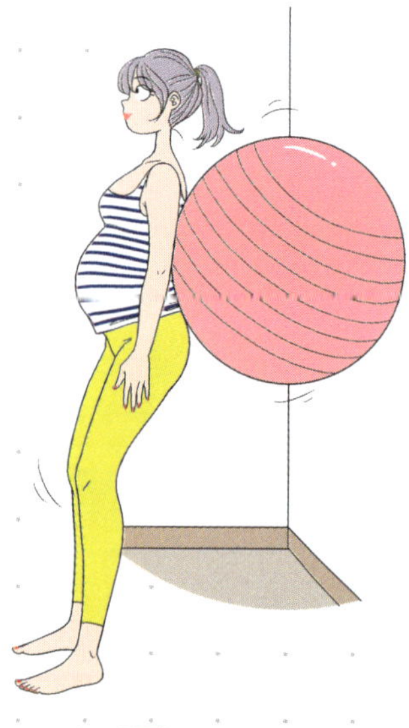

Automassage

Les postures à tenter

Allongée sur le côté (voir p. 193)

Idéale, cette position permet d'ouvrir le bassin, facilite la poussée et préserve le périnée.

Accroupie

Si elle favorise la descente du bébé grâce à la gravité, la position accroupie nécessite aussi que la salle de travail soit équipée de suspension pour pouvoir vous aider dans la poussée.

À quatre pattes

Au-delà de ses effets sur les contractions et la respiration (voir page 194), cette posture est intéressante pour aider votre bébé à se retourner s'il est orienté face à votre ventre et non à votre dos.

Sur le dos « en chasse-neige » (posture du Dr de Gasquet)

Si vous êtes plus à l'aise sur le dos, installez-vous les pieds dans les étriers et les jambes fléchies sur votre ventre, afin que l'angle entre vos cuisses et votre colonne soit légèrement inférieure à 90°. À noter : cette position nécessite que le plan d'accouchement soit aménagé (avec les étriers plus hauts et la table d'accouchement basculée pour que le bassin soit bien positionné). N'hésitez pas à en parler à l'équipe qui vous suit !

Vais-je pouvoir accoucher dans « ma » position ?

L'avis d'Anna Roy, sage-femme de la Maison des Maternelles

Oui, s'il n'y a pas de contre-indications médicales (placement du bébé, du placenta, du cordon, prématurité…) ou de contrainte mécanique (une péridurale trop dosée) qui vienne la gêner. Il faut aussi que les positions d'accouchement soient intégrées aux protocoles du service pour que l'équipe puisse vous accompagner en toute sécurité !

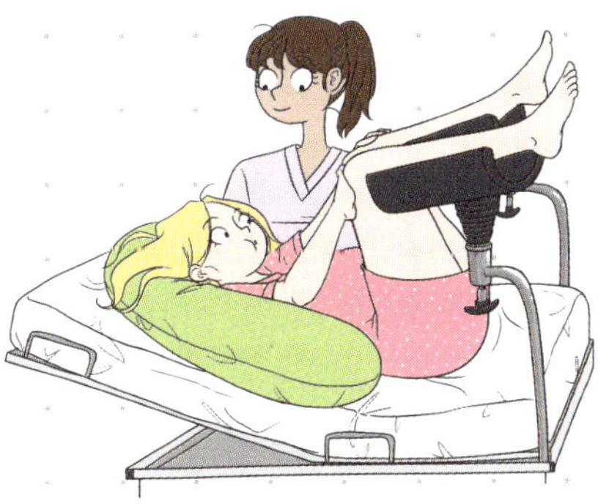

Posture du Dr de Gasquet

Mon accouchement n'a pas été aussi naturel que je l'aurais voulu…

Jamais vous n'aviez été aussi bien préparée… Mais voilà, le jour J, vous n'avez pas pu respecter votre projet de naissance. Pourtant, avec un bébé merveilleux à vos côtés, vous êtes loin d'être hors sujet. Trois étapes pour redoubler de bienveillance envers vous-même.

À la maternité, je ne néglige pas l'intégration (familiale) !

L'équipe de la mater' a fait l'impasse sur votre projet de naissance ? Vous n'avez pas pu faire du peau-à-peau ? Si vous êtes en droit d'être déçue, il est important de préserver le petit nouveau de la famille.

➾ Veillez à lui expliquer avec des mots simples vos émotions. Même s'il ne vous comprend pas encore, il retrouvera cette voix et cette douceur qui l'ont bercé pendant 9 mois. Rien de tel pour le rassurer avant la rentrée (à la maison) !

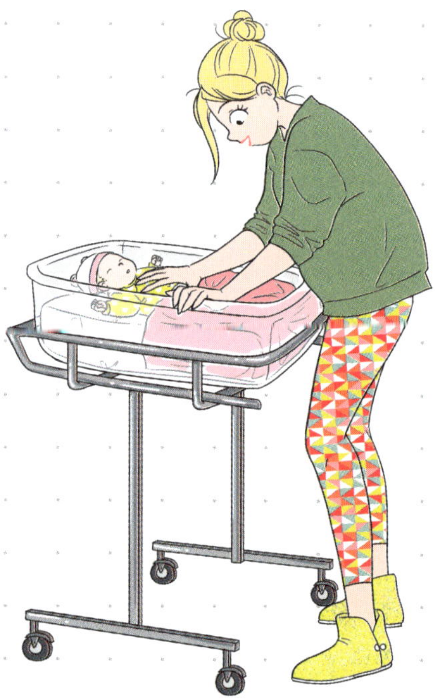

De retour à la maison, je ressors ma copie !

Aujourd'hui, vous avez l'impression de ne pas avoir assuré en demandant la péri… Mais, avec du recul, vous vous apercevrez que vous n'avez pas été un cancre.

➾ Dans les jours suivant votre retour, ressortez votre projet de naissance et réalisez ces deux exercices.

1. Notez sur une feuille ce que vous avez ressenti pendant l'accouchement : quel moment a été difficile ? Pourquoi ? Ensuite, comparez-la à votre projet. L'objectif : comprendre où vous en êtes aujourd'hui et ce sur quoi vous devez travailler.
2. Cochez sur votre projet ce que vous avez accompli. Vous avez cartonné à la première tétée ? Le papa a coupé le cordon ? Finalement, vous vous êtes bien débrouillée !

Ensuite, je demande du soutien !

Une urgence médicale, une césarienne imprévue… Parfois, l'accouchement laisse des traces psychologiques plus durables. Laissez le corps reprendre le relais de la tête en tentant :

- **l'haptonomie postnatale**, indiquée si vous avez la sensation d'être passée à côté de la rencontre avec votre bébé ;
- **l'ostéopathie tissulaire** (une approche holistique de l'ostéopathie visant à rééquilibrer la mémoire des tissus humains après un choc), qui, par certaines manipulations, permet de surmonter et de positiver les moments difficiles de l'accouchement ;
- **l'hypnose,** qui, en une seule séance, peut aider à se remettre d'un accouchement traumatique !

L'accouchement

Jusqu'ici, vous avez assuré ! Reste à continuer sur votre lancée avec l'accouchement… et tous ses questionnements ! Comment l'accompagner dans ses douleurs carabinées ? Révisez ces quelques pages avant de vous lancer dans la grande inconnue de la paternité !

Le jargon de l'accouchement décrypté

Le jour J, il y aura tous ces moments dont la sage-femme vous a parlé pendant la préparation à la naissance (à laquelle vous avez assisté, évidemment !). Et puis il y aura toutes les autres surprises dont vous vous seriez sûrement bien passé. Panorama !

C comme Césarienne

C'est quoi ? Quand une naissance par voie basse n'est pas possible, une césarienne s'impose. Et si cette incision dans la paroi abdominale (réalisée sous anesthésie générale ou sous péridurale) peut dans certains cas être prévue en amont, elle est aussi parfois pratiquée en urgence, notamment si l'accouchement traîne en longueur, que le col ne se dilate pas bien ou que le bébé est en souffrance…

C'est le moment…

1. **de vous pencher sur les protocoles de votre maternité.** Certains établissements n'autorisent pas la présence des papas en salle de naissance. Mieux vaut vous renseigner en amont sur votre position !
2. **d'inclure l'éventualité d'une césarienne dans votre projet de naissance.** Pourrez-vous faire du peau-à-peau, participer autant que possible aux soins ? Parlez-en à l'équipe qui vous suit !
3. **de la rassurer.** Près de 20 % des naissances se font par césarienne en France. Comme toutes les autres mamans, oui, elle va assurer, et non, elle n'aura rien « raté » !

D comme Dépassement (du terme)

C'est quoi ? Le moment fatidique où la DPA est dépassée, et donc où elle aurait déjà dû accoucher.

➾ C'est le moment…

1. **de relativiser !** Les professionnels se donnent une marge d'erreur de 5 jours pour le calcul du terme. Le bébé n'est donc peut-être pas en retard !
2. **d'aménager votre emploi du temps.** À compter du début de la 41e SA, les examens de suivi s'enchaînent avec une échographie et un monitoring toutes les 48 heures… et autant d'allers-retours à la maternité. Pour vous faire adouber futur papa de l'année, tentez de vous libérer ! À noter : 5 ou 6 jours après la DPA, l'accouchement sera déclenché.
3. **de lui proposer** (habilement) un câlin… (voir p. 69).

… ou comme Délivrance

C'est quoi ? Une quinzaine de minutes après la naissance, les contractions reprennent afin d'expulser le placenta. S'ensuit un examen dudit organe par la sage-femme pour s'assurer que certaines complications ne sont pas d'actualité.

➾ C'est le moment…

1. **de rester du bon côté du champ opératoire.** Attention événement peu appétissant !
2. **de la rassurer (encore).** Si le placenta n'est pas en parfait état, une révision utérine (un examen visant à vérifier que tout le placenta a bien été expulsé) sera réalisée par la sage-femme. Un moment pas très sympa à passer, mais rapide et essentiel pour sa santé !

À quoi sert le placenta ?

Les explications d'Anna Roy, sage-femme de la Maison des Maternelles

Pendant la grossesse, le bébé est rattaché via le cordon ombilical au placenta, lui-même accroché à l'utérus. Le placenta a une fonction extraordinaire : il donne de l'oxygène au bébé, le nourrit et sert de filtre, protégeant ainsi le fœtus de certaines infections.

E comme Expulsion…

C'est quoi ? La dernière étape de l'accouchement, et plus précisément le temps compris entre la dilatation complète du col de l'utérus (à 10 centimètres) et la naissance. Au cours de cette phase, les contractions sont très fortes, très rapprochées, très longues (1 minute) et surtout très efficaces… Bref, elle déguste (si elle n'a pas de péridurale).

➾ C'est le moment…

1. **de l'encourager !** C'est là qu'elle en aura le plus besoin.
2. **… mais pas trop fort !** C'est aussi là que les conseils de la sage-femme sont les plus précieux (poussez, arrêtez, etc.). Et à ce stade, c'est surtout elle que votre moitié a besoin d'écouter.

… ou comme Épisiotomie

C'est quoi ? Une petite incision au niveau du périnée faite (parfois) pour éviter une déchirure musculaire lors du passage du bébé.

➾ C'est le moment…

1. **de la motiver.** C'est le massage du périnée au cours du 9e mois qui prévient en grande partie l'épisiotomie. Difficile de lui en parler sans qu'elle ne vous envoie balader, mais à tenter !
2. **de la bichonner.** Pendant quelques semaines après l'épisiotomie, elle risque de bien morfler. Facilitez-lui la position assise et évitez qu'elle ne porte des charges lourdes. En un mot : soyez gentleman !

F comme Forceps

C'est quoi ? Un instrument (une sorte de grande pince) utilisé, quand l'obstétricien le juge nécessaire, pendant la phase d'expulsion, pour guider et orienter la tête du bébé vers la sortie et faciliter un accouchement laborieux.

C'est le moment...

1. **de compléter votre projet de naissance.** Elle ne veut pas entendre parler de l'extraction instrumentale ? Ce sera peut-être à vous d'en avertir l'équipe. À noter en revanche : l'alternative sera la césarienne ! Parlez-en !

2. **de la rassurer (toujours).** Non seulement le recours au forceps est l'exception (1 naissance sur 10), mais l'équipe médicale n'optera pour cette solution que s'il y a des indications à le faire : anomalie du rythme cardiaque du bébé, expulsion trop longue, fatigue. Elle est donc entre de bonnes mains !

K comme Kocher (pinces de)

C'est quoi ? Les pinces servant à clamper le cordon ombilical du bébé avant de le couper.

C'est le moment...

1. **d'écouter.** Si l'équipe parle d'installer les pinces, c'est bientôt à vous de jouer !

2. **de prévenir (le drame).** Vous n'avez pas envie de couper le cordon (voir p. 200) ? C'est votre droit ! Mais mettez-le noir sur blanc dans votre projet de naissance !

M comme Monitoring

C'est quoi ? À votre arrivée à la maternité (et dans certains cas au cours de la grossesse), la sage-femme posera sur le ventre de votre moitié 2 capteurs retenus par une ceinture élastique. Leur fonction : contrôler (en continu) les contractions et surveiller le bien-être de votre bébé.

C'est le moment...

1. **de tenter de l'ignorer !** Le monitoring peut être assez stressant, avec ses bips, ses courbes... mais ce n'est pas votre boulot de l'interpréter ! La sage-femme veille au grain.

2. **de vous faire entendre !** Certaines maternités sont équipées de monitoring sans fil, ce qui permet à la future maman de déambuler pendant le travail. Réclamez le *wireless* à votre arrivée !

O comme ocytocine

C'est quoi ? Une hormone sécrétée notamment au moment de l'accouchement pour provoquer les contractions de travail et booster l'allaitement. C'est aussi l'hormone dite de l'attachement. Sécrétée lors d'un contact physique prolongé, elle participe à la construction du lien parents-enfant.

C'est le moment...

de vous mettre au boulot ! L'ocytocine n'est pas réservée aux mamans. Le bébé est né ? Tentez le peau-à-peau !

P comme péridurale

C'est quoi ? L'anesthésie locale des membres inférieurs destinée à atténuer la douleur des contractions.

C'est le moment...

1. **de la soutenir.** Pendant sa grossesse, elle va peut-être en faire tout un foin (« Je ne veux pas avoir mal, et puis non, en fait, je ne veux pas passer "à côté" de mon accouchement... »). Même

si votre avis lui importe finalement peu, l'écouter et l'encourager, c'est déjà l'accompagner.

2. **de vous faire entendre!** Elle ne veut pas de péri' (ou au contraire, vraiment, c'est le moment)? Le jour J, c'est à vous de solliciter l'équipe (parfois débordée) pour que votre chérie puisse bénéficier des analgésies alternatives (protoxyde d'azote) ou pour insister pour qu'on la pose (enfin).

S comme siège

C'est quoi? Si le bébé ne s'est pas retourné avant la 37e SA, on parle de présentation en siège. Concrètement, au lieu d'avoir la tête en bas, il se présente par les jambes ou les fesses.

C'est le moment…

1. **d'être disponible.** Si une présentation en siège est diagnostiquée, son praticien recommandera peut-être la réalisation d'une version par manœuvre externe (VME), qui consiste à aider le bébé à pivoter sur son axe. Une hospitalisation de quelques heures est nécessaire, tout comme votre soutien moral!

2. **de l'aider à trouver le bon interlocuteur.** L'acupuncture ou la chiropraxie peuvent favoriser le retournement du bébé. Si elle n'a pas la tête à chercher (encore) un praticien, prenez le relais!

Être présent à l'accouchement, couper le cordon? Bof!

Vous suez à la perspective de la voir accoucher? Vous tournez (déjà) de l'œil à l'idée de voir passer un bébé par ce tout petit endroit qui vous était jusque-là réservé? Sachez que vous seul pouvez évaluer ce que vous êtes à même de supporter le jour J. En revanche, c'est dès aujourd'hui qu'il faut mûrir votre décision… et déminer le terrain!

① On en parle au plus tôt!

Aucun règlement d'hôpital ne vous impose d'être présent en salle de naissance. En revanche, accoucher seule peut être pour votre douce une perspective difficile. Elle devra non seulement se préparer à cette idée, mais aussi s'organiser, voire trouver quelqu'un pour vous remplacer. Dès vos premiers doutes, parlez-lui!

② J'écris un mot!

Rien ne vous oblige (non plus) à couper le cordon. D'ailleurs, certaines sages-femmes tendent à encourager la maman à le faire, pour qu'elle rompe symboliquement la fusion avec l'enfant. Toutefois, la démarche reste rare, et les équipes des maternités conservent certains automatismes (dont le cordon fait partie). Mieux vaut les avertir au plus tôt pour éviter de vous mettre mal à l'aise! La solution : l'écrire noir sur blanc dans votre projet de naissance (voir p. 63).

③ Je leur refais un topo!

L'équipe réduite en place le jour de la naissance ne sera pas forcément celle qui vous a suivis pendant la grossesse. Bref, si pour vous le cordon, c'est non, rappelez-le bien en arrivant à la sage-femme en fonction.

④ Je trouve l'alternative qu'il me faut!

Pas question d'être présent à l'expulsion? Rien ne vous empêche de l'accompagner pendant tout le prétravail, puis de vous éclipser quelques instants avant de revenir pour les soins et le peau-à-peau! Ne pas assister à la naissance ne veut pas dire être absent!

⑤ J'évite de faire mon fiérot!

Certes, aujourd'hui, vous imaginez la naissance d'une certaine façon, mais, le moment venu, vous reverrez peut-être votre copie... Et personne ne vous reprochera d'avoir changé d'avis, surtout pas elle!

Elle accouche : je fais quoi maintenant!

Vous avez peur de brasser de l'air pendant qu'elle s'épuise à la tâche? Rassurez-vous, vous allez être bien plus occupé que vous ne le pensiez!

Je vérifie qu'elle adopte les bonnes postures

Que vous soyez encore à la maison ou déjà arrivés à la maternité, votre objectif dès le début des contractions sera le même : la faire bouger!

Pourquoi je l'encourage à bouger?

La mobilité durant le travail permet non seulement de mieux gérer la douleur, et donc de moins recourir à l'analgésie, mais aussi de favoriser la descente du bébé dans le bassin, d'améliorer son oxygénation et même de raccourcir le temps d'accouchement[8]!

Les différentes phases du travail

L'accouchement ne commence pas quand vous arrivez à la maternité. Non, il va falloir être au taquet bien avant! En effet, l'accouchement se divise en 3 grandes phases... plus ou moins longues selon les mamans et selon que vous avez ou non déjà eu des enfants.

1. **La phase de dilatation** dure en moyenne entre 8 et 12 heures chez une primipare. Elle se caractérise par l'apparition de contractions régulières qui vont permettre au col de l'utérus de se dilater d'environ 1 centimètre par heure.
2. **La phase d'expulsion** dure quant à elle environ 30 minutes. C'est le moment de la naissance à proprement parler. Le col est dilaté, le bébé engagé dans le bassin, la sage-femme (ou le médecin) indique à votre moitié quand pousser. Il devrait pointer le bout de son nez d'une minute à l'autre.
3. **La délivrance :** plus besoin de vous expliquer, vous avez déjà bouquiné la page 198!

Je fais quoi concrètement ?

En attendant qu'elle obtienne la péridurale (si elle la veut), encouragez-la à tenter les positions suivantes, tout en veillant toujours à ce qu'elle n'ait pas le dos cambré (son bassin doit toujours être en rétroversion) et à ce qu'elle change de position au moins toutes les 45 minutes, idéalement toutes les 30 minutes.

Alors on tente…

- **Les bascules de bassin :** assise sur le ballon, elle fait des petits mouvements de rotation. Quand elle veut faire une pause, placez-vous devant elle pour qu'elle puisse s'accrocher à votre taille et étirer son dos.
- **La position en appui sur le ballon :** installée sur une chaise (ou accroupie par terre), votre douce se place les bras croisés et la tête posée sur le ballon ou les bras allongés en appui sur le ballon pour étirer son dos et ses reins. Une position parfaite pour que vous puissiez la masser (voir ci-après).
- **La position en ciseaux :** debout, les jambes en opposition, elle vient se mettre en appui contre le mur, bras tendus au-dessus de la tête et dos bien allongé.
- **La position accroupie :** vous vous installez sur le ballon et votre femme vient se placer accroupie entre vos jambes, tandis que vous la soutenez avec vos avant-bras au niveau des aisselles.

Les bascules de bassin

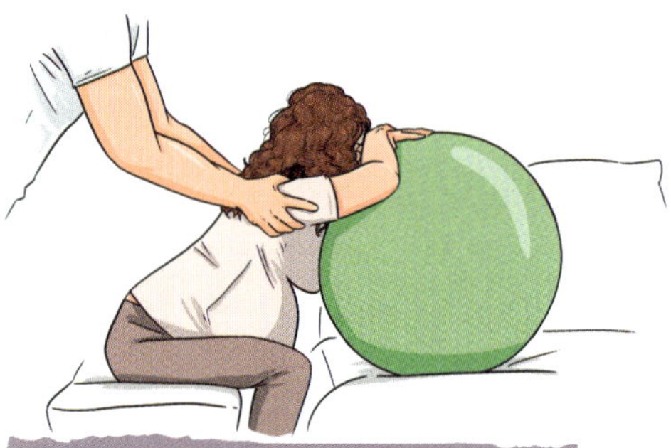

La position en appui sur le ballon

La position en ciseaux

La position accroupie

Je la masse

Vous vous êtes entraîné pendant toute sa grossesse ? C'est l'heure de redoubler d'efforts !

Alors on tente…

- **Avant l'anesthésie :** une fois votre douce placée en appui contre le ballon ou en ciseaux contre le mur, positionnez votre main bien à plat sur son sacrum et faites un contre-appui très fort pendant la contraction que votre compagne compense par sa position. Vous pouvez également placer une bouillotte entre vos mains et la zone douloureuse pour combiner l'action relaxante de la chaleur à la poussée. Autre option : mettez vos poings de part et d'autre de son sacrum et poussez, là encore de toutes vos forces, pendant la contraction.
- **Elle a eu la péri ?** Offrez-lui un petit massage des mains (voir p. 58) ou du front pour la détendre ! Le bon geste : placez votre doigt entre ses deux sourcils (le fameux point du 3e œil) et réalisez des mouvements de lissage vers le haut du front, puis latéralement, en suivant les arcades sourcilières !

Est-ce vraiment utile de la masser ?

L'avis d'Anna Roy, sage-femme de la Maison des Maternelles

Que votre femme attende la péridurale ou qu'elle ait décidé d'accoucher sans anesthésie, les massages sont extrêmement efficaces pour apaiser la douleur, et notamment celle des contractions « dans les reins ». Et comme les sages-femmes ne sont pas toujours dispo pour s'occuper de votre femme en salle de naissance, c'est à vous de vous mettre au boulot !

Je l'aide à respirer

Respirer ? Quand même, elle devrait y arriver ? C'est vrai, mais, là encore, elle aura besoin d'être aidée, question, parfois, de ne pas paniquer et de ne pas se mettre en hyperventilation !

Pourquoi je l'aide à bien respirer ?

Pendant la phase de prétravail, bien respirer permet non seulement d'accompagner la douleur de la contraction, mais aussi de bien oxygéner le bébé. Et pendant la phase d'expulsion, la respiration fait partie intégrante de la poussée (et là, ce sera à sa sage-femme de la coacher).

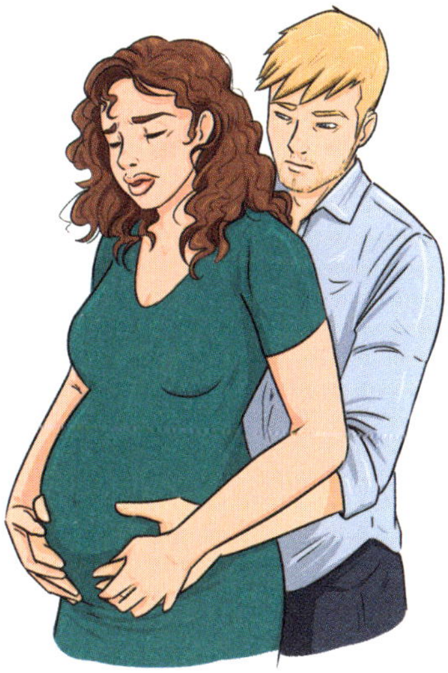

Alors on tente...

Placez-vous debout derrière votre moitié. Mettez vos mains sur son ventre afin de sentir la contraction et pour qu'elle puisse y apposer les siennes. Inspirez ensemble en profondeur, puis expirez au même rythme pour accompagner la contraction.

Je veille au respect de notre projet de naissance

Si vous avez tant bossé sur votre projet de naissance, ce n'est pas pour que, le moment venu, il ne soit pas respecté. Or, la vie d'une maternité (une équipe en sous-effectif le jour J ou accaparée par un accouchement difficile) et certains facteurs médicaux (saignement, perte des eaux précoce) font que la naissance ne se passe pas toujours comme vous l'avez imaginée !

Pourquoi je tape du pied ?

Votre partenaire ne sera pas en état de le faire !

Alors, je tente de...

- **faire office de médiateur !** Votre moitié avait prévu de déambuler, vous n'avez pas de ballon pour apaiser ses contractions, elle aimerait prendre un bain ? Mettez la main sur un membre du personnel et demandez ! Non seulement les pros sont sous l'eau, mais ils ne peuvent pas (toujours) deviner ce dont vous manquez !
- **prendre des initiatives !** Tout se passe bien ? Prenez votre moitié par la main pour faire quelques pas dans le couloir, guidez-la dans un coin pour faire des exercices de respiration... N'hésitez pas à faire preuve d'autonomie, surtout si elle accouche dans une grosse maternité !
- **rebondir !** Si tout ne s'est pas passé comme vous l'espériez pendant la naissance, cela ne veut pas dire que votre projet est bon pour la casse. Les soins du nourrisson, le peau-à-peau, l'allaitement : surinvestissez vos désirs postnatals !

J'évite les incidents diplomatiques le jour de l'accouchement

Vous êtes un peu comme le café : sans filtre! Résultat votre moitié a tendance à s'exciter quand vous faites des blagues fumantes ou des remarques désobligeantes. Attention : pas de cela en salle de naissance. Quelques papas font leur *mea culpa*. Prenez-en de la graine!

Non, vous ne pouvez pas lui donner de leçon!

« Hospitalisée pendant 2 mois au cours de sa grossesse, ma femme n'a pas pu suivre les cours de préparation à la naissance. Ajoutez à cela qu'elle attendait des jumeaux en siège et qu'on était dans un hôpital universitaire, et on s'est retrouvé avec toute l'école de médecine en salle de naissance. Quand elle a eu une contraction et qu'elle a commencé à pousser, j'ai craqué. Elle n'a pas vraiment apprécié mon "Mais, tu fais n'importe quoi!"... » (Nicolas, 38 ans)

« Ma femme a accouché dans une grande maternité parisienne très mal insonorisée. On entendait littéralement tout ce qui se passait dans la salle d'à côté. Quand le travail est devenu plus difficile, elle a crié. Et là, ça m'a échappé : "Chuuuut, bébé!" Quatre ans après, elle me le reproche encore. » (Benoît, 32 ans)

Non, vous ne pouvez pas faire une pause!

« Comme le travail traînait en longueur et que la doula [sorte de spécialiste non médicale de la périnatalité] de ma femme était très sympa, nous sommes sortis de la maternité grignoter un morceau. Manque de bol, en mon absence, le rythme cardiaque du bébé a chuté, c'était la panique à bord, elle n'est pas arrivée à me joindre. Je m'en mords encore les doigts. » (Kevin, 25 ans)

« L'accouchement est tombé pile au moment où j'avais une énorme crise au bureau... Et il a évidemment duré des heures. Bref, j'ai attendu qu'on lui pose la péridurale pour sortir mon ordi pro. Elle m'a fait la tête pendant 1 semaine. » (Fabien, 37 ans)

Non, ne faites pas (trop) preuve de spontanéité!

« Pendant son accouchement, ma femme était coachée de près par sa sage-femme, qui la faisait changer de position toutes les 3 minutes, souffler dans tous les sens... Bref, je ne savais pas quoi faire pour me rendre utile. J'ai fini par proposer des verres d'eau à tout le monde toutes les 5 minutes. Elle me rappelle encore aujourd'hui à quel point je l'ai saoulée! » (Julien, 38 ans)

Le retour à la maison p. 208

CÔTÉ PAPA Mon programme pour un retour à la maison sans drame ! p. 211

Pourquoi materner ? p. 224

CÔTÉ PAPA Je deviens (un super) papa ! p. 235

Le sommeil de mon bébé p. 242

Mon yoga postnatal p. 248

4E TRIMESTRE, LE POST-PARTUM

Vous venez tout juste de vivre une grossesse, soit une transformation de votre corps pendant neuf mois, puis un accouchement qui s'est, selon les cas, plus ou moins bien passé. Souvent on pense que l'accouchement annonce la fin du marathon... eh bien, non! C'était en fait juste une étape du Tour de France, il y a encore des épreuves! Si vous avez mis neuf mois à fabriquer ce petit être que maintenant vous tenez dans vos bras, il en faudra bien l'équivalent pour vous remettre totalement de tout ce chamboulement hormonal et physique, ainsi que pour organiser votre nouvelle vie à trois!

Le retour à la maison

Bravo, vous avez complété haut la main le marathon de l'accouchement ! C'est désormais le moment de vous attaquer à l'ultra-trail de la maternité ! Eh oui, si les premiers mois avec votre bébé sont l'occasion de créer des souvenirs magiques, ils sont aussi loin d'être de tout repos ! Mais rassurez-vous, vous allez relever le défi haut la main avec une recette gagnante : beaucoup de repos, quelques petites astuces pour commencer votre nouvelle vie à trois et le petit coup de pouce des médecines douces.

4 règles d'or pour un retour à la maison en toute sérénité

Vous rêvez de retrouver votre petit nid avec votre poussin tout en craignant la jungle du monde extérieur ? Gardez en tête ces quelques règles, et votre retour de la maternité devrait être doux (comme un agneau) !

1 Je fais la fourmi

Inutile de faire l'autruche ! En rentrant à la maison, vous allez avoir mille et une choses à faire, ne serait-ce qu'avec votre bébé. Inutile d'ajouter à votre emploi du temps de ministre des considérations pragmatiques.

La solution

Planifier tout ce qui peut l'être avant la naissance. Profitez ainsi de votre fin de grossesse pour :

- commander des couches, du coton, de l'eau ;
- cuisiner des petits plats à congeler ;
- choisir un modèle de faire-part, faire une ébauche de texte, mettre votre carnet d'adresses à jour ;
- prendre contact avec les professionnels de santé qui vous suivront après la naissance (pédiatre, ostéopathe, sage-femme, etc.) ;
- mettre sur votre liste de naissance des cadeaux utiles (heures de ménage, baby-sitting, etc.).

② Je dors comme un loir

On vous le répète sans cesse depuis 9 mois, mais c'est vrai : votre capacité à hiberner en même temps que votre bébé sera la clé d'un quotidien serein !

La solution

Adoptez un rythme de nourrisson, au moins au cours du premier mois. Comment ? En dehors du temps passé à soigner votre chaton, dodo ! Et pour compenser les nuits hachurées, adaptez vos temps de repos durant la journée.

L'équation gagnante :
un réveil nocturne = 1 heure de sieste !

③ Je rassemble le troupeau

Vous avez l'habitude de gérer toute la meute ? En rentrant de la maternité, il va falloir déléguer ! Commencez par responsabiliser votre homme, puis faites appel à la troupe élargie (parents, famille, copains). Votre objectif : avoir du soutien en cas de besoin.

La solution

Pendant la grossesse, réalisez un inventaire des tâches du quotidien et répartissez clairement les rôles. Une fois de retour à la maison, demandez à votre conjoint d'organiser le passage de vos proches et, surtout, de chasser les indésirables (grand-tante & co), le temps que vous récupériez !

4 J'apprivoise mon petit chat

Être maman pour la première fois, c'est aussi se retrouver à la maison avec un petit animal qu'on ne connaît pas, et parfois douter de soi ! Courage !

La solution

Donnez-vous le temps de vous apprivoiser mutuellement ! Il faut parfois compter plusieurs mois pour que chacun trouve ses marques. Vous avez l'impression de ne pas y arriver ? Rassurez-vous…

1. C'est normal, personne n'est parfait !
2. Vous savez ce qu'il y a de mieux pour votre petit loup. Suivez votre instinct, vous faites ça bien !
3. Si vous avez vraiment besoin d'aide, vous n'êtes pas seule : votre maman, la puéricultrice de la PMI ou les pros de l'écoute (comme Allô Parents Bébé : 0800 00 34 56) sont là pour vous aider !

VOTRE CALENDRIER POSTNATAL	
DANS LES 8 JOURS APRÈS LA NAISSANCE (N)	• 1re consultation pour votre bébé (émission du 1er certificat de santé). • Consultations postnatales avec la sage-femme.
N + 1 MOIS	• Examen du 1er mois et vaccin BCG (contre la tuberculose) si votre bébé est dans une zone à risque. • Consultation chez l'ostéopathe (pour vous et votre petit) si elle est recommandée par votre praticien.
N + 2 MOIS	• Examen des 2 mois et vaccins DTP (vaccin contre la diphtérie, le tétanos et la poliomyélite), coqueluche, *Haemophilus influenzae* de type B (HIB), hépatite B et pneumocoque. • Consultation postnatale avec votre sage-femme ou votre gynéco.
N + 3 MOIS	• Examen des 3 mois. • Début de la rééducation périnéale.
N + 4 MOIS	• Examen des 4 mois et 2e injection du DTP et des autres vaccins cités plus haut. • Bilan postnatal chez le dentiste (recommandé).
N + 5 MOIS	• Examen des 5 mois et vaccin méningocoque C.
N + 6 MOIS	• Examen des 6 mois. • Bilan postnatal chez l'ophtalmologue et le dermatologue (recommandé).

Mon programme pour un retour à la maison sans drame !

Prévoir la sortie de la maternité alors que vous n'y êtes même pas encore entrés ? L'idée peut vous paraître perchée, mais vous verrez, dans quelques semaines, vous vous remercierez d'avoir été au taquet !

① Je négocie la distribution des tâches

Mon objectif : éviter les conflits (absurdes) ! À son retour de la maternité, et surtout à votre reprise, le quotidien professionnel se cumulera à la fatigue. Résultat : vous serez lessivé par votre double rythme, elle par des heures à apaiser des pleurs… Et la tentation de se disputer pour la vaisselle sale sera grande ! La solution : se répartir tout de suite les tâches pour éviter les reproches potentiels !

Mon tableau récapitulatif

LA TÂCHE EN QUESTION	C'EST ELLE !	C'EST MOI !	C'EST NOUS !	ON DÉLÈGUE !
Nettoyer la vaisselle	....	....	....	....
Faire la lessive	....	....	....	....
Étendre le linge	....	....	....	....
Plier le linge	....	....	....	....

La tâche en question	C'est elle !	C'est moi !	C'est nous !	On délègue !
Faire le repassage	....	....	....	....
Sortir la poubelle	....	....	....	....
Préparer les repas	....	....	....	....
Mettre la table	....	....	....	....
Débarrasser la table	....	....	....	....
Passer l'aspirateur, la serpillière, le balai	....	....	....	....
Ranger les chambres	....	....	....	....
....	....	....	....	....
....	....	....	....	....
....	....	....	....	....
....	....	....	....	....
....	....	....	....	....

À noter : toutes les tâches impliquant des charges lourdes (courses à monter, poubelle à descendre, aînés à trimballer) sont forcément POUR VOUS !

② Je fais les courses... intelligemment !

Mon objectif : remplir le frigo, les placards et éviter les mauvaises surprises au retour de la maternité.

Ma liste de courses

Pour le bébé…

- un bon stock de couches (taille 1 et 2, au cas où vous auriez un gros bébé)
- de l'eau minérale (au moins 12 litres)
- 1 boîte de lait infantile 1er âge (même si elle compte allaiter, demandez conseil à votre pharmacien)
- du sérum physiologique en dosettes
- du coton hydrophile (bio de préférence)
- des cotons-tiges pour bébé
- un antiseptique pour les soins du cordon (type Biseptine)
- un savon doux
- une crème en cas d'érythème fessier (type pâte à l'eau ou enrichie à l'oxyde de zinc)
- du liniment oléocalcaire

… et pour nous (enfin, surtout pour elle) !

- des plats faciles à préparer (pâtes, riz, conserves, surgelés…)
- de quoi nourrir les autres occupants de la maison pendant vos longues soirées
- de l'eau minérale, surtout si elle allaite
- des tisanes d'allaitement
- si besoin est, une lessive et un détergent bio (mais pas besoin de lessive spéciale bébé)
- des sacs-poubelle (vous allez en avoir beaucoup besoin)
- du papier toilette et essuie-tout (plus qu'il n'en faut)
- du café (beaucoup de café, surtout pour vous)

③ Je lui réserve de bonnes surprises !

Mon objectif : faire en sorte qu'elle revienne dans un environnement où elle se sentira bien, pas dans un bouge qui va décupler son baby-blues !

Ma to-do list

- Changer les draps.
- Faire les lessives qui traînent et étendre le linge (voire le plier !).
- Vider les poubelles.
- Ranger (un peu partout).
- Bien aérer la maison.
- Faire en sorte que tout le monde soit propre (surtout les aînés.
- Acheter de quoi concocter le plat dont elle a rêvé pendant 9 mois (ou trouver le numéro de qui peut vous le livrer).

> En option, acheter un bouquet de fleurs (parce que cela fait toujours plaisir).

④ Je n'oublie pas qu'on n'est pas que trois !

L'objectif : vous avez un chat, un poisson rouge, voire des aînés ? C'est le moment de prévoir qui va s'en occuper. Vous pensez qu'ils pourront s'autogérer ? N'oubliez pas que vous en avez (normalement) pour 3 jours, voire 5 si elle accouche par césarienne !

Mon tableau récapitulatif :

Il faudra s'occuper...	Qui s'occupera d'eux ?	Son numéro ?	Notes (horaires à lui préciser, disponibilités...)
des sorties d'école	....	....	....
des sorties de crèche	....	....	....
des activités extrascolaires	....	....	....
des repas	....	....	....
d'autres pensionnaires...	....	....	....
....	....	....	....

8 règles d'or pour trouver votre équilibre à trois !

Avec la naissance, vous passez d'une relation à deux (avec votre moitié, c'est facile, vous gérez) à 3 formes d'interactions : votre couple, qu'il va falloir préserver, votre lien avec votre bébé, qu'il va falloir nouer, et votre engagement de coparents, qu'il va falloir construire... Alors, pour que tout se passe bien, quelques règles s'imposent !

1 Posez vos congés sans tarder !

Dès qu'elle a posé son regard sur votre enfant, vous vous êtes dit : « Elle a ça dans le sang. » Et c'est vrai, littéralement. En vivant cette grossesse « dans sa chair », votre moitié a pris 9 mois d'avance sur vous, liant une relation toute particulière avec votre enfant. Pas question donc de prendre un jour de plus de retard ! Posez votre congé paternité dès que votre bébé est arrivé, et pas pour partir en vacances dans 6 mois !

La théorie de l'attachement : c'est quoi ?

À la fin des années 1950, le psychiatre britannique John Bowlby a affiné la théorie de l'attachement. Son constat : le bébé a un besoin primaire d'entrer en relation avec les autres pour se protéger et explorer son environnement. Il cherche ainsi à interagir avec ses figures d'attachement (sa mère, d'abord, mais vous aussi) par le biais de comportements instinctifs (pleurer, sucer, sourire). En répondant à ses besoins par des soins physiques ou affectifs (le *care giving*), vous lui permettez d'acquérir la sécurité affective nécessaire pour grandir, gagner en autonomie et avoir un modèle fort pour ses relations à venir.

② Faites-en des caisses !

Au cours des premières semaines de vie, les liens d'attachement sont largement favorisés par les contacts physiques ! Pour vous rapprocher de votre bébé, rien de tel que de l'inonder de baisers, de câlins, de séances de peau-à-peau ou de massages, le tout complété, évidemment, par des paroles rassurantes. C'est ainsi que votre bébé identifiera votre voix, votre odeur, puis votre visage, et qu'il pourra reconnaître (enfin) son papa !

③ Attribuez-vous (ou acceptez) des missions !

Créer des liens avec son bébé, c'est aussi répondre à ses besoins, aussi basiques puissent-ils être : l'alimentation, le change… Encore faut-il que Madame vous laisse mettre votre grain de sel ! Convainquez-la de vous déléguer des tâches ciblées. Elle donne le sein ? OK, vous donnez le bain ! Elle est terrifiée par les soins du cordon ? Gérez-les comme un champion ! Votre objectif : fixer un planning clair des tâches à apporter à votre bébé… qui vous sont RÉSERVÉES !

④ Allez-y crescendo !

Vous doutez de vous ? Vous avez peur de mal faire ? Rassurez-vous ! Vous apprenez simplement à devenir papa, et il n'y a malheureusement pas de formation pour cela ! Pour prendre confiance en vos compétences, allez-y pas à pas. Commencez par les tâches qui vous semblent les moins impressionnantes (préparer le biberon, lui faire faire son rot…), puis embrayez sur les soins demandant plus de dextérité (lui donner le bain, lui couper les ongles…). Vous allez y arriver !

⑤ Mettez le holà !

Votre (autre) rôle de papa : diviser pour mieux régner… ou presque ! En effet, si votre moitié a une relation (trop) symbiotique avec votre bébé (et elle l'aura forcément), c'est à vous de vous interposer, tout en douceur évidemment ! L'objectif : ne pas vous sentir exclu, instaurer une relation triangulaire et permettre aussi à votre petit d'aller, doucement mais sûrement, vers l'autonomie. Plus facile à dire qu'à faire ? Invitez-la à se reposer et allez vous promener seul avec votre bébé. Il suffit, au début, de toutes petites séparations…

⑥ Prenez les devants !

À son retour de la maternité, votre douce va être lessivée… et elle va voir sa to-do list s'allonger, surtout à la fin de votre congé paternité. N'attendez pas qu'elle vous demande de l'aide avec le quotidien. Vérifiez que vous vous êtes bien acquitté de toutes vos tâches (souvenez-vous, vous avez fait une liste, p. 211) et faites le tour de la maison. Le panier à linge est plein ? Lancez la machine ! Interrompue par la tétée, elle a laissé traîner son assiette du déjeuner ? Rangez-la… L'objectif est de faire les choses avant qu'elle ne vous les demande ou ne finisse par les faire elle-même, histoire d'alléger sa charge mentale !

⑦ Accordez-vous des moments à deux !

Même si elle allaite encore ou si elle trouve qu'il est trop petit pour rester avec une baby-sitter, il est essentiel de trouver du temps pour vous retrouver. Après tout, vous restez un couple, même si vous avez eu un bébé ! Pour la convaincre, proposez-lui quelque chose qu'elle adore (et arrivera moins facilement à refuser) : son restaurant préféré, son activité de prédilection… Rien de tel pour retrouver votre complicité !

⑧ Parlez des choses qui fâchent !

Vous n'avez plus un sou tellement votre budget couches a atteint des sommets ? Vous trouvez qu'elle ne vous laisse pas une place suffisante avec votre bébé ? Aussi pénibles soient-elles, toutes les questions liées à vos difficultés doivent être abordées, au risque de péricliter. Et si vous ne parvenez pas à échanger de manière apaisée, faites-vous aider !

Un daddy-blues : c'est possible ?

Si on connaît le fameux baby-blues des mamans, on sait moins que les papas peuvent aussi prendre un coup au moral. En cause : une réalité de la paternité qui ne correspond pas à ce que l'on avait projeté, un sentiment d'exclusion, de ne pas être à la hauteur ou de culpabilité à l'idée de ne pas être assez présent et, en bout de course, de l'irritabilité, voire de la colère, une mise en retrait, des disputes… Vous avez le sentiment de ne pas être heureux, épanoui, dans votre vie de famille ? N'hésitez pas à en parler (à votre compagne, à un ami, dans un groupe de parole de parents) et n'oubliez pas : c'est aussi en apprenant de ce que vous considérez comme un échec (une perte de patience, un soin qui s'est mal passé) que vous devenez un meilleur papa !

Mon programme pour accompagner l'aîné…

Vous y êtes : votre deuxième amour vient de pointer son nez ! Durant ces premiers jours, voire ces premières semaines, l'attention de tous est portée sur ce petit trésor. Ces premiers instants (magiques) sont précieux pour accueillir dans la joie et l'enthousiasme votre nouveau-né. Votre aîné, qui a désormais bien intégré l'annonce du changement au cours de ces derniers mois, devra désormais faire face à de nouveaux défis pour accepter en douceur sa nouvelle place dans votre famille. Comment l'aider à passer le cap ? Suivez le guide !

Votre attitude de parent est décisive

Votre aîné n'est pas le seul à devoir s'acclimater au changement à venir ! Vous aussi, cher parent ! Au cours de ces prochains mois, vous allez devoir garder en tête trois règles d'or pour amorcer ce début de vie à quatre…

3 règles d'or à retenir à l'arrivée de votre bébé

1. Ne culpabilisez pas !

Oui, votre aîné vous demandera peut-être de ramener son petit frère à la maternité… Sachez que son sentiment de jalousie est parfaitement normal ! En revanche, ne vous en voulez pas de lui « imposer » ce nouveau venu. Ce bébé est le fruit de votre décision de couple. S'il vous sent sûrs de vous et heureux, votre aîné comprendra que tout se passera bien.

2. Restez bienveillant !

Après la naissance du bébé, votre aîné aura besoin de votre écoute et de votre empathie pour accueillir ce changement le plus sereinement possible. Ne jugez pas ses colères (s'il y en a… car tous les enfants sont différents, bien sûr !) ni ses petites crises de jalousie, car elles font partie du processus d'acceptation. Accueillez ses émotions et rassurez-le constamment sur sa place dans la famille et sur votre amour indéfectible.

3. Soyez ferme !

Bien entendu, il n'est pas question de tout accepter sans poser de cadre. Votre aîné sera d'autant plus rassuré sur votre amour et votre bienveillance que vous ferez preuve de fermeté lorsqu'il dépasse les bornes. Les gestes violents envers le bébé ou vous-même sont inacceptables, et ce sera à vous de le lui rappeler, sans transiger.

Favorisez les routines !

L'arrivée d'un enfant bouscule le quotidien de tous, et votre aîné n'est pas épargné… À la maison, veillez à renforcer au maximum les routines déjà existantes (l'histoire avant le coucher, le câlin du réveil, les spaghettis du dimanche soir…). Cela le rassurera et le sécurisera dans ce moment de changement intense !

À la maternité

Votre bout d'chou vient de pointer son nez sous vos yeux transis d'amour (et de fatigue, ne nous le cachons pas). À la maternité, tous les regards sont tournés vers lui : les vôtres, bien sûr, mais aussi ceux des grands-parents, ceux des amis proches… et celui de votre aîné ! Comment faire de cette première rencontre fraternelle un moment inoubliable et positif ? Voici quelques astuces imparables.

5 conseils pour une rencontre inoubliable !

1. ***Une visite courte, mais de qualité***

Le jour de la rencontre entre votre aîné et le nouveau-né à la maternité est important : c'est dans ces lieux que se crée leur premier lien ! Pour que la rencontre se passe bien, faites en sorte que l'aîné ne reste pas trop longtemps. En effet, rester enfermé dans une chambre plusieurs heures reste pénible pour un enfant. Et qui dit fatigue dit irritabilité ! Une heure par jour est une durée amplement suffisante pour que votre premier se sente à l'aise avec son cadet… et vous aussi !

2. ***Un cadeau pour le bébé, et pour sa maman***

Quoi de plus touchant que de voir son grand accueillir son cadet avec un joli cadeau fait maison ? Proposez-lui (sans le forcer, bien sûr) de faire à son petit frère ou à sa petite sœur un dessin qu'il lui offrira le jour J.
Pensez aussi à lui proposer de faire un cadeau pour sa maman… Un petit gâteau confectionné avec son papa ou ses grands-parents sera vraiment apprécié !

Warning !

Le jour de la rencontre, assurez-vous que votre aîné n'est pas malade… Si vous soupçonnez un petit virus, parlez-en à la maternité pour savoir s'il peut rendre visite au bébé. Bien souvent, en cas de doute, un petit masque lui sera proposé.

3. ***Des câlins, oui, mais en toute sécurité***

Il y a fort à parier que votre aîné veuille prendre son cadet dans les bras pour lui faire un bisou ! Exprimez-lui tout d'abord votre bonheur de vouloir se rapprocher du bébé et réunissez toutes les conditions de sécurité pour que ce moment se passe bien : demandez-lui de se laver les mains et de s'asseoir confortablement au calme. Rappelez-lui qu'il devra demander votre autorisation à chaque fois qu'il voudra prendre son cadet dans les bras. S'il souhaite lui faire un bisou, il est toujours préférable de le faire sur le haut du crâne, sur le ventre ou sur les pieds, en prenant soin d'éviter la joue, vecteur de transmission d'éventuels microbes.

Et si l'accouchement s'est mal passé, comment lui parler ?

Parfois, l'accouchement se passe difficilement et la jeune maman a bien du mal à s'en remettre, tant sur le plan physique que sur le plan psychologique. Il est alors difficile de trouver des forces pour son aîné qui réclame, bien logiquement, de l'attention…

4. *Le faire participer aux soins, mais à sa hauteur*

Pour l'impliquer au mieux dans cette arrivée, proposez-lui de vous donner quelques coups de main adaptés à son âge, par exemple en appliquant de la lotion sur un coton pour nettoyer le bébé, en apportant un verre d'eau à sa maman qui allaite, etc. Toutes les petites actions tournées vers le soin peuvent aider votre enfant à s'investir auprès de son cadet et renforcer sa fierté d'être désormais le grand.

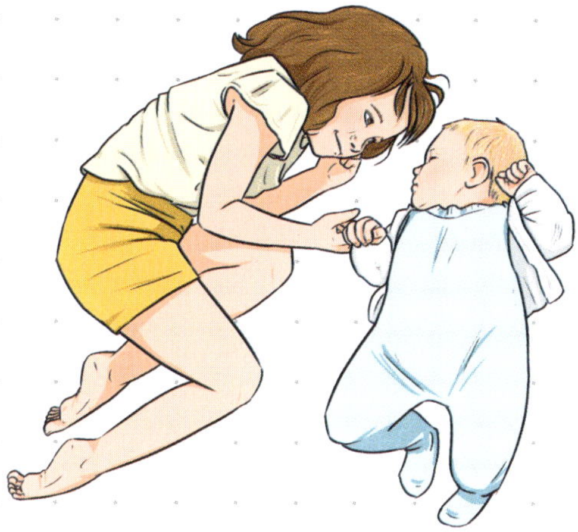

Comment lui dire?

Si votre grand vous voit pleurer, expliquez-lui avec des mots simples que vous êtes triste en ce moment car vous êtes fatiguée. Lui aussi pleure quand il ressent de la fatigue… C'est pareil pour vous! Surtout, rassurez-le sur votre amour : il n'y est pour rien et vous l'aimez toujours autant; simplement, quand on a du chagrin, il faut parfois un peu de temps pour aller mieux… Dites-lui également que les larmes de joie et de tristesse peuvent se mêler et que ce n'est pas grave, cela arrive.

Quoi qu'il en soit, n'hésitez pas à passer le relais à vos proches si vous sentez que vous ne parvenez pas à prendre en charge vos deux enfants pendant cette période délicate.

5. Les phrases à lui dire… et celles à éviter!

Pour créer une atmosphère propice à l'échange et à la douceur avec votre aîné, n'hésitez pas à vous inspirer de ces petites phrases. Elles lui permettront de se sentir à l'aise et compris dans ce moment tant attendu qu'est la rencontre avec le bébé à la maternité!

Ce que vous pouvez lui dire :

✓ **« Tu peux le prendre dans tes bras si tu le souhaites, j'ai confiance en toi! »**

Pourquoi? Offrir la possibilité à votre enfant de prendre sa petite sœur ou son petit frère dans les bras est un signe de confiance qu'il ne prendra pas à la légère. Il pourra se sentir fier de prendre soin du bébé, et ce premier contact sera pour lui inoubliable! Attention à bien lui rappeler qu'il est important de toujours vous demander l'autorisation avant de prendre son cadet dans les bras et d'attendre que vous soyez près de lui.

✓ **« Tu vas pouvoir lui apprendre plein de super choses… »**

Pourquoi? En regardant son petit frère ou sa petite sœur, tout fragile dans son berceau, votre aîné peine à s'imaginer qu'il pourrait lui apprendre des tonnes de choses un jour… Et pourtant! N'hésitez pas à lui rappeler qu'en tant que grand il est en position privilégiée pour lui transmettre ses connaissances et ses passions. Vous le valorisez ainsi dans son nouveau rôle, et il regardera son cadet avec un œil nouveau!

✓ **« À deux, vous allez former une super équipe ! »**

Pourquoi ? Avec l'arrivée de ce bébé, votre enfant peut avoir l'impression qu'il est en rivalité avec lui. Eh oui, l'attention de ses parents est désormais partagée entre eux, et il l'a sans doute d'ores et déjà constaté en vous observant à la maternité… N'hésitez donc pas à lui rappeler que sa petite sœur ou son petit frère peut devenir un formidable allié, avec qui il formera une équipe du tonnerre. Fini les aventures en solo où il peinait à capter l'attention des grands : maintenant, ils sont deux et ça va détonner !

✓ **« Je suis tellement heureux/fier de voir quel enfant attentif tu es… »**

Pourquoi ? Régulièrement, n'hésitez pas à féliciter votre enfant quand il se montre attentif envers le bébé. Par exemple, s'il lui caresse la joue, le prend en photo avec l'appareil de mamie, lui met ses chaussettes… Tous les petits gestes tendres sont à relever pour le mettre en valeur et le remercier d'être si gentil.

Ce qu'il est préférable de ne pas dire :

✗ **« Vous vous ressemblez tellement, on dirait toi à ta naissance ! »**

Pourquoi ? N'oubliez pas que, dans cette période qui est déstabilisante, votre enfant a besoin de se sentir unique et non pas comparé à ce bébé qu'il ne connaît pas encore et qui, de surcroît, lui vole la vedette. Dans ces tout premiers moments de rencontre, il est préférable d'éviter les comparaisons, surtout si vous sentez que votre enfant n'est pas encore réceptif à cela… Vous aurez bien le temps de pointer leurs ressemblances par la suite !

✗ **« Attention, ne le tiens pas comme ça, c'est dangereux ! »**

Pourquoi ? Bien entendu, si votre enfant est trop petit ou si vous ne le sentez pas encore suffisamment à l'aise pour prendre le bébé dans ses bras, il est inutile de le lui proposer. En revanche, si vous le sentez prêt et disposé à vivre ce grand moment, installez-le convenablement dans un fauteuil ou sur votre lit et laissez-le tenir son petit frère ou sa petite sœur bien au chaud dans ses bras. Restez à proximité et, en cas de gestes brusques, ne vous énervez pas et ne lui dites pas qu'il est dangereux. Le risque ? Qu'il ne souhaite plus le toucher et se sente blessé. Au contraire, reprenez ses gestes avec lui et assurez-le de votre confiance…

✗ **« Ne parle pas si fort, tu vas le réveiller ! »**

Pourquoi ? Parce que votre enfant est petit, lui aussi, et qu'il ne maîtrise pas encore le timbre de sa voix. Bien sûr, il est désormais « le grand », mais il ne faut pas attendre de lui un comportement parfait et responsable d'aîné. Laissez-le grandir à son rythme, sans trop lui en demander. Pour éviter qu'il ne fasse trop de bruit, évitez de le faire venir à la maternité trop longtemps et rappelez-lui que son petit frère ou sa petite sœur a besoin de beaucoup de sommeil pour pouvoir grandir et jouer avec lui.

✗ **« Regarde tous les beaux cadeaux qu'il a reçus… »**

Pourquoi ? Parce que cela risque fort de susciter une pointe d'envie chez lui ! Jusqu'à présent, les cadeaux étaient pour lui ; désormais, il les voit passer sous son nez ! Bien entendu, il est important qu'il apprenne la notion de partage au fil du temps, mais les premiers jours à la maternité peuvent être un peu déroutants. Évitez ainsi de lui faire passer en revue toutes les jolies peluches de son cadet…

✗ **« Je suis certaine que tu vas l'adorer ! »**

Pourquoi ? Les sentiments de votre premier sont encore bien ambigus envers votre petit. Il peut se sentir partagé entre plusieurs sentiments, et l'amour ne va pas (encore) de soi. Si, pour certains, le contact se fera immédiatement, il faudra aux autres un peu de temps avant d'apprécier ce nouveau venu. Ne le chargez pas de vos propres projections, au risque de l'obliger à mettre de côté ses propres sentiments et qu'il se sente mauvais ou méchant s'il n'arrive pas à apprécier son cadet comme vous le souhaiteriez. Pas de panique, l'attachement viendra petit à petit !

Comment gérer ses petites régressions ?

Le phénomène de régression, c'est quoi ?

Bien souvent, après l'arrivée d'un deuxième enfant dans la famille, l'aîné lâche un peu de lest sur ses précieux acquis… Il allait tranquillement au pot comme un grand ? Désormais, il se remet à faire pipi au lit ! Il n'avait plus besoin de sa précieuse tétine ? Maintenant, il vous la réclame à cor et à cri ! Il buvait dans sa petite tasse avec plaisir ? Il vous demande à nouveau son bib' ! En cause ? Il vous observe vous occuper de son cadet avec attention, et cela le rend un tantinet jaloux ! Eh oui, il n'y a pas si longtemps de cela, c'était lui le petit dernier de la famille, et il réclame aussi sa part de chouchoutage…

La régression, ça a du bon (oui, oui !)

Pas facile de voir son premier, qui avait nettement progressé ces derniers temps, faire quelques pas en arrière, n'est-ce pas ? Pourtant, sachez que c'est une bonne chose !

Une étape normale…

En effet, ces petites phases de régression sont un moyen pour lui de revenir à une étape de développement bien connue et, surtout, maîtrisée. Il se sent ainsi en sécurité… Qui plus est, il s'agit d'un temps nécessaire pour qu'il puisse passer à l'étape supérieure, celle qui fera de lui le grand de la famille.

… surtout si l'aîné est encore petit

Évidemment, si votre enfant est encore petit (aux alentours de 2-3 ans), il se développe normalement et a encore de nombreux comportements liés à son âge, comme la tétine, le pipi au lit, les couches… Pas de panique s'il semble prendre encore plus de temps pour avancer !

Combien de temps ça dure ?

Toutes les périodes de transition dans la vie de votre enfant, comme un déménagement, une rentrée scolaire ou l'arrivée d'un deuxième enfant à la maison, peuvent donner lieu à des petites phases de régression. En général, cela ne dure que quelques semaines, et les comportements régressifs ne sont pas toujours constants : votre enfant peut régresser un jour et progresser le lendemain, et ainsi de suite…

N'hésitez pas à consulter

Si vous constatez que cette phase s'installe dans le temps et qu'elle nuit à ses apprentissages et à son développement en général, il ne faudra pas hésiter à consulter un pédiatre pour s'assurer qu'il n'y a pas de problème de santé sous-jacent. Vous pouvez même prendre rendez-vous avec un pédopsychiatre, qui vous donnera de précieux conseils pour l'aider à traverser cette phase en douceur.

No stress !

Relâchez la pression si votre enfant régresse et ne remettez pas en cause votre éducation. C'est une phase vouée à disparaître si elle est accompagnée de votre bienveillance.

Comment réagir quand il régresse ?

Lorsque vous sentez que votre aîné commence à agir comme un bébé pour capter votre attention, voici quelques réflexes à mettre en place en famille pour le rassurer au mieux dans cette étape de transition.

Et bis repetita

Si votre enfant répète non-stop la même chose pendant sa phase de régression, c'est qu'il a besoin de vous livrer son trop-plein d'émotions et que, en revenant constamment dessus, il cherche les outils adéquats pour gérer la situation. Laissez-le intégrer la situation ainsi, il a tout à y gagner pour avancer !

Ce qu'il fait.	Ce qu'il est préférable d'éviter de faire ou de dire.	Ce que vous pouvez lui proposer à la place.
Il suce son pouce.	→ Ne vous moquez pas de lui en lui disant qu'il fait son bébé. Il a besoin d'être rassuré sur votre amour, et c'est le moyen qu'il a trouvé pour s'apaiser. → Ne paniquez pas, cette phase passe bien souvent d'elle-même si vous montrez à votre enfant que vous n'y attachez pas plus d'importance que cela.	→ Proposez-lui des activités qui mobilisent ses deux mains : pâte à modeler, lecture d'un livre, confection d'un gâteau avec vous ou aider aux soins de son petit frère ou de sa petite sœur (plier les bodys, mettre de la lotion sur un coton…). 
Il fait pipi au lit.	→ Évitez les reproches et ne lui dites pas que ce n'est pas bien parce que, désormais, c'est lui le grand. Cela renforcerait la pression qui pèse sur lui !	→ Posez à côté de son lit un pyjama de rechange et une serviette propre, qu'il pourra mettre sur son matelas en cas de petit accident. S'il est âgé d'environ 6 ans, demandez-lui de vous aider lorsque vous faites son lit pour qu'il développe son envie d'autonomie. → Félicitez-le lorsqu'il ne mouille pas son lit et encouragez-le à continuer de la sorte.
Il a peur du noir.	→ Ne prenez pas sa peur à la légère ! Au contraire, tenez compte de son angoisse, sans toutefois dramatiser la situation. Invitez-le à décrire sa peur, cela peut éventuellement lui permettre d'échanger sur ses angoisses plus profondes… → Ne l'incitez pas à parler de son petit frère ou de sa petite sœur s'il ne le fait pas spontanément.	→ Soyez compréhensif : votre enfant a besoin de temps pour s'adapter à son changement de place dans la famille. Prenez le temps de parler de ce qui l'inquiète vraiment. Revenez sur une peur qu'il a déjà réussi à dépasser par le passé pour valoriser son courage. → Renforcez les rituels autour du coucher et soyez 100 % présents avec lui dans ces moments-là : une histoire, une petite comptine, un câlin, un bisou, la veilleuse… 
Il ne veut plus se séparer de son doudou.	→ Ne vous moquez pas de lui, il a besoin de cet objet transitionnel pour se rassurer. → Ne lui retirez pas de force, prenez le temps d'accepter son besoin du moment en le rassurant au maximum.	→ Aidez-le à verbaliser ses émotions : « Comment te sens-tu lorsque tu as ton doudou avec toi ? Et si tu l'oubliais une journée, comment te sentirais-tu ? » Cela l'aidera à mettre des mots sur ses sentiments. → Rassurez-le sur votre disponibilité en lui rappelant que vous avez compris son inquiétude. Dites-lui que vous savez que son doudou le réconforte et que vous le sentez inquiet car vous êtes occupé par son petit frère ou sa petite sœur. Rassurez-le : même si vous êtes un peu moins disponible en ce moment, dites-lui que vous serez toujours là pour lui.

Ce qu'il fait.	Ce qu'il est préférable d'éviter de faire ou de dire.	Ce que vous pouvez lui proposer à la place.
Il veut dormir avec vous.	Ne le grondez pas : il a besoin de votre écoute et de votre bienveillance pour passer le cap.	Rappelez-lui calmement les règles et expliquez-lui pourquoi son cadet dort avec vous ; lui aussi, quand il était bébé, avait besoin de vos bras. Sécurisez-le en l'accompagnant dans son propre lit et prenez un peu plus de temps que d'ordinaire pour le rituel du coucher. Laissez-le libre de vous parler de ses émotions et accueillez-les avec bienveillance et sans jugement. Proposez-lui des objets transitionnels rassurants, comme une peluche toute douce, et allumez une veilleuse qui lui plaît. Pour valoriser son autonomie, posez-lui un verre d'eau près de son lit au cas où il ait soif…
Il veut boire au biberon.	N'interdisez pas le biberon les premiers temps : laissez-le prendre le temps de régresser un peu s'il souhaite revivre ce moment pour imiter le bébé. Il abandonnera de lui-même cette habitude en voyant ses petits copains boire dans un verre.	Accordez au maximum de l'attention positive à ses compétences de grand : valorisez-le quand il se montre responsable (même à son petit âge) et dites-lui à quel point vous êtes fiers de lui. 
Il parle comme un bebe.	Ne vous moquez pas de lui en lui disant que c'est ridicule de parler comme un bébé alors qu'il est grand. Il a besoin de se sentir compris, et non rejeté.	Prenez le temps de valoriser les activités des « grands », par exemple avec des jeux adaptés à son âge, des moments de lecture partagés à la bibliothèque… Inscrivez-le à l'activité physique de son choix pour qu'il rencontre d'autres enfants de son âge et se sente valorisé dans ses nouvelles compétences.

Pourquoi materner ?

En arrivant dans votre vie, ce petit être a littéralement déclenché un tsunami ! Dès la seconde où vous l'avez vu, où vous l'avez pris dans vos bras, vous avez senti se réveiller la maman louve (ou le papa poule) qui sommeillait en vous. Mais ce besoin irrépressible de ne plus le quitter des yeux, de l'avoir près de vous, de le couver, de le câliner, est-ce vraiment bon pour lui ? Car bien sûr, vous n'avez pas envie d'en faire un bébé pot de colle, un petit tyran des bacs à sable, un enfant roi. Pas de panique : materner votre bébé, c'est lui faire un petit nid douillet qui lui offrira la sécurité nécessaire pour vite voler de ses propres ailes !

Je teste mes connaissances de parent maternant !

En matière d'éducation, tout le monde a son opinion ! Et vous, êtes-vous plutôt vieille école ou nouvelle génération ? Faites ce petit test pour réviser vos bases et jauger votre quotient maternage !

1 Laisser un bébé pleurer, c'est...

- bon pour sa santé !
- un bon plan pour l'avenir : il deviendra un vrai petit guerrier !
- une (très) mauvaise idée.

Réponse

On sait aujourd'hui science à l'appui que les premières années, un bébé n'a tout simplement pas la capacité de se calmer tout seul car ses lobes frontaux (la partie de son cerveau qui lui permet d'apprendre, de gérer le stress et les pulsions) ne sont pas encore actifs. Ce n'est pas qu'il ne veut pas s'apaiser, c'est qu'il ne *peut* pas ! Et si au bout d'un moment il s'arrête de pleurer, c'est qu'il s'est résigné. Voyant que ses besoins ne sont pas pris en compte, il perd espoir et finit par ne plus exprimer ses émotions.

② Prendre bébé dans ses bras quand il pleure, c'est…

- en faire un petit capricieux.
- l'aider à devenir autonome.
- OK, mais il ne faut pas exagérer !

Réponse

Être attentif aux besoins d'un bébé et y répondre, ce n'est ni le gâter ni éveiller le petit capricieux en lui ! Loin de le rendre dépendant, cette proximité lui assure au contraire une sécurité affective qui lui permettra, plus tard, de devenir autonome. Parce qu'il sait qu'il peut compter sur ses parents, il finit par pleurer moins fort, moins longtemps, moins souvent !

③ Avec ses pleurs, notre bébé cherche à nous manipuler !

- Bien sûr, il est maître dans l'art du bluff !
- Non, c'est au-delà de ses capacités !
- Manipulateur, peut-être pas, mais capricieux, oui !

Réponse

Ce sont nos interprétations d'adulte qui nous poussent à penser qu'un bébé peut nous manipuler ou faire des « caprices » ! Pour manipuler quelqu'un, il faut pouvoir réfléchir consciemment, or, à cet âge, le bébé n'en est tout simplement pas capable ! Avec ses pleurs, il ne fomente pas un complot : il ne fait qu'exprimer des besoins ou des émotions qu'il est pour l'instant incapable de gérer sans votre aide.

④ Un bébé s'exprime…

- uniquement en pleurant.
- de mille et une manières que vous n'avez pas (encore) décryptées.
- en pleurant et en gazouillant, mais ça s'arrête là (pour le moment).

Réponse

Quand ses émotions et ses sensations deviennent trop fortes pour que son cerveau, encore immature, puisse y faire face, votre bébé pleure. C'est un appel à l'aide, un SOS ! Donc oui, pleurer est pour votre bébé un moyen de communiquer, le plus extrême même – difficile de l'ignorer ! Mais ce n'est pas l'unique moyen de communication à sa disposition. Avide d'interaction, votre bébé vous envoie une multitude de signaux pour exprimer ses besoins, son confort ou son inconfort, ses émotions : des gazouillis, des sourires, des grimaces, des mouvements des mains, des regards… encore faut-il être proche de lui, prendre le temps de l'observer et faire confiance à son sixième sens pour tenter de les décoder !

Un petit cerveau immature !

À la naissance, le cerveau de votre bébé est loin d'être parfait ! La partie du cortex qui contrôle les émotions et les impulsions ne va commencer à mûrir qu'entre 5 et 7 ans. Avant, c'est donc son cerveau archaïque qui domine : votre bébé reçoit les émotions et sensations de plein fouet, sans possibilité de gérer ! Il a donc besoin de vous pour se calmer.

5 Dès la naissance, un bébé a besoin d'un rythme…

- réglé comme du papier à musique.
- identique à celui de papa, maman et du reste de la famille.
- variable : après tout, il n'a pas toujours les mêmes besoins !

Réponse

À la naissance, un nourrisson est incapable d'avoir un rythme au carré, son corps n'est pas prêt ! Ses journées sont encore calées sur le rythme intra-utérin, soit, pour résumer : *free style* ! Il est important de le respecter car il doit déjà s'adapter à beaucoup de nouveautés. Les premiers mois, c'est donc à vous de vous ajuster. Se caler sur son rythme, c'est aussi lui permettre de se fier à ses sensations et besoins. Et c'est l'une des clefs de l'autonomie.

3 besoins essentiels de mon bébé à la loupe

De quoi a besoin un bébé ? Facile ! De manger, de dormir, d'être changé. Et l'affection, c'est en option ? Et le porter, c'est seulement pour le consoler ? Non ! Les câlins, autant que le lait, sont pour lui une question de survie ! Et ce n'est pas tout, la preuve avec ses trois besoins fondamentaux décryptés.

1 La continuité : son atout sérénité !

Ça veut dire quoi exactement ?

Imaginez des vacances en pension complète dans un hôtel 4 étoiles, du soleil tous les jours et zéro tracas. Le choc, au retour ! C'est pareil pour votre nouveau-né : après neuf mois au chaud dans votre ventre, nourri vingt-quatre heures sur vingt-quatre, bercé par vos mouvements et le battement de votre cœur, la naissance, c'est violent ! Le froid, le bruit, la faim, la lumière, le vide tout autour de lui :

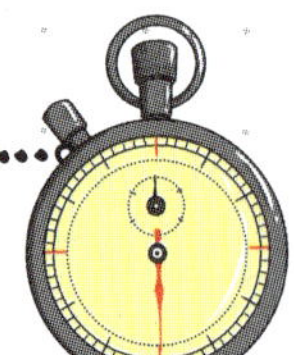

Une année pour faire un bébé !

Neuf mois dans le ventre, trois de plus pour terminer ? C'est la théorie de certains spécialistes des bébés. À la naissance, votre tout-petit est immature et entièrement dépendant de vous. Il a besoin – et vous aussi d'ailleurs – d'un « quatrième trimestre » qui va servir de transition pour l'habituer à ne plus faire qu'un avec vous. Et plus cette transition est douce, mieux c'est !

tout cela est très agressif. Il serait bien resté un peu plus longtemps dans son carré VIP, donc tout ce qui lui rappellera la vie utérine va le rassurer. Vos regards, vos bras, votre odeur, vos bercements, votre voix seront autant de traits d'union entre votre ventre et la vie sur terre, et ils constituent pour votre bébé des repères essentiels.

Pour mieux comprendre et briller en société : le concept du continuum, de Jean Liedloff

C'est après avoir passé deux ans et demi dans la jungle d'Amérique du Sud à observer comment les tribus primitives s'occupaient de leurs bébés que Jean Liedloff a élaboré le concept de continuum. Selon l'auteure américaine, si nos sociétés occidentales ont perdu un certain bien-être, c'est parce que nous nous sommes éloignés de notre nature profonde, de ce que nous dicte notre instinct. Et que nous dit-il ? De porter constamment notre bébé, de vivre vingt-quatre heures sur vingt-quatre avec lui, en totale connexion. Si cette « phase dans les bras », comme l'appelle la spécialiste, est respectée, le petit pourra plus vite s'émanciper ! Moralité : renouez avec la maman kangourou qui sommeille en vous !

Et moi, je fais quoi ?

Maternez-le ! L'allaitement à la demande, le cododo, le portage en écharpe, le massage : toutes ces pratiques reposent sur une proximité maximale et une continuité sensorielle qui, en rappelant votre ventre à votre bébé, viendront adoucir la rude transition entre la vie *in utero* et la vie sur terre.

L'idée à retenir !
Tout ce qui favorise la continuité entre la vie fœtale et la vie extra-utérine est bon pour votre bébé.

2 La sécurité affective : rien de tel pour établir des bases bien solides

Ça veut dire quoi exactement ?

Être rassuré, se sentir aimé, exister : pour votre bébé, c'est aussi vital que d'être rassasié ! Tout comme le lait fait grimper sa courbe de croissance, votre amour fait gonfler son sentiment de sécurité. Chaque fois que vous apportez une réponse aux besoins de votre bébé, qu'il trouve des sensations agréables et stimulantes, vous renforcez sa sécurité intérieure. Et une sécurité solide comme un roc, c'est un socle affectif indestructible qui lui servira toute sa vie !

Pour mieux comprendre et briller en société : la théorie de l'attachement, de John Bowlby

Selon le psychiatre et psychanalyste anglais, l'un des besoins primaires du bébé est d'établir un lien stable et sécurisant avec une « figure d'attachement », une personne qui le protège, répond à ses besoins, prend soin de lui de façon cohérente et durable. La qualité de cet attachement repose en grande partie sur la manière dont vous répondez aux signaux de votre bébé, et notamment votre rapidité. Grâce à un attachement « *secure* », le bébé forge sa confiance en l'autre et son estime de soi. C'est sa racine pour bien pousser et son tremplin pour aller encore plus loin !

Et moi je fais quoi?

Soyez là, tout simplement! Pour qu'il se sente en sécurité, votre bébé a besoin de savoir qu'il peut compter sur vous, partout, tout le temps. Ce qui implique :

1. d'être proche de votre bébé pour pouvoir l'observer, comprendre ses rythmes, décoder ses signaux; tout simplement apprendre à le connaître!
2. de répondre rapidement et correctement à ses besoins.

Encore une fois, les pratiques du maternage cochent toutes les cases!

L'idée à retenir!

L'attachement est vital pour votre bébé. Une relation sécurisante lui permettra de s'éloigner de vous, ses parents, parce qu'il sait que vous êtes là, quoi qu'il en soit!

3 La confiance en vous : l'idéal pour vous connecter à votre petit chou

Ça veut dire quoi exactement?

Se faire confiance, croire en ses capacités, c'est vital pour être bien dans votre peau de maman. Et forcément, votre bébé le ressent!

L'ocytocine, votre véritable copine

C'est l'hormone de l'accouchement, mais pas seulement! C'est aussi l'hormone de l'amour, de l'attachement. Parce qu'elle augmente vos capacités d'empathie, l'ocytocine vous aide à percevoir les signaux de votre bébé, à bien les interpréter et à trouver la réponse la plus adaptée. Magique, elle booste également votre confiance en vous et diminue votre stress.

Pour mieux comprendre et briller en société : la préoccupation maternelle primaire de Donald W. Winnicott

La «préoccupation maternelle primaire» désigne cet état psychique propre à la toute nouvelle maman. Il s'agit d'une hypersensibilité qui vous permet de littéralement décoder votre bébé. Ultraconnectée, vous savez instinctivement ce que vous devez faire pour vous ajuster à ses besoins, tant physiques que psychiques. C'est aussi un état de repli et de profonde empathie vous permettant de vous oublier au profit de votre bébé.

Et moi je fais quoi?

Écoutez votre instinct! Quand votre bébé pleure, votre premier réflexe est de le prendre dans vos bras? L'entendre hurler vous serre littéralement le cœur? Faites confiance à votre intuition et consolez-le. C'est une relation dans les deux sens qui s'établit : votre bébé s'adapte à sa nouvelle vie, à vous; vous vous adaptez à lui, pour peu que vous vous y autorisiez, que vous vous libériez de vos peurs, que vous abandonniez certaines croyances qui vous ont influencée, notamment des principes éducatifs que l'on sait aujourd'hui erronés.

L'idée à retenir!

Naturellement, vous possédez des compétences pour vous occuper de votre bébé. Faites-vous confiance et fiez-vous à votre sixième sens.

Mon petit abécédaire pour maîtriser l'allaitement

Certes, allaiter, c'est naturel, mais naturel ne veut pas forcément dire simple ! Vos seins ne sont pas livrés avec le mode d'emploi ! De *A* comme aide à *Z* comme zen en passant par *J* comme jaune d'or (mais pourquoi donc ?), passage en revue des grandes clefs pour devenir une pro de la tétée !

A comme aide

Crevasses, engorgement et autres joyeusetés : l'allaitement n'est pas toujours un long fleuve tranquille. En cas de petites ou grosses difficultés, choisissez bien vos alliés pro-tétée. À savoir une personne qualifiée : une sage-femme titulaire d'un DIU lactation humaine et allaitement maternel, une conseillère en lactation IBCLC (International Board Certified of Lactation Consultant), un membre d'association de soutien à l'allaitement. Et pas forcément votre belle-mère, cousine ou collègue… qui sont certes pétries de bonnes intentions, mais n'ont peut-être même jamais allaité !

Mes bonnes adresses

- Pour trouver une sage-femme : l'annuaire de **l'Ordre des sages-femmes libérales** sur www.ordre-sages-femmes.fr
- Pour trouver une **consultante en lactation IBCLC** : http://consultants-lactation.org
- La **Leche League**, la plus connue des associations de soutien à l'allaitement : www.lllfrance.org
- **Solidarilait**, le réseau des associations de soutien à l'allaitement : www.solidarilait.org

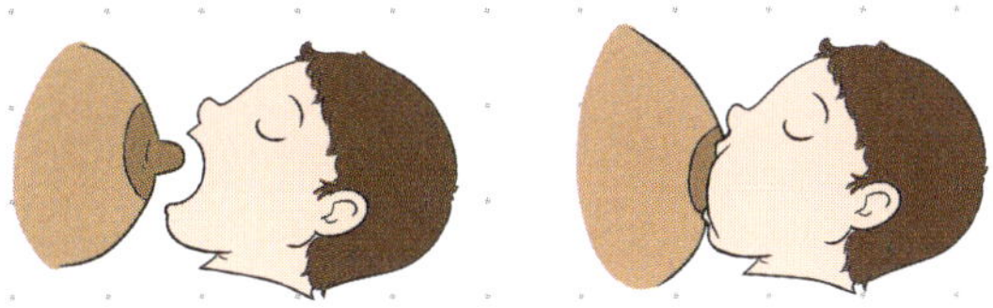

B comme bouche

Celle de votre bébé ! C'est son petit outil magique pour un allaitement réussi. Plus il tète efficacement, plus les récepteurs situés sur l'aréole de votre sein seront stimulés et plus votre production d'hormones de la lactation sera élevée. Mais une succion efficace, c'est quoi, exactement ? Votre bébé doit :

- avoir la bouche grande ouverte ;
- prendre en bouche une large partie de votre aréole (et pas seulement le mamelon !), qui doit elle-même être légèrement décalée vers le palais (et pas centrée dans le gosier de votre tout-petit) ;
- fléchir sa tête en arrière ;
- placer son menton contre votre sein ;
- garder son nez légèrement dégagé et ses lèvres ourlées vers l'extérieur.

Et, évidemment, vous ne devez sentir ni douleur, ni irritation, ni inconfort !

Sur le papier, cela vous paraît hyper compliqué ? Observez votre bébé : s'il déglutit à chaque succion en début de tétée, puis toutes les deux à trois succions à la fin, vous avez tout bon !

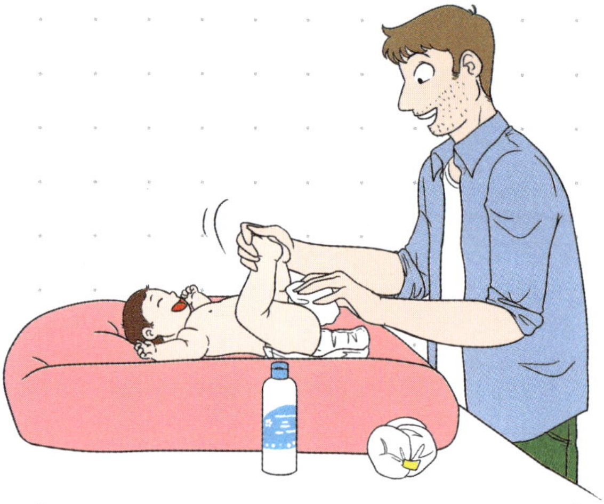

C comme couche...

Et, surtout, ce qu'il y a dedans ! Pas très ragoûtant, c'est vrai, mais, avec la courbe de croissance, le contenu des couches de votre merveille est l'un des indicateurs d'un allaitement au top. Logique : un bébé qui élimine bien est un bébé qui mange bien ! Après la première semaine à évacuer le méconium (ce drôle de caca vert foncé, visqueux et collant), votre bébé devrait faire 5 à 6 petites commissions par jour et 2 à 3 grosses. Vers 6-8 semaines, la fréquence peut diminuer à une selle quotidienne (qui du coup sera un peu plus généreuse). Tant qu'il continue à mouiller régulièrement sa couche, c'est qu'il mange assez !

... et comme constipé !

Votre bébé n'a pas fait caca depuis plusieurs jours et vous commencez franchement à vous inquiéter ? Cela arrive parfois, une fois l'allaitement bien mis en place. L'offre et la demande sont alors parfaitement équilibrées : votre bébé prend juste ce qu'il lui faut, quand il faut, et son tube digestif est suffisamment mature pour bien digérer. Résultat : très peu de déchets ! Si votre bébé ne semble pas avoir mal au ventre, et si ses selles, bien que rares, continuent d'être facilement évacuées (ce ne sont pas de petites billes toutes dures), il n'y a pas lieu de vous inquiéter. Dans le cas contraire, il est conseillé de consulter.

D comme demande

Buffet à volonté, *open bar*... Appelez-la comme vous voulez, mais sachez que votre poitrine est à la disposition de votre bébé vingt-quatre heures sur vingt-quatre. Allaiter à la demande : c'est la clef d'un allaitement réussi ! Un intervalle minimum à respecter ? Une durée maximum à chaque sein ? Que nenni ! Oubliez votre iWatch ! Offrez le sein à votre bébé dès qu'il montre des signes de faim, ou, mieux encore, dès les signes d'éveil. Plus votre bébé tète, plus vous produisez de lait !

E comme exclusif

Mieux vaut éviter l'allaitement mixte les premières semaines, alors que votre lactation se met en place. Donner un biberon de lait artificiel car vous avez l'impression que bébé ne mange pas à sa faim, c'est entrer dans un cercle vicieux qui risque de compromettre votre allaitement. Un complément, c'est une tétée de moins. Or, pas assez stimulés et drainés, vos seins risquent de produire moins ! Si vous avez l'impression que votre bébé ne prend pas assez, essayez de le mettre au sein plus souvent pour relancer la machine !

F comme fréquence des tétées

8, 10, 12, 15 tétées par jour ? Il n'y a pas de fréquence idéale : chaque bébé est différent, et ses besoins évoluent au fil de la journée, des semaines, des mois. Chaque maman aussi est différente. Les études montrent en effet que les capacités de stockage du lait varient selon les femmes de 80... à 600 ml ! Laissez-vous guider par votre bébé qui saura très bien vous signaler qu'il a faim ! Sachez également qu'il arrive que le bébé demande quasi non-stop la tétée durant deux ou trois jours d'affilée. Dans le jargon des mamans allaitantes, on parle de « pic de croissance ».

G comme grossesse

Vous avez décidé de faire un petit frère rapidement? Vous pouvez tout à fait continuer à allaiter durant votre grossesse, mais sachez que, à un moment, votre lactation va s'arrêter pour produire de nouveau du colostrum en prévision du bébé à naître. L'aîné risque de ne pas trop apprécier le goût ou de ne plus être suffisamment rassasié. Si agrandir la famille n'est pas à l'ordre du jour, différents moyens de contraception sont (heureusement) possibles durant l'allaitement : la pilule microprogestative, le stérilet au cuivre ou aux hormones (six à huit semaines après l'accouchement), le préservatif (oui, le plastique c'est toujours fantastique!). La méthode MAMA repose sur l'effet anti-ovulation des hormones de la lactation. Pour que ça fonctionne, il faudrait suivre ces conditions : ne pas avoir eu son retour de couche, allaiter exclusivement, à la demande, jour et nuit, avec au moins six tétées quotidiennes dont une nocturne. Si – et seulement si – ces conditions sont remplies, la méthode est fiable à 98 % les six premiers mois. Parlez-en à votre sage-femme et à votre gynécologue avant de tenter!

H comme hydratation

Inutile de boire des litres d'eau pour produire du lait! Il suffit de vous fier à vos sensations et de boire lorsque vous avez soif. Sachez être à l'écoute de votre corps!

I comme indispensable

Parmi les accessoires d'allaitement, il y a les...

- **indispensables :** des soutiens-gorge d'allaitement alliant confort, maintien et praticité (même si pour la sexy mama, on reviendra!).
- **plutôt utiles :** les coussinets d'allaitement pour éviter les fuites intempestives. Dans cette catégorie, on trouve également le tire-lait (manuel ou électrique) qui peut rendre de grands services : à la reprise du travail bien sûr, mais aussi pour vider le sein en cas d'engorgement, pour stimuler la production de lait, ou pour permettre à la maman de s'offrir une sortie sans bébé!
- **produits à utiliser avec beaucoup de précautions et accompagnée d'un professionnel :** les bouts de sein en silicone (ponctuellement en cas de crevasses très douloureuses et après avoir corrigé la prise du sein, avec certains bébés prématurés qui ont du mal à téter) et les coquilles d'allaitement (quand le mamelon est très sensible, pour éviter le contact avec le soutien-gorge, mais jamais en cas d'engorgement, car elles stimulent le mamelon). Mal utilisés, ils peuvent nuire à l'allaitement. Jouer la simplicité, c'est aussi l'un des principes clefs du maternage!

J comme jaune d'or

Voici un nom bien poétique pour qualifier la couleur non pas des petites fleurs printanières que vous pourriez prendre plaisir à contempler pendant la tétée, mais des selles de votre bébé ! Oui, le caca de bébé allaité n'a rien à voir avec celui de ses collègues biberonnés, et mieux vaut le savoir pour ne pas crier à la diarrhée en ouvrant la couche ! D'un « beau » jaune moutarde, les selles sont en effet plutôt molles et granuleuses. Un peu comme des œufs brouillés (bon appétit, bien sûr !). Si elles ont tendance à tirer sur le vert, c'est parce que votre bébé prend davantage de lait de début de tétée, riche en lactose. Pour corriger le tir, veillez à prolonger la tétée afin que votre petit vide bien le sein et bénéficie du lait de fin de tétée, plus gras et donc plus rassasiant.

K comme vitamine K (+ vitamine D)

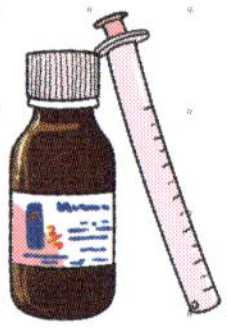

Votre lait est certes l'aliment parfait pour votre bébé, mais il manque un peu de vitamine K, qui joue un rôle important dans la coagulation du sang. Par précaution, pour prévenir un risque de maladie hémorragique (très rare heureusement), votre bébé en recevra une dose par voie orale dès la naissance, une deuxième le 7ᵉ jour, puis une dernière à 1 mois. Votre pédiatre vous prescrira également des gouttes de vitamine D à donner chaque jour. Cette vitamine, principalement fabriquée par la peau lors de l'exposition au soleil, est très importante pour la minéralisation du squelette de votre bébé. Le lait maternel en contient, mais souvent pas assez ou sous une forme insuffisamment assimilée (surtout si vous-même manquez de vitamine D !). En dehors de ces deux vitamines, votre lait apporte tout ce qu'il faut !

L comme long

Six, huit mois, un an, deux ans : chaque maman a sa propre définition de l'allaitement long ! Et il peut être modulé : des tétées à chaque repas en complément des solides, des tétées câlins uniquement le matin et le soir en rentrant du travail, par exemple. Souvent, c'est l'entourage qui pose le plus problème. Et pourtant, l'OMS recommande l'allaitement jusqu'à 2 ans ! Tant que vous, votre enfant et le papa y trouvez votre compte, faites comme vous le souhaitez ! Naturellement, entre 2 et 5 ans, votre enfant se sèvrera tout seul.

M comme montée de lait

Après l'accouchement, il faut en moyenne deux à trois jours pour que la lactation se mette en place et que vos seins produisent du « vrai » lait. C'est la fameuse montée de lait, attendue comme le messie et pourtant pas toujours agréable. En cause : des seins tendus comme des obus ! Pour la favoriser, la recette est simple : stimuler un maximum la machine – en l'occurrence, vos seins ! – avec une tétée précoce, du peau-à-peau et, bien sûr, une bonne succion du bébé.

N comme nu

Garder une à deux heures votre bébé tout juste né, tout nu, contre vous : il n'y a pas mieux pour bien débuter votre allaitement ! Les études montrent en effet que les mamans ayant pu faire du peau-à-peau avec leur nouveau-né allaitaient plus longtemps. Et, de retour à la maison, vous pouvez tout à fait continuer d'allaiter votre bébé en peau-à-peau quand vous en avez envie. Les premières semaines, ces petites séances seront un véritable coup de pouce à la mise en place de l'allaitement, notamment grâce à la sécrétion d'ocytocine qu'elles déclenchent.

O comme ocytocine

Ocytocine par-ci, ocytocine par-là : à entendre votre sage-femme, cette hormone serait plus trendy que votre hashtag favori ! Et c'est normal ! L'ocytocine comme la prolactine sont les deux hormones qui influencent votre allaitement. Comment ? Lorsque votre bébé tète, il stimule les petits récepteurs situés sur le mamelon, qui à leur tour vont réveiller l'hypophyse (une glande située à la base du cerveau) qui va alors sécréter la prolactine, hormone de production et de stockage du lait. L'ocytocine, également secrétée lorsque le mamelon est stimulé, permet quant à elle l'éjection du lait !

P comme papa

Le papa se sent un peu exclu de votre petit club privé ? Pourtant, lui aussi a un rôle à jouer : vous apporter votre bébé pour la tétée, vous soutenir, vous aider au quotidien, vous protéger contre les réflexions malvenues (« Tu es sûre que ton bébé mange assez ? », « Il est un peu grand pour être allaité, non ? »). Et les repas sont loin d'être les seuls moments à partager avec un bébé, surtout en mode maternage : il y a aussi le change, le bain, le peau-à-peau, les massages et bien sûr le portage.

R comme repos

Prendre cinq minutes pour filer sous la douche relève déjà de l'exploit, alors vous reposer… Pourtant, c'est important ! Allaiter demande de l'énergie, et parfois, votre corps vous lancera un signal d'alerte – une mastite par exemple – pour vous dire de prendre un peu plus soin de vous. Écoutez-le ! Materner ne veut pas dire vous sacrifier !

S comme sevrage

L'âme en peine, vous devez arrêter d'allaiter ? Pour un sevrage en douceur, commencez par supprimer une tétée par vingt-quatre heures, en évitant celle du matin au risque de retrouver vos seins sur le point d'exploser ! Une fois que votre poitrine s'est habituée à ce nouveau rythme, supprimez une autre tétée. Et ainsi de suite. Conclusion : commencez bien en amont de la date que vous vous êtes fixée et allez-y sans vous presser, vous serez soulagée !

T comme tétée précoce

Vous vous en êtes peut-être rendu compte à la naissance de votre bébé ! Rien de mieux pour commencer en beauté l'allaitement qu'une tétée précoce. Et pour cause : à peine né, votre bébé sait déjà se débrouiller comme un chef. Son réflexe de succion est optimal quarante-cinq minutes après sa naissance. Posé sur votre ventre, en peau-à-peau, il peut alors faire le fameux «*breast-crawl*» et littéralement ramper pour trouver votre sein, guidé par ses sens. Lors de cette première tétée, il ne prend pas beaucoup de colostrum, ce n'est pas vraiment le but. C'est avant tout une séance découverte !

V comme vin… et autres alcools

Neuf mois sans alcool, et c'est reparti pour X mois ? Eh oui ! Parce que l'alcool passe dans le sang, donc bébé trinque, et parce qu'il altère la production de lait et diminue le réflexe d'éjection, il est en effet déconseillé d'en consommer quand vous allaitez. Adieu mojitos et bonjour les tisanes au fenouil (qui boostent la lactation) ! Par contre, si vous souhaitez, occasionnellement, boire un verre (avec modération bien sûr), attendez au moins deux heures pour donner la tétée et cela devrait très bien se passer !

Z comme zen

Il faut l'être pour allaiter, et allaiter contribue aussi à l'être ! La sécrétion d'ocytocine est en effet très dépendante de votre état émotionnel. Un petit coup de blues ? Un gros stress ? Cela peut en entraîner sa diminution. Mais quand l'hormone est bien là, vous planez ! Pour faire de la tétée un moment de sérénité, installez-vous confortablement et mettez votre téléphone en mode avion. Dans votre assiette, privilégiez les aliments comme la banane, les amandes et le chocolat noir, riches en magnésium (antistress par excellence), les poissons gras et l'huile de colza pleins d'oméga 3 (le gras de la zénitude). C'est aussi très bon pour le cerveau de votre bébé !

Je deviens (un super) papa !

Après l'accouchement, le délassement ? Pas vraiment ! Maintenant que votre bébé est né, les choses sérieuses vont commencer. Faire connaissance avec le nouvel invité qui n'a pas fini de squatter, continuer à soutenir votre moitié qui risque de déchanter (pendant quelques semaines)… Certes, vos missions de jeune papa ne sont pas aisées, mais vous allez gérer, comme d'habitude !

Mes premiers gestes de papa pas à pas !

Certes, vous êtes un Noob de la paternité, oui, votre bébé a l'air plus fragile qu'un Galaxy Note 7, mais ce n'est pas une raison pour ne pas vous lancer dans les soins de base ! Les tutos de Laurence Rameau, puéricultrice de la Maison des Maternelles, sont là pour vous guider.

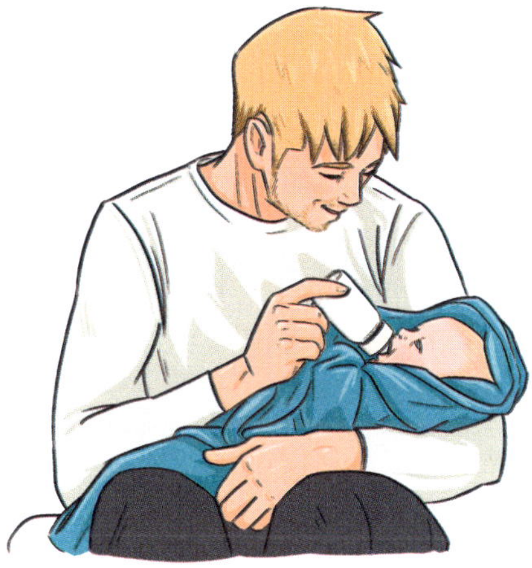

J'évite les fails au moment de préparer le biberon

Pourquoi je m'y mets ? Parce qu'entre le biberon trop chaud et celui mal secoué, il est possible, quoi que vous en pensiez, de « rater » son déjeuner.

Ma check-list avant de me lancer

- ✓ 1 biberon
- ✓ du lait infantile et sa mesurette
- ✓ 1 bouteille d'eau
- ✓ 1 couteau pour araser

Alors je fais quoi ?

1. Lavez-vous les mains et vérifiez que vous avez tout votre matériel à proximité.

2. Versez l'eau en quantité adaptée dans le biberon. ATTENTION : les indications données par le pédiatre sur le volume du biberon (90, 120, 150 ml…) correspondent toujours à la quantité d'eau sans lait !

3. Incorporez le lait en poudre après l'avoir arasé à l'aide d'un couteau pour en avoir la juste quantité, une mesurette correspondant généralement à 30 ml de liquide.

4. Mélangez le tout en faisant rouler le biberon d'avant en arrière entre vos mains.

Le biberon, je le chauffe ou non ?

Non, votre bébé peut tout à fait apprécier son lait à température ambiante. Toutefois, si vous voulez faire du zèle, vous pouvez le réchauffer légèrement au chauffe-biberon ou au bain-marie (mais jamais au micro-ondes pour éviter, notamment, les risques de brûlures), mais veillez toujours à vérifier la température en versant quelques gouttes sur votre poignet avant de le servir !

J'apprends à le changer IRL (In Real Life)!

Pourquoi je m'y mets? Entre aujourd'hui et ses 2 ans et demi (âge auquel il sera normalement propre), votre bébé devrait souiller environ 4 260 couches. Impossible que vous les évitiez toutes!

Ma check-list avant de me lancer

- ✓ 1 couche (ou plusieurs au cas où)
- ✓ du coton
- ✓ de l'eau du robinet
- ✓ du liniment oléocalcaire

Alors je fais quoi?

1. Lavez-vous les mains et vérifiez que vous avez tout ce dont vous avez besoin.
2. Déshabillez votre bébé doucement, en lui laissant son body dans l'idéal.
3. Défaites les scratchs et repliez sa couche sous ses fesses.
4. Attrapez ses pieds dans une main et essuyez ses fesses avec l'avant de la couche de l'autre.
5. Nettoyez ses fesses à l'aide d'un coton imbibé d'eau (en cas de pipi) ou de liniment (en cas de gros besoin). **Attention :** allez toujours du plus propre vers le plus sale, du pubis vers l'anus.
6. Il est propre? Retirez la couche sale et recollez les languettes sur l'extérieur pour en faire un ballotin qui ne pourrira pas votre poubelle.
7. Mettez la nouvelle couche en vérifiant qu'elle est bien remontée dans son dos, que les élastiques internes et externes sont bien calés…

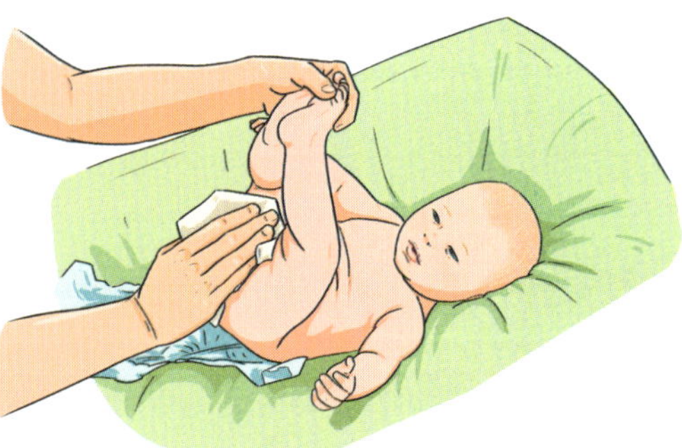

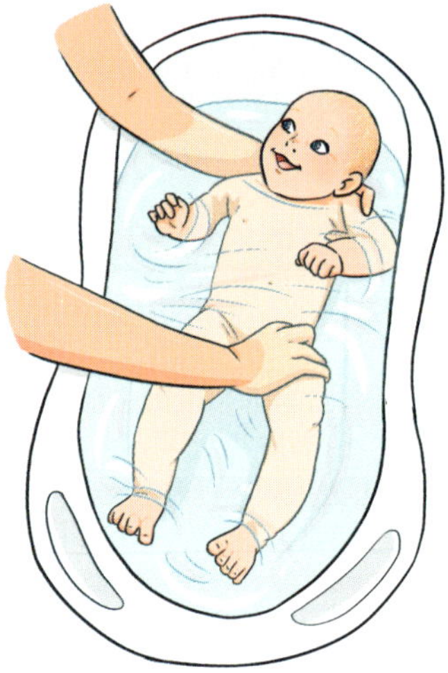

Je deviens un pro du bain!

Pourquoi je m'y mets? Parce que c'est généralement le moment le plus sympa de la journée… Et que cela donne à votre moitié l'occasion de se reposer.

Ma check-list avant de me lancer

- ✓ la baignoire remplie d'eau à 37 °C
- ✓ 1 thermomètre de bain
- ✓ 1 cape de bain (ou une serviette)
- ✓ 1 savon spécial bébé
- ✓ 1 couche
- ✓ ses habits de rechange

Alors je fais quoi?

1. Lavez-vous les mains…
2. Vérifiez la température de l'eau à l'aide du thermomètre de bain et en y trempant votre coude.
3. Déshabillez votre enfant en lui laissant son body le plus longtemps possible.
4. Passez une main derrière sa nuque jusque sous son bras et l'autre sous ses fesses.
5. Plongez-le dans l'eau doucement!
6. De votre main libre, savonnez-le des épaules aux pieds avant de finir par la tête si besoin est. Si vous êtes vraiment mal à l'aise, savonnez-le avant de l'immerger.

7. Rincez-le, placez-le sur la cape de bain et séchez-le rapidement en le tamponnant avec sa petite serviette.

8. Rhabillez-le (après lui avoir remis une couche) et le tour est joué !

Je la spoile pour les soins du cordon (tellement je gère)

Pourquoi je m'y mets ? À la sortie de la maternité, elle risque d'être fatiguée et terrorisée à l'idée de mal faire avec votre bébé. C'est le moment parfait pour jouer au mâle alpha !

Ma check-list avant de me lancer

- ✓ des compresses stériles
- ✓ le désinfectant recommandé par votre praticien
- ✓ 1 couche
- ✓ des cotons-tiges

Alors je fais quoi ?

1. Lavez-vous les mains religieusement.
2. Imbibez une compresse stérile de désinfectant et nettoyez doucement la zone à chaque fois que vous changez sa couche.
3. Au moment de lui remettre sa couche, repliez-la plusieurs fois sur elle-même (à l'avant) afin qu'elle ne soit pas en contact avec l'ombilic.
4. Une fois la cicatrisation bien avancée, continuez à désinfecter le nombril à l'aide d'un coton-tige et du désinfectant tant qu'il y a encore des petites sécrétions.

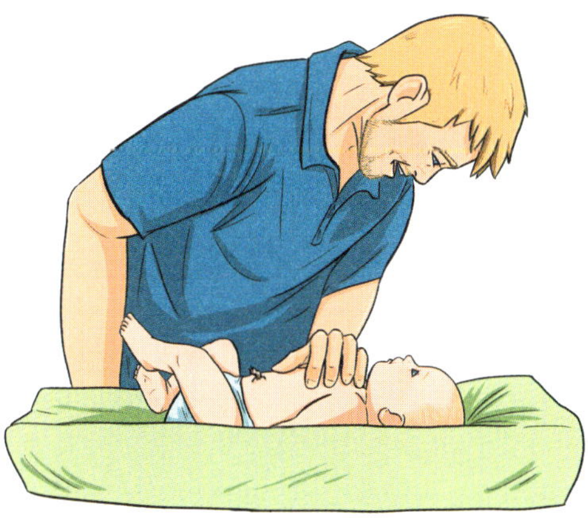

Vous n'en menez pas large au moment de lui couper les ongles...

Vous pouvez tout à fait commencer, les premiers jours, par enfiler sur ses mains des moufles anti-égratignures ou tout simplement des chaussettes pour éviter qu'il ne se griffe.
Au moment de vous lancer, privilégiez un moment calme. Il sort du bain, il est endormi : allez-y !

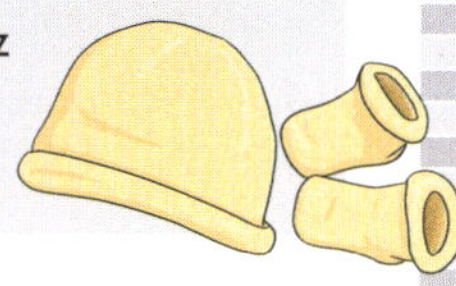

Je masteurise les ongles

Pourquoi je m'y mets ? Même si elle fait mine de gérer, elle doit sûrement stresser (peut-être autant que vous !).

Ma check-list avant de me lancer

- ✓ des petits ciseaux à ongles spécial bébé ou un coupe-ongles adapté
- ✓ une lime à ongles
- ✓ des compresses stériles
- ✓ du désinfectant

Alors je fais quoi ?

1. Lavez-vous les mains...
2. Imbibez une compresse de désinfectant pour nettoyer les ciseaux.
3. Placez-vous derrière la tête de votre bébé pour avoir plus facilement accès à ses mains. Posez une de ses mains sur la compresse et coupez très droit au niveau de chaque petit ongle.
4. Pensez ensuite à lui limer les angles de chaque ongle.

J'essaye de comprendre mon bébé (même si ce n'est pas gagné)!

Entre ce à quoi vous vous attendiez à son arrivée et la petite chose qui est venue bouleverser votre quotidien, il y a parfois un monde. Alors, normal ou non? Ses premiers comportements à la loupe!

On m'avait menti : il est constamment endormi!

Vous pensiez que… votre bébé allait vous réveiller toutes les 25 minutes la nuit (ce qui est sûrement le cas), mais qu'il daignerait rester un peu éveillé dans la journée!

En réalité… Jusqu'à ses 3 mois, votre bébé devrait dormir entre 16 et 20 heures par jour, tout en étant incapable de différencier le jour et la nuit. Ce n'est que vers 3-4 mois qu'il adoptera un rythme circadien (son rythme se calera enfin sur 24 heures), qu'il commencera (normalement) à faire ses nuits et des siestes régulières… Progressivement ensuite, il dormira de moins en moins longtemps.

Mon nouveau-né est vraiment bizarre!

Vous vous attendiez à découvrir un bébé Cadum, et voilà que votre nouveau-né a toute une flopée de symptômes étonnants qui, heureusement, ne dureront qu'un temps. Pas de panique!

- Il a des seins (pas un 95C, mais presque)! La mammite du nourrisson est un phénomène courant dû aux hormones de grossesse. Imprégné, votre bébé peut avoir la poitrine enflée de manière très passagère.
- Il a des poils! Le lanugo est un fin duvet qui recouvre le fœtus pour protéger sa peau du milieu aquatique dans lequel il évolue. S'il disparaît généralement pendant la grossesse, il peut parfois perdurer quelque temps après la naissance.
- Il a la tête plate! Quand elle est très précoce, la plagiocéphalie est généralement due à un mauvais positionnement du bébé in utero ou à un accouchement difficile. Bénigne, elle s'estompe à condition d'adopter quelques conseils de positionnement et de consulter un ostéopathe.

Non que cela me dérange, mais il a des gestes vraiment étranges!

Vous pensiez que… votre bébé naîtrait un peu comme vous, mais plus petit et moins poilu. En tout cas, plus coordonné!

En réalité… À sa naissance, sa maturation neurologique n'est pas encore terminée. Ses gestes sont donc encore réflexes, automatiques. S'il en est déjà capable, c'est qu'il a développé, in utero, toute une série de réflexes dits archaïques destinés à lui permettre de survivre à son nouvel environnement. Parmi eux, vous avez peut-être remarqué…

- **La succion :** à peine né, c'est déjà un champion au sein ou au biberon.
- **Le grasping :** vous lui tendez un doigt et il s'y agrippe si fort que vous pourriez le redresser en position assise.
- **Le réflexe de ramper :** si vous le placez sur le ventre, il allonge ses bras et relève ses fesses, comme s'il cherchait à avancer.
- **Le réflexe de Moro :** s'il est surpris ou s'il a mal, il écarte ses bras en croix, ouvre ses mains comme s'il voulait attraper quelque chose, puis rassemble ses bras sur sa poitrine avant de pleurer.

OK, il pleure… mais pendant 3 heures, vraiment?

Vous pensiez que… votre bébé allait pleurer, certes, mais il ne faut pas exagérer!

En réalité… On sait depuis les années 1960 et les travaux du pédiatre américain T. Berry Brazelton[9] que, dès la naissance, les nourrissons pleurent en moyenne 1 h 40 par jour. On est assez loin des 3 heures, certes, mais la durée de ces pleurs va crescendo avec un pic (de 2 h 45) à 6 semaines, avant de diminuer progressivement jusqu'à 4-5 mois. Si ses pleurs se prolongent pendant plus de 3 heures par jour, se produisent plus de 3 jours par semaine, que cela dure depuis plus d'une semaine et qu'il est en bonne santé, on parle alors de coliques. Bonne nouvelle : ces pleurs devraient bientôt s'estomper!

Quand consulter son pédiatre?

Tant que votre bébé a moins de 3 mois, il est indispensable de consulter très rapidement en cas de :

- diarrhée, car il risque de se déshydrater;
- fièvre supérieure à 38 °C;
- gêne pour respirer;
- comportement inhabituel.

Et, souvenez-vous, vous ne gênez personne avec vos questions!

Le changer à longueur de journée? Pas vraiment!

Vous pensiez que… vous alliez devoir déminer le terrain de sa couche 12 fois par jour. Pourtant, après quelques semaines sur les chapeaux de roues, c'est plutôt le calme plat.

En réalité… S'il est vrai qu'il faut changer les nouveau-nés souvent (6 à 8 couches par jour pendant les 2 premiers mois), il n'est pas rare que les bébés allaités se mettent en « pause » intestinale vers 4 à 6 semaines. On parle alors de selles rares du bébé allaité, à condition évidemment que le vôtre continue à bien manger, à uriner, à prendre du poids et même à avoir des gaz. En revanche, s'il est nourri au biberon et fait moins d'une selle tous les 4 jours, il doit être constipé… Mieux vaut consulter.

Il n'a pas l'air très au taquet quand je viens le tripatouiller!

Vous pensiez que… votre bébé allait être aussi interactif que le Tamagotchi de votre enfance, mais force est de constater que sa priorité n'est pas vraiment de communiquer.

En réalité… À la naissance, les sens de votre bébé sont en bêta-test… et nécessitent quelques semaines pour passer en version 1.0. Ainsi, s'il vous entend très bien aujourd'hui, ce n'est que vers 3 à 4 mois qu'il tourne la tête dans votre direction quand vous lui parlez, même s'il est encore trop tôt pour qu'il soit sensible à votre voix[10]. Ajoutez à cela qu'au cours de ses premières semaines il n'y voit pas grand-chose (son acuité visuelle est 60 fois plus faible que la vôtre). Les premiers échanges sont limités… En revanche, son toucher est déjà ultra développé. C'est l'heure de multiplier les séances de peau-à-peau (voir p. 241).

Et si vous paterniez ?

Les pratiques de maternage sont loin d'être aussi perchées que vous ne pourriez le penser… Surtout, elles ont beaucoup à vous apporter, à condition de choisir celle qui vous correspond vraiment. Alors, vous pensez quoi du maternage ?

Le maternage ? Jamais entendu parler et/ou pas très tenté !

La pratique qu'il vous faut : le portage… dans les bras !

Pourquoi on s'y met ? Pour rassurer votre bébé, créer du lien et retrouver le calme à la maison. En effet, les bébés régulièrement portés dans les bras au cours de leurs premières semaines de vie pleureraient moins que les autres[11].

Je m'y prends comment ? Pour épater votre moitié, tentez…

Le maternage proximal : quèsaco ?

Revenu en force depuis les années 1990, le maternage regroupe toutes les pratiques de soin visant à répondre aux besoins fondamentaux du bébé, et plus particulièrement à ses besoins psychoaffectifs. Née outre-Manche sous l'impulsion des travaux du psychiatre John Bowlby (la fameuse théorie de l'attachement[12] ; voir p. 214), la notion de maternage englobe à la fois l'allaitement long, le portage en écharpe, le massage, l'emmaillotage, la langue des signes pour bébé ou encore l'hygiène naturelle infantile (ne pas mettre de couche à son bébé, mais plutôt apprendre à repérer ses besoins). Tout un monde !

La position de base : passez une main ou votre avant-bras sous les fesses et le haut des cuisses de votre bébé tout en soutenant l'arrière de sa tête et sa nuque avec votre autre main. Il est bien installé s'il est enroulé contre vous.

La position de face : placez-le face à vous, ses pieds et ses fesses en appui contre votre ventre. Maintenez son dos et sa tête avec votre avant-bras et votre main.

La position à califourchon : installez-le à califourchon sur votre avant-bras, la tête dans le creux de votre coude et sa petite base soutenue par votre main. À noter : cette position est idéale s'il a des maux de ventre.

La position en berceau : installez votre bébé en appui dans le creux de votre coude et contre votre torse, l'autre main en soutien sous ses fesses.

Me rapprocher de mon bébé, OK, mais il ne faut pas pousser !

La pratique qu'il vous faut : le peau-à-peau !

Pourquoi on s'y met ?

1. C'est super simple.
2. Cela peut prendre 5 minutes comme 1 heure, en fonction de vos dispos.
3. La pratique a mille bénéfices : rassurer votre bébé, apaiser ses pleurs et ses coliques, favoriser son sommeil et votre lien ; vous donner confiance à long terme[13]…

Je m'y prends comment ? Installez-vous dans une pièce calme, les lumières tamisées. Prévoyez une petite couverture au cas où votre bébé aurait froid. Enlevez votre chemise ou votre tee-shirt, et installez-le contre votre torse, la tête bien tournée vers le côté.

Paterner ? Je suis super opé !

La pratique qu'il vous faut : le portage en écharpe ou le massage.

Pourquoi on s'y met ? Au-delà du fait que le massage et le portage contribuent à améliorer le transit, le sommeil, le développement psychomoteur de votre bébé et le lien d'attachement, le massage vous permettra d'être plus confiant dans votre rôle de papa, d'apporter votre soutien à votre conjointe, voire de limiter les risques de dépression[14]… Ça se tente, non ?

Je m'y prends comment ? Inscrivez-vous à un atelier de portage (pendant la grossesse) ou de massage (après la naissance) pour apprendre les bons gestes, qui certes ne sont pas bien compliqués, mais doivent être maîtrisés !

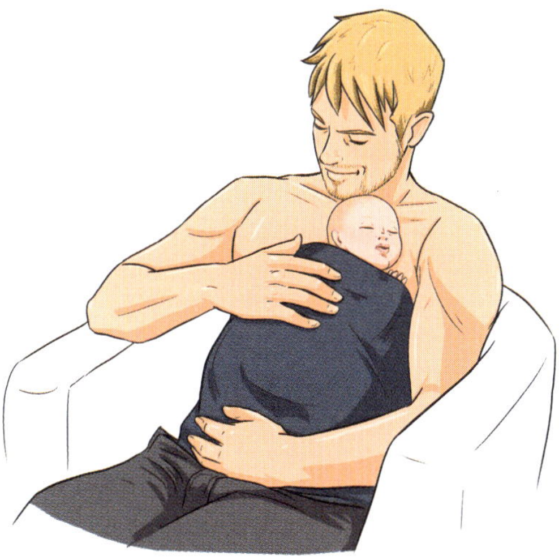

Le sommeil de mon bébé

Le calendrier du sommeil de mon enfant

Dort-il assez ? Roupille-t-il trop ? A-t-il vraiment l'âge d'arrêter la sieste (et de vous priver, par la même occasion, de votre petit temps de repos bien mérité) ? Voici quelques repères sur les besoins en sommeil de votre enfant, selon son âge.

Âge	Temps de sommeil moyen par jour	Cycles et rythme	Vous remarquerez peut-être...
0-1 mois	21 heures. 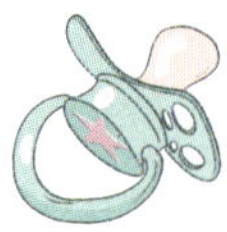	Les cycles de 50 minutes comportent 2 phases : le sommeil agité (superficiel et fragile) et le sommeil calme, plus profond. L'alternance jour nuit n'est pas encore au programme !	Pendant la phase de sommeil agité, on peut observer de brefs moments d'éveil. Mais ne vous précipitez pas : votre petit chat roupille bel et bien !
2-3 mois	16 à 20 heures, avec des nuits de 8 à 9 heures et 3 siestes (le matin, début d'après-midi et fin de journée).	Les cycles s'allongent jusqu'à 70 minutes. Le sommeil agité dure moins longtemps et est plus paisible.	Entre chaque cycle, votre bébé peut se réveiller et, parfois, pleurer… c'est NORMAL ! Et bonne nouvelle : il se rendort vite.
4-5 mois	15 à 18 heures, dont 9 heures d'affilée la nuit, avec toujours 3 siestes.	Votre bébé s'endort au début de la phase de sommeil paradoxal, qui a remplacé le sommeil agité. Chacun de ses cycles comporte désormais 3 phases, comme les grands.	Bonne nouvelle : avec l'apparition du sommeil paradoxal, les brefs moments d'éveil qui émaillaient la phase de sommeil agité disparaissent.
6 mois	15 à 18 heures, dont 3 siestes.	Votre bébé s'endort désormais en phase de sommeil lent. Le sommeil paradoxal compte pour 30 % de la durée totale du sommeil.	Il est difficile parfois de repérer les signes de fatigue : certains bébés ralentissent leur activité mais d'autres, au contraire, s'excitent. Observez votre tout-petit !
Dès 8 mois	15 à 18 heures, avec des nuits de 10 à 12 heures et 2 à 3 siestes.	Au fur et à mesure qu'il grandit, votre enfant allonge progressivement son temps de sommeil nocturne, tandis que les siestes raccourcissent (du moins la sieste de fin d'après-midi, puis celle du matin).	Vers 8 mois, votre bébé peut se réveiller la nuit, entre deux cycles et, parfois, avoir du mal à se rendormir. Soyez présents pour le rassurer. C'est d'autant plus important qu'il entre dans l'âge de l'angoisse de séparation, qui peut d'ailleurs rendre le coucher difficile.

Âge	Temps de sommeil moyen par jour	Cycles et rythme	Vous remarquerez peut-être…
12 mois	14 heures, avec 2 ou 3 siestes. La sieste de fin d'après-midi disparaît généralement entre 9 et 12 mois.	Les cycles passent de 70 à 90 minutes, comme l'adulte. La part de sommeil lent profond en début de nuit augmente et le sommeil paradoxal prend de l'ampleur en fin de nuit.	Avec l'apprentissage de la marche et autres grandes découvertes, votre bébé peut régresser côté sommeil. Montrez-vous patients !
15-18 mois	14 à 15 heures. La sieste du matin disparaît.		
2 ans	12 à 14 heures, avec une sieste de 2 heures environ.	Son sommeil est désormais proche de celui d'un adulte.	C'est aussi l'âge des premiers cauchemars.
3-4 ans 	Votre enfant a encore besoin de faire la sieste en journée, ou au moins de se reposer. La nuit, il dort 9 à 10 heures environ. Au total, jusqu'à 12 heures par jour.		Il vous demandera peut-être de passer au lit de grand ! C'est bon : il est prêt !
5 ans	9 à 11 heures, réparties en 8 heures de sommeil la nuit et une période de repos nécessaire, temps calme ou sieste, en journée.		Il est peut-être sujet à des nuits agitées : pipis au lit, cauchemars, somnambulisme… Des troubles du sommeil peuvent perturber ses nuits sans être inquiétants pour autant.
6 ans	Les nuits raccourcissent et le temps d'endormissement s'allonge, sans impacter la qualité du sommeil. Au total, il a besoin de 9 à 10 heures au dodo.		Certains troubles (énurésie, terreurs nocturnes, somnambulisme) peuvent survenir de nouveau. Ces troubles sont normalement peu inquiétants jusqu'à l'adolescence, mais mieux vaut en parler à votre médecin.

Mon programme spécial sécurité à l'heure du coucher

Lorsque vous attendiez sa venue, vous aviez probablement un paquet d'idées déco toutes plus chic les unes que les autres… Le problème : lui offrir une chambre douillette digne d'un catalogue de déco, c'est bien, mais l'essentiel, c'est de créer un coin nuit 100 % sécurisé pour votre bébé !

1 J'investis dans un bon lit (zéro danger) !

Certes, vous rêvez de retaper le petit lit qu'on se transmet de génération en génération dans votre famille… Mais il va sûrement falloir y renoncer ! Pour la sécurité de votre bébé, son berceau doit être conforme aux normes ! Il doit donc être rigide, avec des bords assez hauts pour que votre petit champion ne puisse pas en sortir seul. Par ailleurs, l'espacement des barreaux doit être de moins de 6,5 cm. Pas besoin de sortir votre décimètre ou votre mètre à ruban pour autant ! Veillez simplement à repérer les normes EN 716-1 et EN 716-2 (espacement des barreaux).

Mort subite du nourrisson : au secours, je flippe !

C'est la hantise de tous les parents… Heureusement, la mort subite du nourrisson (MSN) reste extrêmement rare (0,03 à 0,09 % des bébés de 0 à 1 an) et peut dans bien des cas être prévenue grâce aux recommandations de couchage ! Ouf ! La MSN survient généralement au cours de la première année du bébé, avec un pic entre le 2e et le 4e mois. Elle serait plus fréquente chez les garçons et les grands prématurés. S'il reste inexpliqué, ce phénomène pourrait être dû, selon certains spécialistes, à une mutation génétique rare, à un manque d'oréxine (une neuro-protéine qui nous réveille lorsqu'on fait de l'apnée du sommeil) ou à une hyperactivité vagale, et donc une tendance à faire des malaises à répétition…

2 Je prends de l'avance !

Si vous investissez dans un joli lit tout nouveau tout beau, essayez de l'installer dans une pièce aérée (si possible différente de sa chambre et de la vôtre), idéalement plusieurs semaines avant l'arrivée de votre bébé. En effet, les meubles neufs laissent échapper certaines substances toxiques dont des composés organiques volatils (COV) qui mettent du temps à s'évacuer. Préférez dans tous les cas du mobilier en bois massif non traité et non verni et, là encore, scrutez les normes en vigueur dont l'EN 71-3 (émissions de COV) ! Fan de vintage ? Foncez sur les meubles d'occasion qui n'ont plus besoin d'être dégazés depuis bien longtemps, avec en plus une bonne affaire à la clé ! Vérifiez cependant que le lit de vos rêves est vendu avec sa notice et répond aux normes françaises et européennes de sécurité.

3 Je reste ferme (sur le matelas)

Non, votre bébé ne dormira pas mieux sur un matelas moelleux ! Au contraire, pour sa sécurité, il est essentiel de le coucher, jusqu'à ses 6 mois au moins, sur un matelas bien ferme et adapté parfaitement à la taille de son lit ! Vous avez craqué pour un berceau d'occasion ? Investissez tout de même dans un matelas neuf (correspondant au modèle choisi). Et, évidemment, n'oubliez pas de le laisser lui aussi dégazer, idéalement quelques semaines avant d'y installer votre bébé !

4 Je mise sur la sobriété !

Une fois le lit (et le matelas) en place, évitez de les encombrer ! Adieux coussins, édredons, peluches, tours de lit et autres draps brodés hérités de votre mémé (et si elle tient à tricoter, demandez-lui un nid d'ange pour la poussette). Les seules choses autorisées dans le lit de votre petit sont sa turbulette, et lui ! Le jeu en vaut la chandelle : zéro risque d'étouffement ou de surchauffe !

5 Je suis sage (comme une image) avec les règles de couchage

Finis les conseils de mémé (encore elle) ! Les consignes de sécurité au moment du couchage n'ont pas évolué depuis vingt-cinq ans et la règle est désormais très simple : couchez votre bébé SUR LE DOS, quinze minutes ou plus après la tétée, et ceci au moins jusqu'à ce qu'il sache se retourner seul. Jamais de dodos sur le ventre avant 6 mois ! Vous hésitez ? Sachez que depuis 1994, les cas de mort subite du nourrisson ont diminué de 75 % grâce à cette règle simple comme bonjour !

6 Je vérifie la clim et le chauffage

Pour que votre bébé puisse dormir en toute sécurité, veillez à ce qu'il ne fasse ni trop chaud ni trop froid dans sa petite chambre. La température idéale préconisée par l'OMS (Organisation mondiale de la santé) : 19 à 20 °C, même si cela vous paraît frisquet ! Si possible, vérifiez aussi à l'aide d'un thermomètre-hygromètre que le taux d'humidité de la pièce est de 40 à 60 %, notamment pour limiter les risques d'allergie. L'astuce en plus : si vous avez du chauffage électrique – qui garantit un environnement archisec –, installez un humidificateur (idéalement à air froid) qui diffuse de la vapeur d'eau pour assainir l'air.

7 Je partage notre chambre… mais pas notre lit !

Si l'OMS recommande de garder bébé dans votre chambre les six premiers mois, il est déconseillé de le coucher dans votre lit ! En somme, vous pouvez adopter un nouveau coloc de chambrée, mais à chacun son coin. Pour pratiquer le cododo en toute sécurité, installez le berceau de votre enfant à proximité de votre lit – si possible à la perpendiculaire, pour qu'il fasse la distinction entre votre espace de sommeil et le sien. Il existe aussi des berceaux de cosleeping, qui se fixent au lit et sont ouverts d'un côté pour faciliter l'allaitement et rassurer votre petit au milieu de la nuit. À voir selon votre budget !

Arrêtez de fumer… pour votre bébé !

Asthme, bronchites, laryngites, bronchiolites, otites… Autant de noms barbares de maladies et troubles respiratoires que vous pourriez épargner à votre bébé si vous arrêtiez de fumer. Sans compter que le tabagisme passif serait un facteur aggravant de mort subite du nourrisson. Vous prenez des précautions ? Sachez qu'il ne suffit pas d'aérer la pièce ou de sortir sur le balcon pour assainir l'air et apaiser votre (éventuel) sentiment de culpabilité. Le mieux, pour tous, reste (d'essayer) d'arrêter de fumer.

8 règles d'or pour l'aider à faire ses nuits

A priori, vous n'y pouvez pas grand-chose. Si votre bébé ne dort pas toute la nuit et vous réveille à grands renforts de pleurs et de cris, c'est simplement qu'il n'est pas prêt! Toutefois, rien ne vous empêche de lui donner un coup de pouce bien pensé pour prolonger la durée de ses dodos, et des vôtres… Par où commencer? Suivez le guide!

1 Je deviens un geek du sommeil !

Règle n° 1 (et pas des moindres) : devenez un véritable pro en dodo de marmot! Rangez votre tablette, oubliez la dernière saison de votre série et faites du calendrier du sommeil de bébé (voir p. 242) votre livre de chevet! L'objectif : avoir les clés pour analyser la situation avant de sortir de sous l'édredon!

2 J'apprends à temporiser !

Plus besoin de vous le préciser : au début de sa vie, votre bébé effectue des cycles de sommeil de deux phases seulement, le sommeil agité et le sommeil calme. Dans la première, votre petit dormeur peut avoir des microréveils et se mettre à pleurer. Vous êtes tenté de vous précipiter au moindre petit couinement? Assurez-vous d'abord qu'il s'agit d'un vrai réveil! Restez tranquillement au lit, ne le prenez pas (tout de suite, là, maintenant) dans vos bras et surtout évitez le réflexe bib/tétée pour l'apaiser. Le risque? Créer des réveils artificiels qui peuvent s'installer durablement!

3 Je lui donne les bons repères !

À sa naissance et au cours de ses premières semaines de vie, votre bébé n'a pas encore adopté un rythme circadien. Pour lui, le jour, la nuit, c'est kif-kif! Vous pouvez cependant l'aider à faire la différence! Lors de ses réveils nocturnes, faites-lui comprendre que c'est la nuit et que toute la maison est endormie. Pas besoin de grands discours, mais veillez à garder la lumière éteinte (vive les veilleuses!) et tentez autant que possible de ne pas trop lui parler en lui donnant le sein ou le biberon! À l'inverse, la journée, faites entrer la lumière du jour dans sa chambre et laissez la maison vivre : aspirateur, radio, éclats de rire sont les bienvenus!

Bébé prématuré, bébé décalé?

Si votre bébé naît avant l'heure (on considère qu'un bébé est prématuré s'il naît avant la 35e semaine de grossesse), le médecin évaluera son développement psychomoteur en âge corrigé. Ainsi, si votre enfant est né avec deux mois d'avance, il considère à sa visite médicale des 6 mois qu'il a le même développement qu'un bébé de 4 mois. Et pour son sommeil, c'est pareil! Résultat : votre petit prématuré risque de mettre un peu plus de temps à caler son horloge interne sur un rythme circadien ou à faire ses nuits.

④ Je change de stratégie !

Votre bébé se réveille au milieu de la nuit affamé (une fois n'est pas coutume) ? Pour l'aider à replonger plus facilement dans les bras de Morphée, tentez de le changer (si c'est nécessaire, évidemment) avant de lui donner sa dose de lait ! Un petit rot, quelques minutes contre vous au repos et, zou, retour au dodo ! Seul risque : la tétée active le transit et peut entraîner un petit caca qui vous forcera à renouveler la manœuvre !

⑤ Je passe en mode #bébéstylé !

Votre bébé roupille à longueur de journée, vous redoutez de le manipuler pour faire passer ce maudit body (il est si petit !)… Vous avez mille et une bonnes raisons de ne pas l'habiller. Pourtant, pas question de le laisser en pyjama toute la journée ! En étrennant les tenues reçues en cadeau de naissance, vous instaurerez une routine qui aidera votre bébé à différencier le jour et la nuit !

⑥ Je mise sur les accessoires !

Parfois décriée, la tétine peut aussi vous rendre de nombreux services. Elle aide votre bébé à trouver le sommeil, à s'apaiser lorsqu'il est énervé ou à s'occuper lorsqu'il s'ennuie… Si vous êtes tentés (zéro culpabilité !), optez pour un modèle physiologique qui respecte son palais et idéalement qui brille dans le noir ! Vous pensez que c'est gadget ? Au contraire ! Jusqu'à 8 mois environ, votre bébé ne sera sûrement pas capable de la remettre seul en bouche. Résultat : vous serez reconnaissant de la retrouver en un tour de main en plein milieu de la nuit ! Quant au doudou, il ne doit pas tout de suite s'inviter dans son lit ! Pour des questions de sécurité, ne lui proposez pas avant qu'il sache parfaitement se retourner – et donc se dégager (voir p. 245).

⑦ Je lui fais confiance (et à moi aussi) !

« Il faut le nourrir toutes les trois heures », « il faut le caler sur tes horaires », « il faut le laisser pleurer… » : vous entendrez et lirez tout et son contraire sur la manière de vous occuper de votre bébé ! Stop ! Vous seuls (vous + votre moitié) savez ce qui est bon pour votre enfant. Et il saura vous le faire comprendre ! Il dort de longues heures sans réclamer à manger ? S'il prend du poids, il n'y a pas de raison de vous inquiéter ! Laissez-le roupiller et profitez-en !

⑧ Je donne le rythme !

Dès son 3e mois, votre bébé est capable de régler progressivement son rythme de sommeil sur le vôtre, à condition qu'il ait des repères ! Ainsi, soyez réguliers dans les heures de sieste et de repas, donnez toujours le bain et le dîner dans le même ordre (selon que ce petit plongeon l'excite ou l'apaise), instaurez un rituel de coucher auquel vous ne sauriez déroger… Tous ces détails permettront à votre enfant d'être rassuré et donc de mieux roupiller !

Faire ses nuits, ça veut dire quoi ?

La première nuit complète de votre bébé ne sera sûrement pas celle dont vous rêviez ! En effet, on dit qu'un bébé fait ses nuits dès qu'il enchaîne cinq à six heures de sommeil sans se réveiller pour être nourri. Oui, ça pique encore ! Et s'il n'y a pas d'âge pour faire ses nuits, on sait désormais que lorsqu'un bébé a dépassé les 5 ou 6 kilos, il possède assez de réserves énergétiques pour tenir douze heures sans manger. Si vous avez donné naissance à un beau bébé d'environ 4 kilos, il fera donc sûrement ses nuits plus rapidement que d'autres bébés plus légers. Dans tous les cas, c'est généralement vers 3 mois que les bébés parviennent à enchaîner les heures de sommeil, d'autant plus s'ils sont en confiance et savent se rendormir seuls. Courage, vous y êtes presque !

Mon yoga postnatal

Je me bichonne en mode post-partum

L'hygiène de vie, comme lorsque vous étiez enceinte, est primordiale pour récupérer et prévenir les carences. Il serait dommage de ne pas profiter des premiers temps avec votre bébé ! Un bon sommeil et une alimentation équilibrée sont les clés pour tenir les premiers mois qui suivent l'arrivée de bébé.

Je soigne mon alimentation

Je n'oublie pas mes besoins

Lors de votre congé maternité, n'oubliez pas de manger même si vous êtes seule à table. Il n'est pas rare qu'on saute le repas de midi, prise dans nos occupations avec notre nouveau-né : on grignote tout au long de la journée histoire de se caler l'estomac quand on peut. Cela induit une mauvaise alimentation et un manque d'énergie.

Plusieurs options s'offrent à vous :

- **Option 1 :** prenez le temps de vous concocter un petit plat rapide et efficace. Si vous aimez faire à manger, organisez-vous pour préparer de grandes quantités à congeler pour les repas où vous n'aurez ni le temps ni l'énergie de vous y mettre.
- **Option 2 :** faites-vous livrer à manger (un plateau de sushis le midi en loucedé, un pur bonheur !)
- **Option 3 :** faites-vous inviter ou invitez une copine/votre maman/votre sœur à déjeuner. C'est l'occasion de se laisser bichonner sans culpabiliser.
- **Option 4 :** exceptionnellement, contentez-vous d'un plat surgelé individuel.

Mes recettes express postaccouchement

Voici quelques idées de recettes rapides et complètes pour votre assiette :

- Riz semi-complet + œuf au plat + carottes râpées ;
- Haricots blancs à la sauce tomate en conserve + saucisse + salade verte ;
- Pâtes semi-complètes + fromage râpé + huile d'olive + tomates + steak haché ou tofu.

Prenez le temps d'écouter vos sensations, soyez attentive à votre satiété pour avaler la juste quantité. Mangez à votre faim, mais pas plus ! Et n'oubliez pas de respirer !

Ce que je peux réintroduire

Alléluia ! enfin ! *Welcome back* charcuterie, fromage au lait cru et poisson cru ! Évidemment, vous pouvez vous faire plaisir, et on ne pourra rien vous refuser. Si vous avez cédé à la tentation du plateau-pirogue plein de sushis dès la maternité après tous ces mois de privation, personne ne vous jettera la pierre ! Néanmoins en période de suites de couches, il faut prendre soin de son alimentation : pour votre bébé si vous allaitez, mais aussi pour vous et votre santé.

Ce que je mange pour récupérer

En suites de couches, il est conseillé de manger de préférence chaud, gras et consistant. On évite de se nourrir uniquement de fruits et de crudités (même si vous accouchez en pleine canicule) : vous avez besoin d'aliments qui tiennent au corps, encore plus si vous allaitez ! (Voir encadré ci-dessus.) Être bien dans son ventre permet aussi d'être bien dans sa tête. Voici quelques conseils pour manger équilibré au quotidien et retrouver sa vitalité.

Les aliments phares qui favorisent le sommeil

Assurez-vous un bon sommeil en éliminant les aliments sucrés avant d'aller vous coucher. Le sucre est un excitant dont on peut se passer, en particulier quand on est fatiguée et qu'on profite de la moindre sieste de son bébé pour dormir.

J'évite :

- ✕ les sodas ;
- ✕ les confiseries ;
- ✕ la théine et la caféine avant d'aller me coucher.

Avec un meilleur sommeil, on gère plus facilement le quotidien. Privilégiez donc des infusions aux vertus apaisantes type tilleul, verveine, camomille.

Mes postures de yoga pour m'apaiser avant de me coucher

Le poisson (voir p. 183) et retour au calme.

Les aliments phares pour lutter contre le stress et la fatigue

Les premiers mois avec un bébé sont compliqués, les nourrissons étant souvent des mystères qu'il faut décoder (pourquoi pleure-t-il ? pourquoi ne dort-il pas ? c'est quoi, ces boutons ? c'est normal, cette diarrhée ?). Lors d'un congé maternité, on est en général seule à la maison alors que notre conjoint a dû retourner travailler.

La fatigue et les multiples questionnements du quotidien, les hormones en pagaille et le changement de vie peuvent induire un état de stress. La période de post-partum (voir p. 272) est propice à l'anxiété et à la déprime, c'est normal ! Mais il faut être vigilante, et l'alimentation peut vous aider à passer ce cap.

Ma posture yoga antistress

Assise en tailleur, mains posées derrière les fesses, je monte ma poitrine vers le ciel et je respire.

En cas de stress, je dis OUI :

✓ **aux oléagineux** (noix de cajou, amandes, noix de macadamia, noix de pécan, noisettes…) : sources de magnésium, ils régulent le stress;

✓ **aux poissons gras** (saumon, maquereau, sardines, anchois) : riches en oméga 3, ils jouent un rôle positif sur l'équilibre émotionnel;

✓ **aux fruits et légumes frais** (bananes, cassis, figues, champignons, salade, épinards, brocolis…) : bourrés d'antioxydants et de vitamine B9, ils agissent sur le système nerveux;

✓ **au chocolat noir** (au moins 70 % de cacao) : riche en magnésium (soit le minéral antifatigue), il permet de lutter contre la déprime et le stress.

En cas de grosse fatigue, je privilégie les aliments coup de fouet :

✓ **Les fruits riches en vitamine C** : kiwi, cassis, raisin, goyave, agrumes. Pensez aussi au gingembre frais;

✓ **Le chai latte** (un mélange d'épices tonifiantes et stimulantes : gingembre, cannelle, cardamome, poivre noir et girofle);

✓ **Une infusion de feuilles de menthe poivrée** bio;

✓ **Une poignée de fruits secs** ou un **bonbon** (pour un coup de boost immédiat! À consommer avec modération!).

Je booste mon transit

Après l'accouchement, il n'est pas rare d'être constipée, le temps que le transit intestinal se relance. Il y a aussi un aspect psychologique, notamment si vous avez eu une épisiotomie ou une déchirure. La peur d'aller à la selle peut être problématique si elle perdure. On opte donc pour une alimentation riche en fibres : fruits, légumes à volonté et pruneaux à gogo!

Voici le top 6 des bienfaits de l'eau en post-partum :

- draine les tissus;
- améliore le transit;
- permet une meilleure récupération musculaire;
- a un impact sur la fatigue;
- améliore la qualité du sommeil;
- permet une bonne lactation si vous allaitez.

Astuce : je me cale sur l'alimentation de bébé pour manger équilibré

Pourquoi ne pas profiter de la diversification alimentaire de son petit (entre 4 et 6 mois selon les pédiatres), pour cuisiner et manger un max de fruits et légumes de saison? À vous les purées de légumes et compotes de fruits maison!

Je m'hydrate

Pourquoi c'est important?

Ne sous-estimez pas l'effort physique qu'est un accouchement : l'équivalent d'un marathon! Comme pour une activité physique intense, l'hydratation fait partie intégrante de la récupération, au même titre que le repos et l'alimentation.
L'eau est essentielle en période de postaccouchement (surtout si vous allaitez!) comme pour le yoga. Buvez au minimum 1,5 litre d'eau par jour.

Les bons réflexes

Pour vous hydrater, privilégiez l'eau, sous toutes ses formes : eau chaude, eau froide, eau gazeuse, eau aromatisée, bouillon de légumes… Si vous allaitez, optez pour des tisanes qui stimulent la lactation et les plantes médicinales (orties, framboisier…). Exit les sodas, le café en excès et le thé, surtout si vous avez eu des carences en fer durant la grossesse!

Et si j'allaite?

La hantise de toute maman qui allaite, c'est de ne pas avoir assez de lait pour nourrir son bébé, surtout les premiers mois. En général, voici une équation qui fonctionne assez bien : bonne nutrition + bonne hydratation + sommeil suffisant = bonne lactation. Cependant, les mamans ne sont pas toutes égales face à la production de lait : tandis que certaines seront obligées de tirer leur

lait entre les tétées pour éviter les engorgements, d'autres devront faire preuve de patience pour obtenir une quantité adaptée aux besoins de bébé. Et justement, pour celles qui ont peu de lait, il existe des solutions !

Top 5 des aliments pour activer la lactation :

- fenouil ;
- betterave ;
- carotte ;
- patate douce ;
- tous les légumes verts.

Mes infusions superhydratantes

Astuce pour rester hydratée toute la journée avec un bébé : avoir toujours à portée de main une Thermos d'infusion (avec un peu de sucre éventuellement) à boire régulièrement. Mes trois chouchoutes, le tout en bio !

1. La classique : feuilles de verveine/feuilles de menthe.
2. La punchy : gingembre/jus de citron/miel.
3. L'apaisante : passiflore/camomille/tilleul.

Mes aliments à privilégier pour un lait maternel de compète !

Pour allaiter, j'ai besoin d'aliments riches en...	Type d'aliments	Exemples
Calcium	Produits laitiers	Yaourt, fromage, fromage blanc
Vitamine A	Produits d'origine animale	Beurre, lait entier, fromage Œufs Foie, viande et poisson
Oméga 3	• Poissons gras • Huiles	Maquereaux, sardines Huiles de colza, de noix, de soja…
Fer	• Viande • Légumineuses • Céréales complètes et certains fruits	Viande rouge, volaille Boudin, abats Haricots rouges, haricots blancs, lentilles, pois cassés Abricots, dattes, figues
Vitamines et oligoéléments	• Fruits • Légumes	Agrumes, kiwis, fraises Navets, brocoli, chou, persil, cresson

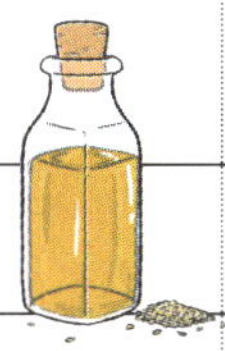

Prévoyez un encas toutes les 2-3 heures

La lactation puise dans vos réserves en continu, il est donc important de remettre régulièrement de l'essence dans la machine. Privilégiez des encas sains et consistants : banane, yaourt, bol de flocons d'avoine, fruits secs ou un verre de lait d'amande. À noter : la fatigue et le stress peuvent perturber la montée de lait et entraîner une production inadéquate. Prenez le temps de vous détendre aussi souvent que possible au cours de la journée (particulièrement quand vous vous installez pour nourrir votre bébé ; le yoga peut vous aider à trouver la bonne posture ! Pour les positions les plus adaptées, faites un tour en p. 267).

Et côté boisson ?

Voici 4 règles d'or :

- Je bois 2 litres d'eau au minimum.
- Je choisis des tisanes d'allaitement qui stimulent la lactation (à base de fenouil et autres plantes aromatiques), en vente en pharmacie ou magasin bio.
- Je pense à l'ortie en infusion.
- J'évite le café et l'alcool, qui freinent la lactation.

Le meilleur moment pour boire une coupette

En cas d'allaitement, bannissez l'alcool car il passe directement dans le lait, ce qui n'est évidemment pas très bon pour votre bébé ! Néanmoins, si vous avez une envie de trinquer (parce que bon, franchement, vous l'avez bien mérité), un principe de base : on ne boit jamais d'alcool juste avant d'allaiter (c'est le pire moment), toujours après ! Si vous buvez une petite coupette, c'est une ou deux gorgées pas plus ; et attendez au minimum trois heures après pour redonner le sein. On évite donc l'apéro de 18 heures et on attend que son bébé soit couché, repu après sa dernière tétée, ce qui laissera un peu de marge. Astuce de Sioux : si vous avez envie de faire la fête, exceptionnellement, tirez au préalable l'équivalent de 2 biberons de votre lait (on n'est jamais trop prudente). C'est de l'organisation mais au moins vous serez tranquille. Et de toute façon, comme vous n'avez pas bu d'alcool au cours des neuf derniers mois, un verre ou deux et vous serez déjà pompette…

Et la bière sans alcool ?

La bière augmenterait la production de lait ! *Fake news* de l'industrie agroalimentaire ? Légende urbaine ? Eh non ! C'est vrai, et ça s'explique grâce au malt d'orge, principal composant de la bière, et ses bêta-glucanes qui augmentent la sécrétion de prolactine. Le houblon est aussi lactogène. La bière, oui, mais l'alcool… non ! Alors trinquons à la bière sans alcool ! Même si la version industrielle ne jouit pas d'une réputation très engageante et qu'elle est souvent insipide, il existe aujourd'hui quelques alternatives intéressantes, notamment du côté des brasseries artisanales françaises (dont certaines entièrement dédiées à la bière sans alcool). À noter tout de même : une bière à zéro degré n'existe pas ! Elle contient quand même un faible taux d'alcool (moins de 1,2 degré en France). Sinon, ce serait un soda sucré aromatisé à la bière, donc sans les bénéfices des céréales ! À vous de choisir, mais sachez que vous pouvez aussi vous tourner vers des produits type Ovomaltine en alternative.

Mes petits calculs au naturel pour être en forme après la naissance !

Vous pensiez que le plus dur était fait… Pourtant, depuis votre retour à la maison, vous accumulez les petits maux en plus des kilos. Trouvez les bons résultats naturels à ces équations qui vous semblent aujourd'hui insolubles.

1 Fatigue de l'accouchement + bébé qui ne fait pas ses nuits = épuisement !

C'est quoi ce casse-tête ?

Après des mois d'insomnie, vous avez eu un accouchement marathon et vous êtes désormais réclamée par votre bébé toutes les 3 heures au moins. On serait sur les genoux pour moins que cela !

Mes petites solutions au naturel

En homéo : PHOSPHORICUM ACIDUM 15 CH, 1 dose globule par semaine pendant 1 mois en cas de fatigue nerveuse ou de troubles de la mémoire.

En phyto : un mélange d'ortie, de prêle, de spiruline, d'acérola et de cynorhodon, plantes reminéralisantes, nutritives et riches en vitamine C, sur les conseils de votre praticien.

L'alternative : 2 ampoules de plasma marin hypertonique sous la langue tous les matins pendant 1 mois en cas de fatigue physique et psychique.

Ce à quoi, j'ajoute…

- Des siestes par centaines.
- De la marche douce : 15 minutes les premiers jours, puis augmentez le rythme pour arriver à 1 heure après 10 jours.

2 Tranchées + épisiotomie = je morfle !

C'est quoi ce casse-tête ?

D'un côté, votre utérus reprend doucement ses droits avec de nouvelles contractions (les fameuses tranchées) et des saignements. De l'autre, l'accouchement laisse parfois des traces (épisiotomie, douleurs au bassin, voire hémorroïdes).

Mes petites solutions au naturel

En homéo…

- ARNICA (pour récupérer) : 1 dose globule en 15 CH en revenant dans la chambre après la naissance, puis 5 granules en 9 CH, 2 à 4 fois par jour pendant 1 à 2 semaines.
- CAULOPHYLLUM 9 CH, 5 granules 2 à 6 fois par jour pour régulariser et apaiser les tranchées (après la tétée si vous allaitez).
- COLOCYNTHIS 5 CH, 5 granules 2 à 6 fois par jour si vous avez des douleurs de type crampes au ventre.
- STAPHYSAGRIA 9 CH, 5 granules 2 fois par jour pour aider à la cicatrisation en cas d'épisiotomie ou de césarienne.

L'alternative phyto pour soigner l'épisio : faites goutter de l'huile essentielle de lavande officinale sur la zone !

Ce à quoi, j'ajoute…

- Des toilettes intimes régulières avec un savon au pH neutre.
- Le port d'une ceinture de maintien ou d'une écharpe au niveau de la symphyse pubienne en cas de douleurs au bassin. Parlez-en avec votre sage-femme.
- Un rendez-vous chez l'ostéopathe si les douleurs persistent et si votre praticien le conseille.

L'acupuncture ? Oui, après la naissance aussi !

N'hésitez pas à caler rapidement un rendez-vous avec votre acupuncteur. Il pourra vous aider, selon vos besoins, à apaiser les tranchées, favoriser la cicatrisation d'une épisio, aider la montée de lait, voire soigner vos petits troubles urinaires !

③ Angoisses + hormones qui partent en vrille = méga baby-blues !

C'est quoi ce casse-tête ?

De 3 à 10 jours après la naissance environ, le taux de progestérone dans votre corps chute… Et vous qui étiez dopée à cette hormone hyper-euphorisante pendant 9 mois, vous vous retrouvez au fond du trou. Ajoutez à cela la fatigue et les angoisses, et c'est l'hécatombe émotionnelle !

Mes petites solutions au naturel

Un programme homéo…

- Progesteronum 4, 5, 7, 9, 12, 15, 30 ch, 1 dose le matin dans l'ordre croissant des dilutions dès le jour de l'accouchement et pendant 7 jours pour prévenir (ou limiter) le baby-blues.
- Ignatia 9 ou 15 ch, 1 ou 2 fois par jour pendant 1 mois si votre blues s'aggrave quand vous pensez à votre bébé et s'il est amélioré par la distraction.
- Pulsatilla (même posologie) si vous vous dévalorisez et si vous vous sentez mieux quand on vous console.

Un massage phyto du dos, matin et soir (demandez de l'aide à votre conjoint).

- 5 gouttes d'huile essentielle de géranium rosat
- 5 gouttes d'essence de mandarine
- 1 c. à s. d'huile végétale de calophyllum

Ce à quoi, j'ajoute…

- Des siestes, toujours des siestes !
- Des sorties régulières pour ne plus broyer du noir.
- Une consultation avec la sage-femme si ça ne va vraiment pas.

Pourquoi j'ai intérêt à pratiquer le yoga après la grossesse

Le yoga postnatal, c'est quoi exactement ?

Le yoga postnatal se fonde sur les principes du yoga. Il s'agit d'une combinaison de postures et de respirations, mais celles-ci sont adaptées au corps et à la physiologie de la femme après une grossesse.

Un peu d'histoire… les années 1980

Au début des années 1980, un nouveau courant de yoga est créé par le Dr Bernadette de Gasquet, médecin et yogiste. Il vise à aider les femmes pendant leur grossesse, au cours de leur accouchement et pour les suites de couches. En adaptant les principes du yoga aux bouleversements physiques qu'entraîne la grossesse, elle propose une pratique sans risque pendant et après la grossesse.

Qu'est-ce qu'on travaille ?

Pendant la grossesse, le corps a dû s'adapter et faire de la place :

- plus le bébé grossit, plus l'utérus pousse vers le haut, entraînant un élargissement des côtes ;
- mais plus le bébé grossit et plus l'utérus pousse aussi vers le bas, ce qui provoque un appui supplémentaire sur le plancher pelvien et le périnée qui doivent en supporter le poids ;
- enfin, le bassin s'élargit pour accueillir le bébé durant la grossesse et faciliter son passage lors de l'accouchement.

Quand commencer ?

Bonne nouvelle ! La Sécurité sociale rembourse les séances de rééducation du périnée, à réaliser à partir de huit semaines après l'accouchement. La France est le seul pays où cette rééducation est totalement prise en charge, quelle que soit la situation de la mère : il serait dommage de ne pas en profiter ! Il est cependant fortement conseillé de ne pas attendre pour mobiliser ce muscle. Faire travailler son périnée le plus tôt possible permet d'éviter notamment les prolapsus (la fameuse descente d'organes…). Vous pouvez commencer à pratiquer dès les premiers jours pour que le corps se remette progressivement de la grossesse et de l'accouchement.

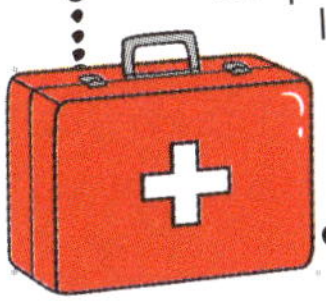

L'objectif physique du yoga postnatal est donc de « remettre le corps en place » : à savoir resserrer les côtes et refermer le bassin grâce à des postures adaptées sans malmener plus le périnée.

À l'aise dans mes nouvelles baskets de maman !

La pratique du yoga postnatal permet aussi un recentrage sur soi, il aide à se détendre et à se régénérer grâce à la respiration et aux mouvements du diaphragme. Des postures adaptées (que l'on verra plus loin) permettent aussi une meilleure récupération ; elles aident surtout à reprendre contact avec son corps et ainsi à le protéger.

Et mon corps, par quoi est-il passé pendant ma grossesse et mon accouchement ?

Ces neuf mois de grossesse sont un véritable tsunami pour le corps, et il en faut au moins autant pour s'en remettre totalement. Certains médecins parlent même d'un processus de douze mois pour une récupération physique et émotionnelle totale.

Mes hormones accompagnent le développement de bébé

Dès les premiers jours de grossesse, les hormones jouent un rôle primordial. C'est grâce à la progestérone et à la relaxine, entre autres, que le corps va se transformer peu à peu. Ces hormones de grossesse sont sécrétées dès la fécondation pour permettre à l'utérus de grossir sans se contracter. C'est alors tout le corps, et pas seulement l'utérus, qui se retrouve relâché : les tendons sont plus laxes, le corps plus souple, le transit est ralenti (ce qui freine aussi la digestion et peut entraîner une constipation).

Mon corps change pour lui faire de la place

L'utérus multiplie jusqu'à six fois sa taille : au départ gros comme une orange, il atteint le format d'une grosse pastèque et s'étend du pubis jusqu'au bas de la cage thoracique ! Les abdominaux appelés « grands droits » (feu vos tablettes de chocolat !) vont quant à eux s'allonger de quinze centimètres pour permettre à l'utérus de grossir. Les côtes et le bassin s'élargissent, le volume de la poitrine augmente à cause de la mise en place de la lactation. Le ventre, évidemment, s'agrandit et s'épaissit. En prime, le poids du bébé appuie en permanence sur le périnée, l'organe qui sert de hamac à l'utérus et se situe sous le plancher pelvien (voir p. 171).

Après la bataille, on fait le bilan !

Une fois l'accouchement passé, il faut attendre six semaines pour que l'utérus retrouve sa taille normale. Pour le bassin, comptez minimum six mois ; quant à la poitrine cela dépendra si vous allaitez ou pas. Petit tour d'horizon de ce qui vous attend juste après l'arrivée du bébé :

- **Les tendons** qui entourent les articulations sont devenus hyperlaxes à cause des hormones, ce qui peut avoir engendré des petites entorses (chevilles, genoux) durant la grossesse.

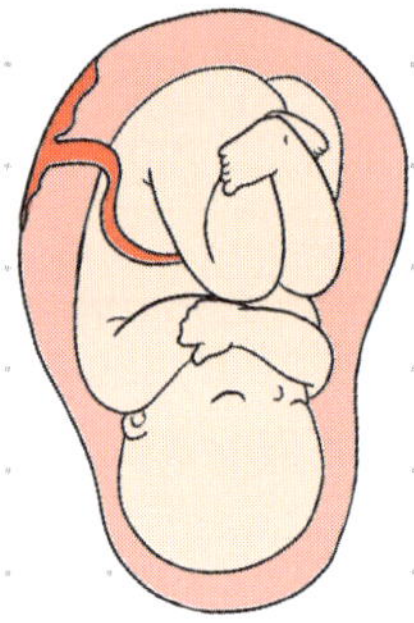

- Avec ce bébé dans le ventre qui a grossi et grandi, **vos viscères** ont été compressés, priés de se faire petits durant cette période. Dès l'accouchement, et avec la réduction brutale du volume de l'utérus, tous ces organes vont se retrouver attirés vers le bas.
- **La cage thoracique** a été élargie et raccourcie en fin de grossesse par le haut de l'utérus ; les poumons ont eu du mal à trouver leur amplitude normale vers le dernier mois.
- **La sangle abdominale** et le **périnée** sont fragilisés à la suite de ces neuf mois où ils ont été mis à rude épreuve.
- Si votre ventre a trop tiré vers l'avant, vous avez sans doute été trop cambrée durant les derniers mois de votre grossesse. **Le bas du dos** (la zone lombaire) est sans doute en compote.

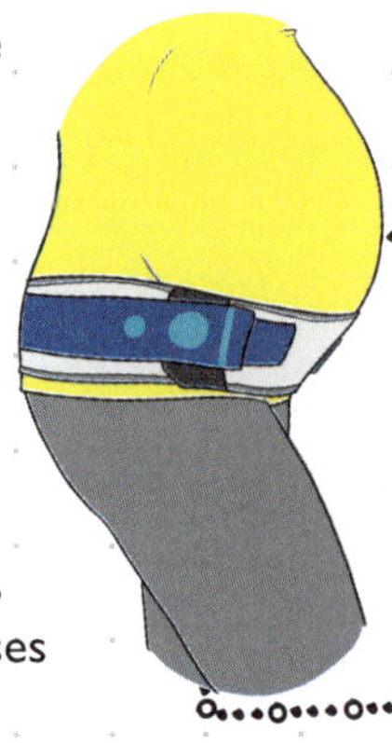

Mon astuce de maman

Il est possible de porter une ceinture lombaire (la ceinture Physiomat spécialement adaptée à la femme enceinte et à la jeune maman) dès la maternité et durant les vingt et un premiers jours qui suivent l'accouchement. Si vous avez investi dans une ceinture pendant votre grossesse, pensez à la prendre à la maternité. Elle préservera votre dos et resserrera le bassin après l'accouchement.

le réflexe de se pencher du côté opposé pour compenser le poids du bébé. Trouver la bonne posture et la maintenir est la première chose à faire, cela permettra de tonifier le dos et la sangle abdominale sans vous faire mal.

Ma bonne posture debout

Pour trouver votre bonne posture debout, pliez légèrement les genoux et faites des mouvements de bassin en amenant le pubis d'avant en arrière. Vous pouvez aussi effectuer des petits cercles. Ensuite, tendez vos jambes et étirez votre colonne; la bonne posture n'est ni trop cambrée ni trop voûtée.

Comment le yoga postnatal va m'aider à remettre tout ça en place?

Grâce à une bonne posture, une respiration profonde, une mobilisation du périnée et une tonification adaptée de la sangle abdominale, le yoga postnatal permet de protéger votre corps dans vos gestes quotidiens et de le préparer à reprendre une activité physique normale.

Il permet de retrouver une bonne posture

La grossesse, un défi pour le dos…

Avec la grossesse, votre corps a dû s'adapter et vous avez dû aussi modifier votre posture. Le ventre et la poitrine alourdis changent votre façon de vous tenir, de vous déplacer, de bouger. Une femme enceinte aura par exemple tendance à être plus cambrée. Maintenant que le poids du ventre a disparu, il faut réapprivoiser votre corps et retrouver son axe. « Bien se tenir » avec ce nouveau corps, c'est la base!

… et l'allaitement aussi!

De plus, vous avez maintenant un bébé à nourrir et à porter. Lorsqu'on allaite ou qu'on donne le biberon, on a tendance à se voûter et à rouler les épaules vers l'avant. Mieux vaut au contraire étirer la colonne et garder les épaules basses pour éviter les crispations inutiles, votre corps vous remerciera! Lorsqu'on porte son bébé, on a souvent

Les coups de pouce pour vous soulager lorsque vous portez votre bébé :

- **La ceinture lombaire :** elle permet un maintien du bassin et vous évite de vous tenir cambrée, et donc de tasser vos lombaires. De plus, juste après l'accouchement, la sangle abdominale est faible : elle vous aidera à conserver un certain tonus en position debout.
- **Le porte-bébé ou l'écharpe de portage :** un bébé a besoin de beaucoup de contact avec sa maman; il a besoin de sentir son odeur, sa peau, son cœur qui bat pour être rassuré et épanoui. Mais porter un bébé dans ses bras déséquilibre souvent la posture; la solution du porte-bébé ou de l'écharpe de portage vous permettra d'y remédier (et en plus vous libérera les mains!). Attention néanmoins à bien installer bébé pour ne pas accentuer encore plus les déséquilibres.

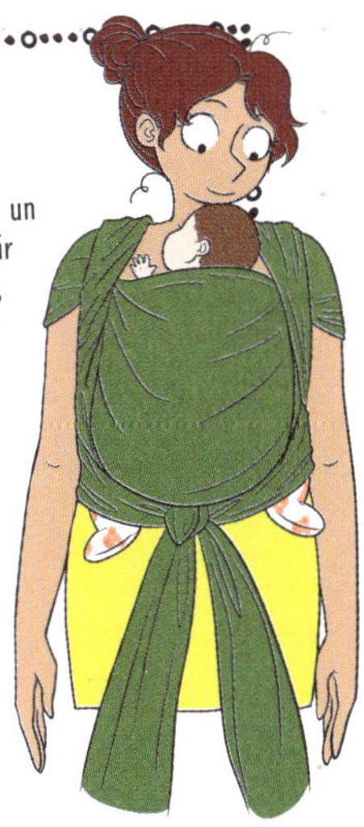

Ma bonne posture assise

La position assise est une des plus difficiles à maintenir, à cause du manque de souplesse ou de la faiblesse des muscles posturaux. Comme pour la position debout, il faut garder l'idée d'allongement de tout le dos, du coccyx au sommet du crâne. Quelques situations fréquentes :

Quand on joue avec bébé :

× En tailleur, trop penchée vers son bébé allongé sur un tapis.

✓ Assise sur ses genoux le dos étiré.

Quand on nourrit bébé :

× Trop voûtée.

✓ Dos droit, les bras en appui sur un coussin d'allaitement (valable avec un biberon bien sûr).

Les 8 règles d'or pour bien nourrir son bébé (allaitement ou biberon)

1. On prend le temps de bien s'installer (même s'il pleure).
2. On respire profondément en nourrissant bébé et on ne bloque pas sa respiration.
3. Pas de tension dans la nuque : en regardant son bébé manger, on étire le cou et on baisse les épaules avant de se pencher vers lui.
4. On tient son dos bien droit.
5. On utilise un coussin d'allaitement pour bien caler bébé contre soi et ainsi relâcher ses bras.
6. On alterne les côtés (même au biberon!) pour ne pas créer de déséquilibre.
7. On profite de ce moment de câlin privilégié.
8. On écoute la respiration de son bébé et on s'apaise (cela a le même effet relaxant que le ronronnement des chats!).

Lors de ma séance de yoga :

✓ Ma bonne posture sur le dos

Allongez-vous sur le dos, repliez vos genoux et placez vos jambes parallèles, à la largeur du bassin. Vous ne devez pas trop vous cambrer ni trop plaquer le bas du dos contre le tapis. Entre les deux, vous trouverez l'étirement maximal du ventre et du dos.

✓ Le bon quatre pattes

Le dos doit être droit, avec un alignement total de la colonne, dans l'axe coccyx-crâne. Les mains sont sous les épaules et le bassin au-dessus des genoux. Attention à ne pas relâcher la nuque dans cette position et à la maintenir dans l'alignement du dos, sinon la tête tombe et les cervicales vont en pâtir.

Le yoga remuscle le ventre en profondeur et masse les viscères

Après l'accouchement, les organes reprennent leur taille… ou presque

Ça y est, votre utérus a rétréci, le mode baleine est désactivé ! Vous pouvez enfin retrouver votre amplitude pulmonaire et respirer normalement sans être essoufflée tous les trois pas. C'est une bonne nouvelle ! Vos intestins aussi redécouvrent l'espace de votre ventre et retrouvent leur place après avoir passé neuf mois légèrement compressés ; votre sangle abdominale, qui a été étirée au maximum, va enfin pouvoir revenir à une dimension plus raisonnable ! Seulement, tout n'est pas exactement à la bonne taille ni au bon endroit.

La respiration, un outil pour remettre sa zone abdominale en place

Après l'accouchement, l'action de respirer avec le ventre engage les abdominaux profonds et remuscle en profondeur. Et justement, en yoga comme en postnatal, la respiration est un principe fondamental car respiration et mouvement sont liés. Pour une respiration optimale, c'est-à-dire profonde et ample, trouver la bonne posture est important : si vous êtes trop cambrée, par exemple, votre respiration ventrale sera limitée et inversement, si vous vous tenez plutôt voûtée, c'est la cage thoracique qui ne trouvera pas son amplitude maximale. Impossible de faire le bon mouvement sans savoir respirer correctement. De quelle respiration parle-t-on ? Et quels en sont les effets ?

La respiration abdominale, pour tonifier en douceur

C'est une technique de respiration qui n'engage que le ventre, au contraire de la respiration thoracique qui reste dans les côtes et les poumons. Durant toutes vos séances, il est recommandé d'utiliser la respiration abdominale lors des exercices.

Comment je m'y prends pour sentir ma respiration abdominale ?

Allongée sur le dos, les jambes repliées, inspirez en gonflant le ventre et remplissez-le d'air. Lors de l'expiration, videz l'air et imaginez que votre nombril vient se coller à votre colonne vertébrale

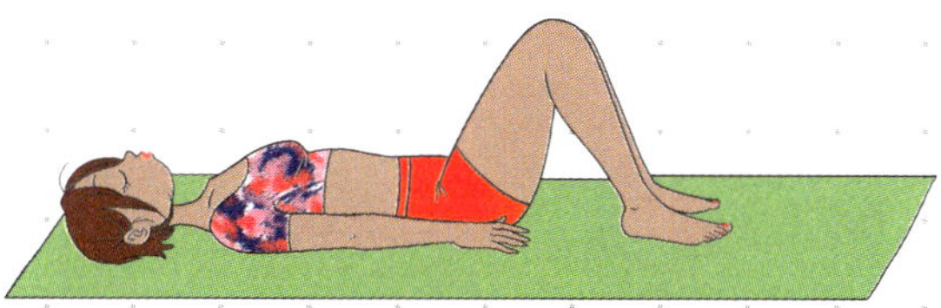

La bonne posture

Le bon quatre pattes

La respiration

(le ventre se creuse). Cette expiration permet de solliciter les muscles abdominaux transverses et obliques et non les grands droits, qu'il faut laisser tranquilles pour le moment.

Pourquoi j'évite d'utiliser mes grands droits après l'accouchement ?

C'est bien simple : ils ont totalement perdu leur tonus à cause de l'étirement du ventre, donc les contracter les abîme. Comme un élastique trop étiré, il faut leur laisser le temps de revenir tranquillement à leur taille d'origine. De plus, comme ils ne réagiront pas si vous voulez les contracter, vous exercerez une poussée inutile vers le bas-ventre, ce qui ne sera bon ni pour vos viscères ni pour votre périnée. Le pire ? De la position allongée, vouloir se relever par l'avant en relevant la tête. À éviter absolument ! Pour se relever, on passe par le côté (voir l'éducation posturale, p. 115).

La respiration hypopressive, pour remettre en place l'abdomen

C'est une technique de respiration peu répandue qui utilise les mouvements du diaphragme. Elle a été créée par le Dr Marcel Caufriez, docteur en sciences de la motricité et réadaptation, au début des années 1980, et a tout de suite rencontré le succès auprès des kinésithérapeutes spécialisés dans le post-partum. Cette technique est très efficace dès la fin de l'accouchement, notamment pour évacuer le placenta et permettre à l'utérus de retrouver sa taille normale. Elle consiste, en expirant, à remonter au maximum le diaphragme pour vider l'abdomen le plus possible ; ce faisant, les organes (viscères) sont aspirés vers le haut et non tassés vers le bas (exerçant une pression sur le plancher pelvien et le périnée). On peut l'utiliser par la suite pour masser ses intestins, relancer le transit et soulager sa zone lombaire.

Comment je m'y prends pour mettre en place la respiration hypopressive ?

Allongée sur le dos, contractez le périnée et soufflez jusqu'à vider complètement les poumons puis bloquez votre respiration. Faites comme si vous vouliez aspirer votre ventre sous les côtes. Vous créez ainsi un vide d'air au niveau pulmonaire et le diaphragme remonte automatiquement. Chaque jour, réalisez au moins une série de trois respirations.

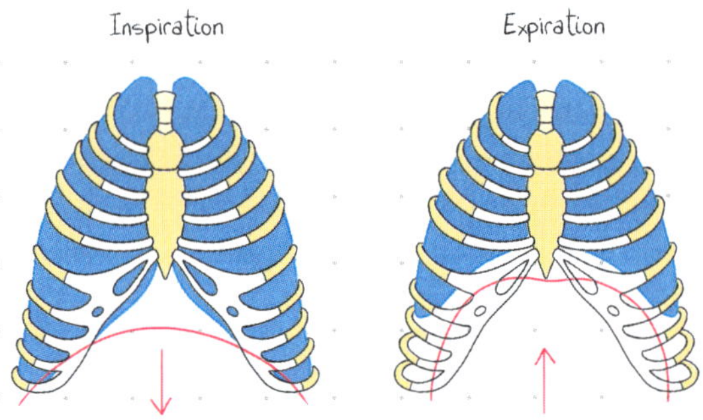

Respiration abdominale

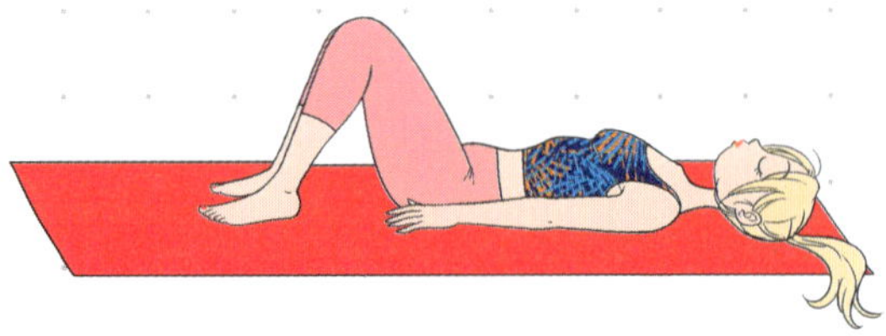

Respiration hypopressive

La yoga m'aide à préserver mon périnée, déjà malmené par l'accouchement

Le périnée est une zone souvent inconnue avant la grossesse, presque taboue; personne ne nous en parle. Pourtant, au quotidien, le périnée joue un rôle très important et il est nécessaire de le protéger, surtout dans la période post-accouchement où il se trouve très fragilisé.

Le périnée, à quoi ça sert?

Le périnée est un ensemble de muscles situés dans le bas du bassin. C'est une sorte de panier logé sous le pubis, qui supporte tous les organes de l'abdomen. Si le périnée est trop faible, cela entraîne de l'incontinence – particulièrement en postnatal, si vous avez accouché par voie basse. Un périnée tonique permet aussi d'avoir une sexualité épanouie.

Pendant la grossesse, le périnée a dû supporter le poids du bébé, et il a été étiré pendant l'accouchement pour laisser passer votre bébé. Même si vous avez eu une césarienne, la grossesse l'a affaibli, ne faites donc pas l'impasse sur la rééducation!

Avantages et inconvénients de la respiration hypopressive

Le + : outre les effets bénéfiques des massages, la respiration hypopressive permet de retrouver un ventre plat plus vite et d'affiner la silhouette.

Le – : c'est une technique assez complexe, il est courant de devoir s'y reprendre à plusieurs fois avant de trouver le bon mouvement. Il est plus sûr de faire appel à un kiné ou à une sage-femme maîtrisant les techniques de la gymnastique hypopressive pour apprendre à réaliser correctement les exercices. Pensez à poser la question lors de votre rééducation postnatale!

Attention cependant si vous avez un terrain migraineux, que vous faites de l'hypertension, ou que vous avez subi une césarienne. Mieux vaut demander un avis médical avant de pratiquer ce type de respiration.

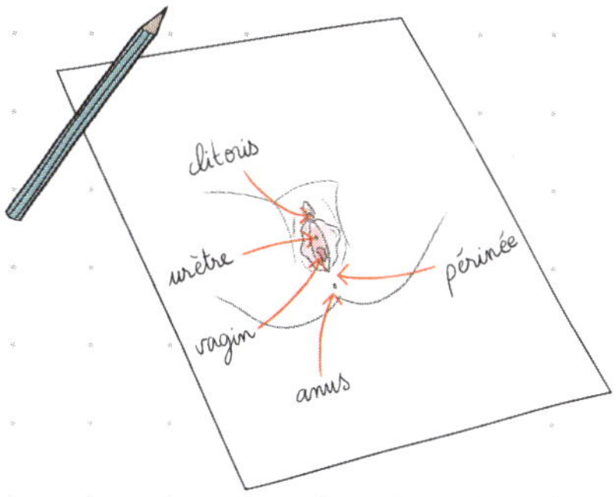

Comment je m'y prends pour sentir mon périnée?

Assise sur un gros ballon ou en tailleur sur un tapis, vous allez visualiser votre vagin et le resserrer comme si vous reteniez une envie d'uriner (à faire sans contracter les fessiers ni les abdominaux!). Ne vous inquiétez pas si vous ne sentez pas grand-chose au début, il faut du temps pour retrouver le tonus musculaire, surtout juste après la grossesse.

L'engagement du périnée en yoga postnatal

Lors des exercices, sur chaque expiration abdominale (comme vu p. 259), contractez votre périnée en même temps que vous videz votre ventre en soufflant. Durant votre séance, vous tonifierez ainsi votre périnée en même temps que vous ferez vos postures.

La rééducation du périnée, un indispensable!

Il est chaudement recommandé de faire ces séances de rééducation postnatale, même si vous avez accouché par césarienne. La Sécurité sociale prend en charge un minimum de dix séances. Si nécessaire, votre sage-femme ou votre kinésithérapeute pourra vous en prescrire plus. Il existe deux méthodes : avec sonde ou manuelle, renseignez-vous avant de choisir votre praticien! Vous pourrez commencer six à huit semaines après l'accouchement. Toutes les jeunes mamans trouveront une bonne excuse pour ne pas y aller : fatigue, trajet, bébé à garder, impression d'inutilité de ces séances, etc. Passez outre ces prétextes et trouvez la force de vous y tenir même si vous n'en voyez pas encore l'utilité. Ce sera aussi l'occasion de sortir, de vous aérer, de prendre du temps pour vous, et d'échanger avec un professionnel sur votre état de santé.

Le yoga m'aide à renouer le contact avec mes abdos

Pour reprendre une activité sans risquer de se blesser, il est important de comprendre comment fonctionne la sangle abdominale. Le yoga postnatal permettra de la solliciter en douceur. Mais quand on dit « abdos », de quoi parle-t-on exactement?

Je repère mes différents abdos

Il existe 3 sortes d'abdos qui agissent en synergie, c'est-à-dire les uns avec les autres, avec différentes intensités en fonction des mouvements que l'on fait.

Les grands droits : les plus controversés, ce sont les muscles abdominaux superficiels, situés sous la peau entre la poitrine et le pubis. Certains sont fans des exercices type crunchs pour faire apparaître les tablettes de chocolat, mais de plus en plus de professionnels de la santé décrient cette façon de se muscler.

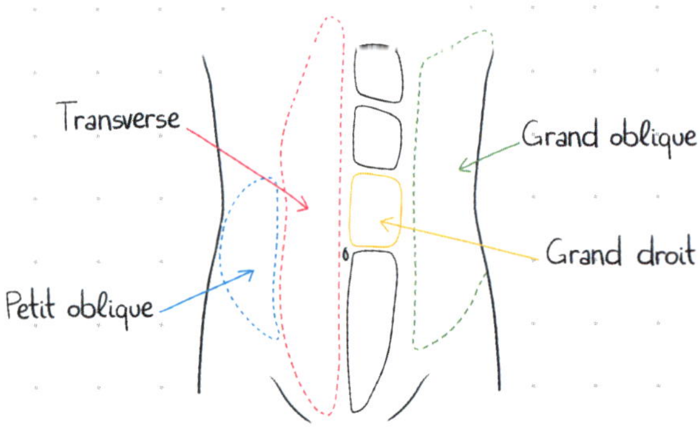

Les transverses : les plus mystérieux! Situés en profondeur sous les grands droits, ils sont difficiles à sentir car, pour les engager, il ne faut pas que les grands droits soient contractés. Ce sont des muscles dit stabilisateurs, qui assurent une bonne posture et un bon maintien de la colonne vertébrale.

Les obliques : les plus discrets, ils sont situés de chaque côté de l'abdomen. Ce sont des abdominaux profonds que l'on sollicite lors des mouvements de torsion ou des mouvements latéraux. Ils font aussi partie, comme les transverses, des muscles stabilisateurs.

Et après l'accouchement?

Après un accouchement, lors des efforts physiques, il est important de ne pas exercer de pression sur le périnée, notamment en contractant les grands droits. Car vous risquez de pousser vers le bas, et de le fragiliser encore plus. Pour éviter la descente d'organes et l'incontinence, il faut protéger toute la zone de l'abdomen et du pubis.

Comment je m'y prends au quotidien?

On ne s'en rend pas forcément compte mais, dès qu'on bouge, on sollicite notre sangle abdominale. Même se tenir debout nécessite une action des muscles posturaux, soit le combo magique abdominaux/dorsaux. En temps normal, pour protéger son dos, ses lombaires et sa colonne vertébrale, une sangle abdominale et des muscles dorsaux solides sont nécessaires. Alors comment gérer les efforts du quotidien avec une sangle abdominale fragile ? Comment soulever une charge, porter son bébé, se baisser et se relever, etc. ? L'idéal est de souffler en contractant le périnée à chaque effort :

- quand je soulève mon bébé ;
- quand je dépose mon bébé ;
- quand je me baisse ;
- quand je porte une charge un peu lourde ;
- quand je me lève de mon lit ou de mon fauteuil (d'autant plus si je porte mon bébé).

L'utilité du yoga postnatal !

Les postures et la respiration permettent de mobiliser en douceur et progressivement les abdominaux. En travaillant dans l'allongement et en tenant une posture, on sollicite les muscles en profondeur sans les contracter. C'est notamment le cas lorsqu'on tient l'équilibre. La respiration permet aussi d'accéder aux abdominaux profonds (les transverses et les obliques) : il est important de ne pas bloquer son souffle pendant les exercices.

Les abdos lors de ma séance de yoga postnatal

Il est essentiel de bannir les crunchs, c'est-à-dire tout mouvement qui va contracter les grands droits, raccourcir le ventre et exercer une pression sur le périnée. On ne sculpte pas les tablettes de chocolat, mais on fait mieux : on travaille les abdos profonds, les plus efficaces, qui affinent la taille ! Lors des postures, il faut surtout penser à allonger le ventre : si vous sentez que vous rapprochez votre poitrine de votre pubis, c'est que l'étirement n'est pas bon. Ce sont vos transverses et vos obliques qui devront être actifs pour permettre aux grands droits de se remettre. Le travail abdominal, doux et très progressif, sera en adéquation avec les muscles du dos. Toutes les postures vous feront travailler aussi bien l'avant que l'arrière, le ventre et le dos, pour que la colonne vertébrale et la sangle abdominale se tonifient simultanément.

Je fais le point selon mon accouchement

L'accouchement par voie basse... aïe, mon périnée !

C'est ce qu'on appelle un accouchement physiologique. Il se fait de manière « naturelle » c'est-à-dire sans péridurale.

Quels sont les effets sur mon corps ?

Le corps, du fait des douleurs propres à l'accouchement, a trouvé une posture juste pour accoucher de manière optimale (à quatre pattes, accroupie ou sur le côté). Une sorte de réflexe naturel se met en place pour trouver la position qui calme le plus lorsque la douleur est trop intense. Normalement il sera plus facile pour le corps de récupérer (et, en général, il n'y a pas d'épisiotomie). Cependant, il n'est pas rare qu'il y ait une petite déchirure au niveau du périnée lors du passage du bébé et il est possible de sentir un poids dans la zone du pubis car le corps a ressenti toute l'étape de la poussée. Les exercices de yoga postnatal vont m'aider à soulager cette sensation de poids et à désengorger le sang qui a afflué dans le périnée.

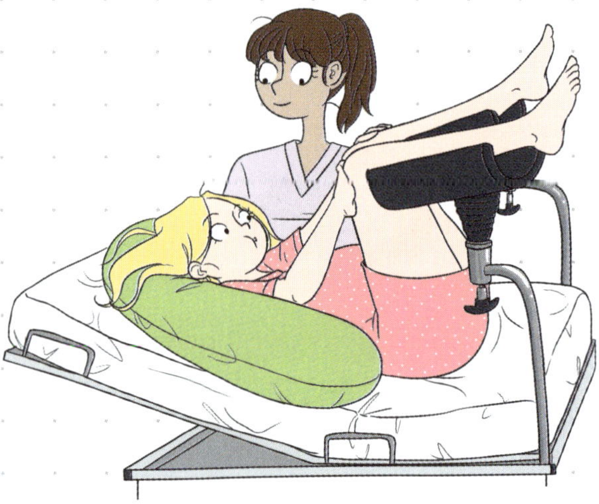

L'accouchement avec péridurale... ciel, ma vessie !

La péridurale est une technique d'anesthésie visant à insensibiliser toute la partie inférieure du corps ; elle permet de soulager la douleur lors de l'accouchement par voie basse ou par césarienne.

Quels sont les effets sur mon corps ?

Si vous avez eu recours à la péridurale, comme 80 % des femmes, vous avez sans doute accouché sur une table et sur le dos, jambes repliées et écartées, et vous avez poussé. L'insensibilité entraînée par les analgésiques provoque souvent un manque de maîtrise de ses mouvements : on pousse trop fort et on ne se positionne pas correctement. Cela peut nécessiter une épisiotomie (voir encadré), provoquer une insensibilité du périnée, et des soucis d'incontinence en suites de couches. Les exercices de yoga postnatal vont m'aider à retrouver plus rapidement une mobilité de mon périnée.

L'épisiotomie, c'est quoi déjà ?

Une épisiotomie, c'est une incision plus ou moins grande entre la vulve et l'anus. Cet acte chirurgical a pour but d'ouvrir le périnée afin de faciliter le passage du bébé lors de l'accouchement, souvent sous péridurale. L'épisiotomie est réalisée dans un quart des accouchements (surtout si c'est un premier ; on atteint alors les 44,4 %). En général, les points de suture se résorbent après dix jours et il faut compter entre quinze jours et un mois pour que l'épisiotomie soit cicatrisée. Il est très courant d'éprouver des douleurs et tiraillements au niveau de la suture, souvent en urinant ou en marchant. Là encore, les exercices de yoga postnatal viennent à notre secours : ils permettent de faire circuler le sang et d'éviter qu'il ne stagne au niveau des points de sutures.

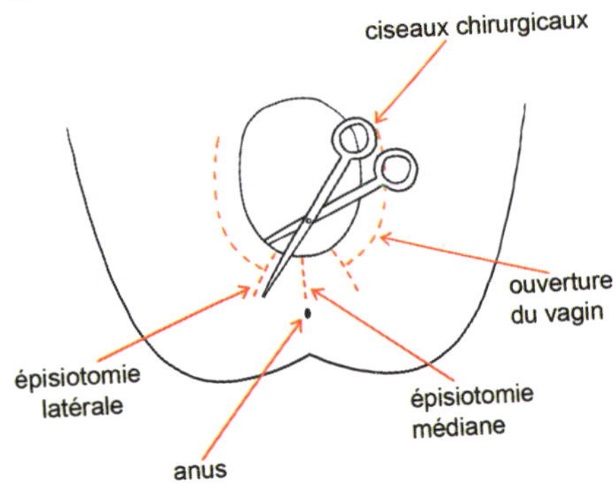

La césarienne… mon bas-ventre et mes abdos en compote !

La césarienne est une opération chirurgicale qui consiste à ouvrir la paroi abdominale et utérine pour faire sortir le bébé, car l'accouchement par voie basse est dangereux pour lui ou pour la mère. Les raisons d'une césarienne (programmée ou non) sont multiples : le bébé n'est pas ou mal engagé ; il se peut aussi que le col stagne et ne s'ouvre pas, engendrant un risque pour le bébé ; parfois encore, vous avez perdu les eaux et il faut faire vite… Mais bien d'autres raisons médicales sont possibles. Le taux de césariennes en France s'élève à 20 % !

Quels sont les effets sur mon corps ?

En accouchant par césarienne (comme une femme sur cinq), votre bassin et votre périnée auront été préservés, puisqu'il n'y a pas eu de passage du bébé, mais pas votre bas-ventre ! Vous aurez également subi une péridurale, l'anesthésie générale étant plus rare pour les césariennes. Les sutures ou agrafes sont enlevées cinq à dix jours après l'accouchement. Vos abdos auront eux aussi pris un sacré coup : pendant la grossesse, les muscles de l'abdomen ont été fortement allongés et écartés sur le plan vertical ; la césarienne, quant à elle, aura sectionné le plan abdominal à l'horizontale. Un suivi sera absolument nécessaire à votre retour à la maison, et il est encore plus important dans ce cas de se ménager, d'éviter tout effort physique.

Les exercices de yoga postnatal vont m'aider à drainer la cicatrice et les adhérences, et à soulager le mal de dos souvent inhérent à une césarienne.

Et l'allaitement, qu'est-ce que ça change ?

En suites de couches, l'allaitement provoque des contractions de l'utérus. Cela peut être douloureux dans les premiers jours mais c'est le signe que l'utérus reprend sa place (plus rapidement que si vous n'allaitez pas). La lactation demande un effort supplémentaire pour le corps donc on ressent plus de fatigue physique. Mais aussi, pour une question de logistique, la mère est seule à nourrir l'enfant (nuits comprises). La mise en route de l'allaitement peut être douloureuse (mamelons sensibles, gerçures, crevasses, engorgement de lait dans la poitrine…), souvent à cause d'une mauvaise position du bébé ou de sa manière de téter. Rassurez-vous, cela ne dure généralement que les deux premières semaines. Et le gros avantage, en plus des bienfaits du lait maternel pour votre bébé, c'est que l'allaitement permet une récupération plus rapide. Des professionnels pourront vous guider dès la maternité et passer le relais à une sage-femme à votre retour à la maison.

Mes exercices postaccouchement : les toutes premières postures à faire dans son lit

Les premiers jours et premières semaines qui suivent un accouchement sont éprouvants et il est vivement conseillé de rester allongée le plus possible. Mais ce n'est pas une raison pour ne rien faire ! Dans un premier temps, hors de question de pratiquer son yoga postnatal sur un tapis, en legging à paillettes ; vous verrez ça plus tard. Ici on reste dans son lit, bien à l'aise surtout, et on profite d'un petit dodo de bébé pour tenter un exercice ou deux.

Mes 5 objectifs avec ces postures

1. Aider l'utérus à reprendre sa dimension et sa place.
2. Replacer les viscères.
3. Fermer les côtes.
4. Cicatriser si besoin (sutures d'épisiotomie ou de césarienne).
5. Faire circuler le sang car on reste beaucoup allongée.

Le bon exercice pour les bonnes zones à travailler

Nous vous proposons ici 8 exercices, dont certains conviennent pour plusieurs objectifs. Bien sûr, ne vous forcez pas à les faire ; allez-y si, *et seulement si*, cela vous fait du bien. Pas la peine non plus de faire tous les exercices par session, ce n'est pas une séance. Écoutez-vous et prenez soin de vous !

Si j'ai accouché par voie basse

On va privilégier ici les exercices pour soulager la douleur et des postures avec le bassin plutôt en l'air pour relancer la circulation du sang.

En cas d'accouchement avec péridurale, on va chercher à reprendre progressivement contact avec les parties du corps qui ont été anesthésiées : l'abdomen, le bassin, les jambes.

Vous pouvez faire ces exercices autant de fois que vous voulez pour vous soulager, ils ne représentent aucun danger. Tenez chaque posture sur 2 ou 3 respirations, ne forcez pas, n'allez pas au-delà de vos limites.

Si j'ai des points suite à une épisiotomie ou une déchirure

Les exercices ci-dessous visent à drainer les tissus de la cicatrice pour éviter les œdèmes. On privilégie donc les étirements !

Si j'ai accouché par césarienne

Les exercices ci-dessous visent à travailler le ventre et les abdos et à drainer les tissus de la cicatrice. On privilégie donc là aussi les étirements !

Mes 8 exercices à faire dès le jour 1

① Le demi-pont sur coussin

Pourquoi ? Soulager le périnée, relancer la circulation, étirer le bas du dos.

Recommandé si j'ai :

✓ accouché par voie basse ;
✓ eu des points suite à une épisiotomie ou une déchirure.

Comment je m'y prends ?

Allongée sur le dos, jambes parallèles repliées et talons vers les fesses, expirez et montez le bassin. Glissez en dessous (ou demandez à votre conjoint) votre coussin d'allaitement ou, à défaut, un coussin épais. Reposez votre bassin sur le coussin et laissez votre corps s'étirer : le dos et le ventre vont s'allonger et le périnée sera soulagé car aucun organe n'exerce plus de pression sur lui dans cette posture.
Option : si vous le sentez, levez une jambe puis l'autre en amenant vos genoux à la poitrine, cela activera en prime la circulation sanguine.

② La respiration hypopressive

Pourquoi ? Masser les viscères, soulager la zone abdominale, drainer la zone périnéale, relancer le transit.

Recommandé si j'ai :

✓ accouché par voie basse ;
✓ eu des points suite à une épisiotomie ;
✓ accouché par césarienne.

Comment je m'y prends ?

Allongée sur le dos, soufflez jusqu'à vider complètement l'air de vos poumons puis bloquez votre respiration. Contractez le périnée si vous le pouvez. Faites comme si vous vouliez aspirer votre ventre sous vos côtes. Vous créez ainsi un vide d'air au niveau pulmonaire, et le diaphragme remonte automatiquement.
Astuce : il est possible de pratiquer cet exercice dès la table d'accouchement pour aider à évacuer le placenta, et ensuite un peu tous les jours.

① Le demi-pont sur coussin

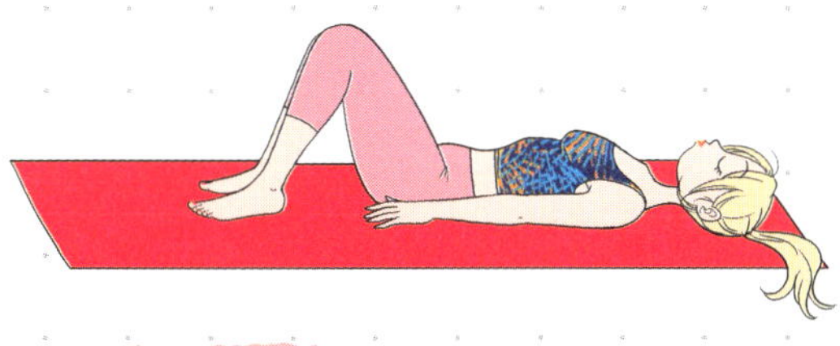

② La respiration hypopressive

③ L'étirement des obliques

Pourquoi ? Renforcer sa ceinture abdominale, stabiliser le buste et favoriser sa rotation, retrouver sa taille.

Recommandé si j'ai :
- ✓ accouché par voie basse ;
- ✓ eu des points suite à une épisiotomie.

Comment je m'y prends ?
Allongée sur le côté droit, bras droit sous la tête, genoux repliés au-dessus du bassin, étirez le bras gauche au-dessus de la tête et dans l'axe du corps. Pour plus d'étirement, poussez au maximum la hanche gauche vers les pieds afin d'allonger le ventre et d'engager les obliques. Répétez de l'autre côté.

④ Le resserrage des côtes

Pourquoi ? Refermer la cage thoracique, recoller les grands droits.

Recommandé si j'ai :
- ✓ accouché par voie basse ;
- ✓ eu des points suite à une épisiotomie.

Comment je m'y prends ?
Assise sur votre lit en tailleur ou sur un fauteuil, le dos bien droit, croisez le dos des mains devant la poitrine, les coudes levés. Sur une expiration, en vidant le ventre, faites mine de vouloir écarter vos coudes en gardant les mains l'une contre l'autre. Attention à ne pas forcer ni engager vos abdominaux, ce n'est pas du tout le moment. C'est un mouvement léger et de petite amplitude.

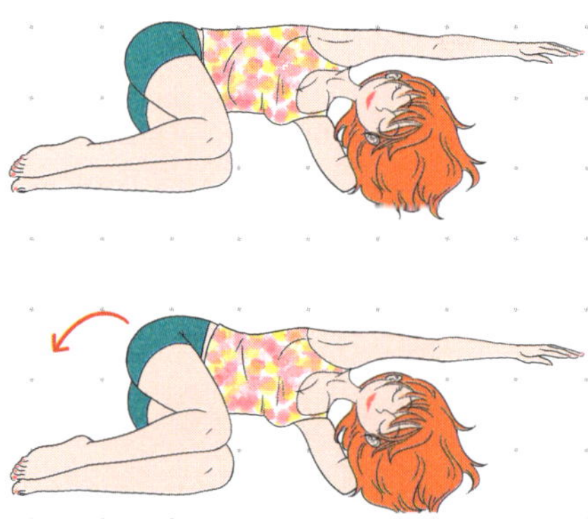

③ L'étirement des obliques

④ Le resserrage des côtes

⑤ La pointe-flexe

Pourquoi ? Booster la circulation, tonifier les jambes : c'est important d'activer la circulation du sang quand on reste longtemps allongée, surtout si vous avez été anesthésiée et/ou si vous avez eu pendant la grossesse des œdèmes et des varices.

Recommandé si j'ai :

- ✓ accouché par voie basse ;
- ✓ accouché par césarienne.

Comment je m'y prends ?

Allongez-vous sur le dos et repliez les jambes, les pieds bien à plat. Soulevez les talons jusqu'au bout des orteils (position pointe), puis reposez vos talons et relevez le reste des pieds en direction du plafond (position flexe). Répétez cette action 4 fois en déroulant bien le pied progressivement.

⑥ La posture de l'enfant

Pourquoi ? Étirer le ventre et le dos, décharger le périnée.

Recommandé si j'ai :

- ✓ accouché par voie basse.

Comment je m'y prends ?

À quatre pattes, jambes écartées, fesses posées sur les talons, avancez vos mains le plus loin possible afin d'avoir le dos et le ventre étirés au maximum. À chaque inspiration, gonflez le ventre, l'air viendra se loger dans le bas du dos et détendra la zone lombaire. Dans cette position, le périnée est en décharge, c'est-à-dire que rien ne vient appuyer dessus.

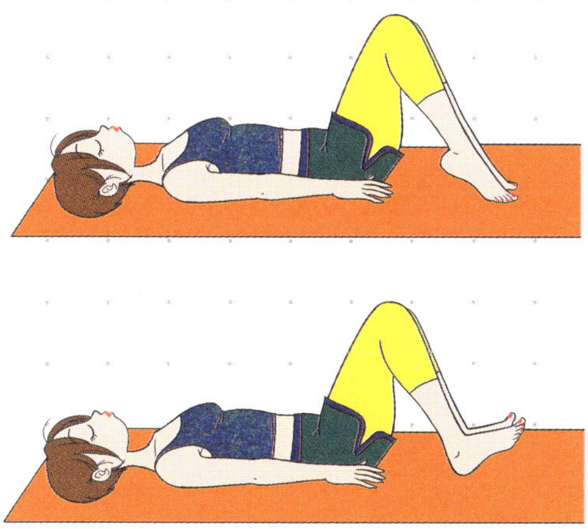

⑤ La pointe-flexe

⑥ La posture de l'enfant

⑦ La reconnexion à soi (respiration par la colonne d'air)

Pourquoi ? Apaiser les tensions, diminuer le stress, donner confiance en soi.

Recommandé si j'ai :

- ✓ accouché par voie basse ;
- ✓ eu des points suite à une épisiotomie ;
- ✓ accouché par césarienne.

Comment je m'y prends ?

En position allongée sur le dos ou assise, la colonne étirée, les yeux fermés, concentrez-vous sur votre souffle, et uniquement lui, pour vous vider la tête, reprendre de l'énergie et vous recentrer sur vos sensations (douleur ou anesthésie). Inspirez le positif et expirez le négatif.

⑧ La position en tailleur

Pourquoi ? Soulager, étirer et drainer la zone de cicatrice (épisiotomie ou césarienne).

Recommandé si j'ai :

- ✓ eu des points suite à une épisiotomie ;
- ✓ accouché par césarienne.

Comment je m'y prends ?

Asseyez-vous sur votre lit, le dos bien étiré. Croisez vos jambes en tailleur et placez votre coussin d'allaitement (ou des coussins épais) sous vos genoux. Respirez tranquillement dans cette position et laissez ainsi votre bassin et vos hanches s'ouvrir.

⑦ La reconnexion à soi

⑧ La position en tailleur

Mon tableau récap'

Pour vous aider à y voir plus clair, voici un petit tableau récapitulatif des exercices à faire dès le premier jour et les cas de figure adaptés ou pas en fonction de votre état.

	Voie basse	Épisiotomie	Césarienne
Demi-pont	✓	✓	
Respiration hypopressive	✓	✓	✓
Étirement des obliques	✓	✓	
Resserrage des côtes	✓	✓	
Pointe-flexe	✓		✓
Posture de l'enfant	✓		
Reconnexion à soi	✓	✓	✓
Position en tailleur		✓	✓

J'atténue mes petits tracas grâce au yoga postnatal

Vous avez surement été prévenue des petits maux que l'on peut rencontrer pendant la grossesse : nausées, fatigue, rétention d'eau, varices, mal de dos… Certaines ont eu la totale, d'autres de petites touches, mais rares sont celles qui ont été totalement épargnées. La plupart du temps, ces ennuis sont dus aux hormones de grossesse et beaucoup disparaissent une fois que le bébé est là. Oui mais… et après l'accouchement ? Il n'est pas rare que d'autres soucis surgissent, et rendons-nous à l'évidence : une femme en suites de couches est mal informée et peu suivie. La réponse qu'on va souvent lui faire sera de l'ordre de : « Ça va passer, il faut attendre, soyez patiente et profitez de votre bébé. » Seulement, ne rien faire ne résout généralement pas le problème ! Et c'est à ce moment-là que le yoga postnatal sera un précieux allié.

Le fameux baby blues

Que se passe-t-il dans mon corps et dans ma tête ?

Le baby blues, c'est l'état de tristesse, voire de dépression, dans lequel les jeunes mamans se retrouvent parfois plongées après l'accouchement. Il apparaît généralement trois à dix jours après l'arrivée du bébé et ne dure pas très longtemps. Donc pas de panique ! Énormément de femmes passent par là. Mais pourquoi ces montagnes russes émotionnelles ? C'est principalement dû à la chute d'hormones, en particulier la progestérone : en arrêtant de produire des hormones de grossesse, le corps est un peu chamboulé le temps de retrouver son équilibre hormonal. Un peu comme quand vous êtes tombée enceinte et que votre corps s'est mis à produire des hormones de grossesse ! Il faut un petit moment pour s'adapter à ces bouleversements internes.

La dépression post-partum ou le retour de flamme !

L'épanouissement total d'être maman ? Oui mais non, pas forcément… Ça peut même générer une dépression ! Elle arrive en général un peu plus tard que le baby blues, entre la 6e et la 9e semaine, seconde vague, bien plus grosse – et profonde ! – que la première. Les raisons sont multiples (fatigue, stress, changement brutal du statut de femme enceinte à celui de mère, nuits sans sommeil qui s'accumulent, nouveaux repères… et hormones, bien sûr !). Surtout on n'hésite pas à en parler à des personnes compétentes, on ne laisse pas traîner ! Avoir des idées noires, c'est possible, ça arrive à 15 % des jeunes mamans. Demandez de l'aide : plus tôt vous serez prise en charge, mieux ce sera ! Donc pas de panique si on ne sent pas d'instinct maternel, si on se sent abattue ou encore oppressée par cette nouvelle vie, et on privilégie les solutions ci-dessous.

Les signes d'alerte « SOS dépression du post-partum » !

Les symptômes du baby blues ? Mélancolie, sautes d'humeurs, larmes qui surviennent sans raison, insomnie… En revanche, si ça dure, il faut réagir sans tarder car une dépression peut s'installer !

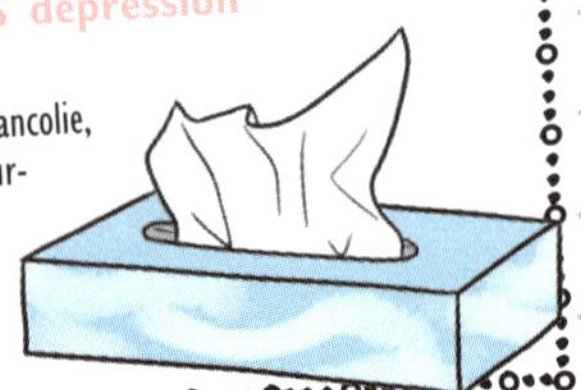

Ma boîte à outils spécial baby blues

1. **Je me fais chouchouter par mon conjoint et mon entourage :** eh oui ! Vous aussi, vous avez besoin d'être maternée ! Faites-vous mitonner des bons petits plats, câliner, laissez-vous offrir un petit bijou… dites oui quand on vous propose de prendre le relais, même pour quinze minutes !

2. **Je mange chaud, gras… et rassurant !** On ne commence pas à penser régime (les crudités n'ont jamais aidé personne à retrouver le moral !) et on se permet quelques petits excès dans la limite du raisonnable : une tartiflette (et même en juillet, s'il le faut !), une soupe de vermicelles, un bœuf bourguignon, un fondant au chocolat…

3. **J'en parle aux sages-femmes :** renseignez-vous auprès de la maternité où vous avez accouché ; vous n'êtes pas la seule dans ce cas, promis !

4. **J'apprends à déléguer :** laissez faire la vaisselle, le ménage… même si ça vous met mal à l'aise. Si on vous propose, ne vous en privez pas !

5. **Je me repose vraiment :** se reposer, c'est faire le vide ! Pas envoyer des e-mails ni préparer le faire-part de naissance… Accordez-vous un vrai moment de détente.

6. **Je prends du temps pour moi :** prendre une douche par exemple ! Ou faire une séance de yoga postnatal !

7. **Je ne me force pas :** s'il y a quelque chose que vous ne voulez pas faire, quelqu'un que vous ne voulez pas voir, un endroit où vous ne vous sentez pas bien… dites non (et zéro scrupule !).

Mes postures zen et tonifiantes

En cas de baby blues carabiné, il existe quelques postures qui peuvent aider. Elles ont pour objectif d'étirer et d'ouvrir le corps – principalement le thorax et le plexus solaire, zone où s'accumule le stress. Vous pouvez faire tout l'enchaînement ou piocher juste les postures avec lesquelles vous êtes le plus à l'aise. Sentez-vous libre !

① Le demi-pont mains attachées

Allongez-vous sur le dos, jambes parallèles, écartées à la largeur du bassin, genoux pliés, paumes des mains au sol. Inspirez et prenez appui sur vos pieds. Montez votre bassin progressivement, du bas du dos jusqu'aux omoplates. Expirez et joignez vos mains au sol sous le bassin. Si ce n'est pas confortable, gardez les bras au sol le long du corps. Inspirez et sentez les poumons se gonfler, et les côtes s'ouvrir. Expirez et séparez vos mains. Déposez votre bassin au sol, vertèbre après vertèbre, des omoplates au coccyx.

Répétition : 2 fois.

② La posture de l'enfant

À genoux, les jambes écartées à la largeur du bassin, les fesses sur les talons, inspirez et avancez progressivement vos mains le plus loin possible de vos genoux en penchant votre buste vers l'avant. Expirez et videz tout l'air du ventre en contractant le périnée.

Répétition : faites 4 respirations.

③ Le chien tête en bas

Placez-vous en position quatre pattes, puis inspirez : poussez vos fesses vers le ciel pour tendre les jambes jusqu'à lever les talons, en gardant le dos parfaitement droit. Expirez et contractez le périnée, videz le ventre et dirigez vos talons vers la terre pour allonger le ventre. Revenez en position quatre pattes.

④ Le chien tête en haut

À quatre pattes, expirez et basculez le bassin vers la terre en étirant la tête, regard vers le ciel. Le bassin ne touche pas le sol. Attention ! Pour ne pas cambrer, rentrez bien le coccyx vers l'avant. Ce n'est pas grave si les bras ne sont pas tendus.

Répétition : restez dans la position pendant 2 respirations.

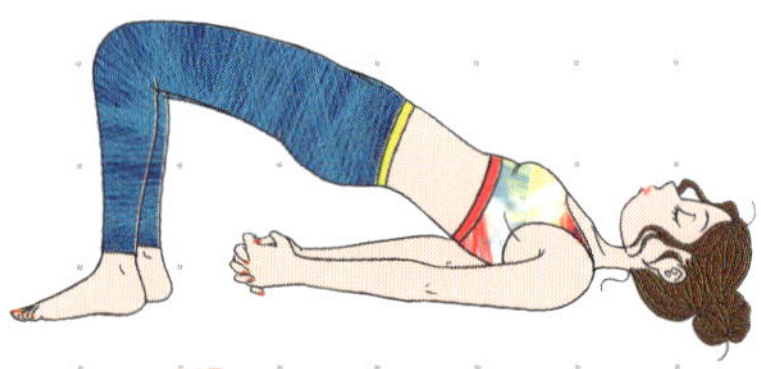

① Le demi-pont mains attachées

② La posture de l'enfant

③ Le chien tête en bas

④ Le chien tête en haut

⑤ Le poisson tailleur

Allongez-vous sur le dos, jambes en tailleur, sans cambrer. Attrapez chaque coude dans la main opposée et placez-les au-dessus de la tête. Si les bras tirent trop, lâchez vos coudes et croisez vos mains derrière la nuque.

Répétition : à volonté ! Vous pouvez rester dans cette position de détente autant que vous le souhaitez, tant que vous en avez besoin.

⑥ Le ballon pour ouvrir les côtes

Penchez-vous vers l'arrière et placez votre dos contre le ballon, jambes repliées. Pour ne pas cambrer, poussez votre pubis en avant, puis faites légèrement rouler le ballon avec vos jambes. Vous êtes désormais en position horizontale. Gardez le bassin et les jambes solides, et relâchez progressivement le haut du dos de façon à suivre la courbe du ballon. La tête suit le mouvement, mais il est important de garder le menton rentré.

Répétition : restez dans la position pendant 2 respirations.

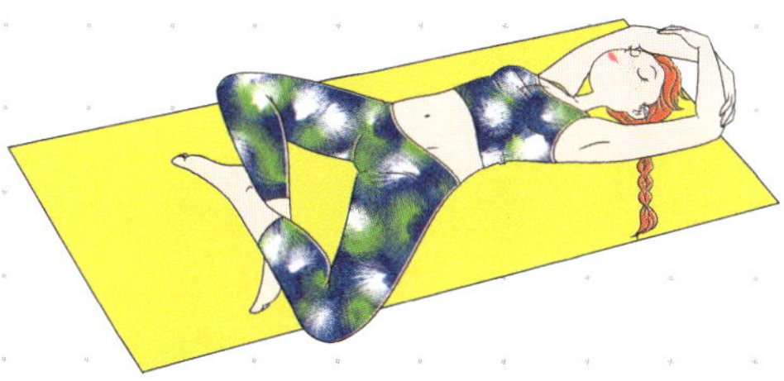

⑤ Le poisson tailleur

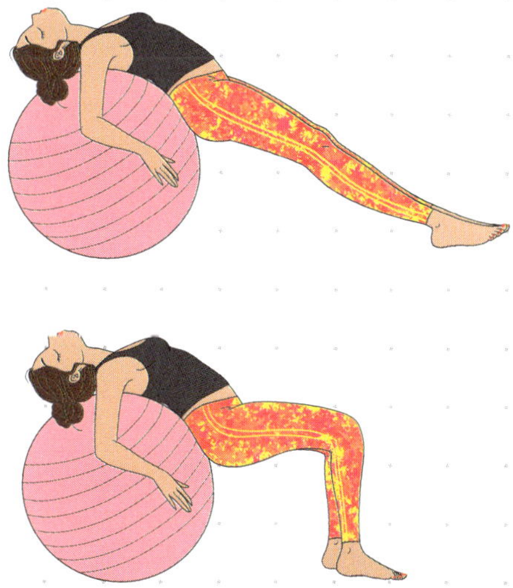

⑥ Le ballon pour ouvrir les côtes

Je m'aide avec la respiration antistress

Très utile en yoga, elle est aussi parfaite pour s'apaiser, n'importe où, n'importe quand. Si on sent que ça monte, hop, on fait un petit exercice zen, ni vu ni connu ! Et en post-partum, les occasions ne manquent pas : pleurs de bébé qui génèrent de l'inquiétude et du stress, la fatigue qui vous fait démarrer au quart de tour dans la journée, les hormones qui vous jouent des tours…

Les 5 bienfaits de la respiration en yoga

① ***Harmoniser le corps et l'esprit***

Après un accouchement, il est nécessaire de relier son corps, qui a été malmené, et sa tête, qui est elle aussi toute tourneboulée par la nouvelle situation (et en adaptation permanente).

② ***Développer sa concentration***

Avec le manque répété de sommeil et l'attention permanente que demande un nouveau-né, il est facile d'oublier son code de carte bleue quand on sort faire un achat ! La respiration va aider à se recentrer.

③ ***Calmer le mental et le flux des pensées***

Une jeune maman est toujours en proie aux doutes et dans un questionnement permanent pour comprendre son bébé. Respirez, ça va aller !

④ ***Réguler ses émotions***

Baby blues, hormones, stress… Il n'est pas rare de pleurer devant les infos ou simplement un petit chaton abandonné (non, ne rougissez pas, ça arrive à tout le monde, surtout avec les hormones en folie !).

⑤ ***Retrouver son énergie***

La respiration permet de reprendre de l'énergie, et de se recentrer sur soi-même. Une jeune maman se fera souvent passer au second plan. Ce n'est pas une bonne stratégie pour tenir sur la distance : d'abord on recharge ses batteries, ensuite on distribue !

Ma respiration antistress en pratique

Assise ou debout, inspirez en gonflant votre ventre et vos côtes au maximum pour vous remplir de positif ! Bloquez la respiration et restez quelques secondes en apnée. Soufflez tout doucement par la bouche avec un petit filet d'air et videz très lentement l'air de votre corps pour évacuer le négatif.

Et pourquoi pas la méditation en podcast ?

La méditation, c'est comme tout, ça se travaille. On commence tranquillement et on y va progressivement, par exemple cinq minutes, puis dix, puis quinze… Cela demande un réel effort de concentration et, dans cette période de post-partum, entre la fatigue et le bébé, la concentration n'est pas à son top niveau, c'est bien normal. Mais en y allant petit à petit, il n'y a aucune raison de ne pas y arriver. La méditation pourra vous apporter un regain d'énergie mais, surtout, elle vous permettra de vous recentrer et d'éviter que les pensées négatives s'installent trop longtemps dans votre tête.

Mes solutions alternatives pour lutter contre le baby blues

En plus des postures de yoga postnatal, d'autres petites choses peuvent vous aider à traverser cette zone de turbulences qu'est le post-partum. Le principal objectif de toutes ces alternatives est l'apaisement, avec douceur et bienveillance.

Quelques méthodes douces

En pharmacie, vous trouverez :

- **L'homéopathie :** Sepia 9 CH (2 doses à 24 heures d'intervalle), Gelsemium 9 CH si vous vous sentez anxieuse, Ambra grisea 9 CH en cas de crise de larmes.
- **Les fleurs de Bach :** la gamme Rescue ou autres fleurs sur conseils d'un professionnel (les fleurs de Bach associées au post-partum sont généralement Rock Rose, Cherry Plum, Star of Bethlehem).
- **Les cures :** oméga 3, magnésium marin, vitamine D. Pensez aussi à checker votre taux de fer et à prendre des compléments si besoin !

Les praticiens qui peuvent aider…

- **Le psychologue :** il est possible de bénéficier d'un rendez-vous gratuit dans le cadre de votre suivi de grossesse, renseignez-vous auprès de votre maternité.

- **Le kinésiologue :** il a pour spécialité de trouver des points de tensions musculaires et de débloquer ces zones de stress. Une séance de kinésiologie, avec ou sans bébé, vous permettra de faire le point sur votre état émotionnel et d'en parler.
- **L'acupuncteur :** même si vous n'êtes pas fan des piqûres, une ou deux séances d'acupuncture agiront sur les méridiens et permettront de faire circuler l'énergie et d'évacuer les tensions accumulées sur certains points.

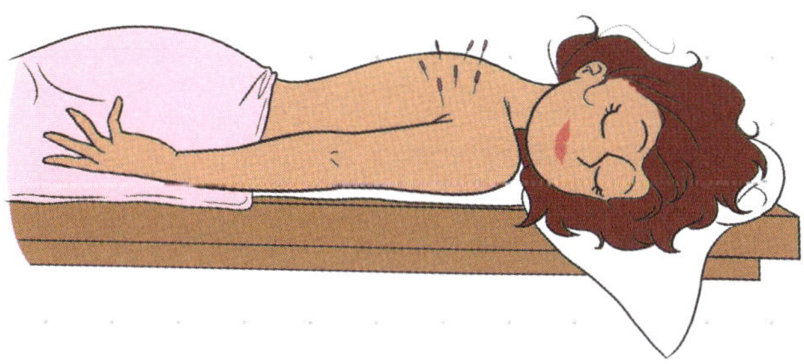

Le diastasis

Parmi les maux du post-partum, on trouve aussi le diastasis, un écartement des muscles grands droits de l'abdomen, dû à un étirement trop intense de la sangle abdominale. C'est à prendre au sérieux pour éviter de l'amplifier !

Que se passe-t-il dans mon corps ?

Au cours de la grossesse, il est assez fréquent que le ventre ait trop poussé sur la sangle abdominale. Si cela a entraîné un léger écartement, tout reviendra à la normale avec un peu de temps. Si c'est plus prononcé, le yoga postnatal peut vous aider à resserrer les parties droite et gauche des grands droits qui ont été séparées.

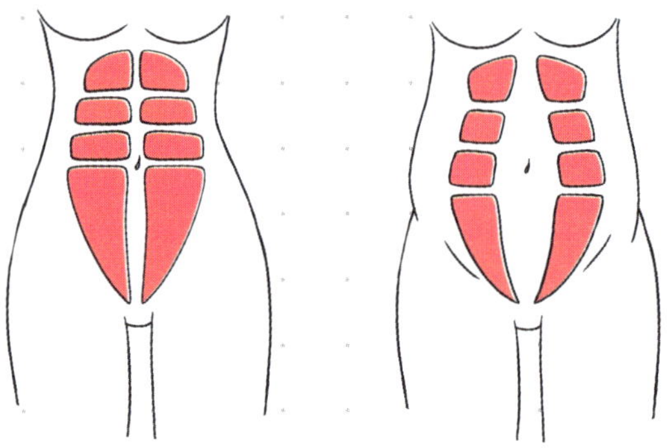

Je repère si mes « grands droits » sont en compote

On attend quelques semaines après son accouchement avant de s'affoler : la sangle abdominale a été complètement distendue donc on lui laisse le temps de se remettre. Après quelques semaines, allongez-vous sur le dos et relevez la tête comme si vous vouliez faire un crunch ; si vous observez un espace autour de votre nombril, c'est que vos grands droits ne se sont pas recollés et que l'écartement reste trop important.

La respiration, ma solution !

Que faire en cas de diastasis ? Il faut étirer au maximum les grands droits et surtout ne pas les contracter ; vous devrez aussi resserrer vos côtes, qui ont été écartées durant la grossesse. Ça tombe bien, le yoga est la pratique parfaite pour vous y aider !

Objectif : respiration hypopressive à gogo pour permettre aux grands droits de s'étirer et de se recoller plus vite. On fait ça tous les jours ou tous les deux jours jusqu'à ce que le diastasis se résorbe.

La classique

Allongée sur le dos, les jambes repliées, inspirez et expirez plusieurs fois. En fin d'expiration, bloquez la respiration en apnée puis inspirez en vous bouchant le nez et en fermant la bouche. Cela crée comme une ventouse au niveau du ventre. Le ventre est alors étiré au maximum et les grands droits sont allongés et resserrés l'un contre l'autre.

Répétition : 2 fois.

La respiration classique

La respiration hypopressive avec resserrement des côtes

Allongée sur le dos, gardez une jambe au sol en la pliant, levez l'autre à 90 degrés et posez le pied sur le genou opposé. Posez les mains sur le genou en l'air, coudes levés et doigts dirigés vers le genou. Inspirez et expirez plusieurs fois. Bloquez la respiration en apnée en fin d'expiration. Inspirez en vous bouchant le nez et en fermant la bouche (cela crée comme une ventouse au niveau du ventre) tout en repoussant les mains et le genou en opposition. Ramenez ensuite le genou vers vous tout en le repoussant avec vos mains.

Répétition : 1 fois avec chaque genou.

La respiration hypopressive avec demi-pont

Allongée sur le dos, les jambes repliées et les bras croisés derrière la tête, expirez en contractant le périnée et montez le bassin en l'air. Inspirez puis expirez, bloquez la respiration à la fin de l'expiration. Descendez en apnée et déposez votre bassin au sol en ventouse en inspirant sans faire entrer l'air.

Répétition : 2 fois.

Bernadette de Gasquet, médecin et yogi !

Médecin et professeure de yoga, Bernadette de Gasquet associe dans son travail l'approche corporelle, les savoirs traditionnels et la médecine moderne. Elle s'intéresse dès les années 1970 aux solutions que peut apporter le yoga aux problématiques de la maternité. Elle a développé une approche centrée sur les postures respectueuses du dos, des abdominaux et du périnée de la grossesse à l'accouchement, et jusqu'aux suites de couches. Bernadette de Gasquet a créé l'institut de Gasquet à Paris, où elle propose des cours, mais sa méthode est appliquée par de nombreux coachs, professeurs de yoga et sages-femmes dans toute la France. En cas de diastasis, la méthode de Gasquet est particulièrement adaptée et efficace.

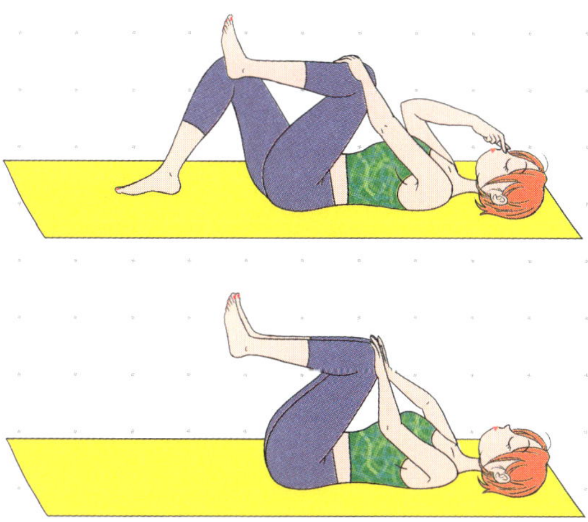

La respiration hypopressive avec resserrement des côtes

La respiration hypopressive avec demi-pont

Les hémorroïdes

Un autre sujet glamour auquel vous allez peut-être devoir faire face : les hémorroïdes ! On vous dit tout sur la façon de les traiter !

Que se passe-t-il dans mon corps ?

Les hémorroïdes sont des veines qui se dilatent au niveau de l'anus et du rectum. Enceinte, vous y étiez peut-être sujette à cause de l'augmentation du volume sanguin dans le corps, mais aussi du développement de l'utérus en fin de grossesse qui compresse parfois les veines de l'abdomen, et chamboule complètement la circulation sanguine. Aujourd'hui, vous n'êtes certes plus enceinte mais votre circulation a elle aussi besoin de temps pour revenir à la normale. Si vous n'avez pas connu les hémorroïdes lors de votre grossesse (on vous le souhaite !), il est possible que vous les découvriez après votre accouchement par voie basse car la pression de l'utérus sur les veines de la région anale est très intense lors de la poussée et peut laisser quelques séquelles.

Les signes qui ne trompent pas

Concrètement, les symptômes hémorroïdaires se traduisent par des démangeaisons autour de l'anus, un inconfort en position assise, une douleur et des saignements lorsqu'on va à la selle. Heureusement, on a toujours le yoga pour soulager tout ça !

Mes positions pour drainer la partie basse du bassin

① Le demi-pont

Allongez-vous sur le dos, jambes parallèles, écartées à la largeur du bassin, genoux pliés, paumes des mains au sol. Inspirez et prenez appui sur vos pieds. Montez votre bassin progressivement, du bas du dos jusqu'aux omoplates. Expirez et joignez vos mains au sol sous le bassin. Si ce n'est pas confortable, gardez les bras au sol le long du corps. Inspirez et sentez vos poumons se gonfler, vos côtes s'ouvrir. Expirez et détachez les mains. Déposez votre dos au sol, vertèbre après vertèbre, des omoplates au coccyx.

Répétition : 1 fois.

② Le chiot étiré

Vous êtes installée dans la posture de l'enfant (voir p. 131). Depuis cette position, montez vos fesses et avancez encore plus vos mains. Étirez au maximum votre colonne et gardez bien la tête relâchée.

Répétition : 4 respirations.

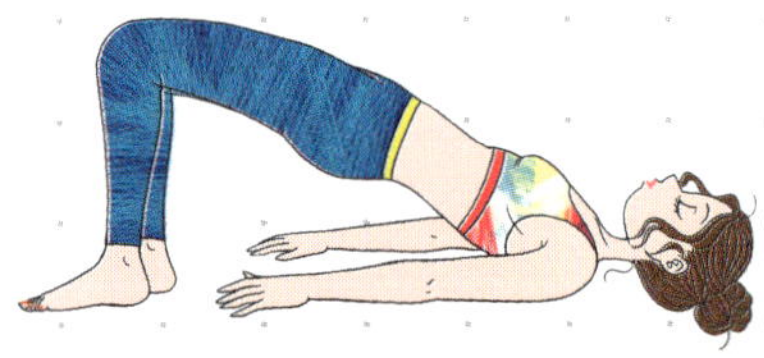

① Le demi-pont

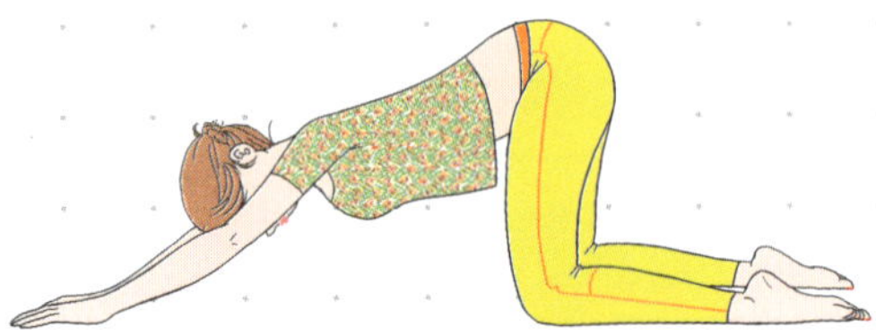

② Le chiot étiré

③ Le lotus au sol

Assise en tailleur, le dos droit et les mains sur les genoux, inspirez profondément et étirez la colonne. Expirez en vous penchant en avant et en approchant le plus possible la tête du sol.

Répétitions : 2 respirations.

④ La demi-pince

Assise, une jambe tendue, l'autre repliée, le pied reposant contre l'intérieur de la cuisse, inspirez et étirez la colonne. Expirez en vous penchant sur la jambe tendue, la tête vers le genou, et attrapez votre cheville (ou votre pied si vous y parvenez).

Répétition : 2 respirations.

⑤ La pince

Assise jambes tendues, pieds joints, inspirez et étirez la colonne. Expirez et penchez-vous vers l'avant, la tête en direction des genoux ; les mains saisissent les chevilles ou les orteils, sans plier les jambes ni arrondir le dos. Restez dans cette position, et respirez en vous détendant complètement.

Répétition : 2 respirations.

Mes petites astuces de tous les jours pour aller mieux

En plus du yoga, voici quelques conseils simples à appliquer pour vous soulager au quotidien.

Je travaille ma posture : quand je suis assise, et quand je vais à la selle, je place un petit tabouret sous mes pieds de façon à avoir les genoux plus hauts que le bassin.

Je chouchoute mon postérieur : je place un coussin sous mes fesses quand je suis assise sur une chaise si c'est douloureux.

Je mange : des fibres, des fibres, et encore des fibres !

Je fais les exercices du périnée qu'on m'a prescrits, qui contractent aussi la région anale et font circuler le sang.

Je vais à la selle dès que j'en ressens le besoin mais je ne force pas, surtout je ne pousse pas.

J'évite de rester debout ou assise trop longtemps pour ne pas exercer une pression sur la zone sensible. Petite astuce : dormez sur le côté !

③ Le lotus au sol

④ La demi-pince

⑤ La pince

La constipation

Que se passe-t-il dans mon corps ?

Les hormones de grossesse, encore prégnantes dans le corps en postaccouchement, provoquent les mêmes désagréments que lorsque vous étiez enceinte. La relaxine notamment (l'hormone de grossesse sécrétée pour éviter les contractions de l'utérus) ralentit le transit et la digestion, elle empêche donc l'évacuation des déchets alimentaires par les selles, c'est pourquoi une femme enceinte est souvent constipée. Il faut laisser aux hormones le temps de retrouver leur équilibre ! Si vous allaitez, vous continuerez à produire ces hormones pour la lactation, il est donc possible que la constipation se prolonge un peu, mais la reprise du transit se fera toute seule, en temps voulu.

… et dans ma tête ?

Si vous avez eu des points de suture ou que vous êtes sujette aux hémorroïdes, il n'est pas rare que la première selle soit effrayante. En général trois ou quatre jours après l'accouchement, elle est rarement agréable car, à ce moment-là, on a encore des séquelles directes du passage du bébé : un périnée gonflé, des mictions douloureuses, des points d'épisiotomie, une cicatrice au ventre… Bref, la zone du plancher pelvien n'est pas au top. La constipation a aussi des causes psychologiques : elle peut être engendrée par la peur d'aller à la selle ! Dans ce cas, il ne faut pas hésiter à parler à votre sage-femme de votre appréhension lors du rendez-vous postnatal. D'ailleurs, à la maternité et après, lors du suivi, on vous pose généralement la question. C'est un désagrément assez courant. Pas de pudeur inutile donc ; elle saura vous conseiller !

Mes postures pour chouchouter mes intestins

En attendant que vos hormones arrêtent de vous jouer des tours, vous pouvez tout de même donner un petit coup de pouce à votre corps avec quelques postures de yoga postnatal, notamment les torsions, qui vous aideront à masser les intestins, et donc relancer le transit.

① La petite torsion

En tailleur, les deux mains posées à côté des fesses, grandissez-vous. Inspirez en amenant votre bras gauche à l'extérieur de votre genou droit. Expirez et tirez votre bras droit à l'arrière de vos fesses pour accentuer la torsion. Attention ! Une torsion n'est efficace que si la colonne vertébrale est bien étirée.

Répétition : une fois de chaque côté avec 2 respirations.

① La petite torsion

② Le chien tête en bas

À quatre pattes, les mains placées sous les épaules et les genoux sous le bassin, inspirez en basculant le poids du corps sur vos mains et en montant vos fesses vers le ciel. Expirez en enfonçant vos talons vers la terre et en repoussant votre tapis vers l'avant. Le dos et le ventre sont étirés au maximum.

Répétition : restez dans cette position pendant 2 respirations profondes.

③ Le guerrier I avec torsion

En guerrier I, bras en l'air et mains jointes, la jambe gauche devant et le genou plié, inspirez et tirez les mains vers le plafond pour étirer la colonne. Expirez et commencez une rotation vers la gauche en ouvrant vos bras à l'horizontale. Le regard suit la rotation. Assurez-vous de ne pas cambrer le bas du dos et ramenez votre coccyx vers l'avant.

Répétition : restez dans cette position pendant 2 respirations profondes puis répétez de l'autre côté.

④ La grande torsion

Allongée sur le dos les genoux repliés, talons vers les fesses, bras écartés en croix, penchez les genoux vers la droite et posez-les au sol. Le bassin se soulève légèrement et la tête regarde vers la gauche. Restez sur 3 respirations abdominales profondes, puis ramenez les genoux vers le ciel en expirant, et recommencez de l'autre côté.

⑤ La pince

Assise jambes tendues, pieds joints, inspirez et étirez la colonne. Expirez et penchez-vous vers l'avant, la tête en direction des genoux ; les mains saisissent les chevilles ou les orteils, sans plier les jambes ni arrondir le dos. Restez dans cette position, et respirez en vous détendant complètement.

② Le chien tête en bas

③ Le guerrier 1 avec torsion

④ La grande torsion

⑤ La pince

Mes astuces spécial « transit au top »

En plus des postures de yoga, voici quelques conseils pour favoriser une bonne digestion.

Je me chouchoute grâce à :

✓ mon alimentation : riche en fibres, à base de fruits, de légumes et de céréales complètes. Pour être sûre que ça fonctionne, on mange des fruits et des légumes à tous les repas !

✓ mon hydratation : buvez au moins 1,5 litre d'eau, voire 2 litres si vous allaitez. Choisissez une eau riche en magnésium type Hépar. Mon astuce : le matin à jeun, boire un grand verre d'eau (ou un jus de fruits) permet de stimuler l'intestin et d'hydrater les selles si elles sont douloureuses.

✓ mon homéopathie : il existe plusieurs traitements homéopathiques efficaces contre la constipation. Parlez-en à votre pharmacien selon vos besoins et vos douleurs. Quelques préconisations : *Nux vomica*, si besoin fréquent et urgent d'aller à la selle mais que c'est inefficace et douloureux ; *Platina* et *bryonia*, en cas de selles sèches et dures ; *Lycopodium* pour la constipation associée à des gaz et des douleurs abdominales.

✓ mes balades en plein air : la marche est un précieux allié pour lutter contre la constipation ! Alors on sort la poussette et on mise sur au moins une balade par jour !

Et surtout... je vais à la selle dès que j'en ai envie, il ne faut pas se retenir ou se dire qu'on ira plus tard.

J'évite :

✕ les laxatifs ;

✕ les bananes sauf si elles sont très mûres ;

✕ les pâtisseries (riches en matières grasses et pauvres en fibres) ;

✕ les repas préparés industriels, trop salés (le sel des aliments capte l'eau de l'intestin, qui en a besoin pour éliminer les déchets).

Maintenant que nous avons passé en revue tous ces petits désagréments du post-partum et la façon de s'en débarrasser, vous pouvez reprendre possession de votre corps ! Les séances de yoga postnatal pour la yogi-mama que vous êtes en train de devenir vous permettront une remise en forme adaptée et efficace, que vous soyez yogi-louve, yogi-lionne ou yogi-koala.

Table des matières

Introduction 3

Mon (futur) bébé 4

Mon bébé mois par mois 4
1 mois : bien plus qu'un œuf ! 4
2 mois : des organes en veux-tu, en voilà ! 4
3 mois : il vous ressemble déjà ! 5
4 mois : pipi, caca, ça commence ! 5
5 mois : groovy baby ! 5
6 mois : il y voit presque plus clair ! 5
7 mois : l'éveil des sens 6
8 mois : soufflez, ses poumons sont développés ! 6
9 mois : dernière ligne droite ! 6
Que ressent mon bébé dans mon ventre ? 7
Je stresse, il stresse… 7
Il peut m'entendre dès le 3e mois de grossesse 7
Il est si réceptif aux sons qu'il saura reconnaître la voix de son papa à la naissance 7
Il ne verra qu'à la naissance 8
Il pourrait être critique au Guide Michelin 8
Il adore qu'on le tripote 8
Il a déjà du nez 8
Il peut être gêné quand on fait des câlins 8
Le calendrier des mouvements de mon bébé ! 9
La phase d'échauffement 9
Les choses sérieuses commencent… 9
Des sensations canon ! 9
Il écoute enfin son coach ! 10
Après l'effort, pas de réconfort (pour vous) ! 10
Je crée du lien avec mon bébé 11
Je le caresse dans le sens du poil ! 11
Je joue à son rythme ! 11
Je lui susurre des mots doux (ou non) ! 11
Je chante ses louanges ! 11

Comment s'organise ma grossesse ? 12

Côté papa : Do you speak femme enceinte ? 16

Un deuxième enfant à la maison, qu'est-ce que ça change ? 18

On s'adapte en famille ! 18
Un deuxième bébé qui chamboule tout (ou presque !) 19
Côté maman, quels sont vos (nouveaux) défis ? 19
Côté papa, quels sont vos (nouveaux) défis ? 21
Côté famille recomposée, quels sont vos nouveaux défis ? 23

1er trimestre, le début de l'aventure 27

Mon alimentation 29

J'y ai droit ou pas ? 29
A comme abats 29
C comme coquillages 29
D comme dinde 30
E comme emmental 30
F comme fumé 30
G comme gibier 30
H comme hareng 30
J comme jambon 30
K comme kiwi 31
L comme lentilles 31
O comme œufs 31
P comme pâté 31
R comme roquefort 31
S comme soja 31
T comme thon 31
Mes repas équilibrés ! 32
De 9 à 12 kilos en plus 32
2 000 kcal pour commencer 33
250 g de glucides par jour 33
Un menu pour savourer 33

Ma santé 34

Aux petites maladies les bons remèdes naturels 34
Je ne peux plus compter sur mon système immunitaire ! 34
J'ai tout le temps mal à la gorge et le nez qui coule ! 35
Je multiplie les infections 36
Objectif zéro tabac ! 37
Je tente les pratiques énergétiques… voire plus ! 37
Je tente la phytothérapie 37
Je tente l'homéopathie, et plus particulièrement… 37
Je tente les compléments nicotiniques 37
Toxoplasmose, listériose, salmonellose : je fais la part des choses ! 38
1. Je suis séronégative à la toxoplasmose et j'ai un chat 38
2. Pas besoin de faire tout un plat pour quelques bactéries… 38
3. Je congèle tout et le tour est joué ! 38
4. Si je devenais végétarienne, ça réglerait la question de toutes les contaminations… 39
5. Je me mets au jardinage ou aux visites à la ferme ! 39
6. J'ai les symptômes d'une bonne gastro… 39
7. Aïe, j'ai attrapé la toxo… 39
8 substances toxiques à scruter 40
1. Le bisphénol A 40
2. Les phtalates 40
3. Le PTFE 40
4. Le cadmium, le mercure et le plomb 41
5. Les parabènes 41
6. Le wifi 41
7. Les nitrates 41
8. Le glyphosate 42
Kiné, ostéo, chiro : et s'ils pouvaient me soulager ? 43
Côté papa : Mon programme santé pour une grossesse en pleine forme 44
Et si j'en profitais pour arrêter ? 46

Je soigne mes petits maux 48

Mon petit poème anti-nausées ! 48
Ne tentez pas le diable au réveil ! 48
Agencez vos repas autrement ! 48
Updatez vos convictions sur l'homéopathie ! 49
Savourez une tisane ! 49
Essayez l'acupuncture 49
Esquivez les mauvaises odeurs ! 49
Sollicitez votre mère (ou votre grand-mère) ! 49
Une journée pour un transit au top ! 50
Au réveil : un petit déj' pour transit « obstiné » 50
Dans la matinée : je bois, je bouge 50
Au déjeuner : je mets de l'huile 50
Dans l'après-midi (ou le soir) : zen ! 50
Envie (permanente) de faire pipi : je fais quoi au juste ? 51
Mieux vaut se retenir que fuir : bonne ou mauvaise idée ? 51
Boire moins pour évacuer moins… 51
Rééduquer (mon périnée) même si j'attends un bébé… 51
Piquer une tête… 51
SOS jambes lourdes ! 52
En prévention… 52
En cas de douleurs… 52
Reflux, vomissements : mes ingrédients magiques ! 53
Mes graines 53
Mes racines 53
Mes herbes 53
Au secours, je me transforme en marmotte ! 54
Pourquoi ? 54
Mes bons réflexes au quotidien 54
Le remède naturel qu'il me faut : une tisane phyto ! 54
Le zen par l'alimentation 54
Les aliments antistress 54
Les aliments à éviter 54

Mes rituels bien-être 55

Le matin : je démarre la journée du bon pied 55
Au réveil 55
Prise de conscience 55
Mon partenaire 55
Le midi : je m'accorde une vraie pause 56
Le repas 56
Digestion 56
Le goûter : je fais un break bien mérité 57
La soirée : 5 réflexes pour bien couper 57
Avant de se coucher : tout relâcher 57
Côté papa : J'apprends à masser ma moitié 58

Mon suivi de grossesse 59

4 règles d'or pour des échographies zen et saines ! 59
1. Je coopère 59
2. Je fais preuve de diplomatie 60
3. J'évite la crise 60
4. Je ne fais pas de compromis 60
Et si je tentais l'accompagnement global ? 60
Vous 60
Votre sage-femme libérale 61
J'accouche où exactement ? Les 4 bonnes questions à se poser 61
1. Ai-je le choix ? 61
2. Suis-je en état ? 62
3. Où aimerais-je planter mon décor ? 62
4. Qui suis-je prête à suivre ? 63
Je prépare mon projet de naissance 63
Des grands oui et petits non ! 63
Les bonnes questions à vous poser 64
140 signes pour choisir ma préparation à la naissance 65

Tweete-moi les prépas ! ... 65
Et maintenant, je me décide ! ... 66

Côté papa : 9 questions sur la sexualité que vous n'osez (peut-être) pas poser ! ... 67

Mon yoga prénatal ... 70
Ses origines ... 70
Ses bienfaits ... 70
Le yoga prénatal ... 70

Les principes du yoga prénatal ... 71
Motivée tu resteras ... 71
Les fondamentaux tu t'approprieras ... 72
Les 4 clés pour s'approprier les fondamentaux du yoga prénatal ... 74
Les 5 bénéfices du yoga prénatal sur ton corps tu comprendras ... 76
Le bon matériel tu choisiras ... 78

Je me mets au yoga prénatal ... 81
Mon planning pour le 1er trimestre ... 81
L'échauffement, la routine pour réveiller le corps ... 82
La respiration au cœur de tous les exercices ... 83
Ma séance matinale ... 85
Ma séance du soir ... 88

Ma routine yoga pour soigner les maux du 1er trimestre ... 91
Si j'ai des nausées ... 91
Mes postures de yoga pour lutter contre les nausées ... 92
Si j'ai des reflux ... 94
Mes postures de yoga pour lutter contre les reflux ... 94
Si je suis constipée ... 96
Mes postures de yoga pour lutter contre la constipation ... 96

2e trimestre, profiter en toute sérénité ... 99

Mon corps qui change ... 101
Mon diagnostic peau ... 101
Je craque ... 101
Je bourgeonne ... 102
Je gratte ... 102
Je tache ... 103

Je passe mon temps à compter les moutons ! ... 103
Pourquoi ? ... 103
Mes bons réflexes au quotidien ... 103
Le remède naturel qu'il me faut : l'homéopathie ... 103

3 règles d'or pour bichonner mes ligaments ... 104
1. Je n'en fais ni trop ni pas assez ! ... 104
2. Je n'oublie pas de me gâter ! ... 104
3. Je tente l'homéo pour m'apaiser ! ... 104

Mais pourquoi suis-je tellement gonflée ? ... 105
Les œdèmes sont dus au positionnement de l'utérus ... 105
Les œdèmes se traduisent uniquement par une apparence gonflée ... 105
Les œdèmes sont toujours anodins ... 105
Si j'ai des œdèmes, je range ma salière ! ... 105
Je peux paraître moins gonflée en faisant la sieste ... 105

Blues, angoisses : mes solutions au naturel ! ... 106
Je pleure à tout bout de champ ... 106
Le témoignage de Lisa, 32 ans J'angoisse pour mon futur enfant ... 106
J'ai peur de ne pas être une bonne maman ... 107
Je suis tétanisée face à l'accouchement ... 107

Côté papa : La couvade ... 108
Comment ça, j'ai pris du poids ? ... 108

Mes astuces pour me sentir bien ... 111

Je me crée une routine zen ... 111
Comment gérer mes journées de travail ? ... 111
Mon week-end détente pour récupérer ... 112

Je prends soin de mon corps ... 115
L'éducation posturale ... 115
Les disciplines complémentaires alliées de la grossesse ... 116
Les activités à partager avec mon partenaire ... 118
Et je n'oublie pas ... 118

Côté papa : Je lui passe ma playlist ! ... 120
Et je fais quoi exactement ? ... 120

Mon yoga prénatal ... 121

Mon programme yoga ... 121
L'objectif du yoga prénatal au 2e trimestre ... 121
Et si mon bébé bouge pendant les exercices ? ... 121
Ma séance yoga énergisante du samedi matin ... 121
Ma séance yoga cocooning du dimanche soir ... 125

Ma routine yoga pour soigner les maux du 2e trimestre ... 128
Si j'ai des problèmes de circulation et de gonflement ... 128
Si j'ai mal au dos ... 130

Côté papa : Le point organisation ... 133
6 règles d'or pour concilier grossesse et vie pro (pour vous aussi) ... 133
Mon rétroplanning administratif ... 135
Mes petits calculs pour rester avec eux plus longtemps ! ... 137

Comment annoncer ma grossesse à mon aîné ? ... 139

3 raisons d'attendre un peu avant de l'annoncer à votre aîné ... 139
1. Être sûre de sa grossesse ... 139
2. Préparer l'arrivée du nouveau bébé ... 139
3. Faire une première échographie ... 140

À chaque âge, une annonce adaptée ... 140
Mon aîné a moins de 2 ans : il a besoin de sécurité ... 140
Mon enfant a entre 3 et 4 ans : il a besoin d'échanger ... 145
Mon enfant a entre 5 et 7 ans : il a besoin d'autonomie ... 150

Mes préparatifs ... 156

Un environnement sain pour mon bébé en 6 commandements ... 156
1. Des travaux responsables tu organiseras ... 156
2. Des peintures écolos tu choisiras ... 156
3. Un sol non toxique tu poseras ... 156
4. Des meubles non polluants tu commanderas ... 157
5. Des jouets non polluants tu privilégieras ... 157
6. L'écoute-bébé si possible tu éviteras ... 157

Côté papa : Je nous offre un nouvel environnement (sain) ... 158

8 questions à se poser sur les choses à acheter ... 161
1. Mais sans un lit parapluie, un berceau et un couffin, jamais il ne dormira bien ! ... 161
2. Il nous faut deux transats sinon rien ! Non ! ... 161
3. Il nous faut 10 turbulettes, un nid d'ange, une chancelière ... 162
4. Si on n'achète pas une poussette trio, je vais mourir ! ... 162
5. Il nous faut un stérilisateur (et un chauffe-biberon, et un égouttoir, et un écouvillon, et...) ... 163
6. J'ai lu qu'il me fallait une écharpe de portage et une couverture d'emmaillotage ! ... 163
7. C'est un Babycook® ou rien ! ... 163
8. Mais sans table à langer, je vais jamais pouvoir le changer ! ... 163
9. Et sinon, on achète quoi au juste ? ... 164

Côté papa : On prépare sa chambre à deux ! ... 165
On l'organise comment, cette chambre de bébé ? ... 165
4 coups de pouce pour (bien) intégrer votre dernier dans la chambre du grand ... 167

3e trimestre, la dernière ligne droite ... 169

Je me prépare pour le jour J ... 171

Mon programme cocooning spécial périnée ... 171
1. J'offre une cure ayurvédique à mon intimité ... 171
2. Je me masse en toute sérénité ... 171
3. Je prends le temps de (me) sonder ... 172

Allaitement : je me pose les bonnes questions ! ... 172
Est-ce que je vais faire le plein de lait ? ... 172
Est-ce qu'on va m'aider ? ... 173
Est-ce que le papa va se sentir exclu ? ... 173
Ai-je besoin de potasser ? ... 173

Et si je préparais les soins de mon bébé ? ... 174
Je fabrique des lingettes écolos ... 174
Je concocte du liniment oléo-calcaire ... 174

Ma valise pour la maternité ... 175
Pour boucler mon dossier, j'embarque ... 175
Pour la salle de travail, je prévois pour moi... ... 175
... et pour mon bébé ... 175
Pour un séjour à la maternité tranquillou, je me prépare... ... 175
... et pour mon bébé ... 175

Mon yoga prénatal ... 176

Mon planning pour le 3e trimestre ... 176

Mon programme yoga ... 176
L'objectif du yoga prénatal au 3e trimestre ... 176
Ma séance tout en douceur ... 177
Séances détente sur gros ballon ... 181
Postures de repos ... 183
3 conseils pour prendre soin de soi à la fin de sa grossesse ... 184
Je fais des cauchemars monstrueux ! ... 185
Le yoga nidra pour vous accompagner vers le sommeil ... 185

Côté papa : Je hausse la voix ! ... 186
Et je fais quoi exactement ? ... 186
Qu'est-ce qu'il entend là-dedans ? ... 186

Mon accouchement ... 187

C'est quoi, ces contractions ? ... 187
1. La (vraie) fausse contraction ... 187
2. La contraction de travail ... 188

L'accouchement sans péri : je tente ou pas ? ... 188
J'hésite ... 188
Je suis décidée : c'est non ! ... 189
Les alternatives à la péri ... 190

Toujours pas de bébé ? Mes pas-à-pas au naturel ! ... 191
1. Mon bébé est têtu comme une mule ! ... 191
2. Mon bébé est (trop) bien là où il est ! ... 191
3. Mon bébé freine des deux pieds ! ... 192

J'accouche, je bouge ! ... 193
1er stade du travail : je bouge autant qu'il le faut ! ... 193
2e phase du travail : je choisis la posture qui me convient ... 194

Mon accouchement n'a pas été aussi naturel que je l'aurais voulu ... 196

À la maternité, je ne néglige pas l'intégration (familiale) ! ... 196
De retour à la maison, je ressors ma copie ! ... 196
Ensuite, je demande du soutien ! ... 196

Côté papa : L'accouchement ... 197
Le jargon de l'accouchement décrypté ... 197
Être présent à l'accouchement, couper le cordon ? Bof ! ... 200
Elle accouche : je fais quoi maintenant ! ... 201
J'évite les incidents diplomatiques le jour de l'accouchement ... 205

4e trimestre, le post-partum ... 207

Le retour à la maison ... 208
4 règles d'or pour un retour à la maison en toute sérénité ... 208
1. Je fais la fourmi ... 208
2. Je dors comme un loir ... 209
3. Je rassemble le troupeau ... 209
4. J'apprivoise mon petit chat ... 210

Côté papa : Mon programme pour un retour à la maison sans drame ! ... 211
8 règles d'or pour trouver votre équilibre à trois ! ... 214

Mon programme pour accompagner l'aîné ... 217
Votre attitude de parent est décisive ... 217
Comment gérer ses petites régressions ? ... 221

Pourquoi materner ? ... 224
Je teste mes connaissances de parent maternant ! ... 224
1. Laisser un bébé pleurer, c'est... ... 224
2. Prendre bébé dans ses bras quand il pleure, c'est... ... 225
3. Avec ses pleurs, notre bébé cherche à nous manipuler ! ... 225
4. Un bébé s'exprime... ... 225
5. Dès la naissance, un bébé a besoin d'un rythme... ... 226
3 besoins essentiels de mon bébé à la loupe ... 226
1. La continuité : son atout sérénité ! ... 226
2. La sécurité affective : rien de tel pour établir des bases bien solides ... 227
3. La confiance en vous : l'idéal pour vous connecter à votre petit chou ... 228

Mon petit abécédaire pour maîtriser l'allaitement ... 229
A comme aide ... 229
B comme bouche ... 229
C comme couche... ... 230
... et comme constipé ! ... 230
D comme demande ... 230
E comme exclusif ... 230
F comme fréquence des tétées ... 230
G comme grossesse ... 231
H comme hydratation ... 231
I comme indispensable ... 231
J comme jaune d'or ... 232
K comme vitamine K (+ vitamine D) ... 232
L comme long ... 232
M comme montée de lait ... 232
N comme nu ... 232
O comme ocytocine ... 233
P comme papa ... 233
R comme repos ... 233
S comme sevrage ... 233
T comme tétée précoce ... 234
V comme vin... et autres alcools ... 234
Z comme zen ... 234

Côté papa : Je deviens (un super) papa ! ... 235
Mes premiers gestes de papa pas à pas ! ... 235

Le sommeil de mon bébé ... 242
Le calendrier du sommeil de mon enfant ... 242
Mon programme spécial sécurité à l'heure du coucher ... 244
1. J'investis dans un bon lit (zéro danger) ! ... 244
2. Je prends de l'avance ! ... 244
3. Je reste ferme (sur le matelas) ... 244
4. Je mise sur la sobriété ! ... 245
5. Je suis sage (comme une image) avec les règles de couchage ... 245
6. Je vérifie la clim et le chauffage ... 245
7. Je partage notre chambre... mais pas notre lit ! ... 245
8 règles d'or pour l'aider à faire ses nuits ... 246
1. Je deviens un geek du sommeil ! ... 246
2. J'apprends à temporiser ! ... 246
3. Je lui donne les bons repères ! ... 246
4. Je change de stratégie ! ... 247
5. Je passe en mode #bébéstylé ! ... 247
6. Je mise sur les accessoires ! ... 247
7. Je lui fais confiance (et à moi aussi) ! ... 247
8. Je donne le rythme ! ... 247

Mon yoga postnatal ... 248
Je me bichonne en mode post-partum ... 248
Je soigne mon alimentation ... 248
Je m'hydrate ... 250
Et si j'allaite ? ... 250
Mes petits calculs au naturel pour être en forme après la naissance ! ... 253
1. Fatigue de l'accouchement + bébé qui ne fait pas ses nuits = épuisement ! ... 253
2. Tranchées + épisiotomie = je morfle ! ... 253
3. Angoisses + hormones qui partent en vrille = méga baby-blues ! ... 254
Pourquoi j'ai intérêt à pratiquer le yoga après la grossesse ... 255
Le yoga postnatal, c'est quoi exactement ? ... 255
Et mon corps, par quoi est-il passé pendant ma grossesse et mon accouchement ? ... 255
Comment le yoga postnatal va m'aider à remettre tout ça en place ? ... 257
Je fais le point selon mon accouchement ... 264
L'accouchement par voie basse... aïe, mon périnée ! ... 264
L'accouchement avec péridurale... ciel, ma vessie ! ... 264
La césarienne... mon bas-ventre et mes abdos en compote ! ... 265
Mes exercices postaccouchement : les toutes premières postures à faire dans son lit ... 266
Mes 5 objectifs avec ces postures ... 266
Le bon exercice pour les bonnes zones à travailler ... 266
Mes 8 exercices à faire dès le jour 1 ... 267
Mon tableau récap' ... 271
J'atténue mes petits tracas grâce au yoga postnatal ... 272
Le fameux baby blues ... 272
Mes postures zen et tonifiantes ... 274
Le diastasis ... 278
Les hémorroïdes ... 280
La constipation ... 282

Notes de fin

1. Sengpiel, Verena et al., "Maternal Caffeine Intake during Pregnancy Is Associated with Birth Weight but Not with Gestational Length: Results from a Large Prospective Observational Cohort Study", *BMC Medicine*, 11(2013):42.PMC.Web 6 May 2018.
2. Papadopoulou E., Botton J., Brantsæter A. et al, "Maternal caffeine intake during pregnancy and childhood growth and overweight: results from a large Norwegian prospective observational cohort study", *BMJ Open*, 2018, 8:e018895.doi:10.1136/bmjopen-2017-018895.
3. Kazmierczak M., Kielbratowska B., Pastwa-Wojciechowska B. &Preis K., "Couvade syndrome among Polish expectant fathers", *Medical Science Monitor*, 2013, 19,132-138.
4. INSERM, « Exposition prénatale aux perturbateurs endocriniens et troubles du comportement des enfants », septembre 2017.
5. Mauduit C., Florin A., Amara S., Bozeca A., Siddeek B., Cunha S., Meunier L., Selvac J., Albert M., Vialard F., Bailly M., Benahmed M., « Effets à long terme des perturbateurs endocriniens environnementaux sur la fertilité masculine », *Gynécologie obstétrique et fertilité*, octobre 2006.
6. ASEF, étude sur les lits de bébé, octobre 2009.
7. DeCasper A.J.; Spence M.J., 1991. "Auditorially mediated behavior during the perinatal period: A cognitive view", *in* Weiss M.J., Zelazo P.R. (sous la direction de), *Infant Attention*, Norwood N.J., Ablex, p. 142-176.
8. HAS. « Recommandations de bonne pratique dans la prise en charge de l'accouchement normal, dont l'accouchement physiologique », juillet 2017.
9. Brazelton T.B., "Crying in infancy", *Pediatrics*, 1962, 29:579-588.
10. Cynthia D. Ward, Robin Panneton Cooper, "A lack of evidence in 4-month-old human infants for paternal voice preference", *Development Psychobiology*, July 1999.
11. Hunziker U.A. and Barr R.G., "Increased carrying reduces infant crying: a randomized controlled trial", *Pediatrics*, 1986, 77(5):641-8.
12. Bowlby J., "The nature of the child's tie to his mother", *International Journal of Psycho-Analysis*, 1958, 39:350-373.
13. Feldman R., Rosenthal Z., Eidelman A., "Maternal-Preterm Skin-to-Skin Contact Enhances Child Physiologic Organization and Cognitive Control Across the First 10 Years of Life", *Biological Psychiatry*, Vol. 75, Iss. 1, 1 January 2014, p. 56-64.
14. Cheng C.D., Volk A.A., Marini Z.A., "Supporting Fathering Through Infant Massage", *The Journal of Perinatal Education*, 2011, 20(4):200-209.doi:10.1891/1058-1243.20.4.200.

LES BEAUTIFUL GIRLS,
C'EST TOUTE UNE COMMUNAUTÉ !

Retrouvez plein de bonus, de conseils feel good, des recettes, des trainings, et des actus tendance MADE BY MON CAHIER !

Un lieu rien que pour vous :
http://mylifeisbeautiful.fr/

Une communauté de filles stylées :
VOUS DÉCHIREZ

mylifeisbeautiful.fr mylifeisbeautiful.fr

Crédits

Textes

Introduction
Mon (futur) bébé, Comment s'organise ma grossesse ?, Do you speak femme enceinte ? Véronique Deiller / Un deuxième enfant à la maison, qu'est-ce que ça change ? : Nelly Deflisque

Partie 1 – 1er trimestre, le début de l'aventure
Ouverture/Mes rituels bien-être/Mon yoga prénatal : Emilie Yana
Mon alimentation/Ma santé/ Côté papa/Je soigne mes petits maux/Mon suivi de grossesse : Véronique Deiller

Partie 2 – 2e trimestre, profiter en toute sérénité
Ouverture/ Mes astuces pour me sentir bien/ Mon yoga prénatal : Emilie Yana
Mon corps qui change/ Côté papa/ Mes préparatifs : Véronique Deiller
Comment annoncer ma grossesse à mon aîné ? : Nelly Deflisque

Partie 3 – 3e trimestre, la dernière ligne droite
Ouverture/ Mon yoga prénatal : Emilie Yana
Je me prépare pour le jour J/ Côté papa/ Mon accouchement : Véronique Deiller

Partie 4 – 4e trimestre, le post partum
Ouverture/ Mon yoga postnatal : Emilie Yana
Le retour à la maison/ Côté papa/ Mon yoga postnatal : Véronique Deiller
Le retour à la maison : Nelly Deflisque
Pourquoi materner ? : Julie Martory
Le sommeil de mon bébé : Auriane Hamon

Illustrations

Djoïna Amrani, Layla Benabid, Sophie Ruffieux

Direction : Jean-Louis Hocq
Direction éditoriale : Marion Guillemet-Bigeard
Édition : Bérénice Taveau
Conception et mise en couleur de la couverture : Stéphanie Brepson
Correction : Laura Puechberty
Maquette et mise en pages : Nord Compo
Fabrication : Laurence Duboscq

© Éditions Solar, 2022, Paris

Tous droits de traduction, d'adaptation et de reproduction par tous procédés, réservés pour tous pays.

MIXTE
Papier issu de sources responsables
FSC® C003309

ISBN : 978-2-263-17832-0
Code éditeur : L17832
Dépot légal : février 2022

Imprimé en France par Clerc
94, rue de la Brasserie, 18200 Saint-Amand-Montrond

SolarEditions mylifeisbeautiful.fr
solar_editions mylifeisbeautiful.fr

http://www.mylifeisbeautiful.fr/

Solar, un département d'Édi8
92, avenue de France, 75013 Paris